文
景

———

Horizon

南北战争三百年

中国4—6世纪的
军事与政权

李 硕——著

上海人民出版社

目　录

第一编　骑射、冲击与军阵：步、骑兵战术的演变

第三编　成功转型与积重难返：南北朝的战争与政权

序　言

这是一本研究战争的学术专著。

聚焦的时代，是秦统一之后，分裂割据最严重的魏晋南北朝时代。作者不是叙述战争的故事，而是试图探讨在胡汉种族差异、南北地域差异这样两个特殊背景下，所进行的战争中的某些问题，而这些问题恰恰是从司马迁到司马光等史家都比较忽略的。

本书有三个视角。一是兵种（骑兵、步兵）及其装备与相关战术的演进，作者会从先秦两汉的战史追溯其起源；二是通过这一时期南北之间发生的若干经典战例，分析战略问题以及战争中各种复杂因素（地理环境、军事技术、统帅素质等）的影响；三是讨论战争本身与各行为主体（政权）的关系，包括战备问题、财政问题、战争对政权运作的影响问题。

中国历史古籍浩如烟海，军事与战争的著作也十分丰富，《新唐书·兵志》更开启了正史中记载军事制度的传统。但是，即使是对于战争记载特别关注的《资治通鉴》，对于古代战争中兵种的运用、战术性细节的展开，也往往语焉不详。李硕的这部书，试图弥补其缺失，功不可没，其中不乏真知灼见。

李硕是一个有才情的青年学者。一直以来，我带博士生，通常是与学生们商量选题，充分尊重研究生自己的意见，只有学生没有主见的时候，我才会给一个比较朴实的题目，供其参考。李硕的这部博士学位论文，是他自己读书得间的产物。本书虽然受到博士论文体制的限制，但是仍然能看出作者传神之笔。比如，作者认为西汉卫青、霍去病创立的骑兵冲击战术，用近距离搏杀对抗匈奴的远距离骑射，掌握了战争的主动权。"飞将军"李广的悲剧在于他个人的骑射之长，不足以弥补所统部伍的短处，在匈奴人面前，顶多只是显示个人英雄主义色彩。马镫的发明、槊（长矛）取代戟，都适应了骑兵冲击战术的作战要求。又比如，作者对于步兵方阵的分析，对于"陷阵"在两军对阵中的意义，要言不烦，能洞解史籍中许多不甚了然的记载。我相信，阅读本书的读者，重读《资治通鉴》书中关于汉唐时代的战争记事，会有很多的助益。

当然，战争问题不只是军事问题，战争其实是战争双方的政治、经济、外交、文化等政权内部问题的外在表现。因此，谈论战争与政权的关系问题时，就会涉及十分复杂的因素。作者在这一部分，试图超越战争的技术层面，进行深入讨论，虽然不可能毕其功于一役，却用自己的洞见启动了读者对于相关问题的进一步思索。

博士毕业后，李硕本来可以留在内地高校，但是，他选择到西北边陲去工作。我能理解，因为我知道他是有情怀的人，有自己很高远的理想，有自己的学术和文化追求。这些年我们虽然难得见面，但是，我知道他一直在读万卷书，行万里路，笔耕不辍。我猜想面对历史的古战场，李硕一定也会思考本书中他的那些推断和讨论，因此本书已经比较当年的博士论文有了新的灵感。

现在，这部博士论文就要付梓了，应李硕的要求，我写上以上这些话，表达对该书出版的祝贺之意。

是为序。

张国刚

2016 年 12 月 10 日于清华大学荷清苑

前　言

从戚继光的难题谈起

这本书是在我的博士论文《中国4至6世纪南北战争研究》基础上写出的,研究的是魏晋南北朝时期南北政权之间的战争,分为三编,分别讲兵种与战术、战略与战例、战争与政权。但本书的内容又不限于魏晋南北朝,而是会上溯得更远一点,特别是关于步兵、骑兵的战术变迁问题,要从春秋战国时期开始考察,窥源方能知流,理清兵种战术发展的整体历程。

先说说为什么想写这个战争史题材。我自幼接受的关于中国古代战争的叙事,都来自《三国演义》《水浒传》等古典演义小说,以及由这些小说改编来的评书、影视作品。在这些叙事作品中,冷兵器战争的作战模式非常程式化:两军对阵,先是各出一员大将,在阵前"大战三百合",待一方被"挑落马下",这边全军将士便乘机"掩杀过去",大将被斩的那一方则是全军仓皇溃逃,一场大战便告结束。到近现代,又出现了"武侠小说",冷兵器的打斗就更神奇了,或者说更像巫术了。

真正的冷兵器战争,似乎不是这个样子。但中国古代的战争究竟怎么打?史书记载得往往不是那么详细。譬如楚汉之间著名的垓下之战,双方投入兵力多少?各自的阵列多长、多宽?是不是和挖出来的秦陵兵马俑一样?交战过程如何?在《史记》中都看不到。后世的著名战役也都类似。当然，更早的情况会好点儿，《左传》对春秋的战争记载就比较翔实。战国之后的史书，就达不到《左传》的水准了。

中国古代史书里，对战争这些最基本的情况都大量"留白"，其实不全怪史官们无知，古代承平时期的将领们，也弄不清真正的仗（冷兵器战争）应该怎么打。乱世那些打过仗、有经验的武将，又大都没文化，没法记载下来。

中国古人里面，唯一一位探讨过这个问题的，就是明代抗倭名将戚继光。他不仅指挥打仗，还写书记录他的练兵、作战经验。他指出，当时明代朝野，包括军队里面的将帅，关于战争的常见误区是：第一，夸大个人"武艺"的作用，喜欢招募一些耍刀弄枪很花哨的武师，其实真正作战的队列很密集，根本没有空间给他一个人跳来跳去、把刀枪抡圆了耍；第二，对"阵法"的理解很神秘，搞得像大型团体操表演一样华而不实，平时操练好看，上战场没用。

关于戚继光的这些意见，本书正文里有专门的章节进行讨论。一本研究魏晋南北朝，或者说隋唐以前战争的书，似乎不该出现戚继光，但没办法，整个中国古代只有他一个人思考、指出过这些问题。而且，明代的冷兵器战争，基本原理其实和秦汉、魏晋、唐宋没有区别。

中国古书对战争的记载先天不足，社会上的演义和武侠文学又太发达，自然使社会大众对战争的理解严重失真，变成了上面介绍过的程式化、巫术化表演。当代学界也受影响，真有学者写论文讨论古代兵书里的"青龙阵""白虎阵"。本书对那些离常识有些距离的所谓"研究现状"就不再列举和分析了，因为那样难免越扯越乱，就像理科学者无法跟"民科"对话。人文学科不是科学，就是因为没有一套剔除"荒谬学说"的客观手段，只能靠常识，这显然缺乏严格的操作性。

而另一方面，有些涉及古代战争基本战术的问题，如步兵的队列原则、作战方式，目前确实缺乏真正意义上的研究成果，本书尝试着从古史文献中寻找各种史料旁证，进行复原工作。这种写法缺乏前人的"学术史"背景，像是在自说自话，也就不太像学术作品。但这是没办法的事。如果写论文都要有"学术史"依据的话，人类知识恐怕就不可能有实质性的拓展了。

当然，中国古史对战争的记载，可供研究的信息还是有的，比如对战争地点的记载一般比较准确，可以和现代的地名进行对照，确定其大体方位，结合自然地貌进行研究。比如山势，古今基本相同；河流和植被虽有所变化，结合《水经注》等文献也能基本复原出当时的情况。

中国史书的情况是这样。反观欧洲，从古希腊人希罗多德记录希波战争的《历史》开始，到《远征记》（色诺芬）、《伯罗奔尼撒战争史》、《亚历山大远征记》，一直有非常详尽的战史记载；再到古罗马诸史，包括恺撒自己写的《高卢战记》《内战记》，对于每一场大战双方的投入兵力、战场地理环境、两军营地和阵列的变动、战斗每一环节的变化，甚至一些战斗中的偶发事件，都记载得非常详尽。之后历经中世纪以至近现代，欧美积累的战史著作之多，任何其他文明都难以企及。所以，欧洲古代战争的很多战术细节，可以和中国的史料进行互证，帮助我们复原中国古代的战争细节。不过在这方面，西方的汉学家能起的作用很有限。因为他们阅读古汉语的能力往往不高，而中国古史中关于战争的细节记载，多需要在字里行间"细抠"，西方学者还难以胜任。日本学者治学比较细致，但多缺乏宏观视野，目前还没出现参照西方战争史还原中国战争的力作。

本书内容简介

本书标题"南北战争三百年"，指魏晋南北朝分裂时期南北政权之间的战争。但由于还要上溯秦汉，所以还包含了另一种形式的南北战争：中原王朝与北方游牧族之间的战争。在兵种、战争形态乃至民族关系方面，这两种战争形态又存在着某些相似性和密切的联系。

自东晋十六国至南北朝终结，中国经历了近三百年南北分裂（317—589年）。如果算上之前的三国分裂割据，就是近四百年了。这是自秦统一以来中国历史上最长的分裂时期。那么，南北割据局面形成的原因是什么？分裂局面何以能够持续三四百年时间？又是何种原因促成了隋朝的再度统一？本书划分为三编，从不同的角度讨论这些问题：

第一编，"骑射、冲击与军阵：步、骑兵战术的演变"。

本编分为步兵、骑兵两个部分，侧重还原古代步、骑兵种作战的特点和各种细节问题，以及两个兵种战斗力互为消长的关系。关于守城与攻城技术，在秦汉之后、火药兵器普及之前一直缺少变化，李约瑟的《中国科学技术史》中已有详尽研究，所以本书不做讨论。简言之，本书侧重研究冷兵器时代的陆地野战技术及兵种特征，时间段限为从先秦至隋唐易代之际。

关于步兵战术，本编主要讨论以队列为基础的步兵军阵作战方式，这种战术形式要求军事组织具有自上而下的、严格的权力结构，所以以步兵为主的社会具有较明显的集权化趋势。有人可能说：古希腊、罗马都是步兵为主的，他们怎么是民主社会？这话题很大，本书没法涉及，但我们只要注意一点：古希腊、罗马的民主制度也没维持太长时间，就自己演变成专制了，他们走向集权的动力，很大程度上也和军事需求有关。

和步兵相比，骑兵战术经历的变化、发展更多，大的脉络是：战国时期陆战以步兵为主，骑兵只能用弓箭充当辅助角色。最早的骑兵诞生于游牧族之中，其骑射、游击的战术形态与游牧族的松散权力结构有密切联系；但在骑兵兵种被引进到中原（或者说农耕社会）之后，需要适应中原军事体系的规范，探索新的战术形式。在西汉武帝对匈奴的战争中，骑兵开始被大量独立运用，并摸索出了用戟等短兵器进行冲击近战的经验。两汉之际到汉末三国，骑兵冲击近战的经验逐渐积累，并逐渐导致了马镫的发明（两晋之际），这些导致骑兵成为压倒步兵的陆战主力兵种。

　　骑兵是北方游牧族的主力兵种，所以北方民族也在学习中原的这种骑兵新战术（冲击肉搏的近战），使匈奴、羯胡等得以驱逐西晋王朝、入主中原。骑兵技战术的发展，正是形成这一历史变局的重要原因。但只有在强有力的集权军事体制下，统帅才能强制骑士们采用这种危险程度很高的冲击战术，所以北方民族要采用这种战术，就必须脱离原有的部落联盟的松散政体，建立集权政体。这是北方民族攻灭西晋、入主中原，建立起十六国和北朝政权的军事、政治基础。后世辽、金、元、清等北方民族兴起和占领中原（或者中原的一部分），其军事背景就在这里。

　　可见，本书在讨论骑、步兵战术的特点和发展时，重点关注的是社会、政权结构的影响。因为不同的社会政权结构能够利用的兵种、战术形式有很大不同，当某种兵种战术被"移植"到一个新的社会环境中时，其特征也会发生相应变化，以便适应新的社会环境与作战目标。

　　第二编，"南征与北伐：经典战例"。

　　本编首先关注军事（自然）地理层面：北方民族能够成功入主中原，却迟迟无法攻灭偏安江南的汉族政权，首要原因是中国南北方自然地理环境的差异。淮河、汉江以南是高温多雨的亚热带气候，地理环境上表现为水网丛林地貌，限制了骑兵的作战效能，加之长江天堑等因素，使得北方政权始终难以跨过长江、统一中国。

　　反之，缺少骑兵的南方军队在北伐时，也难以适应淮河以北的自然环境：第一，缺少畜力运输的南方军队更倚重内河航运，而北方河流稀少，且旱季缺水时更难通航；第二，平坦无遮蔽的北方平原便于北方骑兵驰骋，使南方步兵处于被动地位；第三，北方冬季的严寒使南方士兵难以适应，冬季结冰也使河流丧失了航运和作战屏障的作用。

以上自然地理环境方面的因素，造成了4—6世纪（东晋十六国、南北朝）南北政权的长期割据对峙，迟迟不能实现统一。至于三国时期的南北对立，除了北方政权的民族特征外，其他都和4—6世纪基本相同。4—6世纪南北分裂的局面持续得比三国时期要长，则是因为北方政权内部整合（即所谓"中原化"）的进程耗时较长所致。

本编集中讨论3—6世纪（三国至南北朝）四百年内若干场南北政权之间的重大战役，包括战前的战略决策、战争过程中的战役执行情况，以及各种现实因素对战局进程的影响。代表南方军队北伐战争的战例，是东晋桓温对前燕的北伐，刘裕对南燕、后秦的北伐；代表北方政权南伐及统一中国的战例，则是3世纪的西晋灭吴之战和6世纪的隋灭陈之战。本编主要从以下几个方面对战例进行探讨：

第一，考察政治文化因素对战争的影响。人类社会的阶级、民族区别和政权对立都曾是导致战争的原因，这在3—6世纪的南北战争中表现得极为明显。政治体中不同人群的利益驱动、精神追求更会决定战争的发动以及具体作战形式。例如东晋士族苟且、贪生怕死的作风，导致对北方战争长期处于被动局面；而以刘裕为代表的北府兵军人集团，则具有完全不同的精神风貌，这导致了桓温北伐与刘裕北伐的不同结局。此外，政权的组织形式、政治模式的区别，也导致战争动员程度、战术运用水平的差异，从而产生不同的战争和政治后果。

第二，地理环境因素对战争行为的制约作用。本编重点讨论长江在南北对峙中所起的地理阻隔作用，以及晋、隋统一战争如何克服长江天险；在桓温、刘裕北伐部分，本书也重点讨论南方北伐军队如何借助北方的河流和雨季，以及用人工开挖运河的方式进行军事运输。通过这些战例可见，高明的战略家会利用各种手段克服自然环境的约束，地理对政治、军事行为只有一定的影响作用，而不是决定因素。

第三，统帅意志、能力的影响，以及由此带来的历史发展的或然、不确定性。战争行为都遵循自上而下的指挥原则，所以最高统帅的意志、能力及对局势的判断会从根本上影响战局。战略决战的胜负则会直接导致政权的兴亡，由此带来宏观历史发展进程的转折。少数人的决策造成对社会的普遍影响，这是战争史与其他经济、文化、制度等专门史最大的不同。这个特点又带来历史发展的或然性、不确定性。许多影响历史进程的重大战争，成败往往由于统帅的一念之差而定。比如西晋灭吴之战，晋武帝司马炎指定的各战区统帅意见不一，如果司马炎、王濬对局势的判断稍有迟疑，都会导致伐吴之役中止，南北分裂的局面将继续下去。前秦试图攻灭东晋的战争，秦军本来占有绝对优势，但苻坚在淝水一战的决策失误，导致南北分裂的局面又持续下去。所以本编在探讨重大战争战役的进程时，试图摆脱各种决定论、先验论的约束，再现战事进程具体环节，以及当时可能出现的种种后果。只有梳理清楚这些，才能理解当时战争统帅决策的高明或者昏聩之处，并为当前的决策行为提供借鉴。

第三编，"成功转型与积重难返：南北朝的战争与政权"。

本编主要讨论南北朝时期战争与政权、民族、社会的关系，包括北魏政权的转型与战争模式的变迁；南朝的财政、政治与战争的关系。

4—6 世纪长期的对峙战争，和南北方政权形态有着密切关系，这集中表现在政权维持战争的形式上，包括骑兵、步兵、水兵等兵种的组建，兵员与战争物资的筹措，以及军事将领在政权中的地位等等。北方政权的建立者多出自游牧族（即使并非完全游牧的氐羌等西北民族，畜牧在其经济生活中也占较大比重），早期政权形态也保留着较多草原部落制特征。但如果北方政权试图将战线推进到淮河、汉江流域，必须以步兵为主力，采取稳定而持续的推进战略。这需要北方民族政权加强对中原汉地的统治，用中原的战争方式、资源维持对南战争，即北方政权形态实现从游牧族到"中原化"的转变。只有北方政权实现对中原的有效控制和管理之后，才能够对南方政权形成实质威胁。

在北魏道武帝拓跋珪刚刚驱逐后燕、入主中原时，还是以骑兵为主的游牧族作战方式，不擅长攻城，拓跋人也不擅长管理农业地区，导致战事旷日持久，对河北城乡造成了惨烈的破坏。随后数十年里，北魏逐渐积累了一些管理农业地区的经验，步兵数量和攻城技术有所提高，使得太武帝拓跋焘能攻灭周边的北燕、夏、北凉等政权。再几十年后，北魏更加习惯统治农业地区，又攻占了山东和河南北部。到魏孝文帝改革之后，北魏政权几乎全面汉化，兵种数量以步兵为主，所以战线南推到淮河—汉中一线。

后世的金、元、清等政权，向南扩张的程度，也与其对汉地统治的深度有直接关系。所以成吉思汗虽然西征万里，席卷大半个亚欧大陆，但未能深入中原，更不用说江南；而灭南宋占领整个中国，要到其孙子忽必烈时期，那时蒙古人对汉地的统治技术已经大大提高了。

南北战争对南方政权的影响也至关重要。在东晋一朝，军政权力往往被高层士族分割，多次形成长江上下游荆、扬两大战区的对立。这种内争与对北方战局的进程有密切关系。到南朝皇权振兴，士族政治终结，在对北方的战争中，又经常以对北方的某一战区为基础形成军人势力（集团），进而造成南朝的改朝换代或者帝位更替。南朝的皇权与军人势力始终在合作与对立之间徘徊，军人集团没能找到实现自身巩固与发展的政治、文化基础，而南朝社会的军事动员程度也未能发展到最高水准，最终只能由北方的隋政权实现统一。

战争与财政的关系比较密切，但在不同时期、不同政权的表现又不相同。只有在商品经济相对发达、货币化程度比较高的财政体系里，战争行为才会引起政府货币开支的急剧增加，使战争行为与财政行为的关系非常密切。如果缺少商品经济和货币财政，政府主要通过直接征发力役、兵役和各种实物维持战争，就不容易见到财政和战争的互动关系了。中国历史上，汉代财政的货币化程度比较高，所以东汉与羌人的三次战争，军费开支都有明确记载。从三国战乱开始，社会经济凋敝，北方的商品经济水平下降，货币在财政中的作用也越来越小。但江南地区财政的货币化程度一直超过北方，所以在南朝时期对北魏的历次战事，都带来了政府超发货币等财政后果。在后世，这个问题依然存在，如两宋与北方政权的战争中，南方宋政权的这种货币化财政与军事行动的关系同样密切，北方政权则不那么显著。

所以从这方面总结，江南一直是经济、财政进步趋势的代表，但可惜的是，这种进步特征未能带来军事上的优势，反而造成了政权对军事行动的承受能力下降，最终都是北方征服南方，带来社会经济的倒退。这是个比较大的题目，在本书中只能讨论南朝时期。

研究方法与目标

魏晋南北朝的割据战乱带来了无尽的杀戮与流离。这是古人与今人都不愿亲历的悲剧时代。但在这动荡过程中，社会、阶级在破坏与重组，民族在走向融合，整体历史也从混乱走向新的秩序。如果超越个体层面的生死别离，这一时期的南北战争也是一个观察中古时代的独特角度，尤其是社会在战乱冲突等"极端状态"下的特殊表现。通过总结4—6世纪南北战争，本书希望深化以下几个方面的研究和探讨：

第一，还原古代冷兵器战争的本来面貌。本书第一编对骑兵、步兵具体战术的讨论，如骑兵冲击作战的形式、步兵军阵的组织与作战原则等，便是希望通过零星的史料还原冷兵器战争原貌，使今人对中国古代战争的认识更加理性、真实。所以本书的冷兵器战术部分具有一些所谓"知识考古学"的味道。毋庸讳言，这些工作很大程度上以欧洲冷兵器时代的战史为参照。因为战争是基于人的体能与技术手段的血淋淋搏杀，现实而残酷，来自所谓不同"文明"的人在战场上相遇时，都只能表现出作为人的求生克敌本能，不再具有"文化"的多元性、封闭性和不可对话性等等。从这个层面说，战争也是人类诸种文明最基本的沟通途径，它无视人的生活方式、文化形态等种种差异，使其在竞技场上一决生死，蒙古大军的西征、近代的鸦片战争都可以作为例证。由于元以前中国古代的历史比较独立，与其他文明的直接冲突极少，用理性的手段对中国古代战争进行"祛魅"，实现中国历史与西方历史的沟通显得更有必要。

　　第二，探讨战争、战役背后的诸多制约因素。《史记》中赵奢批评其子赵括："兵，死地也，而括易言之。"战争的结局只有胜、败两种，最为简单，而影响战争胜败的因素却有无限多。战争与棋类游戏的不同，就是不可能用数学方法进行全面模拟。时间、地点、兵力、兵种、后勤、情报、疫病、将士的素养、士气、后方政务，乃至投诚、叛变等无穷多的变量，都对战事产生着实际影响。统帅的职责便是确保将这些变量尽可能地考虑周全，同时找出敌军统帅尚未注意到的新变量因素，从而将敌军击败。而史学研究最习惯的模式是"找原因"，在史料中搜寻确定极为有限的自变量和因变量，构建成因果关系的叙事。如果只限于理论讨论的话，任何研究领域的构建均可以自圆其说，但用简单的因果变量来分析战争难免流于"易言之"，成为纯粹的纸上谈兵。所以，本书第二编在讨论北方政权南征、南方政权北伐等战争个案时，不仅从时空（自然地理、季节）出发，还尽量从史料中搜寻影响战争进程的其他因素，从而剖析偶然性对实际战事的影响，探讨战争双方统帅意图的差异、这些意图在实际战役进程中的实现程度以及各自的应变措施。

　　第三，从战争的角度研究历史与社会。魏晋南北朝史料比较有限，目前史学界对这一时期的政治、制度、社会、经济、财政、文化等诸领域已经进行了深入研究，几乎已不存在尚未开垦的新领域。但如果从战争这个互动的、"活的"角度来观察，则能在原有的诸研究领域之外发现新的问题，且原来互不干涉的诸领域也因为战争发生了联系与互动。如本来魏晋南北朝的赋役、兵役制度已经积累了大量研究成果，但这些研究多是静态、平面和孤立的。本书第三编讨论北魏的军事动员问题，则侧重北魏的社会结构、军事需求与兵役制度的关系，以及实际战争导致的兵役制度的变迁；南朝军事动员部分则侧重讨论货币财政与对北战事的互动关系。再如本来学术界已经对马镫在战争中的作用进行了充分讨论，本书第一编分析骑兵战术转型与马镫的产生，则从中原与游牧族的权力结构来探讨骑兵战术的区别，中原的军事需求导致骑兵战术的转型和马镫的出现，以及游牧族为适应这种新骑兵战术而进行的政权模式转型。这就避免了单线的技术进化论、技术决定论研究模式。不同社会形态、政权结构进行战争的模式都有区别，而战争手段的变化也会造成政权与社会的转型。从这个角度可以获得历史研究的新视野，其适用范围不仅限于魏晋南北朝。同样，民族、阶级、文化等要素也一直与战争行为发生着互动，进行贯通古今与中西的研究将是大有可为的。

　　以上是本书的尝试创新之处。但由此造成的困难也显而易见：战争与人类社会的诸多层面都有复杂互动关系，而本书能够讨论的内容只能是有限的甚至是挂一漏万的。有些问题尚来不及讨论，比如战线上的南北民间交流，战争对民众生活的影响，战乱中的人们对于生命、死亡、生育的观念，以及当时道教、佛教的流行与战争的关系等等。这些都需要在以后的工作中弥补。

文献综述

　　关于南北战争的研究，按照本书所分的三个层面，史料数量并不均衡，学术界的研究数量也存在差别。由于本书涉及的内容比较庞杂，很多前人研究成果与观点将在正文各编中进行讨论，此处不一一罗列，只就主要史料与研究现状进行摘要说明。

兵种与战术层面：中国古代史籍对战争，特别是战役、战斗层面的直接描写较少，只有个别将领的传记中有零星记载，自宋代至清代的历史编纂、考据者，对这个问题也少有关注。中国古代的"兵法"多侧重战略问题，较少讨论战术层面，如军队的组织结构、军阵的队列原则、接敌作战的要领等等。这使得目前对古代战争史战术层面的研究成果并不太多，只是近几十年来出现的一些考古成果，才引发了关于兵种战术的讨论，主要是对出土的骑兵俑、马镫、马具装等骑兵造型和实物的分析讨论。如杨泓先生从相关考古材料出发，结合文献记载，对当时骑兵的装备、战术进行了充分研究，特别是对马镫在魏晋南北朝时期的发展、在军事上的意义做了详尽阐述。[1] 其他研究者也从考古材料出发进行了探讨。[2] 但总的来说，由于文献和考古材料的局限，战术问题的研究成果并不多。

除了正史、别史、类书中的零星记载，还有三本古代"兵书"值得注意：成书于战国后期的《六韬》，唐代的《大唐卫公李靖兵法》和明代戚继光的《纪效新书》。因为中国古代多数兵书都侧重探讨战略思想，而这三本兵书比较侧重讨论技术、战术层面的问题。后两本兵书虽是隋代以后的产物，但在探讨中国古代兵种战术变迁方面仍有

---

[1] 杨泓：《骑兵和甲骑具装》，《文物》1977 年第 10 期；《中国古代马具的发展和对外影响》，《文物》1984 年第 9 期；《骑兵和甲骑具装二论》，《华学》（第三辑），北京：紫禁城出版社，1998 年。

[2] 柳涵：《北朝的铠马骑俑》，《考古》1959 年第 2 期，第 97—100 页；陕西省文物管理委员会：《西安南郊草厂坡村北朝墓的发掘》，《考古》1959 年第 6 期；高至喜：《长沙两晋南朝隋墓发掘报告》，《考古学报》1959 年第 3 期，第 85 页；李庆发：《朝阳袁台子东晋壁画墓》，《文物》1984 年第 6 期；袁俊卿：《南京象山 5 号、6 号、7 号墓清理简报》，《文物》1972 年第 11 期；黎瑶渤：《辽宁北票县西官营子北燕冯素弗墓》，《文物》1973 年第 3 期；吉林省博物馆文物工作队：《吉林集安的两座高句丽墓》，《考古》1977 年第 2 期；张雪岩：《集安县两座高句丽积石墓的清理》，《考古》1979 年第 1 期。

重要意义。当然，三书也有不同:《六韬》采用的是姜太公和周文王、周武王问答的形式，但实际成书应在战国后期。它的内容比较庞杂，以讨论军队建制和战略战术为主，针对的是战国后期中原列国间的战争，描述的是作者心目中一支理想军队的构成、作战方式，但通过这些理想化的素材，仍可恢复战国末期战争的部分细节;[1]《纪效新书》与之相反，主要是戚继光对自己练兵、作战的经验总结，切中实际，另外，戚继光虽是明代人，与本书讨论的中古时代有一定距离，但戚继光时代的战争仍是以冷兵器为主，从中亦可归纳冷兵器战争的诸多特点;《大唐卫公李靖兵法》全书已经散佚，只能根据《通典》恢复部分内容，主要是步兵作战纪律与要领，也弥足珍贵。[2]

　　战略与战例层面:传世文献主要是历代正史，对当时战争的时间、地点、进程等多有记载。但对于每一场单独的战役则少有详尽记载，比如双方投入的兵力、兵种构成，统帅的作战意图，战场的地理形势和双方军队的展开方式，战役的详细过程等等，记载都很缺乏。而且由于传统正史的纪传体模式，关于一场战争的记叙往往分散在不同的传、纪甚至志中，加之在分裂时代，南北王朝各有正史，对同一场战争往往有不同记载。司马光编撰《资治通鉴》时将这些散见于不同篇章的史料进行了汇总、排序，这对于战争史研究有重要意义。不过《资治通鉴》并未全从战争史的角度分析、梳理这些史料，所以难免有疏误之处，加之对材料取舍的标准不同，也遗漏了一些正史中很重

---

[1]　《六韬》托名姜太公所作，长期以来被疑为伪书，但 1970 年代在山东临沂银雀山、河北省定县八角廊的西汉墓中都出土有《六韬》简，证明此书在西汉早期已经流行。参见本书第一章。

[2]　此书已经亡佚，但在《通典·兵志》中有一些引用。现存所谓《唐太宗与李靖问对》(简称《唐李问对》或《李靖问对》)，《旧唐书·经籍志》《新唐书·艺文志》都未著录。宋人何远、陈师道、邹博、吴鲁等人认为是宋人阮逸伪作。而《通典》所存《大唐卫公李靖兵法》则保留了唐人著述原貌，比较有价值，参见本书讨论步兵战术的章节。

要的战争记载。[1] 但在司马光时代尚有《十六国春秋》等现已亡佚的史书，所以《资治通鉴》中有些关于战事的记载不见于现存诸史，是其可贵之处。在正史之外，《艺文类聚》《太平御览》等唐宋类书也保存了一些与当时战争有关的珍贵史料。

在军事地理方面，北魏后期郦道元的《水经注》不仅记有大量的地理信息，也保存了当时人关于南北间战争的记载，对于战争史研究很有价值。在胡三省为《资治通鉴》所作的注中，有较多对地理方位的考辨，这对于研究当时的战争地理很有意义。此外，杜佑《通典·州郡志》、顾祖禹《读史方舆纪要》、历代地理志书和考史著作对军事地理研究亦多有借鉴意义。出土文献中关于战争的史料比较缺乏，如文字信息较多的魏晋南北朝墓志，往往只记叙志主的家世、官爵，但极少有对当时战争的记载。所以出土文献在这方面提供的帮助较少。

在军事地理研究方面当代学者已有较多研究成果。[2] 对中国古代战争史的综合性研究著作，首推台湾"三军大学"1972 年编著完成的《中国历代战争史》。[3] 此书编纂时间长，篇幅较大，对每一场战争、战役都有详细讨论，有较强的参考价值。但对于 4—6 世纪战争的研

---

[1]　比如 410 年，刘裕攻灭南燕政权之后，回师建康对付天师道武装，他从南燕战场带回了一支俘获的鲜卑"虎班具装"骑兵部队。但不知出于有意或无意，《资治通鉴》未载此事。参见杨泓：《骑兵和甲骑具装》。

[2]　如史念海：《论我国历史上东西对立的局面和南北对立的局面》，《中国历史地理论丛》1992 年第 1 辑；胡阿祥：《东晋南朝的守国形势——兼说中国历史上的南北对立》，《江海学刊》1998 年第 4 期；何荣昌：《略论六朝的江防》，《六朝论集》，合肥：黄山书社，1993 年；郭黎安：《六朝建都与军事重镇的分布》，《中国史研究》1999 年第 4 期；陈金凤：《魏晋南北朝中间地带研究》，天津：天津古籍出版社，2005 年。此外，还有历史地理方面的一些论著，也与当时的战争态势有直接关系。比如王鑫义：《东晋南北朝时期的淮河流域漕运》，《安徽史学》1999 年第 1 期；杨钧：《巢肥运河》，《地理学报》1958 年第 1 期；刘彩玉：《论肥水源与"江淮运河"》，《历史研究》1960 年第 3 期；马骐、高韵柏、周克来：《将军岭古"江淮运河"的考察及发现》，《长江水利史论文集》，南京：河海大学出版社，1990 年；郭天翔：《含山县的"三关""六口"》，《含山文史资料》（第三辑），政协含山县委员会出版，2007 年；嵇果煌：《中国三千年运河史》，北京：中国大百科全书出版社，2008 年。

[3]　台湾"三军大学"编：《中国历代战争史》，北京：军事译文出版社，1983 年。两晋南北朝部分在第五、六册。

究，该书还有不足之处：第一，缺乏对当时兵种、军事地理、后勤等专题问题的系统研究；第二，史实考辨仍未脱离《资治通鉴》的水平，对很多具体问题尚缺乏分析。1990 年代以来，中国大陆也出现了一些古代战争史研究著作，[1] 其中以《中国军事史·两晋南北朝军事史》较为详尽。与《中国历代战争史》相比，该书在军事制度、兵种发展等专题内容上借鉴了近年来史学界的研究成果，更有参考价值。但该书相比《中国历代战争史》，对具体战役的再现和分析不够详尽。

战争与政权层面：政权结构研究属于传统政治史范畴，在传世史料中数量最多，当代的研究成果也最多。如关于北方民族的政治形态的中原化问题（以往学者多用"汉化"或"封建化"概念），陈寅恪对十六国、北魏政权的汉化，关陇集团的产生都做过系统而精彩的论述。[2] 唐长孺、周一良、田余庆等学者亦对此问题有深入论述，[3] 东晋南朝政治形态以及不同阶级、地域的人群与当时政治的关系，史学界也已经有较多研究成果。[4] 还有西方学者借鉴人类学田野工作成

[1]　比如张文强：《中国魏晋南北朝军事史》，北京：人民出版社，1994 年；朱大渭、张文强：《中国军事通史·两晋南北朝军事史》，北京：军事科学出版社，1998 年。

[2]　万绳楠整理：《陈寅恪魏晋南北朝史讲演录》，合肥：黄山书社，1987 年。

[3]　唐长孺：《晋代北境各族"变乱"的性质及五胡政权在中国的统治》《拓跋国家的建立及其封建化》，均载《魏晋南北朝史论丛》，北京：中华书局，2011 年；周一良：《乞活考》《北朝的民族问题与民族政策》，均载《魏晋南北朝史论集》，北京：北京大学出版社，2010 年；田余庆：《拓跋史探》，北京：生活·读书·新知三联书店，2003 年。

[4]　如陈寅恪：《述东晋王导之功业》，《金明馆丛稿初编》，上海：上海古籍出版社，1980 年；周一良：《南朝境内之各种人及政府对待之政策》，《魏晋南北朝史论集》，北京：北京大学出版社，1997 年；田余庆：《东晋门阀政治》，北京：北京大学出版社，2005 年。另外还有诸多研究成果，如章义和：《地域集团与南朝政治》，上海：华东师范大学出版社，2002 年；韩树峰：《南北朝时期淮汉迤北的边境豪族》，北京：社会科学文献出版社，2003 年；郑敬高：《南朝的将门》，《华中师范大学学报》1987 年第 6 期；何德章：《宋孝武帝上台与南朝寒人之得势》，《西南师范大学学报》1990 年第 3 期；陈琳国：《论南朝襄阳的晚渡士族》，人大复印资料《魏晋南北朝隋唐史》1991 年第 9 期；罗新：《青徐豪族与宋齐政治》，《原学》（第一辑），北京：中国广播电视出版社，1994 年；张琳：《南朝时期的雍州中下层豪族》，《武汉大学学报》1997 年第 6 期；鲁力：《孝武帝诛竟陵王事与刘宋宗王镇边问题》，《武汉大学学报》2000 年第 5 期；安田二郎：《晋宋革命与雍州侨民》，《东洋史研究》第 42 卷 1 号。

果，用历史人类学的方法研究草原民族与中原的互动关系，[1]也是本书的重要讨论对象。所以在第三编中，对于前人已经有较多研究成果，且基本有定论的问题，比如东晋的门阀政治和荆扬之争，西魏—北周"关陇贵族集团"出将入相的特色等等，本书就不再涉及。

---

[1]　如［美］拉铁摩尔:《中国的亚洲内陆边疆》，唐晓峰译，南京:江苏人民出版社，2008年;［美］巴菲尔德:《危险的边疆:游牧帝国与中国》，袁剑译，南京:江苏人民出版社，2011年;［美］狄宇宙:《古代中国与其强邻:东亚历史上游牧力量的兴起》，贺严、高书文译，北京:中国社会科学出版社，2010年。

第一编
骑射、冲击与军阵：
步、骑兵战术的演变

本编分为六章，分别讨论中国古代骑兵、步兵的战术特点，以及这两个兵种在先秦到隋唐之际的发展。在4世纪初，北方民族凭借骑兵优势入主中原，分裂时期北方政权的骑兵优势也较为明显，所以骑兵和步兵两个兵种的实力对比、战术特点对南北战争造成了重要影响。

骑兵方面，第一至五章梳理了骑兵从战国到南北朝时期的战术发展过程：先秦到汉初，游牧族和中原的骑兵战术特点都是骑射和游击，不能充当主战角色，也无法击败步兵主力；到汉武帝时，中原骑兵为了对抗匈奴的骑射技术优势，开始采取冲击肉搏的战术，由此带来骑兵装备的变化。为了保障骑兵冲击时的稳定性，马鞍逐渐加高，最终在3、4世纪之交导致马镫出现，使骑兵能够最大限度地发挥冲击威力。这一轮骑兵战术革新发生在中原，但很快被北方民族学会，使他们获得了压倒中原的军事优势，这造成了西晋的崩溃和北方民族入主中原，以及之后延续近三百年的南北割据战争。

步兵方面，第六章讨论了冷兵器时代步兵最基本的战术特征：队列密集、移动缓慢的军阵作战。战国到汉初，骑兵尚未胜任冲击职能，陆战的主要形式是步兵主力军阵互相作战，这一时期步兵军阵的特点是近似"方阵"，正面窄而纵深大。在骑兵冲击战术逐渐普及完善之后，步兵军阵为了提高应对骑兵冲击的能力，以及便于从侧翼包围敌方步阵，开始加宽正面、缩小纵深，即方阵变得"扁平化"。此外，4—6世纪南方政权的步兵为了适应南方自然地理环境、对抗北方骑兵，也出现了一些独特的战术。

第一章　早期骑兵战术特征：骑射与游击

第一节　匈奴骑兵战术与其经济形态、社会结构的关系

最早的骑兵来源于游牧族的生活方式，中原政权组建骑兵的滥觞，则是战国中后期赵武灵王学习游牧族的"胡服骑射"。顾名思义，这种早期骑兵最重要的武器是弓箭，"骑射"是草原游牧族传统的狩猎技术和习惯战术，甚至是游牧族身份认同感的重要来源。冒顿单于在给汉文帝的信中，谈及他统一北方草原的功业，就骄傲地宣称："诸引弓之民，并为一家。"[1] 这不仅是战术问题，而且是与游牧族的生活形态密切相关。《史记·匈奴列传》保存了战国至西汉中叶包括匈奴在内的北方游牧族的珍贵史料，其中对游牧族战术素养的描述是：

> 儿能骑羊，引弓射鸟、鼠；少长，则射狐、兔：用为食。士力能弯弓，尽为甲骑。[2]

射猎本身就是匈奴等游牧族人经济生活的一部分，这直接影响了游牧者的战术形式。根据司马迁的记载，匈奴等草原民族采用单兵骑

---

[1]《史记》卷一百十《匈奴列传》，北京：中华书局，1982 年，第 2896 页。
[2]《史记·匈奴列传》，第 2879 页。另外参见林幹：《中国古代北方民族通论》，呼和浩特：内蒙古人民出版社，2007 年，第 74—77 页，"狩猎业成为练兵习战的手段"节。

射战术，几乎从不与敌军进行近距离的冲击肉搏作战：

> 其长兵则弓矢，短兵则刀鋋。利则进，不利则退，不羞遁
> 走。苟利所在，不知礼义。[1]
>
> 其攻战，斩首虏赐一卮酒，而所得卤获因以予之，得人以为
> 奴婢。故其战，人人自为趣利，善为诱兵以冒敌。故其见敌则逐
> 利，如鸟之集；其困败，则瓦解云散矣。[2]

游牧族的传统习惯战术是"骑射"而非冲击肉搏，这不仅有生活
习俗、战术层面的原因，也和草原游牧族缺乏中央集权有直接关系。
因为在飞驰的、无马镫的马上进行冲锋肉搏的近战，骑士的伤亡概率
很高，尤其是在对抗中原密集的步兵军阵时。只有严厉的军事纪律才
能强制士兵们投入肉搏作战，但草原上恰恰缺乏这种政治传统。拉铁
摩尔在《中国的亚洲内陆边疆》中已经发现，北方草原的权力趋于分
散，领袖对部属的权威和控制力远不如汉地，当游牧族部属对领袖失
去信赖，很容易带着畜群远走他乡。拉铁摩尔认为，这是游牧生活天
然具有的"移动性"所致。[3] 巴菲尔德在这方面进行了更深入的研究，
他对游牧帝国权力结构的总结是：

> 内陆亚洲游牧国家以"帝国联盟"的方式组织起来，它们在
> 对外事务上是像国家那样独裁的，但内部组织则是协商与联盟化
> 的……
>
> 在地方层面上，部落结构依旧维持自身形式，在权力来自于
> 自身民众支持而非帝国任命的部落酋长的统治之下。故而，在地

---

[1] 《史记·匈奴列传》，第 2879 页。
[2] 《史记·匈奴列传》，第 2892 页。
[3] [美] 拉铁摩尔：《中国的亚洲内陆边疆》，唐晓峰译，南京：江苏人民出版社，2008 年，
第 54—57 页。

方层面国家结构变化甚小，无法最终确保将草原上掳掠成性的当地人联合起来。……帝国政府垄断了对外及战争事务，使帝国在相关问题上作为一个整体而与其他力量讨价还价。[1]

巴菲尔德是从游牧社会与中原汉地的政治关系层面来论述的，并未聚焦到骑射战术这么微观的层面，但他的结论对于讨论游牧族战术仍有重要意义。狄宇宙专门考察匈奴帝国的权力体系，也得出了和巴菲尔德类似的结论：

> 很显然，在中国的政治家中存在着一种观点，认为单于的权力与中国的皇帝相比较而言，是非常有限的……
> 我们通过对汉王朝与匈奴外交关系的考察表明，从公元前198年到公元前133年期间，中国北部边疆地区不断遭受侵袭，因为在匈奴人的部落联盟中缺少一个绝对的权威，以确保贯彻落实和平条约的内容。[2]

狄宇宙也注意到了司马迁对匈奴骑射战术的描写，他认为，司马迁这种记载是出于一种道德上的不屑，和古希腊、罗马人对草原民族的描述如出一辙。[3] 本书则认为，这种骑射游击战术与游牧族松散的权力结构有直接联系：匈奴人骑射作战"利则进，不利则退，不羞遁走""见敌则逐利，如鸟之集；其困败，则瓦解云散"，参战动机是为了劫掠财物致富，来自单于的赏赐不过是象征性的一杯酒而已，首领对下属战士没有绝对权威，无法强制他们从事过于危险的行动，所以

---

[1] ［美］巴菲尔德：《危险的边疆：游牧帝国与中国》，袁剑译，南京：江苏人民出版社，2011年，第10—11页。

[2] ［美］狄宇宙：《古代中国与其强邻：东亚历史上游牧力量的兴起》，贺严、高书文译，北京：中国社会科学出版社，2010年，第265—266页。

[3] ［美］狄宇宙：《古代中国与其强邻：东亚历史上游牧力量的兴起》，第324—325页。

匈奴人从不与敌军进行硬碰硬的正面作战，也不会采用危险的肉搏冲击战术。从战国到汉代前期，游牧族从未与中原主力军队进行过正面大规模决战，也从未进行过对城池、堡垒的大规模攻坚战。[1]

反观中原，自春秋末年以来，步兵开始成为战场主力兵种，严格的纪律一直是步兵作战的基本原则，战术则是列成密集的队形，与敌军进行面对面的砍杀肉搏。孙武为吴王阖闾训练宫女"吴宫教战""三令五申"的故事，就是最早的典型例证。战国初期，中原列国通过变法运动，都确立了这种中央集权政治下的军事模式，军队是由国家财政供养的军事机器，战争行为是为了贯彻统治者的意志，军事统帅对士兵拥有绝对权威，可以命令士兵们投入哪怕是必死的肉搏作战。两相对照可以发现，匈奴等游牧族骑射、游击的战术形式，与其生活方式和社会权力结构有直接关系。

第二节　《六韬》中的战国骑兵战术原则

自战国中后期赵武灵王的"胡服骑射"改革以来，中原政权也学习游牧族战术组建了骑兵部队。骑兵和春秋时盛行的战车一样可以高速奔驰，对地形的适应性又高于战车，但当时骑兵尚无马镫，难以进行正面冲击作战，只能用弓箭射击，和战车的战术有很大区别，所以尚无法完全取代战车。《六韬·均兵篇》对车、骑兵战术特点进行了比较：

> 车者，军之羽翼也，所以陷坚陈，要强敌，遮走北也；骑者，

---

[1]　可参考林幹对西汉前期匈奴历次入塞劫掠的总结，见林幹：《匈奴史》，呼和浩特：内蒙古人民出版社，2007年，第12—13页。

军之伺候也，所以蹑败军，绝粮道，击便寇也。[1]

可见战车是用强攻手段直接冲击（"陷"）敌步兵主力军阵，或者截击（"要"）行军状态的强敌；而骑兵则主要负责侦察任务（"伺候"），依靠其机动性破坏敌军后勤运输（"绝粮道"），与敌较小规模的机动部队作战（"击便寇"）。车骑两者分工迥然有别。当然，两者的共同点是速度快，当敌军已经溃散奔逃时，两者都可以参与追击歼敌，但其任务详细区分起来仍有不同：战车"遮走北"，"遮"是从正面阻截；骑兵"蹑败军"，"蹑"是尾随于后，仍侧重追踪引导而非直接战斗。

《六韬》的《战车篇》和《战骑篇》分别列举了适合车、骑作战的"八胜之地""十胜之地"。此"地"不是狭义的地形，而是车、骑兵攻击敌军的各种时机和方式，即战术。《战骑篇》的"十胜"实际只列举了八种情况（条目序号为本书所加）：

（一）敌人始至，行陈未定，前后不属，陷其前骑，击其左右，敌人必走；

（二）敌人行陈整齐坚固，士卒欲斗，吾骑翼而勿去，或驰而往，或驰而来，其疾如风，其暴如雷，白昼如昏，数更旌旗，变易衣服，其军可克；

（三）敌人行陈不固，士卒不斗，薄其前后，猎其左右，翼而击之，敌人必惧；

（四）敌人暮欲归舍，三军恐骇，翼其两旁，疾击其后，薄

---

[1]　《六韬》，北京：中华书局，1971年，第38页。标点有改动。关于《六韬》目录版本学及考古方面的研究，参见张烈：《〈六韬〉的成书及其内容》，《历史研究》1981年第3期；韩立森：《定州西汉中山怀王墓竹简〈六韬〉的整理及其意义》，《文物》2001年第5期。本书分析《六韬》骑兵战术的特点，也认为《六韬》属于骑兵冲击战术出现之前的作品，反映的是战国后期的战术思想。

其垒口，无使得入，敌人必败。

（五）敌人无险阻保固，深入长驱，绝其粮路，敌人必饥；

（六）地平而易，四面见敌，车骑陷之，敌人必乱；

（七）敌人奔走，士卒散乱，或翼其两旁，或掩其前后，其将可擒；

（八）敌人暮返，其兵甚众，其行阵必乱，令我骑十而为队，百而为屯，车五而为聚，十而为群，多设旌旗，杂以强弩，或击其两旁，或绝其前后，敌将可虏。[1]

第一条是针对敌军步兵阵列还未排好时进行攻击。第二、三条针对的是敌军已经部署完毕的步阵。其他都是攻击在行军甚至逃跑中的敌人，以及骚扰敌后方，破坏粮运。值得注意的是，对敌人步兵，骑兵都是采用"薄""翼"的战术，即贴近敌军奔驰但不正面冲锋，同时射箭给敌军制造紧张气氛。因为步兵大量装备长柄兵器，如《六韬》所举万人之军中，有三千使用矛盾、戟盾的士兵，会部署在受敌军威胁最直接的方位。无马镫的弓箭骑兵直接冲击这种军阵，无异于自蹈死地。《六韬·战骑篇》列举了骑兵"九败"的情况，第一条就是攻击敌步阵，"凡以骑陷敌，而不能破陈，敌人佯走，以车骑返击我后，此骑之败地也"。可见骑兵贸然冲击步阵是很难获胜的。

特殊情况下，战国骑兵也可以冲击陷阵，但那是针对敌骑兵，而非队列严整的步兵，《六韬》骑兵"十胜"战术第一条，"陷其前骑"，攻击的是敌军骑兵，因为敌骑兵这时正在保护"行陈未定"的步兵，需将其驱逐，才能驱散正在列队的敌步兵。"十胜"的第二条，敌步兵"行陈整齐坚固，士卒欲斗"，是最难强攻的局面。此时骑兵的战术是对敌阵"翼而勿去，或驰而往，或驰而来"，靠马群快速奔驰制

---

[1]　《六韬》，第41页。

造巨大声势和尘土，"其疾如风，其暴如雷，白昼如昏"，以震骇敌步兵，使其丧失斗志而溃逃。但对于这种战术的效果，《六韬》作者只说"其军可克"，"可"表现一种可能性而非必然性，与其他诸条"必走""必惧""必败""必乱"的承诺完全不同。其实面对阵列严密的步兵，这种紧贴战术危险性很大，因为接近步阵的骑兵必然受到敌弩箭射击（《六韬》所举万人之军中，弓弩手有六千名），在奔驰的马背上不便发力，骑兵所用的弓远不如步兵弓弩射程远，战马作为射击目标也较大，而且步兵还能得到盾牌的保护。所以战国和秦汉之际，几乎没有单纯骑兵击败成建制主力步兵的战例。

第三节　秦汉之际的骑兵战例

赵武灵王改革以来，骑射战术被引进到中原。但骑兵对草原民族和中原政权的意义并不相同：草原民族只有骑兵；中原政权的主力是步兵，骑兵和战车兵都扮演步兵的辅助角色。此时骑兵在中原未能担负正面冲击职能，一方面是因为还没有马镫提供技术支持；战术习惯上的因循则是另一个原因，因为战国到汉初的骑兵很多都来源于游牧族，他们还保留着在故乡的战术习惯。在楚汉战争中，来自游牧族的楼烦骑兵就极为活跃："项王令壮士出挑战，汉有善骑射者楼烦，楚挑战三合，楼烦辄射杀之。"[1] 注引应劭曰："楼烦胡也，今楼烦县。"可见楼烦胡人以其骑射技艺在汉军中服役。汉军骑将灌婴斩、俘的战功里，也有很多"楼烦将"，可见秦军和楚军中也有很多楼烦骑士服役，且一直坚持着家乡的骑射技艺。

从秦汉之际战争的记载看，当时骑兵主要负担侦察、骚扰、破袭敌军粮道和后方等辅助性任务，作战的主要对象是敌军的骑兵及零散

---

[1] 《史记》卷七《项羽本纪》，第 328 页。

步兵，不能对抗敌主力步兵。这和《六韬》中的骑兵使用原则完全一致。下面主要总结刘邦在反秦战争及楚汉战争中组建、运用骑兵的过程，从而探讨这一时期骑兵的实战特点。

抗击敌骑兵的职能：《六韬·均兵篇》说骑兵的主要用途之一为"击便寇"，即与敌非主力的机动部队作战。在刘邦军队发展的初期，"便寇"主要是突然来袭的敌骑兵（有时也兼有车兵）。刘邦的骑兵部队和战术就是在与敌优势骑兵的对抗中逐渐形成的。在秦二世二年（前208年）刘邦起兵不久，在攻略到砀郡境内时就遭到了一支秦军车骑部队的攻击。《史记》载此战："是时秦将章邯……至砀。东阳宁君、沛公引兵西，与战萧西，不利。"[1] 当时章邯正带领秦军主力与陈胜所部作战，大概是出于对刘邦势力扩张的担心，章邯派车骑部队紧急北上迎击，刘邦军战斗失利退保留城：

> 又攻下邑以西，至虞，击章邯车骑。[2]

> 攻蒙、虞，取之。击章邯车骑，殿。[3]

《史记》注家对周勃的"殿"有不同解释，其中两说较有道理，一说"在军后曰殿"，一说"上功曰最，下功曰殿"。此战刘邦败退，周勃可能负责殿后阻击，任务虽然完成但有较大损失，所以评定为下等功。这应是以步兵为主的刘邦义军首次与敌成建制的车骑部队作战，受了挫折但未致全军覆没，也说明秦军车骑部队在没有步兵配合的情况下难以全歼敌军。

刘邦收拢败兵，再次攻击砀郡得手，征集到五六千人的队伍。此时刘邦部队中开始有骑兵的记载，应主要来自克砀郡后争取到的秦军

---

[1] 《史记》卷八《汉高祖本纪》，第352页。
[2] 《史记》卷五十四《曹相国世家》，第2021页。
[3] 《史记》卷五十七《绛侯周勃世家》，第2065页。

骑兵。不久他"闻项梁在薛，从骑百余往见之"[1]。可见此时刘邦只将骑兵作为自己的亲随保卫部队，部将靳歙以"中涓"之职为刘邦统领骑兵，而"中涓"本是内侍性质的官员，[2] 为刘邦驾车和统领战车的夏侯婴也是中涓之职。后来刘邦的骑兵部队称为"郎中骑兵"，也是贴身侍卫之意。这一时期，刘邦部属诸将应该也会俘获一些敌骑兵或战马，分散在各自军队中使用。

秦二世三年（前 207 年），刘邦受命西进入关。当转战到南阳时，"收军中马骑，与南阳守齮战犨东，破之"[3]。这是刘邦部队首次集中骑兵兵力作战，具体背景不详，可能遇到了比较强大的敌骑兵压力，也可能是集中骑兵进行奔袭。在随后入武关、蓝田的战斗中，靳歙率骑兵斩秦军"车司马二人，骑长一人"[4]，另斩首俘获士兵八十五人，可见是与秦车、骑兵作战。秦朝灭亡后，刘邦被项羽封为汉王，在汉中积蓄力量，对骑兵军队进行过整编，靳歙迁为骑都尉，另一位将领傅宽也迁为右骑将。刘邦和项羽决裂后北上攻击关中。这里是秦军故地，有一些车骑武装，樊哙在此时期曾担任"郎中骑将"，与故秦的车骑部队作战。骑都尉靳歙在占领关中的战争中也表现出色。

楚汉战争中，刘邦固守荥阳，受到了楚军大量骑兵的威胁。因为汉军粮食来源为黄河边的敖仓，距离荥阳城四十五里，这座粮仓成为楚军骑兵重点攻击的目标。刘邦迅速集中骑兵力量与敌骑会战，汉军中老资格的骑兵军官靳歙、傅宽都参加了这次战役。[5]《灌婴列传》

---

[1]　《史记·汉高祖本纪》，第 352 页。

[2]　《史记》卷一百三《万石张叔列传》，张守节《正义》引颜师古云："中涓，官名。居中而涓洁也。"如淳云："主通书谒出入命也。"（第 2763 页）

[3]　《史记·汉高祖本纪》，第 359 页。

[4]　《史记》卷九十八《傅靳蒯成列传》，第 2709 页。

[5]　仅从《灌婴列传》的引文，尚看不出双方此战争夺的是汉军粮储。但《傅宽传》云："从击项冠、周兰、龙且，所将卒斩骑将一人敖下。"（第 2707 页）可知骑兵会战正发生在敖仓之下。后来傅宽随韩信征齐时，与龙且、周兰骑兵又有激战。

记载：

> 军于荥阳。楚骑来众，汉王乃择军中可为骑将者，皆推故秦骑士重泉人李必、骆甲习骑兵，今为校尉，可为骑将。汉王欲拜之，必、甲曰："臣故秦民，恐军不信臣，臣愿得大王左右善骑者傅之。"灌婴虽少，然数力战，乃拜灌婴为中大夫，令李必、骆甲为左右校尉，将郎中骑兵击楚骑于荥阳东，大破之。

可见此前刘邦骑兵尚不习惯成建制集中作战。项楚骑兵的威胁是促使刘邦骑兵完成这一转变的关键因素。此次骑兵会战汉军仅达到了保卫粮仓的目的，但没有歼灭楚军骑兵主力。

破袭与略地作战：荥阳敖仓一战击退楚军骑兵后，汉骑兵迅速转入进攻，所用战术与楚军相同，即迂回到敌后方破坏其粮运。"受诏别击楚军后，绝其饷道，起阳武至襄邑。"[1] 楚汉之间大规模的骑兵会战，发生在汉王四年（前203年）韩信进占齐地时。当时刘邦、项羽主力对峙于荥阳，无法分身，只能派遣各自的骑兵赴齐地参战，于是发展为一场规模空前的骑兵大会战，齐车骑将军华毋伤，楚骑兵将领龙且、周兰都被杀或被俘获。汉军乘胜占领齐地。

汉军平齐后，项楚的东线暴露，所以汉军骑兵没有返回刘邦麾下，而是乘机长驱迂回，进入防御薄弱的楚腹地破坏项羽后方。靳歙和灌婴率骑兵进占鲁地，从东、西两路南下侵袭项楚后方核心地区（今江苏中北部），直至占领其都城彭城。[2] 当刘邦与项羽决战垓下时，汉骑兵主力北上与刘邦会合。项羽率少量骑兵突围后，灌婴骑兵穷追至乌江边，终于迫使项羽自杀。此后灌婴、靳歙两支骑兵部队分头袭掠长江流域，灌婴平定了下游的吴、会稽、豫章等郡（今江苏南

---

[1] 《史记》卷九十五《樊郦滕灌列传》，第2668页。
[2] 见《史记·傅靳蒯成列传》《樊郦滕灌列传》。

部、浙江及江西省），靳歙进占长江中游的江陵，平定南郡（今湖北省）。另外值得注意的是，虽然骑兵行军速度快，可以乘敌主力被歼灭之机迅速略地扩张，但仍缺乏攻坚手段。如汉军骑兵在垓下之战前就袭掠了鲁地，但当地人忠于项羽，仍坚守城池。直到汉军已获取项羽人头，当地人才出降。

从骑将灌婴等人的战功统计可见，其战果主要也是敌骑兵。如灌婴从起兵到汉初的战绩，累计斩、俘敌"楼烦将"二十人，[1] 骑将十五人、左右司马五人，都是骑兵军官，当然这些战绩也包括灌婴下属所获，并非都来自他本人。靳歙部在攻入咸阳之前，曾斩秦"骑千人将"一人、"车司马"二人、"骑长"一人；从汉中进攻关中时，所部斩"车司马、候各四人，骑长十二人"。后与韩信分路进军赵地，获战果"得骑将二人，车马二百五十匹"[2]。可见靳歙部的作战对象除了敌骑兵外，还有战车兵。

汉景帝三年（前154年），吴王刘濞为首发起"七国之乱"。吴国地处南方，缺少战马和骑兵，当时曾有人劝说吴王：从吴地北征要经过淮河与黄河间的广阔平原，而这种地形正适宜车骑部队作战，所以应该迅速穿过这个地带直取洛阳。但吴王没有接受这个建议，反而采用了步步推进的战略，长期围攻梁城不下。[3] 这一漏洞被前来平叛的太尉周亚夫利用，他一方面命汉主力步兵坚壁不出，牵制住吴军主力，同时"使轻骑兵弓高侯等绝吴楚兵后食道，吴兵乏粮……吴兵既饿，乃引而去。太尉出精兵追击，大破之"[4]。这是运用骑兵战术配合主力获胜的典型战例。另外，此战统帅汉军骑兵的是弓高侯韩颓当，

---

[1]　《史记·灌婴列传》集解引李奇曰："楼烦，县名，其人善骑射，故以名射士为'楼烦'，取其美称，未必楼烦人也。"张晏曰："楼烦，胡国名也。"（第2269页）按，不仅楚军中有楼烦将，汉军中也有，见本书前文。

[2]　以上见《史记·傅靳蒯成列传》，第2709—2710页。

[3]　《史记》卷一百六《吴王濞列传》。

[4]　《史记·绛侯周勃世家》，第2076页。

他是汉初叛逃到匈奴的韩王信之子，在匈奴生活多年后归汉。[1] 所以，战国到汉初骑兵战术与游牧族的区别较小。

---

[1] 《史记》卷九十三《韩信卢绾列传》、卷一百二十五《佞幸列传》。

第二章 汉匈战争与骑兵冲击战术的肇端

战国末到西汉初是中原骑兵发展的第一阶段，在此期间中原骑兵照搬了游牧族的"骑射"战术，同时结合中原以步兵为主力的特点，由骑兵承担侦察、警戒、破袭软目标等辅助性任务，形成步兵为主、骑兵为辅的格局。但在西汉对匈奴的远征中，汉军步兵难以派上用场，只能以骑兵为主力。为对抗骑射技术高超的匈奴骑兵，汉军骑兵开始尝试进行冲击作战，由此开始了骑兵战术的重大转型。

常彧已注意到，汉代画像石中有冲击、骑射两种职能的骑兵并存，他结合西方战史研究了两种骑兵的特点。[1] 但对于汉代骑兵究竟何时及为何采取新型的冲击战术，目前尚未有深入研究，本章就这个问题进行论述。

第一节 汉军与匈奴的战术区别及社会背景

从战国到汉初的战争主体都是中原政权，作战双方的兵种、战术手段、作战思想、后勤保障和战争动员形式都基本相同。本书将这种战争统称为"同态战争"，此时"同态战争"的基本特点是：

---

[1] 常彧：《汉画像石中"胡汉交战图"与两汉的突骑——两汉骑兵变革与中国古代骑兵分类》，《国学研究》（第二十八卷），北京：北京大学出版社，2011 年。

（一）兵种战术方面：以步兵为主力、车骑兵为辅助；

（二）后勤与动员方面：在后方向编户农民征收粮赋，转运到前线维持战争；

（三）作战思想方面：彻底消灭敌方兵力、统帅及政权，占有其土地和民众。

《六韬》全书反映的正是这种同态战争模式。西汉建立后，中原地区实现了统一与和平，这种"同态战争"趋于消失。但几乎同时，北方草原的匈奴族崛起。秦王朝时蒙恬北征占领河南地（河套地区），导致当时的匈奴族单于头曼"不胜秦，北徙"，后又乘秦末战乱、边防内敛之机南迁到河套内。其时正当刘邦项羽战争方酣，中原无暇北顾，头曼之子冒顿杀父夺权，四出征伐，迅速控制了从辽东绵延到河西、西域的广大地域，中原周边的游牧族、半游牧族如东胡、林胡、楼烦、白羊、西戎等都融汇到匈奴人当中，个别民族如大月氏、乌孙则被迫迁徙远遁。这是中国北方草原的第一个统一的游牧族王朝，几乎与刘邦汉王朝同步建立。

中原与草原王朝的初次相识以战争为开端。汉朝的开创者们能参照的，还是战国末期、秦王朝对游牧族攘外开边、分而治之的局面；冒顿单于靠骑射吞并诸多游牧族之后，也在想用同样的方式占领汉地。

双方间首次大战由韩王信叛汉投靠匈奴引发。首先，匈奴骑兵在晋阳城下与灌婴、公孙贺率领的汉车骑兵队遭遇，在汾河谷地遭受了一系列挫败，遂撤回代北草地（也可能是游牧族传统的佯败和诱敌深入战术）。刘邦率车骑兵快速追击到平城，却被匈奴骑兵主力围困在白登山长达七天之久，但匈奴也未贸然进攻，双方最终通过外交手段罢兵。此战之中，匈奴骑兵极大的机动性和不可捉摸性，给汉军带来了全新的观念冲击：敌一旦撤退就难以捕捉；汉军正在追击搜寻之际，敌主力却突然出现实施合围。另外，代北严寒的冬天汉军也难以适应，追击过程中有二三成士兵被冻掉了手指、脚趾。[1]

但对匈奴来说，汉军也是一个全新的、棘手的敌人。以往史家多站在刘邦汉朝的角度，认为白登被围、断粮七天已经是不可忍受的挫败，却未能从匈奴人的角度设身处地考虑：在已经合围汉军的情况下，为何不能顺势将其全歼？答案可能在于汉军习惯的密集步兵战术：即使刘邦身边的汉军大多是车骑部队，但面临匈奴合围时，他们也会采用步兵扎营、构筑壁垒的做法防范敌军突击，用阵地战抵消敌骑兵的机动优势。习惯于马上射箭的匈奴骑兵无法强攻汉军的壁垒，加之汉步兵主力正在赶来救援。擅长骑兵侦察的匈奴人肯定掌握了汉援军的动向，所以冒顿单于最终决定放刘邦等与其主力汇合，实有其不得已的原因。对匈奴骑兵来说，以步兵为主力的汉军是看得见、追得上、围得住，但就是咬不动、吃不下。双方都遇到了缺乏前例可循的"异态战争"，都在寻求解决之道。

在战术层面，中原的军事家对于匈奴"非正规"的骑兵游击战术并不陌生，因为赵武灵王"胡服骑射"改革已是学习游牧族战术。刘邦等汉初君臣面临的新问题，是冒顿单于刚刚建立了大一统的草原帝国，以往各游牧族互相劫掠混战的力量被整合起来，对中原形成强大的军事威胁。要理解这一威胁，就不能只看到来自草原的胡人骑兵，还要深入了解游牧民族的经济形态、生活方式。

匈奴人兼营游牧和狩猎以维持生计，"士力能弯弓，尽为甲骑"[2]，每个壮年男子都是天生的骑射战士，所以草原地区虽然地广人稀，总人口比农业地区少得多，但冒顿的匈奴帝国仍有"控弦之士三十余万"[3]。在刘邦的白登之围中，冒顿甚至集中了四十万骑兵。但在这种"全民皆兵"盛况的另一面是，匈奴人并不能一直维持这样庞

---

[1] 《史记·匈奴列传》，第 2894 页。
[2] 《史记·匈奴列传》，第 2879 页。
[3] 《史记·匈奴列传》，第 2890 页。

大的战斗力。庄稼生长规律造成了农业社会季节性的农忙、农闲生产周期。草原畜牧业也有自身的季节性周期：每年冬末到春季是马、牛、羊等各种牲畜集中产仔的季节，此时牧户都忙于为生产中的母畜接羔，还要将畜群从越冬地赶往春夏季牧场，让刚刚经历过严冬、变得瘦弱的牲畜吃到新草。这时多数牧民劳动力都要在牧场劳作，无法从军形成战斗力。只有到秋季之后，牲畜已经吃得肥壮，幼畜也基本长大，青壮年劳动力才能从牧场中脱身，集中起来听从首领召唤。所以匈奴人举兵的季节都在秋冬。《史记·匈奴列传》载匈奴习俗："岁正月，诸长小会单于庭，祠。五月，大会茏城，祭其先、天地、鬼神。秋，马肥，大会蹛林，课校人畜。"[1] 参加正月和五月集会的都是"诸长"即部族首领，但秋天的大会就是所有牧户都参加的盛大节日了。《集解》引《汉书音义》曰："匈奴秋社八月中皆会祭处。"从这时到翌年初春才是真正的"士力能弯弓，尽为甲骑"，草原帝国处在动员程度最高、对外威胁最强的阶段。

《史记·匈奴列传》又云："其俗：宽则随畜，因射猎禽兽为生业；急则人习战攻以侵伐，其天性也。"[2] 这个习俗宽急的背后，也是草原畜群的季节周期律。在秋冬季节集中起来的牧民会进行集体狩猎，这时的野兽和家畜一样正处在准备越冬阶段，肥壮且毛皮厚实，最有价值。有时，这种狩猎会集中数万骑士，围拢数百万猎物，规模之宏大不亚于一场白登之战。冒顿统一草原之后，这种大规模狩猎随时可以转变成对汉地的劫掠。汉文帝时，晁错向朝廷献守边备塞之计，他提到，游牧族经常流动到汉朝边境狩猎，一旦发现汉军戍卒不多，就立刻把狩猎变成侵略：

> 今使胡人数处转牧，行猎于塞下，或当燕、代，或当上郡、

---

[1] 《史记·匈奴列传》，第 2892 页。
[2] 《史记·匈奴列传》，第 2879 页。

北地、陇西，以候备塞之卒，卒少则入……[1]

汉初文帝、景帝时曾多次集结重兵防御匈奴，但每次主力赶到时，匈奴人早已饱掠而去。经过战国兼并战争、楚汉战争等等，中原王朝的战争机器已经习惯了对抗和自己兵种、战术完全相同的敌人，对这种狩猎和劫掠随时切换的生活—战争模式几乎无暇应对。晁错说："臣闻汉兴以来，胡虏数入边地，小入则小利，大入则大利"，正反映了这种无奈局面。但对于匈奴人活动的基本季节性，当时汉人也有所了解。比如此后不久晁错的另一个上书就说，由于汉文帝刚拒绝了与匈奴和亲的提议，这个秋天到冬天匈奴肯定会来进犯，应提前准备加以防范：

> 陛下绝匈奴不与和亲，臣窃意其冬来南也，壹大治，则终身创矣。欲立威者，始于折胶……（注引苏林曰："秋气至，胶可折，弓弩可用，匈奴常以为候而出军。"）[2]

对于游牧族在秋冬季发起战争的习惯，中原人越来越有深刻的认识。汉武帝时调任李广为右北平太守防御匈奴，诏书称："将军其率师东辕……以临右北平盛秋。"[3] 就是防范匈奴人在秋季发动袭击。到天汉二年（前99年），汉武帝派李广利、李陵分路出击匈奴，强弩都尉路博德负责接应李陵部。路博德不愿执行这个任务，遂上书称"方秋匈奴马肥，未可与战，臣愿留陵至春"[4]，待来春再行出击。但汉武帝否决了这个意见，命李陵部九月出发。这恰恰是匈奴人已经集中兵力的季节。李陵等行军一个月深入匈奴，果然被合围而全军覆没。汉宣

---

[1] 《汉书》卷四十九《晁错传》，北京：中华书局，1962年，第2289页。

[2] 《汉书·晁错传》，第2289页。

[3] 《汉书》卷五十四《李广传》，第2444页。

[4] 《汉书》卷五十四《李广传附李陵》，第2451页。

帝时，西部羌人与匈奴联络，准备起兵反汉，老将赵充国也向朝廷建言防备，不然"到秋马肥，变必起矣"[1]。伴随着对匈奴人战术熟悉的过程，汉军也在总结应对之道。

第二节　文帝到武帝：探索中原骑兵进攻战略

刘邦之后的汉文帝、景帝时期，汉朝北边地区一直受到匈奴人的劫掠危害。此时汉廷迫于连年战乱造成的经济凋敝，执行"休养生息"政策，无力主动进攻。但汉廷一直在寻找防范匈奴威胁的策略。汉文帝时，晁错针对匈奴的骑兵优势建言说：

> 险道倾仄，且驰且射，中国之骑弗与也；风雨罢劳，饥渴不困，中国之人弗与也：此匈奴之长技也。若夫平原易地，轻车突骑，则匈奴之众易挠乱也……[2]

晁错认为单纯比骑兵的马上射箭技术，汉军不如匈奴，但在平原地区（"易地"），可以用战车来冲击（"突"）敌骑兵。[3] 稍后他又说"平地通道，则以轻车、材官制之"，即用战车和弓弩步兵对付平原上的匈奴人。此外晁错还提到当时刚刚投奔汉朝的数千名"降胡义渠"，他们"饮食长技与匈奴同"，即熟悉骑射之术，应当发给他们最好的铠甲、弓矢和战马，让他们与汉步兵、战车配合作战，"两军相为表里，各用其长技，衡加之以众，此万全之术也"。这个上书获得了汉文帝的称赞和采纳。

---

[1] 《汉书》卷六十九《赵充国传》，第 2973 页。
[2] 《汉书·晁错传》，第 2281 页。
[3] 此处颜师古注曰："突骑，言其骁锐可用冲突敌人也。"即认为"突骑"是名词。这是用东汉以后的概念解释西汉初年的情况，不正确。

《汉书·匈奴传》赞（结束语）曰：

> 是以文帝中年，赫然发愤，遂躬戎服，亲御鞍马，从六郡良
> 家材力之士，驰射上林，讲习战陈…… [1]

这个描述已经包含了汉初军人的取舍标准：使用降胡骑兵的事情
出于华夏正统观念而被隐去了，战车也未被提及则是因为派不上用
场，旋即已被淘汰。当时对匈奴的军事行动仅限于被动防御，一般将
临时性集结驻防称为"军""屯"。文帝后元六年（前158年）冬，匈
奴大举犯边，汉军又一次大规模集结防备北边和京师，著名的"周
亚夫军细柳"就发生在此时。但被动防御效果甚微，匈奴兵始终不
曾与汉军战车和弓弩步兵正面交战，"单于留塞内月余乃去，汉逐出
塞即还，不能有所杀"[2]。景帝以公主与单于和亲，但匈奴入侵仍时有
发生。到汉武帝元光元年（前134年），还在遣"卫尉李广为骁骑将
军屯云中，中尉程不识为车骑将军屯雁门"[3]，驻防时间从冬季到六月
（当时汉朝尚以十月为岁首）。

　　汉武帝刘彻自十六岁即位之初，就在酝酿彻底解决匈奴威胁。比
起祖父汉文帝"亲御鞍马""驰射上林"的行为，武帝走得更远，他
甚至要直接学习匈奴人的战术。这方面曾起过重要作用的，是多年前
从匈奴返回的骑将韩颓当之孙韩嫣（即韩王信的曾孙）：

> 嫣者，弓高侯孽孙也。今上为胶东王时，嫣与上学书相爱。
> 及上为太子，愈益亲嫣。嫣善骑射，善佞。上即位，欲事伐匈
> 奴，而嫣先习胡兵，以故益尊贵，官至上大夫，赏赐拟于邓通。

---

[1]　《汉书》卷九十四下《匈奴传下》，第3831页。
[2]　《史记·匈奴列传》，第2901页。
[3]　《汉书》卷六《武帝纪》，第160页。

时嫣常与上卧起……[1]

除了熟悉匈奴战术的韩嫣，青年武帝还调名将李广为皇宫禁卫军官（未央卫尉）。李广此前已经担任过多年边郡太守，和匈奴作战经验丰富。李广的三个儿子也都随父入长安为郎，侍从在少年武帝身边："广子三人，曰当户、椒、敢，为郎。天子与韩嫣戏，嫣少不逊，当户击嫣，嫣走。于是天子以为勇。"[2]可见少年武帝与身边的少年侍卫们相处颇为随便。武帝从即位第三年开始，经常微服出游，他甚至为此特别组建了一支骑兵卫队"期门"军，大概韩嫣、李当户等人都参与其中：

> 初，建元三年，微行始出，北至池阳，西至黄山，南猎长杨，东游宜春，微行常用饮酎已。八九月中，与侍中常侍武骑及待诏陇西北地良家子能骑射者期诸殿门，故有"期门"之号自此始。[3]

这种游猎大概有对匈奴单于的模仿，特别是"八九月中"的时间，与匈奴人八月中"大会蹛林"的风俗颇相似。不久后，韩嫣就因得罪太后被处死，没能参与后来波澜壮阔的对匈奴战争。但这些少年人看似游戏的行为，却导致了汉军战略的重大转向：抛弃缓慢的步兵和适应性过低的战车，用单纯骑兵对匈奴发起主动进攻。

元光二年（前133年），汉武帝用马邑城诱使单于入境劫掠，准

---

[1]《史记·佞幸列传》，第3194页。这里有一处疑点，就是弓高侯韩颓当从匈奴归汉在汉文帝时，比武帝即位至少早了十余年。韩嫣与武帝年纪相仿，即使在祖父归汉时已经出生，也很年幼，不可能太熟悉胡人战术。"孽孙"身份可能与此有关，即韩嫣之父是颓当娶匈奴女子所生，当初未能随颓当一起归汉，因而韩嫣曾在匈奴中生活过较长时间。

[2]《史记》卷一百九《李将军列传》，第2876页。

[3]《汉书》卷六十五《东方朔传》，2847页。

备伏兵歼灭匈奴主力，但计划中途泄露，未获成功。[1]汉朝失去了一次绝佳机会。史载参与此次伏击的汉军共三十万之多，并提及"太仆公孙贺为轻车将军"，但未言其麾下的具体军种和数量。公孙贺以太仆之职任轻车将军，很容易让人联想起刘邦时的太仆夏侯婴统帅的战车兵。但四年后的元光六年（前129年）春，匈奴劫掠上谷郡，汉军遂发起白登之围以来对匈奴的首次大规模攻势。为了能追上匈奴骑兵，出击汉军全部是骑兵：

> 春，穿漕渠通渭。匈奴入上谷，杀略吏民。遣车骑将军卫青出上谷，骑将军公孙敖出代，轻车将军公孙贺出云中，骁骑将军李广出雁门。青至龙城，获首虏七百级。广、敖失师而还。[2]

据《史记·卫霍列传》，出击兵力为四将军"军各万骑"。可见诸路汉军全为骑兵。此时公孙贺的"轻车将军"或卫青的"车骑将军"都已经成了某种虚号，战车（轻车）已经完全退出战争舞台。关于此次出击的季节，《汉书·武帝纪》作"春"，《史记·匈奴传》作"秋"。根据《汉书·武帝纪》所载，这次出击是对匈奴春季入寇上谷的追击和报复，应当也是在春天。另外，卫青所部直指龙城，可能欲趁匈奴各族长在五月间大会龙城时一网打尽。但匈奴主力避开了卫青，致使其战果和损失都不大。李广、公孙敖两部则遇到匈奴主力，李广全军覆没，公孙敖损失七千骑兵。此次汉军失利形成的教训，就是应尽量集中使用骑兵兵力。以后汉军对匈奴的历次出击，主力部队都不少于

---

[1] 这个策略似乎是战国末期赵国名将李牧之计的翻版。据说李牧曾故意"大纵畜牧，人民满野"，吸引匈奴前来劫掠，一面偷偷埋伏下重兵，取得"大破杀匈奴十余万骑"的战果。但这个故事似乎经过了汉代人的改造加工。因为战国末期北方游牧族尚未形成统一政权，集结不起这么多兵力，当时的匈奴部也尚未崛起。见《史记》卷八十一《廉颇蔺相如列传附李牧》，第2450页。

[2] 《汉书·武帝纪》，第165页。此事《史记·卫将军骠骑列传》载为元光五年，见第2923页。但《汉书》的《武帝纪》、《卫青霍去病传》（见第2472页）皆为元光六年。

三万骑。

汉武帝朝对匈奴的大规模骑兵出击约有十四次，基本都在春夏季发起进攻，每次攻势持续的时间都不长，基本不超过三个月，王莽时人严尤说："前世伐胡，不过百日，非不欲久，势力不能"[1]，即受限于能携带的粮秣数量。有时春季的出击未发现匈奴主力，会在夏季发起第二次出击。这种季节性打击对匈奴牧民破坏性极大，因为春季很多母畜处在怀孕临产阶段，避难逃亡会使大量母畜堕胎，对匈奴人的影响无异于汉地庄稼的绝收：

> 汉兵深入穷追二十余年，匈奴孕重堕殰，罢极苦之。
> 师古注曰："孕重，怀任者也。堕，落也。殰，败也，音读。"[2]

颜师古对"殰"的解释未必正确，因为它可能是繁体"犊"（犊）的异写，"孕重堕犊"即牲畜因逃难奔跑而大量堕胎。军马一般是阉割的公马，所以主动出击的汉军无此困境。当然，刚度过严冬的马匹比较瘦弱，不适宜长途奔跑，汉军与匈奴都面临这个问题。但汉军可以通过技术手段解决：农业社会的汉朝有便于储存的粮食，可以在出征前对战马进行集中喂养恢复体能。元狩四年（前119年）春，汉军准备远征漠北的单于主力，就采用了"粟马"的措施，《汉书·匈奴传》颜师古注曰："以粟秣马也"，就是用未脱壳的小米喂马。为了这次规模空前的远征，汉军共"发十万骑，负私从马凡十四万匹"，成功捕获单于主力并予以击溃。[3] 除了这些外围保障措施，汉军的胜利更来源于卫青、霍去病对骑兵战术的创新。

---

[1] 《汉书·匈奴传》，第3825页。
[2] 《汉书·匈奴传》，第3781页。
[3] 《汉书·匈奴传》，第3769页。

第三节　卫青、霍去病的骑兵战术革新：从骑射到冲击

如数十年前的晁错所说，匈奴骑兵"险道倾仄，且驰且射，中国之骑弗与也"，在颠簸奔驰的马背上射箭是极高的技艺，需要经过多年经验才能练就。现代匈牙利马术师拉约什·考绍伊（Lajos Kassai）致力于恢复匈奴人的骑射技艺。他在练习无马镫骑马的初期极为痛苦，甚至因颠簸造成连续多日尿血。[1] 匈奴人"儿能骑羊，引弓射鸟鼠"，到壮年成长为骑射之士。汉军中只有少数投降的胡人，和李广这种世代生长在北方边郡、熟悉畜牧生活的人，才能在骑射方面与匈奴人比肩，但仅靠这些人是远远不够的。汉武帝于元光六年（前129年），第一次派大规模骑兵部队出击匈奴，但以惨败收场，四路共四万汉军损失近半，说明传统骑兵战术难以对抗匈奴。[2]

在后来的出击中，卫青迅速摸索出了新骑兵战术原则：不与匈奴人较量远距离骑射，而是把中原步兵惯用的正面冲锋战术移植过来，用肉搏战抵消掉匈奴人的骑射优势。

在稍早的中原战争中，已开始有骑兵冲击作战的尝试。如项羽垓下战败后，率骑士突围南逃，最后仅有二十八骑追随项羽，汉军五千骑兵紧追其后，将其合围，项羽等仍成功冲开了汉骑兵的包围。因为当时骑兵并不习惯正面短兵交战，但项羽此举也是鱼死网破的最后挣扎，并非当时惯例。最后他转战到吴江边，决心进行短兵肉搏时，还是"令骑皆下马步行，持短兵接战"，终于自刎而死。[3]

汉初另一次骑兵突击的壮举是在汉景帝七国之乱时，灌夫决心为战死的父亲报仇，与数十名家奴骑马"被甲持戟……驰入吴军，至吴

---

[1] 见［英］约翰·曼：《上帝之鞭阿提拉》，谢焕译，北京：国际文化出版公司，2008年，第68页。

[2] 即前文元光六年（前129年）之战，公孙贺、李广部惨败，卫青部没有损失，同时取得"首虏七百级"的战功。但这七百首级和俘虏未必都是匈奴战士，其中很多应是碰巧遭遇到的匈奴牧民。

[3] 《史记·项羽本纪》，第334—336页。

将麾下，所杀伤数十人。不得前，复驰还，走入汉壁，皆亡其奴，独与一骑归。夫身中大创十余"。灌夫事后称"吾益知吴壁中曲折"，可见此次壮举是在吴"壁"即军营中，而非在两军正式列阵交战之时。他和十余名骑兵能够冲进敌军壁垒，大概是利用了吴军守门士兵的疏忽，营壁中的吴兵猝不及防，陷入混乱，灌夫的十余骑最后也只有两人返回。这种骑马而用短兵（戟）冲击敌军的行为，在当时几乎绝无仅有，所以灌夫"以此名闻天下"[1]。

卫青指挥的对匈奴战争，就是要推广这种原来比较少见的冲击战术。当然，匈奴人也未必愿意与汉军进行近战肉搏，[2] 所以对于汉军指挥者来说，取胜关键正在于用奇袭切断匈奴军后路，缩小可供敌骑驰骋的战场范围，使其骑射优势无法发挥，从而迫使敌进入近距离肉搏战，这要靠汉军将领对战机的把握。从卫青、霍去病指挥的对匈奴战役看，他们成功抓住了运用冲击战术的时机。

战例一：在元朔五年（前124年）春，汉军对匈奴的第四次出击中，卫青带领的三万骑兵成功绕过匈奴人的前哨，乘夜间合围了匈奴右贤王所部，从而将匈奴人擅长的追逐骑射变成了短兵肉搏。右贤王带数百骑突围逃走，其余"右贤裨王十余人，众男女万五千余人，畜数千百万"都被汉军俘获。[3] 这是汉军以骑兵冲击战术对匈奴主力的首次胜利，卫青也因此被授予"大将军"之号。

战例二：元狩二年（前121年），霍去病指挥了对匈奴的第七次远征。此行汉军骑兵万人出陇西向西北，直指匈奴西道。史书未记载此战具体过程，但抄录了汉武帝嘉奖霍去病将士的诏书："转

---

[1]　以上见《史记》卷一百七《魏其武安侯列传》，第2846页。
[2]　古德里奇（C. S. Goodrich）在讨论孙家村汉画像石时，也怀疑匈奴人是否配合汉军的这种战术，但他未能注意《史记》等文献中的相关战例记载。见 Chauncey S. Goodrich, "The Saddles of the Bronze Horses of Lei-t'ai", *Journal of the American Oriental Society*, Vol. 106, No. 1, Sinological Studies Dedicated to Edward H. Schafer (Jan. – Mar., 1986), p. 47。
[3]　《史记》卷一百十一《卫将军骠骑列传》，第2925页。

战六日，过焉支山千有余里，合短兵，杀折兰王，斩卢胡王，诛全甲，执浑邪王子及相国、都尉，首虏八千余级"[1]，这里"合短兵"明确指出霍去病采取的战术，是和匈奴短兵相接的白刃肉搏战，连用"杀""斩""诛"三个动词，也在宣扬汉军用的是短兵而非弓箭。在汉廷和汉军将士看来，这种短兵肉搏战显然比骑射更富于勇武精神。至此，中原骑兵已经超越了战国以来惯用的骑射战术，同时也具有了独立作战的战略职能。

战例三：汉军对匈奴最大的一次远征，在元狩四年（前119年），卫青、霍去病各率五万骑兵出击，搜寻远在漠北的单于主力。匈奴人侦悉了汉军动向，单于决定乘其远来疲惫予以全歼。事实证明这是一个错误的决策：两军相遇后，卫青"纵五千骑往当匈奴。匈奴亦纵可万骑"，双方骑兵展开决战。当时已近黄昏，"会日且入，大风起，沙砾击面，两军不相见，汉益纵左右翼绕单于"，两军在暗夜和风沙中展开混战，"时已昏，汉匈奴相纷挐，杀伤大当"。《史记正义》引《三苍解诂》云："纷挐，相牵也。"即双方军队胶着混战，厮杀肉搏从马背打到了地面上。暗夜和近距离肉搏使匈奴人的骑射技艺无从发挥。第二天清晨汉军统计战果时，"捕斩首虏万余级"，单于则乘夜脱逃。[2] 同时，霍去病所部与匈奴左贤王部遭遇，斩首更多达七万余级，但具体作战过程不详。匈奴此后几乎无力再侵犯汉朝边境，而汉军已完全掌握战争主动权，继续对匈奴进行远袭打击。

战例四：征和三年（前90年），汉军三路出击匈奴，其中御史大夫商丘成率三万余汉军，在班师途中被三万匈奴骑兵追上，双方激战九日，汉军仍旧采用骑兵正面冲击"陷阵"的战术，杀伤大量匈奴兵，终于将其击退。[3]

---

[1] 《史记·卫将军骠骑列传》，第2929—2930页。
[2] 《史记·卫将军骠骑列传》，第2935页。
[3] 《汉书·武帝纪》云商丘成所部为二万人（第209页），《汉书·匈奴传》则为三万（第3778页）。未知孰是。

由于《史记》等文献对当时战争少有正面描写，许多战术细节的复原只能求诸考古材料和后世文献。战术转型首先带来了骑兵武器的变化：长戟取代弓箭成为汉军骑兵的作战兵器。长戟是秦汉步兵的普遍装备，所以这种技术移植比较便捷。在没有马镫的情况下，用长戟冲刺敌人可能将自己也顶下马背，但这对敌人造成的损失毕竟更大。关于中原骑兵与游牧骑兵作战的具体细节，在东汉画像石中能找到一些参考。比如山东孙家村、孝堂山画像石表现的，正是用戟和弓箭的骑士互相作战的场景。在孙家村画像石中，一名持戟的骑士正在刺死一名持弓箭骑士。研究者认为，持弓箭者的尖顶帽代表了草原游牧族的典型装束，而持戟者的铠甲则是中原骑兵造型。[1]（见图1）值得注意的是，山东的汉代画像石中，这种持戟骑士正在刺死尖顶帽弓箭骑士的场景多次出现，其构图风格也基本相似，说明时人十分重视这种战术的威力。[2]

图1　孙家村汉代画像石

（[日]林巳奈夫：《汉代の文物》，京都：京都大学人文科学研究所，
1976年，图版10-22）

---

[1] Goodrich, "The Saddles of the Bronze Horses of Lei-t'ai", p. 47.

[2] 参见俞伟超主编：《中国画像石全集》（第2卷），济南：山东美术出版社，2000年，图版102、140、219，都是这种骑士以戟杀敌的"胡汉交战图"题材。

孝堂山画像石表现的战争场面更大。以所用兵器和战斗形势来看：左方的骑士中持弓箭者四人，持戟者至少五人；右边的骑士可辨认者三人皆持弓箭，另有至少三人已战死或正在被杀（被左方一位持长戟骑士刺死），且右边骑士身后还有大量徒步持弓箭者。另外，右方步、骑兵都戴尖顶帽，一位身份较高的人物旁边还有"胡王"二字榜题。故左边骑士应为中原军队，右边则为匈奴等北方民族。[1] 这和孙家村等画像石一样，都代表了中原骑兵用长戟和冲击战术击败草原骑兵的战斗场面。另外，这些汉画像石中的骑兵都是没有马镫的。[2]

耐人寻味的是，卫、霍二人针对匈奴人优势开创这种全新战术，和他们并不熟悉马背游牧生活、也未曾熟练掌握骑射技艺有直接关系。在参与对匈奴战争之前，卫青、霍去病都没有太多军事素养和战争实践，他们很大程度上是作为外戚受武帝重用。卫青年少时曾为主人平阳侯夫妇充当"骑奴"，这是他仅有的作为骑兵的训练；武帝还曾让霍去病学习"孙吴兵法"，但霍去病回答："顾方略何如耳，不至学古兵法。"[3] 缺少"传统"的包袱拖累，恰恰是他们创新的优势所在。

---

[1] 林巳奈夫没认定孝堂山画像石中汉军骑兵使用的是戟，他描述为"长枪上有一个向一侧伸出的枝杈"，认为汉军以此来钩住匈奴骑兵。见 [日] 林巳奈夫：《刻在石头上的世界：画像石述说的古代中国的生活和思想》，唐利国译，北京：商务印书馆，2010 年，第 90—91 页。孝堂山画像石清晰拓片，见俞伟超主编：《中国画像石全集》（第 1 卷），济南：山东美术出版社，2000 年，图版 43。

[2] 探讨西汉骑兵，还有很重要的考古材料是咸阳杨家湾汉墓出土的兵马俑。只是该墓的具体年代难以确定，且骑兵的兵器已大都无存，所以难以做出定论。杨家湾军阵骑兵俑有大小两种类型，都无马镫；小型俑的骑兵多背箭囊，可能使用弓箭作战；大型俑则不见兵器存留，有研究者推测是用矛戟等近战兵器，且大型俑占了 583 件骑兵俑中的大部分。参见陕西省文管会、博物馆，咸阳市博物馆杨家湾汉墓发掘小组：《咸阳杨家湾汉墓发掘简报》，《文物》1977 年第 10 期；白建钢：《西汉步、骑兵种初探》，《西北大学学报》（哲学社会科学版）1986 年第 1 期。本书认为，如果大型骑兵俑确实是使用近战兵器，则这座墓应属于骑兵冲击战术盛行（即武帝中后期）以后。

[3] 《史记·卫将军骠骑列传》，第 2939 页。

第四节　再论李广与李陵

与卫、霍二人的成功形成鲜明对照的，则是一代名将李广的失意。

李广出身军人世家，其先祖李信在秦灭六国时为将，曾俘获燕太子丹。李广家传射箭技艺。《汉书·艺文志》甚至著录有《李将军射法》三篇。射箭技艺几乎是李广平生唯一的爱好：

> 广为人长，猿臂，其善射亦天性也。虽其子孙他人学者，莫能及广。广讷口少言，与人居则画地为军陈，射阔狭以饮。专以射为戏，竟死。[1]

此外，《史记》还记载了李广在战争中诸多几近神勇的骑射表现，比如带百骑深入匈奴，连射（死伤）三名"射雕者"，然后面对数千名增援的匈奴骑兵，李广"与十余骑奔射杀胡白马将"[2]，带领部属安然返回军营。甚至在他受伤被俘之后，还能寻机夺取匈奴战马、射杀追兵而归。

李广平生对匈奴作战多次，未立大功反而数次覆军败绩，其实原因正在于此：他太重视发挥自己骑射的特长，而没有想到，多数汉军将士并没有他或者匈奴骑士们这种骑射天性，他们更需要一位能够带领他们找到敌人弱点的统帅。在李广带领百骑远出追击"射雕者"的那一次，他丢下了自己的大军独行在外一天一夜，"平旦，李广乃归其大军。大军不知广所之，故弗从"。可以想象，统帅走失的一整天里这支军队处境是多么危险。元光六年（前 129 年）出击匈奴，李广部一万骑兵全军覆没，他本身受伤被俘后逃脱。这次惨败很可能也是由他个人英雄色彩的率先出击和被俘而引发。

---

[1]　《史记·李将军列传》，第 2872 页。
[2]　《史记·李将军列传》，第 2869 页。

李广并非不知道冲击战术对匈奴作战的效果。元狩二年（前 121年），他带四千骑兵深入匈奴，被左贤王的四万骑兵包围："广军士皆恐，广乃使其子敢往驰之，敢独与数十骑驰直贯敌骑，出其左右而还，告广曰：'胡虏易与耳！' 军士乃安。"[1] 但李广只将其作为一种鼓舞士气的举措，仍旧坚持与匈奴人对射的战术，直到全军几乎损失殆尽，杀敌数量也基本持平，所幸博望侯张骞率主力赶到，李广才避免了再次被俘的命运。

李广统帅军队依靠的是他自己的个人魅力，而非严整的军令纪律：

> 广行无部伍行阵，就善水草屯，舍止，人人自便，不击刁斗以自卫，莫府省约文书籍事，然亦远斥候，未尝遇害。……李广军极简易，然虏卒犯之，无以禁也。而其士卒亦佚乐，咸乐为之死。[2]

这种轻松随意的组织风格，很容易让人联想起"见敌则逐利，如鸟之集；其困败，则瓦解云散"的匈奴人。作为和匈奴相邻的陇西边地居民，李广确实和他们有很多神似之处：骑射驰逐，行留无羁。[3] 当卫青、霍去病已经做出表率、几乎所有汉军骑兵都接受了步兵坚忍、血腥的冲锋肉搏战术时，李广仍旧迷恋着他已经艺术化的骑射本领，不甘忍受军事纪律和组织的约束，最终以失利自杀结束了其充满争议的一生。司马迁的《史记》对李广极为推崇，而对卫青、霍去病的战

---

[1] 《史记·李将军列传》，第 2873 页。

[2] 《史记·李将军列传》，第 2869—2870 页。

[3] 狄宇宙也注意到了李广这种与匈奴人类似的生活、战争模式，但他认为是李广从敌人匈奴那里学来的，本书则认为是李广作为陇西边地居民（草原与农耕过渡地带）的固有特征。拉铁摩尔曾指出：汉—匈边疆地带（或者说农耕—草原过渡地带）的人群兼具两方的特征，并往往在双方之间的冲突和交流中起到重要作用。见 [美] 狄宇宙：《古代中国与其强邻：东亚历史上游牧力量的兴起》，第 320、325 页；[美] 拉铁摩尔：《中国的亚洲内陆边疆》，第 280—378 页。

绩记载并不详细，且对二人颇多微词，这因为李广家族和卫、霍家族有仇，而司马迁与李广家族有些渊源。[1] 所以司马迁对李广的同情和推崇，几乎遮蔽了卫、霍骑兵战术创新的功劳，以至中国军事史上的这次革命性转型几乎少有人注意，本书借助零星史料和考古材料，也仅能做出部分复原。

在汉匈战争中，一次纯粹骑兵与步兵之间的战役也值得讨论，因为它证明了匈奴人的优势骑兵仍难以对付汉军的正规步兵。这就是李广的孙子李陵出居延塞之战。

天汉二年（前99年）秋，李陵率五千步卒出居延塞，行军一个月至匈奴腹地，与单于主力数万人发生激战，李陵军且战且退，至距汉塞百余里处兵败，几乎全军覆没。这次战役是汉匈战争中一个很反常的个案：（一）出击时间是最有利于匈奴人作战的秋季，而非汉军习惯的春夏季节；（二）仅有五千步兵而无骑兵。由于史书记载简略，汉军进行这次战役的动机，今天已无法全面知晓了。但这次战役反映了一个非常明显的特点，就是匈奴骑兵并不善于和汉军步兵正面交锋：李陵五千步兵弓箭手，携带五十万支箭（人均配备一百支），深入匈奴之后遭到单于主力围攻，汉军以辎重大车为掩护，"前行持戟盾，后行持弓弩"，逐步后撤。单于始则轻敌，决心将其一举歼灭，先后调集十多万骑兵进行围攻，但一直难以成功。李陵军苦战多日之后，终因箭尽粮绝而溃败，但取得了杀敌万余名的战绩。[2] 当时匈奴骑兵只射箭而不会冲锋肉搏，李陵军队又具有极强的纪律性，才形成鏖战多日的局面。到魏晋南北朝时期，骑兵已普遍采用冲击战术，对步兵占据了绝对优势地位，就再不可能有这种情况了。

拉铁摩尔从权力结构来观察北方游牧族和中原的差异，他认为松

---

[1] 参见姚大力：《谈古论今第一人：司马迁和他的〈史记〉》，《读史的智慧》，上海：复旦大学出版社，2010年，第21页。

[2] 《汉书·李广传附李陵》，第2451—2456页。

散的政权组织导致游牧族无法管理农业地区，所以对入主中原缺乏兴趣："从理论上来说，匈奴能够征服中原，并加以统治，但是游牧民族并不具备完成这一任务的行政结构，也不想让他们有限的军队派去进行一系列阵地战，他们更宁愿劫掠中原。"[1] 但通过以上分析我们可以说，在汉代，匈奴人的弓箭骑兵尚不足以与中原的主力军队进行决战（尤其是在汉地），更不可能全面占领中原。

---

[1]　［美］拉铁摩尔:《中国的亚洲内陆边疆》，第 88 页。

第三章　骑兵冲击战术的发展期
（东汉到西晋）

　　经过汉武帝、宣帝时对匈奴的大规模战争，汉军骑兵战术逐渐从骑射向冲击转变。西汉骑兵面临的主要对手是擅长骑射的匈奴游牧族骑兵，到王莽、刘秀时期的内战中，参战各方都是以步兵为主力的中原军队，这和秦末大起义到刘邦建汉的战争很相似。但不同的是，两汉之交的骑兵已经继承了对匈奴战争中摸索出来的冲击战术经验，并开始尝试用这种战术对中原步兵作战。所以在新莽末、东汉初的战争中骑兵的重要性上升，运用也更为广泛。到东汉末军阀混战和三国时期的割据战争，骑兵对步兵的冲击战术运用更广。关于这一时期骑兵在战争中应用的记载，主要集中在《后汉书》对刘秀及其部下诸功臣的记载。但可惜的是《后汉书》对东汉战争的记载非常简略且程式化，所幸东汉末年的战争有《三国志》和裴松之注，材料稍为翔实。本章主要利用《后汉书》和《三国志》探讨东汉初到三国时期骑兵战术的特点。[1]

---

[1]　参见臧嵘:《上谷渔阳骑兵在刘秀征战中的作用》,《河北学刊》1984 年第 3 期;刘勇:
　　　《东汉幽州突骑述略》,《首都师范大学学报》1998 年第 5 期。

第一节　刘秀时代的"突骑"作战

刘秀骑兵的来源

刘秀起兵初期所部多是步兵。因为他们起兵的南阳是内地农耕地区，并非战马产地，又不受北方匈奴威胁，西汉在这里征发的都是材官（步兵弓箭手）。到刘秀集团进入河北地区时，才征发北方边郡渔阳、上谷两郡骑兵，组建了自己的骑兵武装。为刘秀争取上谷、渔阳两地骑兵的，主要是吴汉和耿弇二人。吴汉是南阳人，本是刘秀乡党，但王莽时浪迹在渔阳郡一带，"以贩马自业，往来燕、蓟间，所至皆交结豪杰"[1]；耿弇则因为其父耿况在王莽时曾担任上谷郡太守（此职务王莽时改名为"朔调连率"），在当地较有人脉。当时，王郎割据邯郸对抗更始帝和刘秀。吴汉和耿弇借助渔阳、上谷人对王郎的敌意，将其郡属骑兵招致刘秀麾下。当时两郡出兵的数量是"各发突骑二千匹，步兵千人"，这四千骑兵、二千步兵在南下投奔刘秀的路上，就已经取得了"所过击斩王郎大将、九卿、校尉以下四百余级，得印绶百二十五，节二，斩首三万级"的战绩，[2]战果大得有点惊人，不过东汉末时曾有"破贼文书，旧以一为十"的惯例，[3]很可能刘秀时代就有这种风气了。

对这支投奔自己的骑兵，刘秀十分重视。当时他正与邯郸王郎作战，双方都夸耀上谷、渔阳骑兵会倒向自己一方。上谷长史景丹带骑兵赶到时，刘秀不禁感慨"何意二郡良为吾来！"[4]李贤注引《续汉书》载："时上使汉等将突骑，扬兵戏马，立骑驰环邯郸城，乃围之。"[5]可见这支突骑在当时具有极大的震慑力。刘秀部属诸将也很重

---

[1]　《后汉书》卷十八《吴汉传》，北京：中华书局，1965 年，第 675 页。

[2]　《后汉书》卷十九《耿弇传》，第 704 页。

[3]　参见《三国志》卷十一《魏书·国渊传》，北京：中华书局，1982 年，第 339 页。

[4]　《后汉书》卷二十二《景丹传》，第 772 页。

[5]　《后汉书·吴汉传》，第 676 页。

视这支新来的骑兵，都希望能多分一些给自己："诸将人人多请之"。
在击败王郎后，刘秀开始与更始帝决裂，又派吴汉、耿弇到幽州征调
了更多的突骑。他试图争取更始帝派来的将军马武，也向其试探：
"吾得渔阳、上谷突骑，欲令将军将之，何如？"由此获得马武的
归附。[1]

刘秀时代骑兵的战术职能

刘秀与其他割据武装的战争中，骑兵仍旧负担着战国和刘邦时代
的传统任务，就是袭扰敌军后方，破坏其粮运。与河北的铜马势力作
战时，吴汉所部骑兵就担负了这一任务：

> 吴汉将突骑来会清阳。贼数挑战，光武坚营自守；有出卤掠
> 者，辄击取之。绝其粮道，积月余日，贼食尽，夜遁去，追至馆
> 陶，大破之。[2]

击败这支铜马军后，刘秀紧接着攻击另一支"五校"武装，五校
向北逃遁。刘秀接受了部属陈俊的建议，派骑兵快速迂回到五校败
军的前方进行坚壁清野，"视人保壁坚完者，敕令固守；放散在野者，
因掠取之。贼至无所得，遂散败"[3]。当然，不止刘秀一方会使用这种
骑兵战术。建武四年（28 年），刘秀派马武进攻河南的周建、苏茂武
装时，敌军也用骑兵袭击了马武军队的粮运，诱使马武主力前往救援
并将其击败。[4]

除了传统的骚扰、破袭战术，刘秀骑兵还负担起了一种全新的职

---

[1]《后汉书》卷二十二《马武传》，第 784 页。

[2]《后汉书》卷一《光武帝纪上》，第 17 页。

[3]《后汉书》卷十八《陈俊传》，第 690 页。

[4]《后汉书》卷二十《王霸传》："苏茂……先遣精骑遮击马武军粮，武往救之。建从城中
出兵夹击武，武……为茂、建所败。"（第 736 页）

能：冲击敌步兵主力。《后汉书》中，刘秀的骑兵习称"突骑"，可能就和这个新职能有关。比如景丹带两郡突骑投奔刘秀不久，就参与了刘秀对王郎的战斗。王郎步兵主力先强攻进刘秀军营垒中，造成刘秀步兵溃散，这时：

> 丹等纵突骑击，大破之，追奔十余里，死伤者从横。丹还，世祖谓曰："吾闻突骑天下精兵，今乃见其战，乐可言邪？"[1]

骑兵打击步兵主力并取胜的战例，这是史书记载中比较早的一次。刘秀起兵已经数年，似乎也极少见到骑兵击败步兵的壮举，才会有此感叹。不过，当时马镫尚未出现，骑兵强行冲击时自身的落马风险也比较大。刘秀骑兵能取得如此辉煌的战绩，和对方步兵缺乏训练、素质低下有关。比如耿弇刚获悉王郎起兵时说："归发突骑以轥乌合之众，如摧枯折腐耳！"[2]王郎等河北武装大都是乘乱世而起的草寇，缺乏严格的组织和训练，面对奔驰而来、声势浩大的骑兵时很容易作鸟兽散。

当时骑兵如何使用冲击战术，《华阳国志》中有一处记载比较具体。刘秀派吴汉、臧宫入蜀灭公孙述，决战成都城下。双方步兵主力进行了几乎一整天漫长的对峙，其间发生过数次交战：

> ……自旦至日中，（公孙述军）饥不得食，倦不得息。日昃后，述兵败。汉骑士高午以戟刺述，中头，即坠马，叩心者数十。人都知是述，前取其首。[3]

---

[1] 《后汉书·景丹传》仅云"汉军退却"，注引《续汉书》曰"贼迎击上营，得上鼓车辎重数乘"（第772页），证明刘秀军营被强行攻破，但当时刘秀步兵主力不知是在营垒中据守，还是在营外列成军阵作战。

[2] 《后汉书·耿弇传》，第704页。

[3] 《华阳国志》卷五，建武十一年，北京：中华书局，1985年，第67页。

可见在一天的苦战后，公孙述兵败退，吴汉的骑兵乘机冲击刺死公孙述。《后汉书》对此战的记载作："汉使护军高午、唐邯将数万锐卒击之。述兵败走，高午奔陈刺述，杀之。"[1]"奔陈"即驰马冲入敌军阵中，和《史记》刘邦时代的"陷阵（陈）"同义。这种骑兵用戟冲击敌军的做法当时已经颇为普遍。灭公孙述之前，汉军耿弇、马武等进攻陇西隗嚣政权，初战失利被隗嚣军追击，"（马）武选精骑还为后拒，身被甲持戟奔击，杀数千人，嚣兵乃退"[2]。武威雷台东汉末期墓中出土的铜战马骑兵有执戟和矛两种，刘秀时骑兵则未见有用矛的记载，说明矛在东汉时期骑兵中推广较晚。

值得注意的是，对公孙述和隗嚣的这两次战斗中，骑兵都是很晚才派上用场：公孙述军已经发生溃败时，骑兵才发起冲击解决战斗；而汉军与隗嚣的首战骑兵也没有参与，只是在被敌军追击急迫时才发起反冲击。这也说明当时骑兵强攻步兵主力仍有相当的难度和危险，所以一般选择在敌步兵已经作战较长时间，军阵队列松动的时候，才从侧翼或后方发起攻击。因为骑兵的优势在于速度，冲击敌军战斗力最强的正面比较危险，却可以选择敌军比较薄弱的侧、后方进行突破，达到冲散敌队列的目的。再如刘秀军与河北的彭宠作战时，彭宠主力据守河流挡住汉军正面，同时"别发轻骑三千袭其后"，大败汉军。[3]建武四年，周建、苏茂军乘胜攻击马武，与马武同行的王霸"乃开营后，出精骑袭其背。茂、建前后受敌，惊乱败走"，为马武解除了威胁。[4]

但在具体战斗中，何时用突骑发起冲击是一个技术性很强的问题，并没有一定之规，全在统帅的临机运用。吴汉等进攻周建、苏茂武装时，因为周、苏兵力远多于吴汉军，对汉军形成合围态势，且

[1]《后汉书·吴汉传》，第 682 页
[2]《后汉书·马武传》，第 785 页。
[3]《后汉书·彭宠传》，第 504 页。
[4]《后汉书·王霸传》，第 736 页。

周、苏骑兵力量较强，此前曾击败过刘秀军。吴汉遂挑选了最精锐的步兵四部（数量不详）和"乌桓突骑"三千余人，发起破釜沉舟式的突袭。清晨两军对阵之初，吴汉"躬被甲拔戟"，带领步、骑兵同时发起猛攻，周、苏军旋即溃败。[1] 这是用步兵、骑兵同时发起进攻，以先声夺人的气势压倒对手。但耿弇在进攻山东的张步武装时，则采取了固守城池，同时用骑兵牵制、骚扰敌军的战术，他给刘秀的信中陈述的策略是"臣据临淄，深堑高垒，张步从剧县来攻，疲劳饥渴，欲进，诱而攻之；欲去，随而击之……"[2] 耿弇与张步属下的一支军队遭遇时，汉军突骑曾准备攻击这支敌军，但耿弇担心此举会惊动敌军主力，"突骑欲纵，弇恐挫其锋，令（张）步不敢进"，遂暂时退到城内，待张步主力全部赶来攻城时，耿弇"自引精兵以横突步陈于东城下，大破之"[3]。这是用诱敌深入的策略吸引敌主力前来，但"横突"说明汉骑兵仍是从敌防御较为薄弱的侧面进行突破的。刘秀与河北武装作战时，吴汉"常将突骑五千为军锋，数先登陷陈"，但发起冲击的具体条件则不得而知了。[4]

骑兵冲击的技术困难

东汉初年马镫尚未出现，骑兵在高速奔驰和用戟冲刺敌军时，能够依托的只有稍微高起的鞍桥，很容易从马背上跌下。吴汉与苏茂、周建作战时，曾"将轻骑迎，与之战，不利，堕马伤膝"[5]；刘秀的另一位骑兵军官耿纯，在与王郎作战时也"堕马折肩"，一度因伤重将

---

[1]　《后汉书·马武传》及注引《续汉书》，第 579 页。

[2]　《后汉书·耿弇传》注引《袁山松书》，第 710 页。

[3]　以上见《后汉书·耿弇传》，第 710—711 页。

[4]　《后汉书·吴汉传》，第 678 页。"陷陈"即陷阵。但"先登"本意是攻城时首先冲上敌城墙，骑兵是不可能完成这个任务的。可能因为"先登""陷阵"都是刘邦时代的记功专用术语，后人遂不加区分，杂糅使用。

[5]　《后汉书·吴汉传》，第 679 页。

指挥权交予其从弟。[1] 除了冲击时的危险，没有马镫的另一个麻烦是
上马不便，特别当骑手穿上较重的铠甲后。还在战国末时，老将廉颇
为了向赵王显示自己尚有战斗力，就表演了"一饭斗米，肉十斤，被
甲上马，以示尚可用"[2]。东汉初，刘秀准备征讨南方五溪蛮，擅长指
挥骑兵的马援主动请战，也向刘秀作了这种展示：

> 时年六十二，帝愍其老，未许之。援自请曰："臣尚能被甲
> 上马。"帝令试之。援据鞍顾眄，以示可用。帝笑曰："矍铄哉
> 是翁也！"[3]

和廉颇时代不同的是，东汉初的骑兵负担冲击任务较多，为了
保障骑手的稳定性，马鞍鞍桥已经增高了不少，[4] 上马的难度更大了，
一般需要他人协助才能顺利上马。刘秀与河北武装作战时曾被击败，
逃命时落马，"遇突骑王丰，下马授光武，光武抚其肩而上"[5]。刘秀
此时尚是更始政权中的一名将领，尚未自立称帝，这里特意写"抚其
肩"，应不是表达帝王式的感恩，而是只有扶着王丰肩头才容易上马，
也是因为当时尚未发明马镫之故。

在东汉中期，中原长期处在承平之中，北方的鲜卑、乌桓、北匈
奴和西方的羌人时有叛乱，但汉廷主要靠征发边地胡人骑兵平叛，具
体战术则不得而知。有时汉廷也调发内地士兵和马匹参战，但这些士
兵平时不一定受过马上战斗训练，很可能是骑马到达战区后，仍下马
列队以步兵战术参战。比如东汉安帝元初六年（119 年）：

---

[1] 《后汉书》卷二十一《耿纯传》，第 763 页。
[2] 《史记·廉颇蔺相如列传》，第 2448 页。
[3] 《后汉书》卷二十四《马援传》，第 842—843 页。
[4] 参见杨泓和古德里奇对马鞍形制的讨论。见杨泓：《骑兵和甲骑具装》，《文物》1977
    年第 10 期；Goodrich, "The Saddles of the Bronze Horses of Lei-t'ai"。
[5] 《后汉书·光武帝纪上》，建武元年春正月，第 19 页。

> 鲜卑入马城塞，杀长吏，度辽将军邓遵发积射士三千人……
> 又发积射士三千人，马三千匹，诣度辽营屯守。[1]

这里的"积射士"是内地各郡提供的弓弩步兵，与西汉的"材官"同义，并没有骑射的战术训练，马应是为其代步之用。这种情况还可以联想到汉武帝天汉二年（前99年），李陵带领五千名弓箭步兵深入匈奴的战例。当时汉军战马紧缺，李陵求战心切，遂步行深入匈奴。如果他们能够获得足够的战马，应当也是做行军代步之用。

第二节　汉末三国骑兵冲击战术的强化

骑兵将领的涌现

东汉灵帝死后，外戚何进试图诛杀宦官，引起宫廷内战，边将董卓被招入洛阳，由此引发全面内战，经历二十余年军阀割据混战，方进入三国鼎立时期。这一过程和秦末、王莽末年的大战乱基本相似，参战各方兵种以步兵为主。但和以往不同的是，这一时期骑兵对步兵进行冲击的战术运用更为广泛，已经取得了对步兵的技术优势。骑兵从此不再是陆战的辅助力量，职能也不再局限于战术性的侦察、袭扰和追击，而是成为和步兵一起决定陆战胜负的主力兵种。

汉末到三国的战争中，伴随骑兵成为陆战主力的是一代名将的崛起，他们特别擅长骑马冲击作战，经常冲杀在战场第一线。回首此前的战争，我们很少能找到以亲自披甲上阵、与敌军肉搏血战而著称的将帅。因为在从战国到东汉的战争中步兵都是战斗主力，将帅的主要职能是用旗鼓等方式指挥步兵方阵以适当的方式移动接敌，很少有机会亲身投入到徒步的搏杀当中。而骑兵主要采用骑射战术，骑兵军官

---

[1]　《后汉书》卷九十《乌桓鲜卑传》，第 2987 页。

即使愿意亲自出击（如李广），也不会和敌军直接交手肉搏。但当骑兵冲击步兵的战术广泛采用后，将帅骑马亲自参战的几率就大大增加了。因为骑兵冲锋速度快，高速奔驰的队列不能沿用步兵的指挥方式，[1] 所以骑兵统帅只能亲自参与冲锋，以便随时指挥高速运动的部属，普通骑兵则随时观察和追随统帅的旗帜，以此实现骑兵部队的统一行动。其实，这种高速集群作战方式在春秋时期的车战中已经非常普遍，因为高速战车同样需要统帅冲锋在前，以身作则进行"示范式"的指挥。所以我们可以看到，春秋列国的君主、统帅频频出现在战场搏杀的第一线，伤亡或者被俘的情况都不少见。六百余年之后，随着战马再次成为战场主角，这种场面又频频出现在三国战场，历史由此进入了另一个马背上的"英雄时代"。

当然，并非汉末三国时期的所有军事统帅（或者说割据势力的军阀）都是合格的骑兵军官。他们大体分两种情况：一种出身承平时期的文官系统，如曹操、袁绍、袁术、刘表等人，后来即使成为统帅也较少亲自参加战斗；另一种则出自基层军官，比如孙坚、吕布、公孙瓒、马超等人，经常骑马冲杀在战场第一线。不过这也和个人风格有关，比如公孙瓒地位升高后就较少亲自作战，而孙策、孙权兄弟即使已经成为统帅或皇帝，也依旧保持着亲自冲锋陷阵的习惯。

汉末三国骑兵冲击的战例

为了便于冲击作战，东汉末骑兵的普遍装备已经是长矛而不是戟。[2] 内战爆发前，公孙瓒与鲜卑骑兵的一次遭遇战，可以让人重温汉军骑兵与游牧族激战的场景：

---

[1] 参见本书关于步兵作战部分。

[2] 戟本是矛和戈的结合，当戟刺中对手时，横向的戈刃会造成阻碍，反作用力可能将戟手顶下战马。参见后章关于马槊的讨论。

瓒……尝从数十骑出行塞，见鲜卑数百骑，瓒乃退入空亭中，约其从骑曰："今不冲之，则死尽矣。"瓒乃自持矛，两头施刃，驰出刺胡，杀伤数十人，亦亡其从骑半，遂得免。鲜卑惩艾，后不敢复入塞。[1]

东汉末的大规模内战中，骑兵将领之间的马上肉搏战也时有发生。比如吕布与董卓旧部郭汜的一场战斗，两将约定单独决战："汜、布乃独共对战，布以矛刺中汜，汜后骑遂前救汜，汜、布遂各两罢。"[2] 另一场决斗发生在马超和阎行之间，"行尝刺超，矛折，因以折矛挝超项，几杀之"[3]。值得注意的是，郭汜、马超、阎行都是关西军人：马超是右扶风人，郭汜张掖人，阎行金城人，似乎这种骑士单打独斗的风气在西部比较盛行。[4]

当时骑兵战斗更多发生在对步兵作战中。和东汉初期相比，这一时期骑兵对步兵军阵的威胁性更大，往往无须等待步兵军阵出现松动，或者步阵没有明显的薄弱方面时，骑兵都会对步兵军阵发起强行冲击。如吕布到河北投奔袁绍后，一起进攻张燕武装：

（张）燕精兵万余，骑数千匹。布常御良马，号曰赤菟，能驰城飞堑，与其健将成廉、魏越等数十骑驰突燕阵，一日或至三四，皆斩首而出。连战十余日，遂破燕军。[5]

值得注意的是，吕布每次冲击所率骑兵数量并不多。这种冲击的主要意义不在于杀伤多少敌人，而是冲断敌步阵的队列和指挥序

[1]《三国志》卷八《魏书·公孙瓒传》，第 239 页。
[2]《三国志》卷七《魏书·吕布传》，裴注引《英雄记》，第 220 页。
[3]《三国志》卷十五《魏书·刘馥传》，裴注引《魏略》，第 475 页。
[4] 另外，从董卓之乱和败亡后其部下诸将的举动无措可以看出，当时关西将领普遍政治素质较低。直到三国后期和西晋统一，关西都没有形成独立的割据势力。
[5]《后汉书》卷七十五《吕布传》，第 2445 页。

列，从精神上打击震慑敌军，制造混乱，从而为己方主力发起总攻创造条件。曹操征讨关西诸将时试图渡过渭河建立营地，筑营军队也遭到了马超骑兵的这种冲击："公军每渡渭，辄为超骑所冲突，营不得立。"[1] 关羽斩袁绍部将颜良之战，也是骑兵冲击步兵军阵的经典战例："羽望见良麾盖，策马刺良于万众之中，斩其首还，绍诸将莫能当者。"[2] 此战颜良虽可能骑马，但关羽必须冲开敌步兵密集的队列才能接近颜良，所以也可以视为骑兵对步阵的成功冲击作战。另外，关羽动作为"刺"，则说明所用武器是长矛，而非演义小说中的"青龙偃月刀"。

面对骑兵日益强化的冲击作战职能，东汉末的步兵也在寻求应对之道。这方面并没有太新奇的兵器和战术，步兵对抗骑兵的最关键要素，还是其传统的军阵战术：密集的队列和坚忍的纪律。初平三年（192 年）公孙瓒和袁绍争夺冀州的战争，就是一次典型的骑兵与步兵对决。公孙瓒一直控制幽州，有北方的乌桓杂胡骑兵可用，且公孙瓒本人一直擅长骑兵战术。袁绍刚刚占据冀州，缺乏骑兵，所部多是弓箭步兵。[3] 公孙瓒军在开战前的军阵格局是：

> 瓒步兵三万余人为方陈，骑为两翼，左右各五千余匹，白马义从为中坚，亦分作两校，左射右，右射左，旌旗铠甲，光照天地。[4]

公孙瓒骑兵在接战之前先射箭压制敌军，说明当时骑兵负担冲击职能的同时并未放弃传统的射箭战术。"左射右，右射左"应当是公

---

[1] 《三国志》卷一《魏书·武帝纪》，裴注引《曹瞒传》，第 36 页。
[2] 《三国志》卷三十六《蜀书·关羽传》，第 939 页。
[3] 前年（初平元年，190 年），关东州郡起兵讨伐董卓，冀州派出的军队就是"强弩万张"，当时控制冀州的尚是韩馥而非袁绍。参见《三国志》卷六《魏书·袁绍传》，第 193 页。
[4] 《三国志·魏书·袁绍传》，裴注引《英雄记》，第 194 页。

孙瓒的右翼射击袁绍军左翼、左翼射击袁军右翼。[1] 袁绍军的应战策略是：

> 绍令麹义以八百兵为先登，强弩千张夹承之，绍自以步兵数万结陈于后。义久在凉州，晓习羌斗，兵皆骁锐，瓒见其兵少，便放骑欲陵蹈之…… [2]

麹义的八百"先登"[3] 和一千强弩兵配置在袁绍主力步兵之前。公孙瓒遂试图先消灭这支突出的小部队，"放骑欲陵蹈之"，指用骑兵冲击和踩踏步兵，这已是当时标准的冲击战术。麹义步兵在以前与羌人的战斗中，已经积累了应对骑兵冲击的战术：先靠盾牌防御敌军的箭雨，待敌骑冲近时再发起冲锋，弩手同时向敌骑射击，"义兵皆伏盾下不动，未至数十步，乃同时俱起，扬尘大叫，直前冲突，强弩雷发，所中必倒，临阵斩……甲首千余级。瓒军败绩，步骑奔走，不复还营"。终于挫败公孙瓒骑兵的冲击。这个战例说明当时步兵并非不能对抗骑兵的冲击，但要靠严格的纪律和多次战斗的锻炼，还有指挥者选择战机、鼓舞士气的素质。[4]

---

[1] 这种将步兵主力配置在中央、骑兵布置在两翼的阵型，在二十四年前的建宁元年（168 年），段颎率汉军对羌人作战时也曾采用过，当时"颎乃令军中张镞利刃，长矛三重，挟以强弩，列轻骑为左右翼"。步兵靠密集的长矛和弓弩防范敌骑兵冲击，而将己方的骑兵配置在两翼以便发挥其机动性。当战斗开始后，段颎先以步兵军阵冲向羌军，吸引其注意力，然后"驰骑于傍，突而击之，房众大溃"，即用骑兵对敌侧翼实施突然打击，从而使敌军阵溃散。见《后汉书》卷六十五《段颎传》，第2149 页。

[2] 《三国志·魏书·袁绍传》，裴注引《英雄记》，第 194 页。

[3] 刘邦时代对攻城立功的术语，此时已成为泛指冲锋陷阵之意。

[4] 史书未载麹义八百士兵用的什么兵器，但他们曾在关西与羌人作战多年，而关西最普及的武器就是长矛，《三国志·魏书·武帝纪》，建安十六年（211 年），裴注引《魏书》曰："议者多言'关西兵强，习长矛，非精选前锋，则不可以当也'。"所以麹义也应该是用这种武器对抗公孙瓒的幽州骑兵。

马铠（甲骑具装）的出现

在东汉末和三国时代，尚未有马镫出现的直接史料和考古证据（详见下章），但另一种冲击骑兵的重要装备——马铠已有文献记载。给战马披上铠甲，本身并没有什么技术困难，在春秋时期拉战车的马匹就有铠甲了。齐晋鞍之战中，齐侯急于战胜，"不介马而驰之"，"介"即甲。[1] 湖北随州出土战国早期的曾侯乙墓中，随葬车马坑的战马就穿有皮制甲胄。[2] 但从"胡服骑射"以来到东汉，尚未见到骑兵战马披甲的记载和文物。到东汉末年内战中，又有了关于"马铠"的记载：

> 魏武《军策令》曰：袁本初铠万领，吾大铠二十领；本初马铠三百具，吾不能有十具。见其少，遂不施也。吾遂出奇破之，是时士卒精练，不与今时等也。[3]

这应该是曹操回忆和袁绍在官渡决战时的情况。袁本初即袁绍，可见当时披甲战马的数量较少。这场骑兵战斗发生在建安五年（200年）四月，当时曹操带兵救出了一支被袁绍军围困在白马（今河南滑县东）的队伍，然后向西撤退。袁绍主力进行追击：

> （曹）公勒兵驻营南阪下，使登垒望之，曰："可五六百骑。"有顷，复白："骑稍多，步兵不可胜数。"公曰："勿复白。"乃令骑解鞍放马。是时，白马辎重就道，……绍骑将文丑与刘备将五六千骑前后至。诸将复白："可上马。"公曰："未也。"有顷，

---

[1] 《左传·成公二年》，《十三经注疏》，北京：中华书局，1980 年影印本，第 1894 页。

[2] 白荣军：《包山楚墓马甲复原辨正》，《文物》1989 年第 3 期。

[3] 《太平御览》卷三百五十六甲下，北京：中华书局，1960 年，第 1636 页。引文中的"大铠"是步兵穿的铠甲。曹操自称仅有二十领，似乎过少，应是"二千"之误。

骑至稍多，或分趣辎重。公曰："可矣。"乃皆上马。时骑不满
六百，遂纵兵击，大破之，斩丑。良、丑皆绍名将也……[1]

　　可见这是一场骑兵之间的战斗，袁绍方面有五六千骑，曹军则只
有不到六百骑兵。但曹军利用敌骑分头抢劫辎重的机会发动突袭，击
败了袁军。值得注意的是，曹操见自己马铠数量远远不如袁绍，索性
连这不到十具马铠都不使用了，"见其少，遂不施也"。其实这恰恰表
明了马铠的用途：它是为骑兵冲击步兵而准备的。如前面提及的公孙
瓒与袁绍的战斗，骑兵冲近步兵军阵时，会受到密集箭矢的射击，紧
接着是密集的长矛队列，战马非常容易受伤，所以马铠才出现在东汉
末的战争中。而此前骑兵很少用于冲击步兵，不会用到马铠。当骑兵
互相交战时，马铠的重要性就低多了。因为骑兵队列不如步兵密集，
箭矢的密集程度也不如步兵，又处在相对的高速奔驰中，射箭命中的
威胁相对较小；加之马铠会增加战马的负担，使战马过早疲倦，影响
奔跑。这点机动性的降低，在冲击步兵时影响并不明显，因为步兵的
速度和骑兵差距太大；但当交战双方都是骑兵时，马铠对战马速度的
影响可能就是致命的了。所以西汉与匈奴持续多年的大规模骑兵战争
中，马铠并没有投入使用；这次曹操看到袁绍的骑兵众多，也索性舍
弃不多的马铠而不用。

　　简言之，马铠（甲骑具装）是骑兵对步兵战斗的产物，在骑兵之
间的战斗不适用。所以马铠最流行的年代是东晋十六国到南北朝。当
时北方政权有绝对的骑兵优势，南方政权则缺乏骑兵，所以史籍记载
中北方使用具装骑兵的事例特别多，具装骑兵造型也频频出现在十六
国和北朝的随葬俑、壁画中。当时南方政权也有具装骑兵，但当他们
对抗北方优势甲骑时，也常常和曹操一样，不用具装，秃马上阵，以
便发挥机动性（详见后章南北朝部分）。到隋唐时期，统一的中原王

---

[1] 《三国志·魏书·武帝纪》，第19页。

朝并不缺乏战马，和突厥等游牧族进行大规模骑兵作战时，甲骑具装就再次销声匿迹了。当然，当后世再度出现南北朝那种绝对优势骑兵对战步兵的时候，具装马铠又会再度复生。一句话，马铠具装的流行和淡出并不仅仅是技术进化论的问题，而且是由作战双方的兵种差异决定的。

在历史文献中，装备了马铠的骑兵又称"铁马""铁骑""铠马"等。比如东汉末河西凉州地区陷入内战时，燉煌张恭就曾派出"铁骑二百"接应曹魏派来的官员。[1] 需要注意的是，几乎从东汉末马铠骑兵刚刚出现，就有把"铁马""铁骑""铠马"这类词语文学化的趋势，就是用这种词来称呼并没有马铠的普通骑兵。古人习惯文学化的语言以壮声势，这给现在的战史研究带来了很多麻烦。比如建安四年（199 年）公孙瓒被袁绍军队围困，写信给其子公孙续求救，要他"且厉五千铁骑于北隰之中，起火为应，吾当自内出，奋扬威武，决命于斯"[2]。公孙瓒固然不缺骑兵，前文所述 192 年与袁绍作战时曾有上万骑兵，但并非所有骑兵都有马铠，200 年袁绍已灭公孙瓒，兼并其武装，与曹操决战官渡时也才"马铠三百具"，则199 年公孙续的五千骑兵多数应不是真正的"铁骑"。再如建安十六年（211 年），曹操征讨关西的马超等人，"列铁骑五千为十重阵"[3]，这五千骑兵也未必都装备了马铠。公孙瓒早年曾师从大儒卢植，有一点点文化，写信喜欢夸张和掉书袋，自是古代文人通病。这种对"铠马"的文学性的夸张在东晋南北朝时也可以见到，参见本书相关章节。

---

[1] 《三国志》卷十八《魏书·阎温传附张恭》，第 551 页。

[2] 《后汉书》卷七十三《公孙瓒传》，第 2364 页。

[3] 《三国志·魏书·武帝纪》，裴注引《魏书》，第 35 页。

第三节　汉末三国政权的骑兵建设与运用

汉末北方军阀对骑兵的建设和运用

中平六年（189 年），董卓军队进入洛阳，揭开了东汉末年大战乱的序幕。当时，董卓所部只是一支不满三千人的步、骑兵兼有的部队，但因为其长期在凉州与羌人作战，招纳了很多边地少数民族骑兵，战斗力很强，所以能够震慑、兼并京师的禁军，控制朝廷。时人恭维董卓说："且天下之权勇，今见在者不过并凉匈奴屠各、湟中义从、八种西羌，皆百姓素所畏服，而明公权以为爪牙……"[1]这些来自并凉二州的异族骑兵就是董卓军队的中坚。在董卓退回关西，遇刺身死后，西部军人势力分化，经常陷入互相间的内斗，再也未能主导中原政局。211 年曹操准备征讨关西的马超、韩遂时，还在担心"关西诸将，恃险与马"[2]。但此时曹操已经击败了东北的乌桓族，招降了大量骑兵，所以能成功平定关西。

在内战初期，控制幽州的公孙瓒骑兵实力最强。因为幽州与北方匈奴、鲜卑、乌桓、东胡等游牧族区域相邻，历来战争不断，当地的生活方式也有些接近游牧族，且盛产骑兵。史书公孙瓒的传记中未提及他部下中是否有来自北方民族的骑兵。但刘备在崛起之初曾在公孙瓒部下效力，当公孙瓒与袁绍作战时，刘备负责在青州对抗袁绍，当时刘备"自有兵千余人及幽州乌丸杂胡骑"。乌丸即乌桓，这些乌桓杂胡的骑兵应当是公孙瓒拨付给刘备的，所以公孙瓒骑兵中应有不少异族成分。[3]

---

[1] 《三国志》卷十六《魏书·郑浑传》，裴注引《汉纪》，第 509 页。

[2] 《三国志》卷十六《魏书·杜畿传》，第 494 页。

[3] 《三国志》卷三十二《蜀书·先主传》，第 873 页。另外，刘备手下重要的骑兵将领赵云"本属公孙瓒，瓒遣先主为田楷拒袁绍，云遂随从，为先主主骑"。见《三国志》卷三十六《蜀书·赵云传》，第 948 页。

　　乌桓原本是数个独立的所谓"三郡乌丸"部落。[1] 和楚汉相争时匈奴冒顿的突然崛起一样，汉末动乱初起时，辽西乌桓首领蹋顿统一了三郡乌桓，"边长老皆比之冒顿"。袁绍和公孙瓒激战时，蹋顿与袁绍通婚结盟，一起攻灭了公孙瓒。"袁绍兼河北，乃抚有三郡乌丸，宠其名王而收其精骑。"[2] 袁绍虽拥有当时最强大的骑兵武装，但在使用方面乏善可陈，终于在官渡被曹操击败。据说张郃曾建议袁绍"勿与曹公战也，密遣轻骑钞绝其南，则兵自败矣"，即将曹操主力牵制在前线，同时派骑兵远袭其后方，但袁绍"不从之"[3]。其实此说并不准确，因为袁绍在与曹操对峙于官渡时，曾派遣刘备袭击曹操的根据地许昌，但刘备迂回成功后并不愿与曹军作战，反而借机联络南方的刘表势力为自己扩充军力。可以说刘备此举是袁绍败亡的重要原因：

　　　　曹公与袁绍相拒于官渡，汝南黄巾刘辟等叛曹公应绍。绍遣先主将兵与辟等略许下。关羽亡归先主。曹公遣曹仁将兵击先主。先主还绍军，阴欲离绍，乃说绍南连荆州牧刘表。绍遣先主将本兵复至汝南，与贼龚都等合，众数千人……[4]

　　曹操自从起兵反对董卓以来，也组建了一支称为"虎豹骑"的骑兵部队。曹操很重视并直接控制这支骑兵，他的族子曹真、曹休都曾受命统领"虎豹骑"，从弟曹仁统帅骑兵的时间更长，且多次亲自带领骑兵进行冲击作战。[5] 袁绍被曹操击败后，其二子逃亡到乌桓，借蹋顿帮助继续对抗曹操。曹操遂于建安十一年（206 年）远征乌桓。由于曹军选择了比较偏僻的路线，行军直到距离蹋顿所驻柳城百里时

---

[1]　据《三国志》卷三十《魏书·乌丸传》，乌桓主要分布在上谷、右北平、辽西三郡和辽东属国都尉辖区。

[2]　《三国志·魏书·乌丸传》，第 831 页。

[3]　以上见《三国志》卷十七《魏书·张郃传》，第 525 页。

[4]　《三国志·蜀书·先主传》，第 876 页。

[5]　《三国志》卷九《魏书·诸夏侯曹传》，第 276—280 页。

才被乌桓人发觉。此时蹋顿做出了一个错误决策：没有采取游牧族惯用的主动撤退、诱敌深入战术，反而与曹军迎面决战。事实证明，乌桓骑兵对冲击战术的运用远不如中原军队，此战乌桓军大败，蹋顿被斩。曹操将万余户乌桓人迁入内地，征调其骑士参与征伐，"由是三郡乌丸为天下名骑"[1]。此后曹操平荆州刘表、关中马超、汉中张鲁等，这些乌桓骑兵都曾参与。

中原和南方地区的战马主要来自北方草原和西部高原地区。所以与这些产地不相邻的割据势力难以获得战马补充。吕布出身并州军官，又曾在董卓部下任职，非常擅长骑兵作战，但当他流动到徐州一带时，还需要到北方买马："建安三年春，布使人赍金欲诣河内买马，为（刘）备兵所钞。"[2] 战马来源被切断后，吕布军队战斗力迅速下降，他在这年底兵败被杀。

孙吴政权的骑兵建设与运用

孙吴政权的势力范围主要是长江中下游以南地区，这里不是马匹产地，骑兵数量较少。[3] 孙吴为了获得战马，努力与蜀汉、曹魏进行贸易，甚至泛海远至辽东买马。黎虎先生对此已有详尽论述。[4] 但值得注意的是，自孙坚至孙策、孙权三代统帅都很擅长骑兵作战，且都喜欢亲自上阵冲锋。孙策曾上表讲述其讨伐黄祖的战争，说自己"身跨马摚陈"，以骑马杀敌自雄。[5] 孙权指挥围攻曹军的合肥城时，遭遇曹军骑兵挑战，"权率轻骑将往突敌"，但被部下劝止。[6] 崇尚鞍马征

---

[1]　《三国志·魏书·乌丸传》，第 835 页。

[2]　《三国志·蜀书·先主传》，裴注引《英雄记》，第 874 页。

[3]　周一良先生早已指出江南并非战马产地："盖无论南北，马皆战争所不可少，而江南不产马。"周一良：《南朝境内之各种人及政府对待之政策》，《魏晋南北朝史论集》，北京：北京大学出版社，1997 年，第 75 页。

[4]　黎虎：《六朝时期江左政权的马匹来源》，《魏晋南北朝史论》，北京：学苑出版社，1999 年，第 393—421 页。

[5]　《三国志》卷四十六《吴书·孙破虏讨逆传》，裴注引《吴录》，第 1104 页。

[6]　《三国志》卷五十三《吴书·张纮传》，第 1244 页。

战几乎成为孙氏家族的象征。孙坚、孙策父子甚至都死在马背上：孙坚是在出征刘表、黄祖时被黄祖军人射死；孙策骑马行猎时被刺客射伤而死。[1] 孙氏家族生长在江东，不像公孙瓒、吕布、马超等北方将领有鞍马生活的便利，何以如此擅长骑兵战术？可能因为孙坚早年担任汉朝军官时，曾参与平定黄巾军和关西叛军，这些在北方作战的经历，使他熟悉了骑兵战术的运用方法。且孙坚武装是在参与讨伐董卓的战争中成形的，其主要作战地域是以河南为中心的淮汉以北地区。后孙策继承了这支武装，南渡长江拓地扩张。所以较之江南本地武装，孙氏的军队更像一支典型的北方军队，其中骑兵相对较多且运用较纯熟，就不足为奇了。

另外，值得注意的是，孙氏武装中擅长骑战的将领，多与邻近乌桓、鲜卑的幽州—辽海地区有关。比如孙坚收纳的程普是"右北平土垠人"，韩当是"辽西令支人"，都擅长骑战。韩当"便弓马，有膂力，幸于孙坚，从征伐周旋，数犯危难，陷敌擒虏"。孙策在江南扩张时，与程普等三骑对战祖郎军，程普"驱马疾呼，以矛突贼，贼披，策因随出"[2]。再如太史慈本是青州东莱人，早年曾避祸迁居辽东，在黄巾战乱期间，他以擅长骑射著称，往返于青州与辽东之间，后南渡江依附扬州刺史刘繇。在孙策击败刘繇之后，太史慈又转入孙策麾下效力。太史慈与孙策首次相见的战斗，就是一场典型"北方式"骑兵对战：

> 时（太史慈）独与一骑卒遇（孙）策。策从骑十三，皆韩当、宋谦、黄盖辈也。慈便前斗，正与策对。策刺慈马，而揽得慈项上手戟，慈亦得策兜鍪。会两家兵骑并各来赴，于是解散。[3]

---

[1]　参见《三国志·吴书·孙破虏讨逆传》，第 1100、1109 页。

[2]　以上见《三国志》卷五十五《吴书·程普传》，第 1283 页；《韩当传》，第 1285 页。

[3]　《三国志》卷四十七《吴书·太史慈传》，第 1188 页。

太史慈、孙策这次发生在江南的骑兵对决，水平堪与前述公孙瓒与鲜卑骑士的战斗相比。这种风气之下，东吴骑兵数量虽远远不如曹魏，但仍敢于正面对抗曹军。吴名将周瑜与曹军作战"亲跨马擽陈，会流矢中右肋"[1]。三国中后期，吴将丁奉应接投诚的曹魏寿春守军，"与敌追军战于高亭。奉跨马持矛，突入其陈中，斩首数百"[2]。可见东吴将帅运用骑兵战术非常纯熟，这和东晋南朝时期的南方军队有很大区别。孙权还非常注意培养下一代将领的骑战技艺。吴将领周泰之子周烈、周封，"年各数岁，权内养于宫，爱待与诸子同……及八九岁，令葛光教之读书，十日一令乘马"[3]，这也使得骑战技艺能够在吴军将领中世代传承下去。

孙吴统帅不仅能在战术层面成功运用骑兵，还试图发挥骑兵的战略作用，改变与曹魏对峙的态势。孙吴和曹魏长期在长江—淮河之间进行拉锯争夺战。孙权曾计划向北推进，过淮河，占领徐州，威胁曹魏核心区河南—许昌地区。但淮北平原适合骑兵集群作战，对以步兵为主的吴军非常不利。所以吕蒙对此表示反对："（徐州）地势陆通，骁骑所骋，至尊今日得徐州，操后旬必来争，虽以七八万人守之，犹当怀忧"[4]。孙权暂时接受了吕蒙的意见，但他一直未放弃攻取淮北的计划，并为此力图建立五千人规模的骑兵部队，"欲得五千骑乃可有图"[5]。但到孙权去世乃至东吴亡国，都没能建成这支骑兵。

蜀汉政权的骑兵建设与运用

和孙权家族相比，刘备等蜀汉君臣则缺乏使用骑兵的经验和主动

---

[1]　《三国志》卷五十四《吴书·周瑜传》，第 1263 页。

[2]　《三国志》卷五十五《吴书·丁奉传》，第 1301 页。

[3]　《三国志》卷五十五《吴书·周泰传》，第 1297 页。

[4]　《三国志》卷五十四《吴书·吕蒙传》，第 1278 页。

[5]　《太平御览》卷三百"兵部"引《会稽典录》曰："朱育谓钟离（牧）曰：'大皇帝以神武之姿，欲得五千骑乃可有图。今骑无从出，而怀进取之志，将何计？'收（牧）曰：'大皇以中国多骑，欲待骑以当之……'"（北京：中华书局，1966 年影印本，第 1383 页）《三国志·吴书·钟离牧传》未载此事。

性。除了在河北、中原转战时积累起来的少量骑兵，刘备在夺取益州后，还能从西北部的氐羌部族、南方的南中（今云南）获得骑兵和战马，但数量并不多，原因除了路途曲折外，就是氐羌是兼营农、牧业的民族，其牲畜数量虽然多于内地农耕地区，但少于草原游牧族。著名的诸葛亮《后出师表》表达了对蜀汉骑兵匮乏的忧虑：

> ……賨叟、青羌散骑、武骑一千余人，此皆数十年之内所纠合四方之精锐，非一州之所有，若复数年，则损三分之二也。[1]

賨人亦称巴人，当时主要分布在蜀地北部的山区。[2] 这些骑兵没能为蜀汉创立太多战功，一个原因可能是刘备等统帅并不熟悉骑兵战术。比如刘备临死时给儿子刘禅的遗诏，推荐的书目有：

> 可读《汉书》《礼记》，闲暇历观诸子及《六韬》《商君书》，益人意智。闻丞相为写申、韩、《管子》、《六韬》一通已毕，未送，道亡，可自更求闻达……[3]

刘备不仅推荐刘禅读《六韬》，丞相诸葛亮甚至命人给刘禅专门抄写《六韬》一部，可见蜀汉君臣对这部兵书的重视。但如本书第二章所论，《六韬》是战国末期的产物，当时骑兵尚未能承担冲击职能，只凭射箭执行一些辅助任务。到三国时代，骑兵的战术职能已经大大拓展，甚至取得了对步兵的优势地位。刘备集团的战术思想严重落后，是蜀汉积弱的重要原因。当然，蜀汉政权能够维系数十年，也和地理形势限制了曹魏骑兵的发挥有关。秦岭和巴山天险难以逾越，山

---

[1]　《三国志》卷三十五《蜀书·诸葛亮传》，裴注引《汉晋春秋》，第 924 页。
[2]　参见《晋书》卷一百二十《李特载记》，北京：中华书局，1974 年。李特家族即賨人，擅长骑战，西晋末迁入益州，靠骑兵优势成功建立成汉政权。
[3]　《三国志·蜀书·先主传》，裴注"《诸葛亮集》载先主遗诏敕后主"，第 891 页。

间复杂地形使骑兵难以展开，所以蜀汉灭亡四十年后，作为曾为蜀、魏两方提供骑兵效力的賨人后代，李特不禁感叹：

> 特随流人将入于蜀，至剑阁，箕踞太息，顾眄险阻曰："刘禅有如此之地而面缚于人，岂非庸才邪！"[1]

除了战术思想的滞后，诸葛亮保守持重的个性也是蜀汉骑兵未能获得发挥机会的原因之一。刘备死后，蜀汉政权对曹魏的北伐，都是诸葛亮亲自挂帅指挥，他每次都坚持步步为营的保守战略，从不愿冒险用骑兵发动远程奇袭。蜀将魏延对此颇为不满，"延每随亮出，辄欲请兵万人，与亮异道会于潼关，如韩信故事，亮制而不许。延常谓亮为怯，叹恨己才用之不尽"[2]。裴注所引《魏略》言之更详：

> 夏侯楙为安西将军，镇长安。亮于南郑与群下计议，延曰："闻夏侯楙少主胥也，怯而无谋。今假延精兵五千，负粮五千，直从褒中出，循秦岭而东，当子午而北，不过十日可到长安。楙闻延奄至，必乘船逃走。长安中惟有御史、京兆太守耳，横门邸阁与散民之谷足周食也。比东方相合聚，尚二十许日，而公从斜谷来，必足以达。如此，则一举而咸阳以西可定矣。"亮以为此县危，不如安从坦道，可以平取陇右，十全必克而无虞，故不用延计。[3]

诸葛亮出于持重万全而否决了魏延的提议。其实这个方案对曹魏有极大威胁。诸葛亮每次北伐都绕道陇西，千里迂回，历时极长。即

---

[1] 《晋书·李特载记》，第 3022 页。
[2] 《三国志》卷四十《蜀书·魏延传》，第 1003 页。
[3] 《三国志·蜀书·魏延传》，第 1003 页。

使这样也给曹魏防御关中带来了很大麻烦。[1] 有趣的是，西晋灭蜀成功之后，远征军统帅钟会试图沿用魏延故智，带领士兵杀回洛阳夺权称帝。具体方案是："欲使姜维等皆将蜀兵出斜谷，会自将大众随其后。既至长安，令骑士从陆道，步兵从水道顺流浮渭入河，以为五日可到孟津，与骑会洛阳，一旦天下可定也。"[2] 由于钟会起兵未遂而死，这个计划没能付诸实践。

汉末三国政权骑兵建设之比较

从地理上看，三国鼎立格局形成之后，中国的军政单元从草原到江南呈现三层"环带状"结构：最北、最外一环是北方草原地带，从东北的乌桓、东胡之地连绵到西南的氐羌地区；中间环是魏晋王朝占据的中原；最内、最南是东吴所在的江东地区；蜀汉则居于中间环偏南的方位。三个地带自北而南，逐渐缺乏适合马匹生长繁育的环境，居民生活方式也从游牧向农耕过渡。这使得诸政权拥有的骑兵数量依次减少，并对其军政局势产生影响。

中原魏晋政权对抗诸草原游牧族的骑兵优势，主要依赖集权政治结构和庞大的专业化军队，以及中原巨大的人口、经济规模。此时期北方游牧族汉化程度尚浅，政治集权化较低，难以对中原形成实质威胁。吴蜀政权对抗魏晋的军事优势（不仅是骑兵优势），则主要依靠长江天堑和巴陇山险地形。[3] 这种军事对立背后，还有骑兵资源自北向南、自外环向内的流动。草原地带进入中原（包括蜀汉）的，是马匹和游牧族骑士，包括有些部族的整体内迁，他们在中原、蜀汉的政

---

[1] 司马懿的弟弟司马孚曾上书称，"每诸葛亮入寇关中，边兵不能制敌，中军奔赴，辄不及事机"，他因此建议从冀州调五千屯田民到关中，兼营屯垦和戍边。见《晋书》卷三十七《安平献王孚传》，第 1083 页。

[2] 《三国志》卷二十八《魏书·钟会传》，第 791 页。

[3] 《三国志》卷二十一《魏书·王粲传》，裴注引《文士传》，第 589 页；"曹公故人杰也……驱孙权于江外，逐刘备于陇右"。这虽是时人恭维曹操的说法，也反映出江、山阻隔对吴蜀政权的保障作用。

治结构中地位较低；自中原进入江南的除了普通士兵、民众，更有擅长骑战的军事将帅，他们在江东政治中发挥了重大作用，使原本欠开发的江南地区逐渐中原化。[1]

从历史发展脉络看，汉末三国时骑兵冲击战术正在走向成熟，汉末至三国前期的战争促进了骑兵战术的完善。但到三国中后期，各政权的骑兵运用能力都发生了衰退。吴、蜀骑兵战术水平下降是因为缺乏战马和骑兵人才；魏晋则是因为政治趋于保守，以及对北方民族采取漠视、排斥的态度。

第四节　西晋的骑兵建设与运用

士族风气与晋武帝的好尚

280 年西晋灭吴统一中国。此时北方及西北游牧族大量内迁与汉人杂处，伴随着骑兵在战争中重要性的上升，骑马文化逐渐渗入中原的社会生活中。[2]但这一时期西晋上层在迅速士族化，新士族阶层重文轻武，沉溺于玄学清谈和奢靡的生活。这造成了西晋军备的废弛和军队战斗力的下降。

当时士族以富有文化著称，极少有武人气质，但也曾有个别士族成员受到内迁游牧族的影响，追求骑射弓马技能。这方面比较突出的是太原王氏家族，特别是王湛、王济叔侄，另外还有弘农杨氏的杨济。《世说新语》和正史记载了很多他们研究相马、骑马技术，和以弓马骑射自豪的事迹。比如王济曾经在地价昂贵的京师洛阳买地作跑马场，"编钱满之，时人谓为金沟"，因其善解马性，被杜预称为有

---

[1]　参见唐长孺：《孙吴建国及汉末江南的宗部与山越》，《魏晋南北朝史论丛》，北京：中华书局，2011 年，第 1—26 页。

[2]　《南齐书》卷九《礼志上》："史臣曰：案晋中朝元会，设卧骑、倒骑、颠骑，自东华门驰往神虎门，此亦角抵杂戏之流也。"（北京：中华书局，1972 年，第 150 页）

"马癖"[1]。王湛和王济还有一则关于相马和赛马的事迹：

> 济有从马绝难乘，济问湛曰："叔颇好骑不？"湛曰："亦好
> 之。"因骑此马，姿容既妙，回策如萦，善骑者无以过之。又济
> 所乘马，甚爱之，湛曰："此马虽快，然力薄不堪苦行。近见督邮
> 马当胜，但刍秣不至耳。"济试养之，而与己马等。湛又曰："此
> 马任重方知之，平路无以别也。"于是当蚁封内试之，济马果踬，
> 而督邮马如常……[2]

太原王氏家族和匈奴首领刘渊家族有世交，王浑对刘渊"虚襟友
之，命子济拜焉"，刘渊在洛阳担任"任子"的时候，王浑多次向武
帝推荐和称颂他。[3] 刘渊之子刘聪也和王浑、王济父子交往颇深。王
济曾带刘聪拜访晋武帝之子豫章王司马炽，二十年后，已是汉皇帝的
刘聪俘虏了晋怀帝司马炽，双方还曾谈起此事。[4] 王济在生活中也接
受了较多游牧族的生活习俗，如喜食乳酪等奶制品。在面对东吴降臣
陆机时，王济甚至以此炫耀：

> 陆机诣王武子（王济），武子前置数斛羊酪，指以示陆曰：
> "卿江东何以敌此？"陆云："有千里莼羹，但未下盐豉耳！"[5]

和王济一样以驰马为乐的，还有一位外戚、名士杨济：

---

[1] 以上见《晋书》卷四十二《王济传》，第 1206 页，亦见《世说新语·术解第二十》"王
    武子善解马性"条。
[2] 《晋书》卷七十五《王湛传》，第 1960 页。《世说新语·赏誉第八》有此事，刘孝标注
    引邓粲《晋纪》，云王济喂养督邮马的方法是"谷食十数日"，两人在蚁封（密布蚁穴
    的土丘之地）内赛马为"盘马"。
[3] 《晋书》卷一百一《刘元海（渊）载记》，第 2646 页。
[4] 《晋书》卷一百二《刘聪载记》。
[5] 《世说新语校笺·言语第二》，刘义庆著，徐震堮校笺，北京：中华书局，1984 年，
    第 48 页。

杜预之荆州，顿七里桥，朝士悉祖。预少贱，好豪侠，不为物所许。杨济既名氏雄俊，不堪，不坐而去。须臾，和长舆来，问："杨右卫何在？"客曰："向来，不坐而去。"长舆曰："必大夏门下盘马。"往大夏门，果大阅骑，长舆抱内车，共载归，坐如初。[1]

王济和杨济的骑射技艺也颇受晋武帝司马炎赞许：

（杨）济有才艺，尝从武帝校猎北芒下，与侍中王济俱著布袴褶，骑马执角弓在辇前。猛兽突出，帝命王济射之，应弦而倒。须臾复一出，（杨）济受诏又射杀之，六军大叫称快。帝重兵官，多授贵戚清望，济以武艺号为称职。[2]

杨济为司马炎的杨皇后之叔，王济娶常山公主为驸马，他们和皇室都是姻亲，与晋武帝私交甚笃。[3]这种随意的君臣关系，和青年汉武帝与韩嫣、李敢等人形成的小圈子颇相似。《杨济传》中"帝重兵官，多授贵戚清望"这句，历来重视者不多，其实它反映了在玄学文化风靡士族阶层之时，作为皇帝和玄学倡导者的司马炎的另一面。[4]但晋武帝未能在士族中培养起彪悍、尚武的精神，可能因为他偏爱让贵戚去立军功，而不是让立军功者成为贵戚。对于那些已经享受到各种特权待遇的高级士族，普遍缺少改变命运的动力，少有人看重在战场上建功立业（参见本书第二编的晋灭吴之战）。生活在洛阳的匈奴上层贵族如刘渊、刘聪等也在尽量汉化、士族化，他们被西晋高层接

---

[1] 《世说新语校笺·方正第五》，第 163 页。
[2] 《晋书》卷四十《杨济传》，第 1181 页。
[3] 《世说新语·方正第五》载"武帝语和峤曰：'我欲先痛骂王武子，然后爵之。'"司马炎还经常以王湛的愚钝调侃王济："每见济，辄调之曰：'卿家痴叔死未？'"
[4] 《晋书》卷二十四《职官志》亦称："武帝甚重兵官，故军校多选朝廷清望之士居之。"（第 741 页）

纳，更重要的是凭借其阶级身份而非民族身份。王济死时年四十六，西晋王朝正当统一升平之时：

> 及其将葬，时贤无不毕至。孙楚……向灵床曰："卿常好我作驴鸣，我为卿作之。"体似声真，宾客皆笑。楚顾曰："诸君不死，而令王济死乎！"[1]

王济只是西晋士族中昙花一现的异类，晋武帝晚年也沉溺于酒色无所作为，西晋上层由此错过了一个吸收游牧族鲜活、勇武的文化改造自身的机会，即陈寅恪所谓"取塞外野蛮精悍之血，注入中原文化颓废之躯"[2]，士族阶层的腐朽堕落终于酿成西晋王朝瓦解，游牧族入主中原。

八王之乱中的具装骑兵

晋武帝之后的惠帝（290—306 年在位）智力低下，宗室诸王掌握各地军权，互相间矛盾加剧，终于演化为争夺朝廷控制权的内战。战争从 301 年到 306 年，历时五年之久，主要发生在以京师洛阳为中心的中原地区。下面讨论骑兵在这五年内战中的表现和作用。

惠帝时期的诸王内战中，骑士和战马都披铠甲的冲击骑兵——"铁骑"日益成为陆战主力。当时第一支投入战争的铁骑部队，来自 301 年控制洛阳朝廷的赵王司马伦，为对抗驻扎邺城的成都王司马颖进攻，遂派出军队迎战，史载这支军队"精甲耀日，铁骑前驱"[3]，应属驻守京师的禁军。因为各将帅互不统属，各自为战，被一战击溃，成都王颖成功进占洛阳。

---

[1] 《晋书·王济传》，第 1207 页。

[2] 见陈寅恪:《李唐氏族之推测后记》《李唐武周先世事迹杂考》,《金明馆丛稿二编》，第 303、275 页。陈氏对北方民族评价较高，或与其祖父陈宝箴曾为清政权效力有关。

[3] 《晋书》卷五十九《成都王颖传》，第 1616 页。

　　当时黄河下游的冀州地区分布着大量官牧场，冀州刺史李毅服从司马颖领导，这些牧场都在成都王颖的控制之下，应当为他提供了很多骑兵。击败赵王伦之后，司马颖也很快拥有了自己的铁骑军队。303 年司马颖进攻控制洛阳的长沙王乂，其部下将领发生内讧，陆机逮捕了孟超属下的一名军官，"超将铁骑百余人，直入机麾下夺之"[1]。这些铁骑在战争中的表现，史书却没有记载。另一位控制关中的河间王司马颙麾下也有较多骑兵，因为关中紧邻羌胡地区，历代朝廷都有从羌胡中征调骑兵的习惯。就在成都王颖进攻赵王伦时，司马颙也投机倒向成都王颖一方，派出一支铁骑部队接应。不过这支部队刚行进到潼关，司马颖一方就已经占领了洛阳。[2]

　　从史料看，当时铁骑的数量并不多，在骑兵中只占很小的一部分。比如 304 年，河间王颙部将张方挟持了惠帝朝廷。为了表示对朝廷的尊敬，张方军队先驻扎在洛阳城外。但当敌对诸王军队逼近洛阳时，张方想挟持惠帝到关中，遂带兵进入洛阳城内："其夜，方悉引兵从西明、广阳诸城门入，自领五千骑，皆捉铁缠槊击。"[3] 这段记载出自当时的亲历者卢綝，现场感较强，对张方骑兵的描写很具体，但没有提到战马披铠甲，可见并非铁骑武装。但对于经常冲锋陷阵、对抗步兵的中原骑兵，非常需要能为马匹提供防护的甲胄，只是因为马铠（具装）成本太高，无法普遍装备。但士兵们想出了各种变通的办法。这次朝廷迁徙中，张方的"军人便乱入宫阁，争割流苏武帐而为马帴"[4]。马帴是披在马背上、垂及马腹的毡、革制品，装饰性比较强，但此时军人争割帐幕为马帴，主要是为了在即将到来的战争中给战马提供一点保护。十余年后，鲜卑段文鸯与石虎（石季龙）军队作战，

[1] 《晋书》卷五十四《陆机传》，第 1480 页。
[2] 《晋书》卷六十《李含传》："（河间王颙）乃加含龙骧将军，统席薳等铁骑，回遣张方军以应义师。天子反正，含至潼关而还。"（第 1643 页）
[3] 《太平御览》卷三百五十六"兜鍪"条。另见《太平御览》卷九百二十四引《晋八王故事》，第 4106 页。
[4] 《晋书》卷六十《张方传》，第 1645 页。

孤军被围，石虎命令部下必须活捉段文鸯：

> （文鸯）遇马乏，伏不能起……遂下马苦战，槊折，执刀力
> 战不已。季龙军四面解马罗披自鄣，前捉文鸯。文鸯战自辰至
> 申，力极而后被执。[1]

这里的"马罗披"就是马幨。可见在激烈的白刃肉搏战中，这类
粗糙织物的防护作用尤为珍贵。

太安二年（303 年）冬，在长沙王乂与成都王颖部下马咸的战斗
中，还出现了一种比较独特的骑兵冲击战术："乂司马王瑚使数千骑
系戟于马，以突咸陈，咸军乱，执而斩之。"[2] 此举造成成都王颖军大
败。《太平御览》引王隐《晋书》所言更详：

> 马隆子咸为成都王前锋陆机攻长沙王乂于石桥。将士器仗严
> 利。长沙王所统冠军司马王瑚率众讨咸，咸坚不动。瑚乃使数十
> 骑下马、缚戟于马鞍头，放令伺咸，又使数十骑各刺所放马，马
> 惊奔咸军，军即坏。瑚因驰逐猛战，临阵斩咸。[3]

可见王瑚骑兵初次攻击马咸时，因敌军阵严密无法冲破，但第二
次用无人的战马冲击时，则成功陷阵。这说明前次未能成功的原因，
主要是骑士怕死畏战、不敢硬冲所致。王隐《晋书》载参加冲击的战
马是"数十骑"，《资治通鉴》则为数千，应以王隐《晋书》为是，因
为其出现两次，较为可信。且数千匹战马也难以驾驭控制。这几十匹
战马只是起首轮冲破敌军队列、创造进攻机会的作用，真正打击敌军

---

[1] 《晋书》卷六十三《段匹磾传附段文鸯》，第 1711 页。
[2] 《资治通鉴》卷八十五，北京：中华书局，1956 年，第 2687 页。
[3] 《太平御览》卷二百八十六"机略"条，第 1322 页；卷八百九十五"马"条，第
    3972 页。

还要靠主力部队随之"驰逐猛战"。另外值得注意的是，这些骑兵使用的武器都是"戟"，而非更适合骑兵冲击作战的矛或者槊。如果不是史书用文学化修辞造成混淆的话，这显示这支禁军骑兵仍有不完全适应冲击作战的特点。总体来说，在八王之乱中，中原骑兵的表现乏善可陈。这应当与西晋建立以来重文轻武，当权士族阶级腐朽堕落有直接的关系。

鲜卑骑兵崭露头角

在曹魏后期及西晋与吴、蜀作战时，曾征调边境的氐羌骑兵参战。比如在灭蜀之战时，邓艾就曾在凉州招募"羌胡健儿"五千余人。从当时人的文章可见，魏晋政权招募这些羌胡士兵主要靠"恩意"和"奖厉"，具有比较强的雇佣兵色彩。在战争结束后，对他们的封赏则普遍难以落实。[1] 西晋灭吴时，有匈奴人"骑督綦毋伣邪伐吴有功，迁赤沙都尉"[2]。史籍中少有魏晋政权征发并州匈奴骑兵之事，綦毋伣邪本人是个无名之辈，再无其他记载，赤沙也只是匈奴中的一支小种，对其封赏也还是管理本部族的事务而已。

但到八王之乱时，鲜卑、乌桓骑兵被大量运用于中原战场。八王之乱前，都督幽州诸军事（后来又自任刺史）的王浚看到中原内战不断，为求自保遂与鲜卑结好，将两个女儿都嫁给鲜卑部族首领，以便获得其军事支持。这已经超出了作为晋朝军政官员的本分，明显具有图谋割据的意味（东汉末袁绍占领冀州后，也和乌桓首领通婚）。对于中原诸王的征战，王浚先是采取骑墙自保的姿态。但当304年成都王颖和东海王越决裂时，王浚最终倒向了司马越一方，出兵进攻司马颖的大本营邺城。由于各方动员和出兵的时间差，成都王颖已经击败司马越统帅的朝廷禁军，将晋惠帝劫持到邺城，势力正如日中

---

[1]　《晋书》卷四十八《段灼传》，第 1340 页。
[2]　《晋书》卷九十七《北狄传》，第 2550 页。

天。仅一月之后，王浚派出一支鲜卑、乌桓和汉人兼有的部队，"胡晋合二万人，进军讨颍"。幽州主簿祁弘率骑兵为前锋，击败了前来迎击的一支司马颍部队。当幽州的侦察骑兵出现在邺城近郊之时，城中陷入惊恐，司马颍在惊慌中不敢迎战，带着臣僚和晋惠帝仓皇逃奔洛阳，随后又躲入河间王颙的关中。幽州兵占领邺城后，"士众暴掠，死者甚多。鲜卑大略妇女……黔庶荼毒，自此始也"[1]。游牧族此时也掌握了中原骑兵最先采用的冲击战术，并以摧枯拉朽的态势击败中原步、骑兵，预示着"五胡乱华"时代的到来。

司马越旋即将矛头对准河间王颙，纠合中原诸州进攻关中。此时中原忽生变局：豫州刺史刘乔不满司马越一派的侵夺，举兵进攻司马越同党范阳王虓，将其驱逐到河北的冀州，同时联合司马颙和控制兖州的东平王懋，共同对抗司马越势力。范阳王虓情急之下派刘琨赴幽州求援，"乞师于王浚，得突骑八百人，与虓济河，共破东平王懋于廪丘，南走刘乔"[2]。关于刘琨这次从王浚处获得的骑兵数量，另有《东海王越传》为"突骑八百"，《刘乔传》为"突骑五千"[3]，三说相对照，似应是八百人。借助这支骑兵部队，范阳王虓在一个多月里连续击败刘乔、东平王懋的豫州、兖州军队，控制河南地区，并击败了司马颙派驻河南的军队，即刘琨传所谓"破东平王懋于廪丘，南走刘乔，始得其父母。又斩石超，降吕朗"[4]。如此惊人的战果，和这支骑兵部队八百人的规模、短短一个多月的时间完全不成比例，说明当时骑兵如果运用得当，战斗力会非常强。

光熙元年（306年）初，在夺取河南兖、豫二州后，司马越联军乘胜向洛阳和关中进攻。王浚"遣祁弘率乌丸突骑为先驱"[5]。前年进

---

[1]《晋书》卷三十九《王浚传》，第1146页。
[2]《晋书》卷六十二《刘琨传》，第1680页。
[3]《晋书》卷五十九《东海王越传》，第1623页；卷六十一《刘乔传》，第1673页。
[4]《晋书·刘琨传》，第1680页。
[5]《晋书·王浚传》，第1147页。

军邺城时，祁弘也曾带骑兵为前锋。此次，成都王颖率楼褒、王阐等将防守洛阳北的黄河浮桥，居然被三百幽州骑兵打得落花流水：

> 王浚遣督护刘根，将三百骑至河上。阐出战，为根所杀。颖顿军张方故垒，范阳王虓遣鲜卑骑与平昌、博陵众袭河桥，楼褒西走，追骑至新安，道路死者不可胜数。[1]

司马越联军由此继续西进。据《晋书·东海王越传》，有鲜卑首领许扶历、驹次宿归率领骑兵参与，他们都应在祁弘的指挥下。当联军向潼关进发时，与司马颙派来阻击的刁默部相遇，"祁弘等与刁默战，默大败"，司马颙和司马颖仓皇出逃。"弘等所部鲜卑大掠长安，杀二万余人"[2]。司马越一派终于把惠帝抢到手中，成为"八王之乱"的最后胜利者，但此时内迁到并州的匈奴刘渊部众已经起兵，中原正在成为胡马奔驰之地。

---

[1]　《晋书》卷五十九《河间王颙传》，第 1621 页。

[2]　以上见《晋书》卷四《惠帝纪》光熙元年（306 年）五月，第 107 页。

第四章 骑兵的马镫战术革命与
北方民族政权转型

到 4 世纪初，骑兵冲击战术最终发展成熟，其代表就是马镫的出现。骑兵冲击战术本来是中原骑兵为对抗游牧族骑射优势进行的创新，这种技战术在发展成熟的过程中，也在向游牧族"回流"。但游牧族松散的政治权力结构导致其难以运用这种新战术，必须实现政权模式的中原化，才能保证骑兵冲击战术的运用。这种战术和政治的互动成为 4—6 世纪北方政权的一个鲜明特色。

第一节 关于马镫研究的学术史和考古证据

西方学界的"马镫革命"说

德国学者茨舍勒（R. Zschelle）和福雷尔（R. Forrer）于 1896 年出版的《马镫形制的发展》一书，最早对马镫的起源和传播进行了系统研究。[1] 该书认为，马镫首先由中亚草原的游牧民族发明，并于中世纪时传入欧洲成为当时的骑兵装备。同时，德国学者十分关注骑兵（骑士）与欧洲中世纪"封建制度"（feudalism）的关系。海因里

---

[1] R. Zschelle and R. Forrer, *Die Steigbügel in ihrer Formentwicklung*（《马镫形制的发展》）(Berlin, 1896), pp. 2–3。转引自 Lynn White, "Technology and Invention in the Middle Ages", *Speculum*, Vol. 15, No. 2 (Apr., 1940), p. 144。

希·布鲁纳（Heinrich Brunner）的《骑士义务与封建采邑制的产生》一文，论述法兰克人的统帅查理·马特（铁锤查理）为了击败穆斯林等骑兵武装，于 732 年决心建立一支骑兵部队。他没收了教会土地分赐给臣下，让他们用地产收入购置马匹、装备，成为骑士阶层，由此产生了"封臣制"，即欧洲的封建制度。[1]

法国学者列斐伏尔·德诺埃特（Lefebvre des Noëttes）最早关注了马镫对于骑兵作战的重要意义。德诺埃特出身军人世家，年轻时从著名的索米尔（Saumur）骑兵学院毕业，受过使用长矛和剑骑马作战的训练。他在 1931 年出版《挽辔：鞍马的历史》一书，[2] 主要讨论挽具、马掌和马镫的起源及应用。以往学者都是通过历史文献和考古材料研究骑兵史，德诺埃特则具有亲身体验，观察方式更加独到。他认为，马镫使骑士和战马更紧密地联结在一起，骑士从此可以将长矛牢牢夹持在右腋下，利用战马冲击的速度刺杀对手，由此形成了中世纪经典的骑士战斗模式。

美国学者林恩·怀特（Lynn White）将"马镫改变骑兵战术"和"骑兵造就欧洲封建社会"两个论点结合起来，形成了"马镫造就封建社会"这个貌似新奇的结论。他以布鲁纳的论述为基础，推断查理·马特于 732 年组建的骑兵为马镫骑兵，并将此作为欧洲封建制的开端。[3] 怀特在 1918—1924 年间就学于美国加利福尼亚军事学院。当时该学院的课程相当陈旧，学员们接受了大量骑术训练课程，包括骑

[1] Heinrich Brunner, "Der Reiterdienst und die Anfange des Lehnwesens"（《骑士义务与封建采邑制的产生》），*Zeitschrift der Savigny-Stiftung für Rechtsgeschichte*, Germanistische Abteilung 8 (1887), pp. 1–38。转引自 Alex Roland, "Review: Once More into the Stirrups: Lynn White Jr. 'Medieval Technology and Social Change'", *Technology and Culture*, Vol. 44, No. 3 (Jul., 2003), pp. 574–585。

[2] Lefebvre Des Noëttes, *L'attelage. Le Cheval De Selle A Travers Les Ages* (Paris, 1931). 转引自 Lynn White, "The Study of Medieval Technology, 1924–1974: Personal Reflections", *Technology and Culture*, Vol. 16, No. 4 (Oct., 1975), pp. 522–523。

[3] Lynn White, *Medieval Technology and Social Change*, Oxford: Oxford University Press, 1962。怀特讨论的中世纪技术不止马镫，还有犁耕和水磨，但影响和争议最大的还是马镫部分。

着没有鞍、镫的光背马进行集团冲锋。怀特表示这种经历非常痛苦，所以他格外珍惜马镫带来的便利和舒适，由此对德诺埃特关于马镫的结论产生强烈共鸣。[1]

坦率地说，怀特与前代学者相比创新之处并不大。但"马镫造就封建社会"的说法显得过于夸张和新奇，所以此后谈论马镫、骑兵与西欧封建制的学者，大都将怀特作为这个话题的开创者对其进行批评或支持，德法学者的开创工作则少有人关注。学者们对怀特的质疑主要是马镫在欧洲普及的时间、查理·马特的军队是否以马镫骑兵甚至骑兵为主等等，关于马镫对骑兵作战的具体影响，也就是德诺埃特首先提出的这个问题，学术界则普遍接受。

本书并不涉及欧洲封建社会的问题，只关注骑兵装备与战术的关系，所以主要关注德诺埃特和怀特争议较少的那部分学术成果：马镫对骑兵作战的作用。中国学者顾准已经翻译了怀特著作的部分节文并做了点评，所以本书尽量引用顾准先生的译文，对顾译有异议处用脚注出释：

> 在有马镫以前，骑者的座位是不牢靠的。马嚼子和刺马距可以帮助他控制他的骑乘；没有马镫的鞍子可以固定他在马上的位置，可是他的作战方法还是受到很大的限制。他原初是一个运动迅速的射手和投枪手，剑战是受到限制的，"因为没有马镫，你那位挥剑的骑士，当他出色地大挥转他的剑猛砍他的敌人的时候，只会落得一个打不中敌人却自己翻身落地。"至于说到用长矛，在马镫发明以前，它是在臂膀末端挥动的，打击力量来自肩膀和肩肌。马镫使力量大得无比的一种打击方式成为可能，虽然马镫并不要求这个。现在骑者可以稳稳地横矛于双臂与躯体之间

---

[1]　Lynn White, "The Study of Medieval Technology, 1924–1974: Personal Reflections", *Technology and Culture*, Vol. 16, No. 4 (Oct., 1975), pp. 522–523.

来攻击打他的敌人，[1] 打击不仅来自他的肌肉，而且来自他本身和他疾驰前进的骑乘的联合重量。

马镫，除了由鞍鞒和驰驱所提供的前后两方的支撑之外，[2] 又加上了侧面的支撑，于是有效地把马和骑者溶合成为足以发挥前所未见的强力的一个单独的战斗单位。战士的手不再直接用于打击了，它只用来指导打击的方向。马镫就这样用马力代替了人力，无限量地加大了武士损害他的敌人的能力。无需什么准备步骤，它立即使马上白刃战成为可能，而这是一种革命性的新战斗方式。[3]

怀特由此认为，自从查理·马特的军事改革之后，长矛和长剑等适合马背作战的武器逐渐取代了法兰克人传统的战斧和标枪。[4] 顾译的"马上白刃战"怀特原文为"mounted shock combat"，本书则译作"骑兵冲击作战"。因为按照德诺埃特和怀特的原意，在使用马镫之前，骑兵可以用手挥动矛进行刺杀（类似使用标枪），这种动作何尝不能称为"白刃战"？"shock"此处的意义重点在于"冲击"，即马镫骑士冲锋时用腋下夹紧长矛，刺中对方后强大的反作用力又沿长矛传递回骑士，并由马镫传导到战马身体上。由此骑士与战马共同发力与受力，成为一个整体。故"骑兵冲击作战"已经成为西方战争史研究的习语。[5]

---

[1]　顾译"横矛于双臂与躯体之间"，指将长矛夹持在腋下。"横"字不太准确，因为长矛朝向前方。

[2]　顾译"驰驱"似有误，原文当为"pommel and cantle"（前后鞍桥），即"由前后鞍桥提供前后两面的支撑"。

[3]　顾准:《〈马镫和封建主义——技术造就历史吗？〉译文及评注》，《顾准文集》，贵阳:贵州人民出版社，1994年，第297页。

[4]　Lynn White, *Medieval Technology and Social Change*, p. 28.

[5]　参见 Bernard S. Bachrach, "Charles Martel, Mounted Shock Combat, the Stirrup, and Feudalism"（《查理·马特、骑兵冲击作战、马镫与封建社会》），*Studies in Medieval and Renaissance History*, 7 (1970), pp. 49–75。

中国的马镫考古

西方史学界对马镫意义的讨论也在逐渐影响中国历史学界。同时，考古材料证明，形制完备的马镫最早出现在中国，这也引起了中西方学者的讨论。

在李约瑟 1954 年出版的英文版《中国的科技与文明》第六卷中，刊发了一幅东汉时武梁祠骑马者画像石的拓片，画像中骑者脚下有清晰的马镫造型，马镫形制又极为成熟和"现代"：脚踩部分是舒适的踏板，而非出土早期马镫的简单金属环状造型。该祠始建年代为东汉桓帝建和元年（147 年），画像出自清人冯云鹏的金石拓片集《金石索》。[1] 这给西方学者造成极大困惑，因为欧洲马镫普及的时间已经晚至公元 8、9 世纪，距离武梁祠的时间跨度太大，而且缺乏中间过渡期的考古材料。所以怀特对画像的可靠性表示怀疑，但未举出可靠证据。[2]

只有澄清了东汉时期并没用马镫，才有可能梳理出马镫产生和发展的清晰脉络。其实，武梁祠的督邮画像本身并无马镫，因为冯云鹏的时代尚无现代制版技术，其刊刻画像，实为画工对拓片的临摹，改造发挥的余地很大，故画工擅自增加马镫，且是形制比较晚近的踏板形马镫。[3]

但最早的马镫考古证据仍来自中国。1954 年，西安草厂坡 1 号墓出土了一组铠马（披铠甲的战马）陶俑，明确塑有马镫造型。早期文物工作者认为其时代是北朝，现在逐渐改为十六国。柳涵在 1959 年讨论说：

---

[1] C. W. Bishop. J. Needham, *Science and Civilisation in China*, 6 v., Cambridge: Cambrideg University Press, 1954–1983, v. 1, p. 167.

[2] 前引怀特书第 141 页。

[3] 拓片原图和《金石索》对比图，参见［美］巫鸿：《武梁祠：中国古代画像艺术的思想性》，柳扬、岑河译，北京：生活·读书·新知三联书店，2006 年，第 276 页。

有了完善的马具，尤其是使用了镫，就使人能够更快的掌握熟练的骑术，更容易驯服和控制马匹，并且使人骑在马上较为舒服、稳固、省力，便于作更快的奔驰和长途行军，也使许多战术动作能顺利进行。[1]

这是中国学者对马镫的军事作用进行的较早论述。1950 年代，长沙西晋墓葬中出土了一批马和人骑马造型的陶俑，其中有四尊马身的左侧都塑有一个三角形马镫，但骑者的脚未在镫中，所以发掘报告作者推测"是供上马时踏足之用，骑上之后则不用镫了"[2]。（见图4）但中国学界当时对马镫在战争中的作用未产生足够重视，并没有系统总结马镫的发展与影响。

怀特著作在 1962 年出版，他当时尚未在考古发掘中发现早期马镫实物，只能根据石刻美术作品进行研究。怀特借鉴欧美东方学者的研究成果，总结了关于马镫出现和传布的过程：

马镫最早出现在公元前 2 世纪的印度，最初是套在赤裸大脚趾上的绳套。由于气候原因，它不可能向北传播，但那些与印度接触的赤脚的贵族们都接受了这种绳套马镫，东到菲律宾和帝汶岛，西至埃塞俄比亚。在印度佛教文化波及东亚之际，这种马镫的核心观念也随之传入中国。到公元 5 世纪时，穿鞋的中国人已经在使用整只脚踩踏的马镫。这种马镫使一种新的战术，即用长矛作战成为可能（不是必然）。……[3]

怀特的中国受印度影响而产生马镫的说法，至今只是一种缺乏考

---

[1] 柳涵：《北朝的铠马骑俑》，《考古》1959 年第 2 期，第 97—100 页。另见陕西省文物管理委员会：《西安南郊草厂坡村北朝墓的发掘》，《考古》1959 年第 6 期。

[2] 高至喜：《长沙两晋南朝隋墓发掘报告》，《考古学报》1959 年第 3 期，第 85 页。

[3] Lynn White, "The Act of Invention: Causes, Contexts, Continuities and Consequences", *Technology and Culture*, Vol. 3, No. 4 (Autumn, 1962), p. 489.

古依据的推测。在 1970 年代中国有多座出土墓葬陆续发现马镫实物、陶俑与壁画。[1] 真正意义的马镫最早在中国产生并普及，这个问题已经基本没有疑义。杨泓于 1977 年发表的《骑兵和甲骑具装》一文，[2] 结合历史文献与出土马具文物，讨论了早期（秦汉）骑兵的作战和装备问题。他认为最早的马镫是长沙西晋墓供上马用的单马镫，到十六国、南北朝时，双马镫逐渐普及。此后，针对陆续出土的马镫和马具实物，杨泓又有两篇补充性文章。[3]

　　那么，到底马镫为何在中国而非在其他地方产生？仅就马镫本身无法解答这个问题，还要从马具发展的总体情况进行考察。和马镫关系最紧密的马具是马鞍。因为马镫系在马鞍两侧，骑者脚踩马镫的力量由马鞍来承受，并传递给马背。通过固定马鞍的马肚带等索具，才使骑者和马匹成为一个整体。如前章所述，东汉和三国骑兵冲击步兵军阵的战术更为成熟、普遍。冲击战术需要骑士将自己尽可能地固定在马背上，以抵抗刺杀敌人时的反冲力，早期骑手能够采用的手段就是加高马鞍，高耸起来的前后鞍桥为骑手提供了前后两个方向的依托，能起到一定的稳定效果。所以自汉代开始，骑兵马鞍的前后鞍桥越来越高。

　　杨泓根据八个战国到唐代马鞍具（有些包括马镫）的考古样本，提出了马鞍具从"坐垫"到"高马鞍"的变化过程。[4]（见图 2）在武威雷台墓葬出土的铜马、骑兵像，也有相对较高的马鞍造型，但又不

---

[1]　李庆发：《朝阳袁台子东晋壁画墓》，《文物》1984 年第 6 期；袁俊卿：《南京象山 5 号、6 号、7 号墓清理简报》，《文物》1972 年第 11 期；黎瑶渤：《辽宁北票县西官营子北燕冯素弗墓》，《文物》1973 年第 3 期；吉林省博物馆文物工作队：《吉林集安的两座高句丽墓》，《考古》1977 年第 2 期；张雪岩：《集安县两座高句丽积石墓的清理》，《考古》1979 年第 1 期。

[2]　杨泓：《骑兵和甲骑具装》，《文物》1977 年第 10 期。

[3]　杨泓：《中国古代马具的发展和对外影响》，《文物》1984 年第 9 期；《骑兵和甲骑具装二论》，《华学》（第三辑），北京：紫禁城出版社，1998 年。

[4]　杨泓：《骑兵和甲骑具装》，《中国古兵与美术考古论集》，北京：文物出版社，2007 年，第 145 页。

如西晋长沙墓陶俑和安阳十六国鲜卑墓马鞍实物高（见图3），属于先秦汉初到两晋之间的过渡类型，以往研究者将雷台墓断定为东汉末期，最近又有学者提出当属西晋墓葬。[1] 本书认为，从马鞍形制的变化过程来看，以东汉末期比较合理。美国学者顾传习也指出了这种高马鞍与冲击战术的关系："……我怀疑，雷台这种包裹着骑手臀部的鞍头和鞍尾形制，也是出于同样原因发展起来的。换言之，即方便马上的战士使用矛或者戟；因为雷台铜像所用兵器正是矛和戟，并且鞍具也有此特色。"[2] 但加高的马鞍给骑手上马造成很大不便，这正是马镫出现的诱因，即协助骑手上马之用。根据3—4世纪的文献和考古材料，基本可以勾勒这种技术手段的发展脉络。

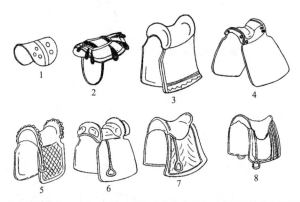

1．战国（据金村铜镜） 2．西汉初期（据杨家湾陶骑俑） 3．西汉后期（据定县铜车饰）
4．魏晋（据雷台铜骑俑及铜马） 5．西晋（据长沙永宁二年瓷骑俑） 6．东晋（据南京象山七号墓陶马） 7．北齐（据安阳范粹墓陶马） 8．唐（据郑仁泰墓石马）

图2　战国到唐代的"马鞍具演变示意图"

（杨泓：《中国古兵与美术考古论集》，第145页）

---

[1]　孙机认为武威雷台墓属西晋而非东汉后期，见孙机：《武威出土的铜奔马不是汉代文物》，《光明日报》2003年4月29日B3理论版；以及孙机：《关于甘肃武威雷台出土铜奔马的年代》，《南方文物》，2010（3）。何志国、郭平梁不同意此说，认为应属东汉后期，见何志国：《甘肃武威市雷台出土铜奔马年代考辨》，《考古》2008年第4期；郭平梁：《武威雷台墓主、铜奔马命名释义及墓葬断代》，《考古与文物》2008年第5期。

[2]　见前引 Goodrich, "The Saddles of the Bronze Horses of Lei-t'ai", p. 47, 引文为笔者翻译。

图 3　武威雷台墓中的铜马与骑士造型
（《武威雷台汉墓》图版三）

第二节　骑兵冲击战术的成熟：马镫与马槊

从单马镫到双马镫的历程

在吴赤乌二年（239 年），东吴交州牧吕岱平定一场叛乱，当时他年已八十，有人写信恭维他："又知上马辄自超乘，不由跨蹑，如此足下过廉颇也"[1]。从信件行文判断，当时上马应当有了某种辅助工具，可以帮助骑手"跨蹑"，吕岱不服老而故意不用，才直接跳上马背。[2]信中引用老年廉颇被甲上马的典故，但战国时代尚无单马镫，廉颇展示的只是一名普通骑手的必备技能，而吕岱是有辅助手段而不用，才

---

[1]　《三国志》卷六十《吴书·吕岱传》，第 1386 页。
[2]　"超乘"语出《左传》襄公二十三年，当时意为跳上行驶中的战车，此处当为跳上马之意。

引起了时人的惊异。联系考古成果可以推测，在吕岱的三国时期，辅助骑士上马的单马镫可能已经出现。

　　目前考古所见较早的单马镫造型，是西晋永宁二年（302 年）长沙墓葬的随葬马俑，在吕岱平乱之后六十三年，其中有四尊陶马俑的左侧都塑有一个三角形马镫，骑者的脚也未在镫中，所以发掘报告作者推测"是供上马时踏足之用，骑上之后则不用镫了"[1]。（见图4）考古实物并不代表这种技术出现的最早年代，现在出土的也未必是制作最早的单镫陶俑作品，这中间存在几十年的时间差很正常。所以可以推测，在公元240 年代的三国鼎立时期，用于辅助上马的单马镫已开始运用。

图 4　长沙西晋墓的陶俑，高马鞍和单马镫组合
（《长沙两晋南朝隋墓发掘报告》图版十一、十二）

---

[1]　高至喜：《长沙两晋南朝隋墓发掘报告》，《考古学报》1959 年第 3 期，第 85 页。

从长沙西晋墓的陶俑可见，这个时期马鞍的鞍桥极高，前后鞍桥之间非常狭窄。这种结构可以给骑手提供较稳定的依托，但确实也给上马造成了极大不便。出土陶俑的单马镫都在马体左侧，人都习惯从马匹左侧上马，这也可以旁证单马镫为辅助上马的工具。吕岱所在的交州和出土陶马的长沙都在长江以南，并非战马原产地和骑兵战术普及之地，对这个现象可以用两种截然相反的解释：一说它们更能证明单马镫在整个中国文化圈的广泛运用；也可以说，是对骑马并不熟悉的地区首先发明了这种辅助上马工具，然后才向其他地区扩散。由于出土材料尚比较有限，目前难以做出定论。

但可以确定的是：从三国后期到西晋时，正是高桥马鞍与单马镫组合的盛行时期。[1] 骑手在驰骋时将一只脚放在单马镫中，也可以获得一些支撑。当骑手意识到这一点时，双马镫便顺理成章地出现并普及了。罗宗真先生对此的解释非常有见地："到魏晋南北朝时为了更好的骑坐稳当，马鞍才前后起桥，鞍桥直立，称'两桥垂直鞍'……到了这个时候，马具中十分重要的一个部件，随着高桥马鞍的出现而产生，这就是镫。"[2]

考古材料提供的双马镫普及时代，也是 4 世纪的东晋十六国时。南京象山东晋墓 7 号墓出土一尊陶马俑，"两侧有镫"，应是双马镫的较早代表。[3]1954 年西安草场坡 1 号墓出土了一组铠马陶俑，明确塑

---

[1] 除了长沙西晋墓随葬俑，单马镫还有考古实物，就是邺城附近出土的鲜卑骑士墓，殉葬马的鞍具可以复原，可见高而且深的马鞍造型，墓中只有一只马镫，应为单镫。但此墓中没有可以准确系年的物品，只能推测为十六国早期。见中国社科院考古研究所安阳工作队：《安阳孝民屯晋墓发掘报告》，《考古》1986 年第 6 期，第 503 页（见图 5）。

[2] 罗宗真：《马镫与炼丹术——纪念李约瑟博士援华 50 周年》，《东南文化》1994 年第 4 期，第 8—9 页。可惜罗宗真先生仅就李约瑟而提及此点，未能展开详细论证。关于冲击战术、马鞍加高与马镫出现的关系，参见 Goodrich, "The Saddles of the Bronze Horses of Lei-t'ai", p. 47；以及前引杨泓先生论文。

[3] 袁俊卿：《南京象山 5 号、6 号、7 号墓清理简报》，《文物》1972 年第 11 期。但可惜的是 7 号墓无法断定具体年代，结合周边其他墓葬的墓志年代，只能推定为东晋中期。

图 5　孝民屯十六国鲜卑墓中的马具实物复原图，高马鞍和单马镫组合

（《安阳孝民屯晋墓发掘报告》图版八 ）

有双马镫造型，以前考古学者认为是北朝墓葬，现在逐渐改为十六国的前后秦时期。[1] 至于较早的双马镫实物，则是辽宁北票出土的北燕太平七年（415 年）冯素弗墓。[2]

　　至于马镫最早见诸史籍，学界一般认为是 359 年东晋豫州刺史谢尚事："谢中郎在寿春败，临奔走，犹求玉帖镫。"[3] 然《太平御览》引此条作"橙"[4]，则谢万当时所求未必是马镫，而可能是上马时脚踩的木凳（这也是东晋名士舒缓风度的体现）。文献中关于马镫的最早确切记载应是《太平御览》引《南燕录》，在 399 年的慕容德南燕朝，

[1]　柳涵：《北朝的铠马骑俑》，《考古》1959 年第 2 期。另见陕西省文物管理委员会：《西安南郊草厂坡村北朝墓的发掘》，《考古》1959 年第 6 期。

[2]　黎瑶渤：《辽宁北票县西官营子北燕冯素弗墓》，《文物》1976 年第 11 期。关于马镫考古的总结，可参见：Albert E. Dien, "The Stirrup and Its Effect on Chinese Military History", *Art Orientalis*, Vol. 16 (1986), pp. 33–56。

[3]　《世说新语校笺·规箴第十》，第 313 页。

[4]　《太平御览》卷七百六十四，第 3392 页。

王銮"贯甲跨马，不据鞍由镫"[1]，即手不扶鞍、足不踩镫而跳上马背，这更反映出早期马镫作为上马辅助工具的性质。

能否在更小的范围内确定马镫的起源地？王铁英认为东北地区的鲜卑人首先采用了马镫。[2] 但通过上文可见，中国南方也有西晋时期的单马镫和东晋时期双马镫陶俑，它们在时代上不晚于甚至早于东北地区的考古发现。限于目前的材料，尚难以做更深入的讨论。德国考古学家冯·勒科克曾推测："马镫或许起源于骑马民族，他们想要骑乘时不那么疲劳；或者起源于非骑马民族，他们有必要快速掌握骑马战斗的技能。"[3] 这代表了思考马镫起源问题时的两个切入点，而且技术的发展也未必是绝对单线的。

不过，我们可以尝试总结中国马镫发明的脉络：汉代骑兵采用冲击战术后，用戟或矛作战需要加高马鞍保持稳定；马鞍变高后，上马困难，导致长沙西晋墓陶俑三角形单马镫的出现；这种作为上马辅助工具的单镫，到十六国时进化为双马镫，使骑兵拥有了比高马鞍更能保障其稳定性的手段。至此骑兵冲击战术也完全定型，骑兵正式成为压倒步兵的陆战主力兵种。到隋唐时期以至今日，因为双马镫早已普及，马鞍的造型反而又变得较浅，因为马镫已经为骑手提供了足够的稳定，不再需要过于高且笨重的鞍桥了。

从制造工艺的层面看，马镫本身并没有任何"技术含量"，但它经历了数百年的孕育过程。对于中世纪的西亚、欧洲，马镫是和骑兵冲击战术同步传入的，所以西方史学界未能注意两者间的先后关系，而只有从中国的文献和考古材料中，才能梳理出这一发展脉络。

---

[1] 《太平御览》卷三百七十七引《十六国春秋》，第 1741 页。另，《太平御览》卷八百四十八引《南燕录》，"镫"作"蹬"，第 3791 页。

[2] 王铁英：《马镫的起源》，《欧亚学刊》（第三辑），北京：中华书局，2002 年，第 93 页。

[3] Albert von Le Coq, *Bilderatlas zur Kunst- und Kulturgeschichte Mittel-Asiens*（《中亚文化与艺术史图鉴》）(Berlin: D. Reimer), 1925 p.22. 转引自常彧：《从突骑到甲骑具装——魏晋南北朝骑兵之演进》，《中国中古史研究》（第九期），台北：兰台出版社，2009 年第 1—40 页。

以上是马鞍、马镫的作用与器型层面变迁的研究。如果我们继续追问，为什么只有中国汉朝的士兵需要加高马鞍并导致马镫的出现，难道其他民族和国家的骑兵就没有这种需要？或者像 C. S. 古德里奇提出的疑问，就是高马鞍配合矛戟的战术是否真正有效？因为如果这种战术根本无效，我们很难想象，从两汉到三国直到西晋的军人们都愚蠢地保留着非常不便利的高马鞍，好像高马鞍的唯一作用就是呼唤马镫的出现。要回答这些问题，就要探讨中国骑兵在不同时期的军事职能和地位，特别是中国古代骑兵面临的与其他民族文化中的骑兵完全不同的战争目的和环境，以及由此决定的骑兵战术手段，正是这种战术需要导致了鞍具、镫具的出现和变化。

马槊的普及

4 世纪初，冲击作战已经成为骑兵最主要的战术，骑兵的武器也从戟进化为马槊。从前引汉代文献和画像石、随葬俑等文物看，两汉时期骑兵的近战冲击武器主要是长戟（孝堂山、孙家村画像石，武威雷台汉墓），到三国时代文献中，骑兵使用长矛的记载已经比较多见。汉魏时习惯将长一丈八尺的长矛称为"矟"或"槊"（皆音朔），[1] 其长度约为今天 4 米左右。故从逻辑上讲，槊本属于矛，但只有较长的矛才能称为槊。槊和戟相比，最大的区别就是取消了前部横向的戈刃，从而专用于刺杀。[2] 杨泓先生总结了马矟取代戟的技术原因，认为是戟横向的枝妨碍了穿透效果，造成戟对穿铠甲敌人的杀伤力不如矛槊。他举了《后汉书·董卓传》中的记载：李肃用戟刺董卓，"衷甲不入，伤臂堕车"，吕布随之用矛刺杀了董卓，以此证明戟的刺杀效

---

[1]　《太平御览》卷三百五十三《释名·释兵》："矛长丈八尺曰槊，马上所持，言其稍槊便杀也。"（第 1624 页）

[2]　戟本身是矛和戈的合体。矛锋用于刺杀，戈刃用于砍杀和勾啄。戈的勾砍动作在战车时代运用很广，因为战车前方是马匹，无法直接朝前刺杀，只能在与敌战车交会的一瞬间，用戈横向勾砍对方。参见杨泓：《中国古代兵器通论》，北京：紫禁城出版社，2005 年，第 52—53 页。

果不如矛槊。[1] 这个观点无疑是正确的。但细寻戟、矛、槊三者的区别，还有更深层的原因，即骑兵刺杀武器应当在保证穿透力的同时，还要满足两个因素：

一是避免对骑手形成太强大的反冲力。戟的横刃顶撞到敌军后，显然会增加骑士落马的危险。当然，骑士可以避免用很大的力量抓握兵器，就如林恩·怀特所言，不是将戟紧夹在腋下，而是灵活地抓握在手中，以便随时可以脱手（孝堂山画像石中的汉军骑士似乎也有这种特征）。但这样做的负面作用就是冲击杀伤力降低，特别是对穿铠甲的对手可能起不到足够的杀伤效果。

二是避免兵器的长杆完全贯穿敌军身体而难以拔出。对于高速奔驰的骑士来说，这样也会带来跌落马背的危险，且无异于丧失了自己的兵器。这可以称为武器刺中对手后的"停止作用"[2]。怀特在讨论马镫骑兵的武器时说：

> 马镫骑兵用长矛冲击时，长矛可能完全戳穿对手的身体，使攻击者难以掌握。如果敌人众多时，这种情况会很危险。所以，为了避免这种情况，有必要在矛锋后面增加一个横档以方便拔出。为此许多中亚人将马尾毛绑在矛锋之后。其他人则在矛锋后的木杆上钉上一块布，或者燕尾旗的造型…… [3]

怀特所言的马尾或者"燕尾旗"，在中国十六国到南北朝时代的

---

[1] 杨泓:《马稍春秋》,《逝去的风韵：杨泓谈文物》, 北京：中华书局, 2007 年。

[2] 文献中虽然尚未见到这方面的事例，但在十六国初期，成汉丞相杨褒为劝谏国主李雄戒酒，故意持矛驰马飞奔。李雄事后询问，杨褒回答："夫统天下之重，如臣乘恶马而持矛也，急之则虑自伤，缓之则惧其失，以马驰而不制也……"（《晋书·李雄载记》, 第 3040 页）可见持矛驰马是很容易"自伤"的行为，而马戟在这方面的危险性要大于矛。

[3] Lynn White, "The Act of Invention: Causes, Contexts, Continuities and Consequences", p. 486.

马槊上也有体现，时称"眊"和"幡"。518 年柔然可汗阿那瑰失势被迫朝拜北魏，魏朝赐其人、马铠甲七套，此外还有"露丝银缠槊二张并白眊，赤漆槊十张并白眊，黑漆槊十张并幡"，此处槊上装的白眊和幡，就类似怀特讨论的马尾和燕尾旗功用。[1] 比槊上的眊、幡实用性更强的，则是金属丝的"缠"。前述西晋八王之乱时，关中军队开入洛阳，五千名骑士都手持"铁缠槊"。古代注释家和类书编辑者都没有对马槊的"缠"做出归纳解释。从文献来看，这种"缠"是用金属丝缠裹在槊锋之后的木杆上。南朝梁武帝的第四子长沙王萧晃有武力，他曾"以马槊刺道边枯蘖，上令左右数人引之，银缠皆卷聚，而槊不出。乃令晃复驰马拔之，应手便去"[2]。可见银缠能增加马槊和目标间的摩擦力，这和怀特所论燕尾旗的作用相似。[3] 但在实战中，"缠"的作用尚无直接文献记载。

冲锋刺杀动作要领：交、合

　　林恩·怀特对骑兵战术的探讨，其知识背景是欧洲中世纪以来非常普遍的骑士战争。就在法国学者德诺埃特和怀特读军校的时代，使用冷兵器的骑兵仍然存在，所以欧美人对这些骑兵战术并不陌生。而在中国，宋代以后文、武官员分途，有实战经验的军人很少能用文章记载详细的战斗过程，有文化的士大夫又极少接触真实战争，使得全社会普遍缺乏对战争的细致了解。在这个基础上，元明以来的流行的市井说唱文学，尤其是以《三国演义》为代表的历史演义小说，又对

---

[1]　《魏书》卷一百三《蠕蠕传》，北京：中华书局，1974 年，第 2300 页。当然，眊、幡也有识辨敌我身份的作用，怀特同样认为燕尾旗也有此功用。

[2]　《南齐书》卷三十五《高帝十二王传·长沙威王晃》，北京：中华书局，1972 年，第624 页。

[3]　不过对于力量超人的骑士，用马槊刺穿对手也未必有太大麻烦。比如北魏宗室拓跋虔，他所用的马槊格外粗重，能做出很多高难度动作："虔常临阵，以槊刺人，遂贯而高举。又尝以一手顿槊于地，驰马伪退，敌人争取，引不能出。虔引弓射之，一箭杀二三人，摇槊之徒亡魂而散。徐乃令人取槊而去。"（《魏书》卷十五《昭成子孙传·陈留王虔》，第 381 页）

冷兵器战争进行了很多脱离实际的虚构，形成了一整套程式化的战争叙事模式，使得中国大众对冷兵器战争有诸多误解。其中最有代表性的，就是骑马的武将之间的对打。在《三国演义》等作品中，所谓战争就是两员大将在阵前交锋，其他将士都是观众，两员大将的胜负就标志着整场战争的结局。而两人之间的对打又充满了虚构，两人往往可以大战数百"回合"不分胜负，甚至要等到第二天继续较量。根据演义小说改编的影视剧也往往照搬这些描写，造成古代骑兵战争的真相如同沉入迷雾，难以还原。所以，本书将对魏晋南北朝时期的骑兵具体战术进行一些讨论，努力还原真实的历史现象，再由此探索当时的战争规律。

和步兵相比，骑兵的优势在于速度。马匹的奔跑速度远远高于人。所以使用戟、矛、槊等兵器的骑兵要靠马匹的高速冲击来刺杀对手。根据物理学的动能公式 $E = \frac{1}{2} mv^2$，对于冲锋的骑士，这个质量 m 是人和马相加的质量，速度 v 则是马匹奔驰的速度，其动能远比手持长矛进行刺杀的步兵高，所以骑兵在战斗中必须高速奔驰以便进行刺杀。反之，如果骑兵处在静止状态就不具有动能优势，且战马是远比骑手明显的目标，很容易招致杀伤，所以骑兵战术的本质就是运动。

当骑兵互相作战时，最常见的是双方相对冲锋，在接近的瞬间用马槊瞄准、刺杀对手，同时试图躲避对手的刺杀。由于战马冲击的速度快，一次交会之后，双方距离会拉开。这样交会一次，便是一"合"，或称"交"。如刘宋朝孝武帝初年的内战中，两名骑兵军官单独决斗："幢主樊僧整与台马军主、骠骑中兵参军段僧爱交槊斗，僧整刺僧爱，杀之。"[1] 当然，在实战中这种军官两人单打独斗的场面比较少见，骑士面对的往往是敌步兵或骑兵集群，所以在一次冲击中可

---

[1] 《宋书》卷八十七《殷琰传》，北京：中华书局，1974 年，第 2206 页。

能要先后与多名敌军交手（如果他还幸运地活着的话）。在东晋攻灭南燕的战斗中，一支晋军骑兵击败了燕军骑兵，晋军官孟龙符追击速度太快，单独与大量敌骑兵交战："贼数千骑围绕攻之，龙符奋槊接战，每一合辄杀数人，众寡不敌，遂见害"[1]。当骑士冲过敌军阵列后没有伤亡，且仍有战斗意志的话，可以让战马掉头再次冲锋，再进行一"合"。南齐将领张敬儿曾担任骑兵队主，为掩护主力撤退而与数千敌军交战，"敬儿单马在后，冲突贼军，数十合，杀数十人，箭中左腋"[2]。这样往复多"合"，伤亡概率极高，而所谓"数十合"显然也有夸张的成分。

冷兵器时代的战争中，将士一般都靠斩获敌军的首级记功。如北魏宗室可悉陵参与攻灭沮渠氏的北凉政权，"沮渠茂虔令一骁将与陵相击，两槊皆折。陵抽箭射之，坠马。陵恐其救至，未及拔剑，以刀子戾其颈，使身首异处"[3]。由于骑兵战斗都是在奔跑中进行的，骑士下马斩首往往很不方便，有时斩首工作需要别人代劳。刘宋朝的一次内战中，叛军将领鲁爽和朝廷骑兵军官薛安都相遇，"安都望见爽，便跃马大呼，直往刺之，应手而倒，左右范双斩爽首"[4]。南齐的一次内战，叛军首领王敬则被朝廷一方的骑将崔恭祖刺杀，但崔未能及时斩首，另一名军官袁文旷斩获了这个首级，被授予功赏，引起崔、袁二人争讼。最后齐明帝萧鸾批准给崔恭祖二百户封赏，才予了结。[5]

近距离刺杀对手比较容易，和在颠簸的马背上射箭相比，马槊对骑士的技术要求显然低了许多。但两名骑士相对冲刺时的伤亡率显然大大增加了。另外，除了用马槊刺杀对手，骑士同时还要注意躲避开对手的马槊，攻击与防守几乎同时完成，要在成功刺杀对手的同时保

[1]《宋书》卷四十七《孟怀玉传附弟龙符》，第1408页。
[2]《南齐书》卷二十五《张敬儿传》，第464页。
[3]《魏书》卷十五《昭成子孙传·常山王遵附可悉陵》，第375页。
[4]《宋书》卷八十八《薛安都传》，第2217页，另参见卷七十四《鲁爽传》。
[5]《南齐书》卷二十六《王敬则传》，第487页。

障自己的安全，也需要高超的技术。南朝宋、齐之间，一名骑兵军官陈天福就以善用马槊著称，他趁作战时掳掠百姓，被齐武帝萧赜处死，但其总结的马槊技艺在南朝骑兵中传承，直到萧子显在梁朝作《南齐书》时还在盛行不衰。[1]

当时骑兵进行模拟训练时，也以在奔驰中运用马槊为要点。比如北魏将领傅永擅长骑战，年老时"尝登北邙，于平坦处奋槊跃马，盘旋瞻望，有终焉之志"[2]；东晋桓温清谈不胜，曾驰马持槊做出威胁别人的动作："桓宣武与殷、刘谈，不如甚，唤左右取黄皮袴褶，上马持槊，数回，或向刘，或拟殷，意气始得雄。"[3]北齐文宣帝高洋酗酒昏乱，也曾用这种方式威胁老将斛律金："尝持槊走马以拟金胸者三，金立不动，于是赐物千段。"[4]要"走马"，即让马跑起来才方便做刺杀动作，这和骑兵冲击作战的方式是一致的。

骑兵冲杀动作也可以进行双人（马）模拟对练。刘宋末年，荆州刺史沈攸之和另一名军官高道庆练习马上对战，结果因失手造成反目："于听事前合马槊，道庆槊中破攸之马鞍，攸之怒，索刃槊"[5]。沈攸之发怒后要找"刃槊"，说明两人对练用的是没有装刃的槊杆，但即使这样还是将马鞍撞碎，也可见冲击力之大。这种情景可以联想《水浒传》第十三回，杨志在北平府和周瑾比武，双方为避免误伤也要"把两根枪去了枪头，各用毡片包裹，地下蘸了石灰，再各上马，都让他们穿着黑色衣衫。这样，两人用枪杆厮拼，身上白点多的，就当是输了"。不过小说中两人连斗"四五十合"、周瑾身上"好像打翻了豆腐似的，身上斑斑点点，约有三五十处"却不真实，因为高速

[1] 《南齐书》卷四十四《沈文季传》，第777页。
[2] 《魏书》卷七十《傅永传》，第1554页。
[3] 《太平御览》卷三百五十四引《语林》，第1627页。另外，桓温之子桓玄也曾用这种方式威胁过别人。见《晋书》卷八十五《刘毅传附兄迈》。
[4] 《北史》卷五十四《斛律金传》，北京：中华书局，1974年，第1966页。按，此事《北齐书·斛律金传》未载。
[5] 《南齐书》卷一《高帝纪上》，第11页。

奔驰中即使被包毡的枪杆刺中，也会造成很大的冲击，没有这么轻松愉快。

　　骑兵对战中，有技艺高超者会在两骑交会时抓住对手马槊抢夺过来。十六国初期，陇城陈安擅用"丈八蛇矛"，前赵骑将平先"亦壮健绝人，勇捷如飞，与安搏战，三交，夺其蛇矛而退"[1]。初唐时的尉迟敬德也以这种技艺著称，他曾和李世民的弟弟李元吉演练：

　　　　太宗问曰："夺稍、避稍，何者难易？"对曰："夺稍难。"乃命敬德夺元吉稍。元吉执稍跃马，志在刺之，敬德俄顷三夺其稍。元吉素骁勇，虽相叹异，甚以为耻。[2]

　　"执稍跃马"也生动表现了骑士必须借助战马的奔驰杀敌。演义小说和国产影视作品中，多有两位骑将驻马对打的场景，是完全脱离实际的。

第三节　冲击骑兵的战术运用特征

骑兵对步阵的冲击战术

　　和骑兵相比，步兵军阵的特点是行列严整、密集，几乎没有机动性可言。装备马镫和马槊的骑兵与步兵交战时，也习惯采用冲击的战术，直接冲入敌军密集步兵队列之中，即古人习称的"陷阵"。在汉末三国时代，这种骑兵战术就已经基本普及，到十六国和南北朝时，马镫普遍应用，脚踩马镫的骑兵在马背上更加稳定，对步兵的威胁更大。骑兵冲击、分割步兵队列后，会打乱步阵原有指挥序列，造成混

---

[1]　《晋书》卷一百三《刘曜载记》，第 2694 页。
[2]　《旧唐书》卷六十八《尉迟敬德传》，第 2496 页。

乱失控，特别是步兵指挥官伤亡后，普通士兵很容易在惊恐中溃散，造成整体失败。

如东晋桓温北伐前秦时，就遭到了秦军苻生率领的骑兵冲击，苻生只带少数骑兵冲入桓温的步兵军阵中，给晋军造成大量杀伤。[1]这次战斗虽然没有彻底击败晋军，但给桓温和晋军上下造成了很大压力，使其再不敢与秦军决战，直到粮食耗尽而撤退。十余年后，前秦进攻慕容氏前燕，两军决战，秦将邓羌"与张蚝、徐成等跨马运矛，驰入（慕容）评军，出入数四，旁若无人，搴旗斩将，杀伤甚众"，燕军因而大败，直接导致其亡国。[2]东魏丞相高欢倾国攻入西魏，西魏以劣势兵力在沙苑设伏，右军统帅李弼率六十名骑兵冲击东魏中军队列，将其冲断为两截，引发军阵混乱，西魏军乘机全线攻击，东魏几乎全军覆没。[3]西魏李檦身高不满五尺（五尺约今1.3米），但在与东魏战争中表现勇猛，"跨马运矛，冲锋陷阵，隐身鞍甲之中。敌人见之，皆曰'避此小儿'"[4]。567年北齐与北周会战洛阳，齐宗室兰陵王高长恭率五百骑兵两次冲入周军阵中，军人将其事迹传唱为《兰陵王入阵曲》，并用乐舞表现其冲杀情形，也可见时人对这种行为的推崇（此曲在隋唐两代还被列入宫廷典礼的舞曲）。[5]

当集群骑兵高速冲向步兵军阵时，对站在前列的步兵造成的心理压力非常大，缺乏战斗经验、纪律松弛的步兵会四散逃命，造成军阵在瞬间溃败。所以刘秀时代的骑兵军官耿弇谈到河北地方武装，轻蔑

---

[1] 《晋书》卷一百一十二《苻生载记》："桓温之来伐也，生单马入阵，搴旗斩将者前后十数。"（第2873页）《晋书》卷九十八《桓温传》："健又遣子生、弟雄众数万屯峣柳、愁思堆以距温，遂大战，生亲自陷阵，杀温将应庭、刘泓，死伤千数。温军力战，生众乃散。"（第2571页）

[2] 《晋书》卷一百十三《苻坚载记上》，第2893页。

[3] 《周书》卷十五《李弼传》："弼呼其麾下六十骑，身先士卒，横截之，贼遂为三，因大破。"此"三"为"二"之误抄，见中华书局校勘记，北京：中华书局，1971年，第240页。

[4] 《周书》卷十五《李弼传附弟檦》，第242页。

[5] 《北史》卷五十二《齐宗室诸王下·兰陵王长恭》，第147页。

地称之为"乌合之众"，认为用骑兵摧毁他们如同"摧枯折腐"（已见前章）。但如果步兵部队有坚定的纪律和对抗骑兵的经验，敢于面对正面冲来的敌军骑兵，就能用弩箭和长矛给骑兵造成很大伤亡。所以并非所有的骑兵"陷阵"冲击都能成功。328 年东晋叛将苏峻占领建康，与勤王的军队展开激战，苏峻部队战马较多，他本人也擅长骑战，只带四名部属发起冲击，但晋军步阵严密，苏峻无法冲开，试图掉头返回，几名晋军步兵投出了手里的长矛将苏峻刺落马下，旋即斩首。[1] 东晋末，太尉刘裕派蒯恩进攻占据襄阳的鲁宗之、鲁轨父子，"恩整厉将士，置阵坚严。轨屡冲之不动，知不可攻，乃退"[2]。这都是骑兵冲击步阵未果的战例。

对冲入己方阵列中的敌骑兵，有经验的步兵也会做坚强的抵抗，给骑兵造成杀伤，如 383 年淝水之战，晋军趁苻坚秦军主动后撤之机发动进攻，苻坚之弟苻融带骑兵冲入晋军，希望阻止其攻势，但在冲击中战马摔倒，苻融被杀，秦军因而大败。[3] 刘宋明帝初年内战中，台军主帅刘沙弥轻骑深入，冲到敌统帅刘胡麾下，被敌军杀死。刘胡一方也有五名具装骑兵冲入台军，试图攻击台军统帅刘亮，但遭到台军弓箭手的密集射击，落马被斩首。[4] 北周在讨伐氐羌军队时，将领田弘多次冲击敌阵，"身被一百余箭，破骨者九"，战马也被敌槊刺中十处。田弘和战马可能都披挂了铠甲具装，所以仍能幸存下来，但也可见陷阵的危险之大。[5] 另，东魏骑将尉兴庆每次陷阵之前，都要把自己的名字写在军装背后，最后在洛阳城外与西魏军作战而死，靠衣服上的名字才辨认出尸体，亦可见骑兵冲击敌阵之危险。[6]

[1]　见《晋书》卷一百《苏峻传》，第 2630 页；以及卷七《成帝纪》、卷六十七《温峤传》。但言之较详的是《魏书》卷九十六《僭晋司马叡传》，第 2099 页。

[2]　《宋书》卷四十九《蒯恩传》，第 1437 页。

[3]　《晋书》卷一百十四《苻坚载记下附苻融》，第 2918 页。

[4]　《宋书》卷八十四《邓琬传》，第 2139 页。

[5]　《周书》卷二十七《田弘传》，第 449 页。

[6]　《北史》卷五十三《綦连猛传附尉兴庆》，第 1928 页。

在冲击严阵以待的步兵时，骑兵统帅会注意避开敌战斗力最强、防范最严密的正面，选择敌战斗力较差的侧翼或后方进行冲击。但当时骑兵更习惯于多次冲击、穿越敌步阵，比较常见的是从正面穿过敌阵之后，掉头从后方再次冲击。如西晋末陶侃进攻荆州的杜曾武装，"时曾军多骑，而侃兵无马，曾密开门，突侃阵，出其后，反击其背，侃师遂败，投水死者数百人"[1]。北魏末，高欢与尔朱兆兄弟诸人决裂，双方决战于韩陵，尔朱兆首先率领一支具装骑兵从正面冲开了高欢军阵，准备从阵后再行冲锋。尔朱氏其他将领却忌惮尔朱兆骄悍，突然易帜投降高欢，或者带部属离开战场，使高欢逃脱了一场劫难，转而击败了尔朱兆。[2]

当步兵军阵的抵抗非常顽强时，骑兵往往要从多个方向进行试探冲击，才能找到步阵的薄弱环节。在刘宋孝武帝与叛乱的南郡王刘义宣的一次会战中，台军骑兵就反复冲击叛军步阵：双方在芜湖城外展开会战，台军将领薛安都、谭金都率骑兵参战，他们最初受命冲击叛军军阵右侧，但未能成功。谭金部在叛军步阵外围往返奔驰，多次尝试冲击，才在敌阵左翼找到薄弱部位，"乘其隙纵骑突之"[3]，"战良久，贼阵小拔，骑得入"[4]。台军步兵也开始重点攻击这个突破口，双方进入激战。当时一支叛军骑兵曾开到战场附近，但慑于台军骑兵而不敢投入战斗。叛军右翼战斗力依旧较强，薛安都部再次强行冲锋，"横击陷之"，造成叛军全面大败。叛军将领刘湛之逃奔到江边战舰中，仍被薛安都所部骑兵追上斩首。可见骑兵突击对这次战役起到了决定性作用。南朝的骑兵数量不是很多，能取得这样的战果，更可见骑兵在战斗中的重要意义。

在骑兵攻击敌主力步阵时，都希望能直接斩、俘敌主帅。543 年，

[1] 《晋书》卷一百《杜曾传》，第 2620 页。
[2] 《周书》卷十四《贺拔胜传》，第 218 页。
[3] 《宋书·薛安都传》，第 2217 页。
[4] 《宋书》卷七十四《臧质传》，第 1920 页。

东、西魏会战于洛阳城下。东魏将领彭乐统领右翼骑兵，直接冲入西魏军左翼。恰好西魏指挥中心设在左翼，彭乐骑兵俘获五名西魏宗王及督将僚佐四十八人，将其反绑双手在阵前巡游，同时大声念诵被俘者的名字，引起西魏军心涣散溃败。东魏乘机追杀，斩首三万多人。[1] 次日，双方整军再战，有东魏士兵叛逃至西魏军中，将东魏统帅高欢的旗帜告知西魏军。西魏遂"募敢勇三千人"，由贺拔胜率领，只持马矟不带弓箭，直冲高欢所在位置，引起东魏军溃败，贺拔胜旋即带领十三名骑兵紧追高欢：

> 胜适与齐神武（高欢）相遇，因字呼之曰："贺六浑，贺拔破胡必杀汝也。"时募士皆用短兵接战，胜持矟追齐神武数里，刃垂及之。会胜马为流矢所中，死，比副骑至，齐神武已逸去。胜叹曰："今日之事，吾不执弓矢者，天也！"[2]

此战射死贺拔胜战马的是东魏名将段孝先。尽管贺拔胜感叹未执弓箭，其实如果贺拔胜能像东晋对阵苏峻的士兵一样"投之以矛"，历史也许会很不一样。

特殊情况：骑兵的步战与传统骑射技艺

骑兵杀伤敌人主要靠马匹奔驰的冲击力。但当骑兵冲入敌军阵后，往往因为敌步兵密集队列的阻挡而降低冲击速度。这种情况下即使战马并未伤亡，骑兵也要下马徒步作战，因为战马如果没有"助跑"空间以再度提高速度，骑在马上也就没有意义了。

东、西魏和北齐、北周之间曾在洛阳数次大会战，双方投入兵力

---

[1] 《北史》卷五十三《彭乐传》，第 1923 页。《北史》卷六《齐本纪上》则载东魏战绩为俘获西魏督将以下四百余人，斩俘六万，见第 228 页。

[2] 《周书·贺拔胜传》，第 219 页。

众多，且都习惯使用骑兵冲击对方步阵，所以这种在敌阵中下马作战的事例也比较多见。538 年东、西魏在洛阳城外的"河桥之战"，双方军阵绵延十余里，步、骑兵踩踏起的尘埃遮天蔽日，双方统帅和下属部队失去联系，各部队都处在各自为战状态。西魏主帅宇文泰率骑兵冲入东魏侯景部军阵中，宇文泰战马中箭倒地，其部属以为主帅阵亡纷纷逃散，宇文泰装作俘虏才得以逃生。西魏将领王思政在敌军包围中下马作战，"用长槊左右横击，一击踣数人"，最后受伤昏厥倒在尸堆中被部下救回。[1] 另一名将领蔡祐也率领十余名部属"下马步斗，手杀数人"，又用弓箭四面射击，才得以突围而归；[2] 窦炽"独从两骑为敌人所追"，被围逼到邙山之下，只能下马徒步而战，他两名部属的弓甚至都被敌射断，窦炽一人连续射死多名敌军，迫使敌后撤才寻机突围而出。[3] 564 年，北齐、北周会战洛阳，齐将段韶率左翼骑兵迎战周军步兵。他看到周军先抢占了邙山险要地形，遂故意率部下缓慢撤退吸引北周步兵追击，待敌追击疲乏后，段韶才率部属下马展开进攻，"短兵始交，周人大溃"[4]。

这种骑兵面临众多敌步兵、不得已下马步战的情况，在其他战场也有发生。如 553 年西魏军伐蜀，一百名西魏骑兵前往平定氐人叛乱武装，途中被三千多敌军包围，西魏骑兵看敌军众多，遂"各弃马短兵接战"，阵斩敌首领，击败了敌军。[5] 不过在魏晋南北朝的史书中，骑兵下马作战的记载并不多，主要集中在东西魏和北齐北周时期，可能是因为这一时期的军人素质较高，且富有作战主动性。

在 4—6 世纪，骑兵的主要战术虽然是用马槊冲击，但仍保留着传统的骑射技艺。如 311 年，石勒骑兵在谯郡追上了晋军主力部队，

---

[1] 《周书》卷十八《王思政传》，第 295 页。
[2] 《周书》卷二十七《蔡祐传》，第 443 页。
[3] 《周书》卷三十《窦炽传》，第 518 页。
[4] 《北齐书》卷十六《段荣传附子韶》，北京：中华书局，1972 年，第 212 页。
[5] 《周书》卷十一《叱罗协传》，第 179 页。

"分骑围而射之"，十余万晋军和朝贵都被射死。[1] 东西魏到北齐北周时期擅长骑射的将领也很多。周齐洛阳之战中，数名周军士兵被齐人俘获。周将梁台"望见之，愤怒，单马突入，射杀两人，敌皆披靡，执者遂得还"。值得注意的是，梁台年过六十岁还喜欢披甲上马，"足不蹑镫"，保留着传统骑射时代的遗风。[2]

当时马槊虽是骑兵主战武器，但在一些战斗的关键时刻，骑射仍能发挥重要作用。如前述东魏统帅高欢战败，被西魏将领贺拔胜等十三骑紧追，"（东魏）河州刺史刘丰射中其二。胜槊将中神武，段孝先横射胜马镫，遂免"[3]。东魏北齐最以骑射著称的，是出身敕勒族的斛律金、斛律光父子。斛律金早年就以骑射赢得了柔然可汗的尊敬，他的本传记载了斛律父子都擅长骑马射猎。周齐洛阳之战中，斛律光（明月）被周将王雄持槊追击：

> 唯余一奴一矢在焉。（王）雄案稍不及明月者丈余，曰："惜尔，不得杀，但生将尔见天子。"明月反射雄，中额，抱马退走，至营而薨。[4]

王雄阵亡对周军士气打击极大，直接导致主帅宇文护下令撤退。斛律金、光父子对游牧族的骑射技艺极为推重，斛律金"行兵用匈奴法，望尘识马步多少，嗅地知军度远近"，他还经常命子孙骑马射猎，并亲自检查其射击猎物的手法。这种对骑射技艺的坚持，和前述骑士下马作战的战例，都表现出当时北朝骑兵技艺、战术形态的灵活性和多样化。在东西魏和北齐北周时代短短三十年间，战争之激烈、战略战术之丰富，要远远超过魏晋南北朝时的其他政权。究其根源，这一

---

[1] 《晋书》卷一百四《石勒载记上》，第 2713 页。

[2] 《周书》卷二十七《梁台传》，第 453 页。

[3] 《北齐书》卷二《齐神武本纪下》，第 22 页。

[4] 《周书》卷十九《王雄传》，第 320 页。

代将帅都是从北魏末的六镇之乱中锻炼崛起的武人，军事素养和经验较高。经过这一代人才走向了隋唐的统一辉煌时代，并非历史的偶然。

第四节　游牧族对骑兵冲击战术的适应

汉代以来，中原为对抗游牧族的骑射骑兵而开创了骑兵冲击战术，但到4世纪冲击战术完全发展成熟（以马镫出现为代表），却使得北方民族获得了对中原军队的压倒性优势，他们借助骑兵入主中原，由此开启了东晋十六国和南北朝历史。这是骑射时代匈奴人从未企及的成就。从表面看这似乎是历史的悖论，但它不是单纯的军事技术移植问题，更有复杂的社会、政治因素。

如前所述，作为一种单兵战术，冲击比骑射给骑手带来伤亡的风险更大，尤其是冲击密集的步兵军阵时。匈奴帝国的松散政治形态，使其难以强制骑士们采用这种战术。而后世游牧族运用冲击战术，需要具备两方面的条件：（一）单兵层面，游牧族骑士参与中原战争，学习并掌握冲击战术；（二）组织层面，摆脱基于部落联盟的分散权力结构，建立中央集权的政权体系，尤其是专业化的军队，即游牧族权力结构的中原化。

这两个层面的过渡所需时间却很不同：单兵战术的转换并不复杂，因为冲击比骑射对骑手的技术要求低，游牧族骑兵进入中原军事体系之后能很快完成这种转换；但游牧族自身的权力结构转换，则涉及其部族的社会结构、文化传统等诸多深层因素，往往难以在一代人的时间内一蹴而就。这就造成了自东汉至三国的一个普遍现象：游牧族骑兵在被纳入中原军事体系之后战斗力极强，甚至超出中原本土骑兵；但当游牧族本身与中原政权作战时，却大都遭遇失败的结局，或至少难以入塞占领汉地，而只能短暂再现冒顿帝国与西汉对峙的形势。到西晋末期，内迁游牧族在社会、政治结构层面完成"中原化"转型之后，才取得了对中原军队的骑兵优势，从而进入十六国时代。

下面就依时间顺序，分别讨论游牧族骑兵在中原接受冲击战术的过程，以及游牧族自身中原化进程与骑兵战术转型的关系，并由此探索十六国和南北朝时期北方民族入主中原的深层原因。

游牧族自身的中原化历程和军事转型

自战国赵武灵王"胡服骑射"以来，中原政权就习惯从林胡、楼烦等草原游牧族中招募或强制征发骑兵。[1] 楚汉战争中频频见诸史籍的骑射"楼烦将"也显示了这种风习。这些加入中原军队的游牧族骑兵，或属于自愿雇佣性质，或出于被征服而强制服役，本书概称为"游牧族仆从骑兵"，他们自然要接受中原的军事纪律与战术。

西汉之后，游牧族仆从骑兵也要同步接受正在完善之中的冲击战术。东汉初为刘秀立下汗马功劳的幽州突骑，《后汉书》中有多处记载，但只有极少处提到其中有乌桓骑兵，如建武三年（27 年）吴汉指挥对苏建的战斗，吴汉麾下有"乌桓突骑三千余人"，当双方列阵完毕，"汉躬被甲拔戟，令诸部将曰：'闻雷鼓声，皆大呼俱大进，后至者斩！'遂鼓而进之"[2]。汉军由此一举击溃苏建武装。可见在吴汉的严令之下，这支乌桓骑兵采用了直接冲击的战术。东汉末的中原割据势力，普遍都使用乌桓（乌丸）等游牧族仆从骑兵。[3]

和游牧族战士在中原学习冲击战术相比，游牧族自身的集权化

---

[1]　据《史记·赵世家》，赵武灵王在胡服改革之后北征草原，从林胡、楼烦等游牧族补充了大量战马和骑兵。白国红据此讨论了来自"三胡"的赵国骑兵，白国红：《关于中国第一支建制骑兵的史学思考》，《社会科学论坛》（学术研究卷）2006 年第 3 期。

[2]　《后汉书·吴汉传》，注引《续汉书》，第 679—680 页。

[3]　唐长孺先生全面总结了东汉至魏晋中原王朝从乌桓、东胡、鲜卑等部族中征发骑兵的事例。参见唐长孺：《晋代北境各族"变乱"的性质及五胡政权在中国的统治》，《魏晋南北朝史论丛》，北京：中华书局，2011 年，第 122—136 页。另参见王子今：《两汉军队中的胡骑》，《中国史研究》2007 年第 3 期。

（中原化）历程要缓慢得多。东汉末的混战中，中原对边地控制力削弱，乌桓蹋顿兼并了塞外诸部族，军事实力大为增强，对东北沿边诸郡形成威胁，"边长老皆比之冒顿"。从这个比喻来看，蹋顿政权很大程度上是冒顿匈奴帝国的再现，其军事特点应当是以骑射为基础的袭掠，战术和政权结构都与中原差距较大。所以当曹操的正规军对其发动突袭时，"出其不意，一战而定之"，几乎完全是卫青、霍去病出击匈奴经典战例的翻版。被俘乌桓人则迁入塞内成为曹操政权的仆从骑兵。[1]

此后，乌桓作为一个部族再未实现振兴，北方塞外的主导力量变为鲜卑人。在东汉中后期，鲜卑族就已经萌生了形成政权的趋势：汉桓帝时，部落大人檀石槐统一鲜卑诸部，"尽据匈奴故地"，与东汉形成对峙态势。但檀石槐政权仍非常粗朴，"自分其地为中东西三部"，分别以部落大人统领之。[2] 这和匈奴帝国时左、右贤王与单于三部分治的方式很类似，是游牧族的专制国家机器尚未完全成熟的一种形态。檀石槐能驾驭这些部落大人，他死后儿子则无力继承，诸部相继离散，檀石槐的帝国迅速解体。

到汉末中原战乱时，鲜卑小种轲比能部崛起，一度有仿照中原制度建立政权的举动："中国人多亡叛归之，教作兵器铠楯，颇学文字。故其勒御部众，拟则中国，出入弋猎，建立旌麾，以鼓节为进退。"轲比能势力强盛时，一度"控弦十余万骑。每钞略得财物，均平分付，一决目前，终无所私，故得众死力，余部大人皆敬惮之"[3]。这种绝对平均分配劫掠财物的做法是草原部族联盟制的遗风，也是游牧族走向集权和中原化的阻力。但作为一种历史趋势，北方游牧族的政权正处在加速形成期。

---

[1]　《三国志》卷三十《魏书·乌丸鲜卑东夷传》，第 831 页。

[2]　《三国志·魏书·乌丸鲜卑东夷传》，裴注引《魏书》，第 837—838 页。

[3]　以上见《三国志·魏书·乌丸鲜卑东夷传》，第 839 页。

西晋早期使用游牧族仆从骑兵的记载不多，但 4 世纪初爆发的"八王之乱"，使得中原再度倚重北方游牧族的骑兵。这一时期的内战中，骑兵冲击战术，特别是对步兵的冲击战术得到广泛运用，而在这些战争中所向披靡、屡建奇功的，是一支规模不大的幽州鲜卑骑兵。304 年，王浚的幽州兵攻克成都王颖的大本营邺城后，"鲜卑大略妇女，浚命敢有挟藏者斩，于是沉于易水者八千人。黔庶荼毒，自此始也"[1]。这种抢掠人口的行径和《史记·匈奴列传》中"得人以为奴婢"如出一辙，本是游牧族的战争习俗，此时却受到王浚严令禁止，鲜卑人为了避免被发觉只得将被虏者投入河中。这是王浚领导才能低下所致的悲剧，但也说明游牧族仆从骑兵必须接受中原的军事纪律。在"八王之乱"中，北方游牧族通过参与中原内战，已经完全掌握了骑兵冲击战术，由此开启了入主中原和自身深度汉化的历程。

随着匈奴刘渊和羯胡石勒相继起兵，他们凭借骑兵连续击败西晋禁军和州郡武装，终于迫使晋朝迁播江南。匈奴刘氏及石勒政权也完成了游牧族的中原化进程。他们摧毁中原军事体系的攻势中，骑兵始终是战斗力最强、使用最多的主力兵种。刘、石政权都是由迁居塞内的游牧族建立，这是和以往的檀石槐、蹋顿塞外政权最大的不同，内迁生活给这些游牧族学习中原政治模式提供了机会。对于刘、石等十六国政权的中原化（汉化、封建化）问题，周一良、唐长孺等史家已多有深入论述，本书只补充一点，就是石勒虽然出身社会底层，不像匈奴刘渊家族有融入西晋上层社会的机会，但石勒在河北地区起兵之初，是追随成都王颖的旧部公师藩、汲桑等作战，并被任命为"前队督"，必然受到了中原军队的组织和战术训练的影响。他原来一直用胡人名字，改名为汉名"石勒"就是从公师藩麾下时开始的，很可能是为编制花名册方便之故，这可以作为其接受中原军事体系影响的一个旁证。

---

[1]　《晋书·王浚传》，第 1147 页。

十六国诸北方政权的中原化程度，已经使其能熟练运用骑兵冲击，这种战术至此也才完全发展成熟。如石虎时后赵最精锐的骑兵"号云腾黑槊，骑五千人"，其武器"皆以漆槊从事，故以'黑槊'为号"[1]。当石虎进攻河西张氏政权时，"命黑槊龙骧三千人驰击之"[2]，即用长槊骑兵展开集群冲击。石赵王朝崩溃后，冉闵与慕容恪展开骑兵决战："闵所乘赤马曰朱龙，日行千里，左杖双刃矛，右执钩戟"[3]，连续冲击燕军；慕容恪对形势的判断是："闵性轻锐，又知吾军势非其敌，必出万死冲吾中军。吾今贯甲厚阵以俟其至……"[4] 可见双方都是以骑兵互相进行肉搏冲击战，战况极为惨烈。十六国中后期的氐人苻氏、羌人姚氏政权，在战术上也已经完全"中原化"。如在354年，前秦与桓温的北伐晋军作战时，皇子苻生亲自策马冲击，对晋军造成重大伤亡，均见本章前面诸节。而正在十六国时期，马镫发展为形制完备的双镫造型，为冲击战术提供了必要的技术保障，并成为这种战术完全成熟的象征。

拓跋鲜卑的中原化与军事转型个案

鲜卑拓跋部是考察游牧族中原化进程与骑兵战术转型的典型个案。因为《魏书》保存了拓跋部自草原部族时代到建立政权、王朝的完整历程，而十六国诸政权则缺乏如此详尽的记载。[5] 从拓跋部的历程可以深入观察游牧族军事、政治、社会结构之间的互动关系。

拓跋鲜卑长期生活在北方草原，"畜牧迁徙，射猎为业，淳朴为俗，简易为化"[6]，这是典型的游牧族生活方式，其部族权力结构、军

---

[1] 以上见《太平御览》卷三百"骑"条，北京：中华书局，1960年，第1383页。
[2] 《晋书》卷八十六《张重华传》，第2242页。
[3] 《晋书》卷一百七《冉闵载记》，第2796页。
[4] 《晋书》卷一百十《慕容儁载记》，第2833页。
[5] 魏末崔鸿所编《十六国春秋》有百余卷，而到唐修《晋书》诸载记则只有二十卷，此外尚有零星史料保存于唐宋类书，但大部分都已湮没无存。
[6] 《魏书》卷一《序纪》，第1页。

事技战术应与西汉的匈奴人区别甚微。他们与中原发生互动，始于西晋末年与并州刺史司马腾、刘琨结盟，共同对抗匈奴刘汉政权。当时的拓跋部族正处在草原游牧的鼎盛阶段，"百姓乂安，财畜富实，控弦骑士四十余万"。但就在这安定富庶的同时，是其政治上的分散状态，首领家族的禄官、猗㐌、猗卢三人"分国为三部"。304 年司马腾向拓跋请求援兵对抗刘渊时，这三人都有自主行动之权，猗㐌、猗卢兄弟各自带兵参战，禄官则未参加。这也和西汉时匈奴帝国政治上的松散状态较为相似。

在这一时期，拓跋骑兵的战斗力与其部族规模并不相称。304—314 年间，猗卢曾多次参与对匈奴军作战，但始终未能攻灭刘汉政权。刘汉全盛时骑兵最多不过十万，[1] 且不能全部用于对拓跋军作战；拓跋部时则正当"控弦骑士四十余万"的全盛时期，304 年猗卢兄弟援助司马腾时，仅猗㐌所领就有"十余万骑"[2]；312 年拓跋人救援刘琨，在前锋诸军之外，猗卢"躬统大众二十万为后继"[3]。但这些援助都未能攻灭刘汉政权，究其原因可能有两方面：其一，在此时期拓跋人仍习惯于骑射而尚未掌握冲击战术；其二，此时的拓跋鲜卑尚未完全脱离部落联盟时期的遗风，首领并没有对部族大人及成员的专断权力，所以难以进行过于持久和艰苦的战事。这两方面虽没有直接的文献证据，但可以找到一点旁证。如 312 年晋阳之战，匈奴刘曜被拓跋军击败，"曜坠马，中流矢，身被七创"，后改乘下属之马逃走。[4] 如果是被敌骑矛、槊近战刺伤，逃脱的几率就很低了（参照 328 年刘曜被石勒俘获的战例）。此次首战获胜之后，猗卢没有接受刘琨穷追匈奴人的建议，而是急于班师返回，他的解释是："吾远来，士马疲弊，且待

---

[1] 关于刘汉兵力规模，参见周一良先生：《乞活考》，《魏晋南北朝史论集》，北京：北京大学出版社，1997 年，第 28 页。
[2] 以上均见《魏书·序纪》，第 5—6 页。
[3] 《魏书·序纪》，第 8 页。
[4] 《晋书·刘聪载记》，第 2662 页。

终举。贼奚可尽乎？"[1]代北到晋阳并不远，且如"士马疲弊"，当在
晋阳休整，未必应急于返回，这背后很可能有拓跋诸部大人的异议，
以至猗卢急于返回稳定局势。现存《魏书》及《晋书》中，从未有拓
跋人与匈奴汉军作战失利的记载。这颇为可疑，因为双方交战多年，
拓跋部不大可能无一失利。拓跋人后来建立北魏并统治中原百余年，
魏廷很可能对史书中的失败记载进行了删削，这恰恰遮蔽了其草原时
代的战术特点和转型细节。[2]

　　从另一个角度看，在猗卢一代，由于和西晋的联系及对外扩张的
势头，拓跋部首领权力集中的速度很快。305 年，猗㐌为司马腾抵御
匈奴军，被司马腾假授"大单于"之号。[3]这种来自中原的封赠，是
对游牧部族走向权力集中的一种诱导。不久，猗㐌、禄官相继去世，
猗卢"遂总摄三部，以为一统"[4]，拓跋部族政治权力逐渐变得集中。
310 年，猗卢又为刘琨作战，晋怀帝朝廷遂正式进封猗卢为大单于、
代公，认可并鼓励其作为拓跋部的最高统治者。《魏书》的《序纪》
和《刑法志》都有猗卢明刑峻法、强化首领威权的记载，唐长孺先生
从"封建化"的角度对其做过精彩论述。[5]伴随着这一过程，应当有
拓跋人对骑兵冲击战术的初步适应。

　　当然，拓跋部的集权化历时数代人，中间几经反复，其军事实力
未发生质的提高，所以拓跋部先成为石虎后赵的附庸，又被苻坚前秦
征服。直到前秦崩溃后，拓跋珪带领族人重新立国，才完成了拓跋部

---

[1]　《魏书·序纪》，第 8 页。
[2]　例如 305 年猗㐌为司马腾作战，击败刘渊之事，《资治通鉴》卷八十六《考异》认为
　　是"后魏书夸诞妄言耳"（第 2708 页）。
[3]　《资治通鉴》卷八十六："诏假猗㐌大单于"（第 2708 页）。当时晋惠帝朝廷还在与司
　　马腾敌对的河间王颙控制下，不会发诏表彰司马腾的友军。所以此号应是司马腾假授。
　　此事《魏书》作"晋假桓帝大单于，金印紫绶"（第 7 页），正是用"晋"字来做模糊
　　处理，《资治通鉴》改写时不查致误。
[4]　《魏书·序纪》，第 7 页。
[5]　唐长孺：《拓跋国家的建立及其封建化》，《魏晋南北朝史论丛》，第 185—197 页。

的政治集权，[1] 其骑兵战术也随之发生了革命性转变。在 395 年，拓跋珪袭击后燕慕容宝军于参合陂：

> 宝众晨将东引，顾见军至，遂惊扰奔走。太祖纵骑腾蹋，大破之，有马者皆蹶倒冰上，自相镇压，死伤者万数。宝及诸父兄弟，单马迸散，仅以身免。于是宝军四五万人，一时放仗，敛手就羁矣。[2]

拓跋军队"纵骑腾蹋"，显然是直接冲击甚至踩踏燕军。仅仅骑射难以给燕军造成崩溃性打击。此后短短数年之内，拓跋军队驱逐慕容氏入主中原，制胜关键也是骑兵冲击战术。例如 397 年，双方苦战于河北平原，燕军对拓跋军营发起夜袭，拓跋珪则在集结兵力后"纵骑冲之，宝众大败，斩首万余级"[3]。一位与拓跋珪同时的将领拓跋虔的表现，可以管窥当时骑兵作战的细节："虔常临阵，以稍刺人，遂贯而高举。"[4] 可见拓跋骑兵至此已熟练掌握使用长槊进行冲击战术。与近百年前的猗卢时代相比，此时的拓跋军队战斗力已经有了革命性提高，除了权力结构的中原化，战术革新显然也发挥了重要作用。[5]

限于学力，本书讨论的时间下限止于南北朝，不涉及隋以后，本书得出的结论也未必适用于隋唐之后。但有些问题需要说明：（一）骑兵冲击战术出现之后，弓箭仍是骑兵重要的辅助武器，游牧族骑士尤

---

[1]　田余庆先生在探讨拓跋珪的"子贵母死"和"离散诸部"的制度中已有详尽论述。田余庆：《拓跋史探》，第 31—47 页。

[2]　《魏书》卷九十五《徒何慕容廆传》，第 2068 页。

[3]　《魏书》卷二《太祖纪》，第 29 页。

[4]　《魏书》卷十五《陈留王虔传》，第 381 页。

[5]　当然，这种围绕首领集权和军事转型而进行的"中原化"还属于较低层次，要实现在中原的稳定统治，拓跋族人还需要全面学习汉地的一整套政权机构及文化体系，但那个层次的"中原化"已经与骑兵战术无关了。参见本书第三编北魏的军事动员诸章。

其重视骑射。比如创建莫卧儿帝国的蒙兀儿领袖巴布尔，从他的回忆录可见当时突厥化蒙古人对骑射和马上肉搏战都非常擅长。[1] 清人在入主中原之后，也长期把"骑射"作为八旗军的基本技能。（二）骑兵冲击战术虽然在十六国南北朝时已完全成熟，但隋代之后的草原游牧族，仍不一定全盘接受骑兵冲击战术，也未必都建立起中原模式的政权体系。这和他们与农业社会交往的程度，以及是否准备攻占农业社会有直接关系。比如隋和唐初的突厥人，李渊对他们的描述是：

> 突厥所长，惟恃骑射。见利即前，知难便走，风驰电卷，不恒其阵。以弓矢为爪牙，以甲胄为常服。队不列行，营无定所。逐水草为居室，以羊马为军粮。胜止求财，败无惭色。无警夜巡昼之劳，无构垒馈粮之费……[2]

这和《史记》中匈奴人骑射作战的记载非常相似，似乎冲击战术并不普及，如巴菲尔德所言，突厥人也只满足于对中原的"敲诈"或劫掠，没有入主中原的打算。到 8 世纪，回纥人称雄草原，并曾出兵帮助唐朝平定安史之乱，他们在会战中往往以少量兵力一举击溃敌军，应当是运用了骑兵冲击战术（唐代史书中较缺乏回纥人作战的细节）。但回纥人也没有入主中原的计划，只靠为唐朝充当雇佣兵获得大量馈赠。在唐代后期的内战中，沙陀骑兵以高效的冲锋陷阵著称，而且他们在五代时确实建立了自己的中原政权。到 13 世纪横扫亚欧大陆的蒙古人，骑兵冲击是他们占领农业社会的制胜法宝，南宋人对蒙古人战术的记载：

> 交锋之始，每以骑队轻突敌阵，一冲才动，则不论众寡，长

---

[1] [印度] 巴布尔：《巴布尔回忆录》，王治来译，北京：商务印书馆，1997 年，第 65、137、159、162—163 页。

[2] 温大雅：《大唐创业起居注》，上海：商务印书馆，1936 年，第 1 页。

驱直入，敌虽十万，亦不能支；不动，则前队横过，次队再冲；
再不能入，则后队如之。方其冲敌之时，乃迁延时刻，为布兵
左右与后之计。兵既四合，则最后至者一声"姑诡"，四方八面
响应，齐力一时俱撞。此计之外，或臂团牌，下马步射。一步中
镝，则两旁必溃，溃则必乱，从乱疾入……敌或森戟外列，拒马
绝其奔突，则环骑疏哨，时发一矢，使敌劳动，相持既久，必绝
食或乏薪水，不容不动，则进兵相逼…… [1]

可见蒙古骑兵射箭和冲击技术并重，射箭主要是骚扰敌军，冲击
则是击溃敌军的最终手段。在铁木真一代，蒙古人的集权化过程之迅
速、扩张之剧烈，在人类历史上都属首屈一指，巴菲尔德将其归因为
蒙古人缺少部族联盟传统的牵制，以及铁木真早年的坎坷经历。[2] 所
以，北方游牧族对是否接受骑兵冲击战术，以及是否进行中原化的集
权建设，是有自己的选择余地的，除了他们与农业社会交往、受影响
的程度，一些个人化因素也会对历史产生影响。

拉铁摩尔曾讨论骑射技术在草原和汉地间的流传过程，他由此总
结了技术与人类社会的互动关系，也完全适用于马镫与骑兵冲击战术
问题：

> 讨论这种游牧经济与战争的目的是要说明，一种技术只有在
> 适合一个社会的需要时，才能显现出其重要性。
> 因此，具有历史意义的问题，是社会与技术的相互影响，而
> 不是技术造就了社会。[3]

[1] 彭大雅：《黑鞑事略》，上海：商务印书馆，1937 年，第 15—16 页，个别标点有调整。
[2] ［美］巴菲尔德：《危险的边疆：游牧帝国与中国》，第 239 页。
[3] ［美］拉铁摩尔：《中国的亚洲内陆边疆》，第 47 页。拉铁摩尔此处讨论的是复合弓技
    术从中原传入草原的过程。由于考古和文献材料的空白，这个问题可能无法获得准确
    的回答，但拉铁摩尔由此总结的技术与社会的互动规律则有普遍意义。

马镫：农业文明和游牧文明冲突与融合的缩影

以上讨论了骑兵战术的发展和转型过程，以及由此带来的骑兵对步兵的优势地位。这次战术转型的动因是中原（西汉）骑兵寻求对抗匈奴骑兵的新战术手段。当马镫与骑兵冲击战术发展成熟之后，则又带来了北方游牧族政治上的中原化与入主中原。在怀特对欧洲中世纪的研究中，马镫和冲击战术带来了基于分权模式的封君封臣制（feudalism）。但在中国中古时代，我们却看到了冲击战术造成游牧族的政治集权化。如何解释这种差异？

本书尝试做出的解释是：贯彻冲击战术要求骑兵敢于冲锋陷阵、不畏战死，但制度和文化都可以为这种战术提供保障。中国的游牧族用权力高压、军事纪律等制度的方式贯彻这一战术，使自身走向集权政治；而在欧洲的中世纪，则是通过世袭贵族（骑士阶级）的身份认同感，即崇尚勇武的骑士文化使其富有冲锋陷阵的勇气。这似乎夸大了精神的决定力量，但在历史上并非孤例。中国的春秋社会也是基于"世卿世禄"的贵族分权政治形态，春秋的士大夫同样有驾战车冲锋陷阵的勇气，这和欧洲中世纪的骑士文化有很大相似性。

如果我们将视野拉开，可能还会产生一个疑问：这场骑兵战术革新（包括马镫的发明）为何偏偏发生在中国？游牧与农耕文明的军事冲突贯穿了整个亚欧大陆的古代历史，并不专属于中国。古希腊、罗马的骑兵多用弓箭充当步兵的辅助角色，这和中国同期的情况完全相同。[1] 且西方也曾有过骑兵冲击战例：亚历山大进攻波斯的战争中，希腊骑兵就对波斯骑兵进行过冲击作战；[2] 与罗马人作战的安息骑兵

---

[1]　关于古罗马时期骑兵的典型战例，可参见 [古罗马] 恺撒：《高卢战记》，任炳湘译，北京：商务印书馆，1979 年，第 107—113 页；以及 [古罗马] 恺撒：《内战记》，任炳湘、王士俊译，北京：商务印书馆，1986 年，第 42—48、147—153、271、297 页。

[2]　[古希腊] 阿里安：《亚历山大远征记》，李活译，北京：商务印书馆，1979 年，第 34—37、108—111 页。[美] 阿彻·琼斯：《西方战争艺术》，刘克俭等译，北京：中国青年出版社，2001 年，第 6、9—18 页。

之中，也有少量用长矛进行冲击作战的重骑兵（当然主力还是弓箭骑兵）。[1] 但为何在马镫传到西方之前，骑兵冲击未能成为西方陆战的主导战术形式？

一个可能的回答是：古代中国游牧族对中原农耕社会形成的压力，以及中原骑兵由此产生的对冲击战术的倚重，都远远高于其他文明。因为中国处在亚欧大陆东部，农业社会与游牧社会都拥有各自广阔的发展腹地——中原汉地与蒙古草原，两种文明的形态都比较纯粹且规模庞大、发展水平较高，由此产生的冲突非常剧烈，交流也格外频繁。反观其他地区，比如中亚农业文明的核心区较小，游牧族一直对农耕社会保持压倒性优势，或者在西欧，广袤的森林充当了农业文明和游牧文明的过渡缓冲地带，都难以形成两种文明之间硬碰硬、大规模、长时期的剧烈战争。汉武帝时期倾全国之力，对草原发动大规模且持续多年的骑兵攻势，在古希腊、罗马（包括拜占庭帝国）都是不可思议的。

骑兵的冲击战术革新发生在农业社会面临草原威胁，寻求解决之道的过程中（汉匈战争）；而这种战术的完善和臻于极致，则发生在草原民族学习农耕社会、建立政权组织的过程中（两晋南北朝时期）。革新的火花往往在两种文明接触、碰撞和互相学习中迸发，而在封闭的游牧或者农业文明内部都难以产生。汉地和草原的交界地带便是这些变革的酝酿萌生之处。从骑射到冲击的进化属于具体技战术层面，但它改变了游牧族和农耕族的军事实力对比，与社会权力结构发生了复杂的互动，最终深刻影响了整个亚欧大陆和人类的历史。

---

[1]　[美] 阿彻·琼斯：《西方战争艺术》，"罗马人对抗骑马的安息人"，第24—26页。

第五章　4—6世纪南北政权的骑兵建设与运用

在4—6世纪，骑兵战术已经完全成熟定型，之后再未发生历史性变化。但这并不意味着单调和千篇一律。这段时间里，各政权之间及政权内部的战争异常频繁，骑兵作战的对象、环境都多种多样。从自然环境看，既有北方草原戈壁，也有华北平原、山地，还有江南亚热带的水网丛林；从运用骑兵的主体看，既有正在中原化进程中的北方少数民族政权，也有并非战马原产地的南方政权。所以该阶段骑兵战术和战例更加丰富。加之时代愈晚近，保存至今的史料文献也愈丰富，这三百年的史料密度也远远超过战国秦汉时代。

第一节　十六国北朝政权的骑兵建设

北方政权的骑兵武装

十六国北朝政权建立之初，都或多或少保留着传统游牧的部落组织形式及畜牧业生活方式，所以比较容易通过部落组织召集骑兵进行战争。[1] 在占领汉地以后，这些政权往往结合汉地原有的世袭"军户"

---

[1]　这些少数民族建立政权之初，汉化程度不尽相同。但即使内迁时间比较长、汉化程度较高的匈奴刘渊等，也还保留着传统的部落组织形式。参见唐长孺：《晋代北境各族"变乱"的性质及五胡政权在中国的统治》《拓跋国家的建立及其封建化》，均载《魏晋南北朝史论丛》，北京：中华书局，2011年。

制度，将本民族战士作为职业兵，以此维持传统的骑兵战斗力。[1] 但华北内地是传统农业经济区，并不适合发展畜牧业，十六国政权如果不能控制北方草原，就会逐渐受到战马供应不足的困扰。前赵刘曜曾下令无官职者不得乘马，后赵石虎为了征集战马，强行没收一切民间马匹，数量达四万匹。数年后，为了维持对东晋的战争，石虎又征调州郡官吏的马一万四千余匹补充军队。苻坚准备倾国攻灭东晋，也将其境内所有公、私马匹全部征用。[2] 北方政权往往采取中原王朝传统的官营畜牧业为骑兵提供战马。由于史书文献中这方面材料较少，只能通过个别史料进行窥测。比如前秦苻坚统一北方后，在其建都的关中附近建设了规模巨大的马牧场，被征服的姚姓羌人、前燕慕容鲜卑都在这些牧场里充当牧奴。当苻坚在淝水之战惨败后，这些人揭竿而起，牧场恰好为他们提供了充足的战马。这也成为前秦迅速瓦解的重要原因。[3] 再如拓跋北魏政权，当他们还生活在塞外时，过的是传统部落游牧生活，每年七月各部落聚会云中，东西二百里、南北百余里的山间盆地中尽是马匹，时人概算为"控弦之士数十万，马百万匹"[4]。但在魏孝文帝迁都洛阳后，与南方政权频年战争，代北的马场已经过于遥远，孝文帝便命令宇文福在洛阳北郊的黄河两岸规划出千里之地为马场，将代北马匹牲畜迁移其中。[5] 在东魏朝，高欢以丞相

---

[1] 高敏先生《魏晋南北朝兵制研究》对此已多有论述，所以本书不多涉及。

[2] 分别见《晋书·刘曜载记》、卷一百六《石季龙载记上》、《苻坚载记下》。

[3] 比如慕容泓起兵反对苻坚，就"收诸马牧鲜卑，众至数千"，见《晋书·苻坚载记下》，第2919页。但史书未说明这个马牧的方位，从慕容泓的行踪看，大概在并州中南部。不久羌人姚苌也倒戈反对苻坚，他逃亡到渭北的马牧中收集武装，可知这个牧场是在关中地区，见《晋书》卷一百十六《姚苌载记》。

[4] 《魏书》卷二十四《燕凤传》，第609页。这和汉时匈奴人八月间大会龙城的风俗可能同源。

[5] 《魏书》卷四十四《宇文福传》，第1000页。按，传称宇文福所规划"今之马场是也"，似乎在魏收写作《魏书》的北齐时代，还在沿用魏孝文帝建设的马场。但在东西魏和北齐北周对峙时代，洛阳一带是东西政权争夺的战场，几经易手，东魏北齐在这里维持马场的可能性不大。据《北史》卷五十五《白建传》，第2004页，北齐河清三年，突厥攻击北齐，"代、忻二牧"的数万匹马都转移到五台山中躲避，则北方的马牧场应主要在晋北的代县、忻州附近。《魏书》"今之马场"盖魏收从前人文献直接抄来，其具体年代则无从知晓。

之职掌握朝政，其丞相府中设骑兵曹和骑兵参军，管理东魏的全部军马饲养、调配事务。在高欢之子高洋代东魏建北齐后，原丞相府骑兵曹并未像其他曹一样划归尚书省管辖，而是成为和尚书省并列的骑兵省，单独设置省主，并且由皇帝亲信的秘书人员（中书舍人或黄门侍郎）具体分管。[1]

除了在官牧场繁衍马匹，北方政权还通过战争掠夺、互市交易等手段从边疆的畜牧地区获得战马。这和以往中原王朝与游牧族的关系有相似之处。比如石勒刚称赵王建立政权时就派石虎出征岍北的游牧族，俘获牛马二十余万头。[2] 吐谷浑降附于前秦后向其献马五千匹。[3] 后秦姚苌从陕北胡人曹寅处获得马三千匹；[4] 河西鲜卑杜崙一次就给姚兴献马八千匹；[5] 乞伏炽磐的西秦更从鲜卑提孤部获得戎马六万匹之多。[6] 到北魏朝，更经常从对柔然人的远征中掳获大量战马，以至当时每次出征柔然成功，北魏军队都"马力有余"，使南方的刘宋朝感到巨大压力。[7] 北魏政权还经常直接从北方高车、铁勒等族征调骑兵参加对柔然和南朝的战争。许多铁勒和柔然部落甚至被举族迁徙到内地州郡驻扎（参见本书第三编北魏部分）。

为了维持骑兵部队的战斗力，十六国和北朝政权经常对骑兵进行演练。比如石虎在都城邺城外建阅马台，每月朔、晦登临台上，亲自用射响箭指挥骑兵训练。[8] 晦朔分别是每个月的最后一天和第一天，可以看作每月训练一次，每次二天。北齐原本规定用围猎方式训练军队，"月别三围"，主管骑兵省的唐邕认为过于频繁劳累，请示减少为

---

[1] 《北史》卷五十五《唐邕传》《白建传》，第 929 页。
[2] 《晋书》卷一百五《石勒载记下》，第 2737 页。按，岍山在关西，距离此时的石勒控制区太远，石虎大概不会远征到这里。这个岍山应该是在晋北到代北一带。
[3] 《晋书·苻坚载记上》，第 2894 页。
[4] 《晋书·姚苌载记》，第 2970 页。
[5] 但这些马被赫连勃勃截获，见《晋书》卷一百三十《赫连勃勃载记》，第 3202 页。
[6] 《晋书》卷一百二十五《乞伏炽磐载记》，第 3125 页。
[7] 《魏书》卷三十五《崔浩传》，崔浩与北魏太武帝的对话，见第 819 页。
[8] 《太平御览》卷三百引《邺城故事》，第 1383 页。

每月两围。[1] 可惜当时对军队常备性训练的记载较少，难以综合讨论。

北方军队的步骑兵比例

北方政权的开创者在起兵之初倚重的大都是部族骑兵。即使像石勒被略卖到外地为奴，脱离了原有部族关系，最初起兵时也是盗用官牧场中的马匹，最初武装集团的核心就是所谓"十八骑"[2]。但在中原地区辗转作战的过程中，北方政权会较快地组建步兵部队配合骑兵作战。这首先是因为步兵兵员广泛，装备成本极低，单兵战斗力虽然不如骑兵，但"性价比"要高得多；其次，骑兵部队擅长奔袭和野战，但难以胜任攻城、守城等作战任务，这也需要步兵承担。

同样以石勒为例，当他投靠匈奴刘汉政权，在冀州发展势力时，迅速从流民和堡聚中强征了大量青壮年，组成步兵军队配合骑兵作战。石勒在 312 年占据襄国之前曾流动作战多年，这期间他对步、骑兵有比较明显的功能分工：步兵主要负责守卫辎重、家眷，骑兵部队则由他亲自率领，进行远程奔袭作战。310 年秋，刘粲等联军进攻洛阳，石勒带领二万骑兵南渡黄河与刘粲汇合，而命长史刁膺带步兵九万和辎重转移到重门地区固守自保。[3] 由于石勒此行没有步兵，战事进行得并不顺利，未能攻克洛阳，甚至连小城仓垣也未能攻下。当时幽州勤王的鲜卑骑兵逼近，石勒只得带骑兵赶回重门，将辎重和步兵转运到黄河南岸，继续向南阳、江夏方向流动劫掠。

讨论十六国北朝的骑兵运用，一个重要问题是当时骑兵和步兵数量比例。如十六国初的 328 年，前赵刘曜和后赵石勒会战于洛阳西郊，石勒调集境内几乎全部机动部队参战，共有"步卒六万，骑

---

[1] 《北齐书》卷四十《唐邕传》，第 531 页。

[2] 《晋书·石勒载记上》，第 2708 页。

[3] 见《魏书》卷九十五《羯胡石勒传》，第 2048 页。《晋书·石勒载记》只提及石勒的二万骑兵，而未载其护卫辎重的步兵数量，见第 2712 页。

二万七千",步、骑兵比例接近2∶1。[1] 苻坚倾国进攻东晋,共有"戎卒六十余万,骑二十七万"出征,步骑比例与后赵基本相同。[2] 北魏进攻后燕时,后燕集结的兵力是"步卒十二万,骑三万七千",步、骑比例约3∶1。[3] 在北魏占领河北地区后,后燕宗室慕容德率领一部分鲜卑人渡黄河占据青州,建立了南燕割据政权。史载慕容德渡河时有"户四万、车二万七千乘",数年之后,他准备进攻东晋,在境内大规模征兵讲武,共有"步兵三十七万,车一万七千乘,铁骑五万三千",步骑比例约为7∶1。需要注意的是,这时慕容德的辖区仅仅是青州一地(约今山东半岛),和北方马匹原产地直接的交通已经被北魏隔绝,因而马匹来源受到限制,导致步兵比例较高。[4] 北魏孝文帝初年,大臣高闾曾建议组建一支防范柔然人入侵的部队,他提出其各兵种数量是:"二万人专习弓射,二万人专习戈盾,二万人专习骑槊"[5]。这里用骑槊的是骑兵,用弓射和戈盾的是步兵,步骑比例仍是2∶1。

综上可见,十六国、北朝时期的北方政权,正常步骑兵比例在2∶1到3∶1之间。如果北方草原之路被切断,骑兵比例就会大大降低。这个比例到唐朝初年仍基本稳定。据《大唐卫公李靖兵法》,一支标准的二万人部队,分为守辎重六千人,马军四千人,以及作战步兵一万人,步骑兵比例为5∶2。[6]

---

[1] 《晋书·石勒载记下》,第 2745 页。
[2] 《晋书·苻坚载记下》,第 2917 页。此处的戎卒专指步兵,因为苻坚说过,全国总动员的兵力是"九十七万"。
[3] 《晋书》卷一百二十四《慕容宝载记》,第 3094 页。
[4] 《晋书》卷一百二十七《慕容德载记》,第 3170—3172 页。
[5] 《魏书》卷五十四《高闾传》,第 1201 页。按,戈此时已经退出战争舞台,所以这是文饰的修辞,应该是长矛,也称步槊。
[6] 《通典》卷一百四十八《兵志一》引《大唐卫公李靖兵法》,北京:中华书局,1988 年,第 3792 页。

第二节　北方骑兵对南作战的特征

骑兵作战的地理环境：山地与河流

在南北间战争中，因为南方政权缺少战马，北方骑兵对南方步兵占有压倒性优势。骑兵集群冲击需要开阔、平坦的地形，河流山林则是运用骑兵的障碍。在东汉末三国初，这个问题已经出现，如赤壁战后不久，曹仁骑兵与吕蒙在长江南岸的夷陵交战，吕蒙利用当地险峻的地形设伏，俘获很多曹军战马：

> （吕蒙）又说（周）瑜分遣三百人柴断险道，贼走，可得其马。瑜从之。军到夷陵，即日交战，所杀过半。敌夜遁去，行遇柴道，骑皆舍马步走。兵追蹙击，获马三百匹，方船载还。[1]

如何避开这些不利于骑兵的地形，在合适的地形上展开决战，是骑兵统帅必须关注的问题。山林之外，河流也是北方骑兵作战的障碍。南方政权一直重视依托河流抵御北方骑兵。黄河地处北方，冬季会封冻，无法阻拦北方骑兵南下，所以对南方的战略屏蔽作用很有限。但汉江、淮河则对割据战争有重要作用。450 年冬，北魏太武帝拓跋焘大举进攻刘宋，一支魏军进至彭城以北、泗水西岸的泡水河边。当地民众事先拆毁了桥梁，又趁魏军经过时在树林中击鼓，魏军"谓宋军大至，争渡泡水。水深酷寒，冻溺死者殆半"[2]。到梁武帝时，为防范魏军渡过淮河南下，甚至在钟离修筑了巨大的淮堰，使上游地区直至寿春尽成泽国，以迟滞北魏骑兵的攻势。

在枯水季节或者河流水势不太深急之处，骑兵可以涉水过河，且

---

[1] 《三国志》卷五十四《吴书·吕蒙传》，第 1274 页。

[2] 《水经注疏》卷二十五"泡水"条，郦道元著、杨守敬、熊会贞疏，南京：江苏古籍出版社，1989 年，第 2139 页。亦见《宋书》卷九十五《索虏传》，第 2350 页。

马会游泳，可以游过不太湍急的河流。所以北方骑兵将领往往运用这些渡河发动奇袭。在前秦对东晋的攻势中，晋军将领朱序驻防汉江南岸的襄阳城，他将江中所有的船只搜罗到南岸，认为这样就使秦军无法渡河。但秦军将领石越带领骑兵"游马以渡"，在南岸建立据点，抢夺船只将主力运送过河，一举攻克了襄阳外城。[1] 在北魏与南齐的战争中，北魏将领韦珍受命带一支具装骑兵南渡淮河，到大别山区接应一支亲北魏的地方武装。当时齐军固守淮河上的渡口，希望隔绝魏军于北岸。韦珍自己带步兵佯攻渡口，而命令骑兵从上游水浅处涉水渡河。当双方步兵激战于渡口附近时，北魏骑兵已经迂回至齐军后方，前后夹击取得胜利。[2] 魏孝文帝元宏征讨南齐时，曾指挥魏军围攻邓城。齐军将领崔慧景、萧衍率部前来解围。元宏派遣五百高车骑兵迂回到齐军后方，占领齐军来路上的河桥（证之以《水经注》，应当是清水），截断其退路，使齐军因恐慌而陷入溃败。[3]

北方骑兵的袭掠战与季节特征

除了在会战中冲击敌步兵主力，北方骑兵还有一项重要职能，就是利用其机动性优势突入敌后纵深进行袭掠、破坏作战。这是北方民族的一种传统作战方式。对于较早的匈奴等游牧族来说，袭掠是一种战术性质的抢劫行为，只是为了满足部族成员和首领的贪欲。但在4—6世纪南北对峙时代，北方政权更有意识地在战略层面上运用这种策略。为防范北方军队，南方政权在边界地区修筑了一系列城池，聚粮屯兵进行持久防戍。北方军队强行攻城的代价很大，也无法发挥骑兵的野战优势。所以他们更倾向于在秋粮收获季节，用骑兵突入敌城池防线的后方，化整为零在乡间进行破坏，抢劫或焚烧刚刚收获的粮

---

[1] 《晋书·苻坚载记上》，第 2899 页。但是秦军对襄阳内城的围攻旷日持久，近一年后才得以破城，俘获朱序。

[2] 《魏书》卷四十五《韦阆传附韦珍》，第 1013 页。

[3] 《魏书·宇文福传》，第 1001 页。

食，甚至掠夺人口。这使得南方城池能够征收到的粮食减少，难以维持戍兵的补给，从而影响其战斗力。

在十六国初期，东晋豫州刺史祖逖占据河南平原，依托谯城、梁城等城池与石勒政权对抗。石勒军队在争夺城市失败后，转而采取骑兵袭掠破坏战术，在秋收季节抢掠乡间地区。祖逖部众被迫男女老幼都投入抢收工作，在敌骑兵来袭时，只能烧掉田野中刚刚割下的粮食，以免落到敌人手中。这种破袭与反破袭的拉锯战持续了多年，使得祖逖军队始终难以发展壮大。[1]

东晋末，晋军试图收复后秦姚兴统治下的河南地区，在淮河以南的芍陂聚众屯田，积蓄军粮。当时驻扎边境的后秦将领向姚兴汇报此事，姚兴君臣对此的分析对策是：

> （姚兴）召其尚书杨佛嵩谓之曰："吴儿不自知，乃有非分之意。待至孟冬，当遣卿率精骑三万焚其积聚。"嵩曰："陛下若任臣以此役者，当从肥口济淮，直趣寿春，举大众以屯城，纵轻骑以掠野，使淮南萧条，兵粟俱了，足令吴儿俯仰回惶，神爽飞越。"兴大悦。[2]

姚兴特意提出发动攻势的季节在"孟冬"即十月。这符合北方民族的活动惯例：除了这个季节战马最为肥壮，南方的粮食刚刚收获，还因为北方民族不适应南方湿热的夏季，雨季江河涨水、植被茂盛，也不便骑兵展开，而秋冬季则是骑兵驰骋的好时机。另外在兵力使用上，杨佛嵩虽然不准备强攻寿春城，但仍要用主要兵力屯驻城外监视城内的晋军主力，使之不能出城进行坚壁清野的工作；同时用轻骑部队袭掠乡野，断绝城内的军粮供应。

---

[1] 《晋书》卷七十七《蔡谟传》，第 2037 页。
[2] 《晋书》卷一百十八《姚兴载记下》，第 2996 页。

在北魏拓跋人与南朝的战争中，这种骑兵袭扰战术仍经常运用。值得注意的是北魏与刘宋在422—423年争夺河南的战例。魏明元帝拓跋嗣准备进攻刘宋黄河以南地区。出征前诏命群臣讨论进攻策略，"先攻城也？先略地也？"大臣们对此发生激烈争执：带兵出征的奚斤、公孙表认为应当首先进攻黄河南岸滑台、虎牢诸城。留守的崔浩则认为南朝人"长于守城"，强攻恐怕难以在短期内奏效，不如分兵袭掠黄河到淮河之间的广大地区，"列置守宰，收敛租谷"，使滑台、虎牢与后方断绝联系，其守军会不战自溃。[1] 后来魏军重攻城而轻袭掠，围攻两城数月方攻克，且在攻城中付出了惨重代价，公孙表也因建言失策被拓跋嗣秘密处死。

423年河南战役之后，北魏骑兵仍经常袭掠南朝控制区。宋文帝刘义隆曾向群臣征询应对战略，何承天因此上《安边论》，他没能提出什么实质性的对策，但在上书中却记录了魏军骑兵袭掠的一些特征：

> 又狡虏之性，食肉衣皮，以驰骋为仪容，以游猎为南亩，非有车舆之安，宫室之卫。栉风沐雨，不以为劳；露宿草寝，维其常性；胜则竞利，败不羞走，彼来或骤，而此已奔疲……比及秋末，容更送死。猋骑蚁聚，轻兵鸟集，并践禾稼，焚爇闾井，虽边将多略，未审何以御之…… [2]

这段文字中多处化用了《史记·匈奴列传》中的记载。其实此时拓跋人的生活习惯、战术和草原匈奴已经有了很大不同，比如"栉风沐雨"的游牧生活、"败不羞走"的战争态度，都不再是此时魏军的特征。但何承天描绘的拓跋骑兵习惯在秋末发起进攻，主要战术是践

---

[1]《魏书·崔浩传》，第814页。参见本书第三编北魏军事转型部分。
[2]《宋书》卷六十四《何承天传》，第1707—1708页。

踏庄稼、焚烧农舍，却是这一时期的真实情况。

这种袭掠规模最大的，当数 450 年的拓跋焘亲征之战。此战魏军投入兵力数十万，多路同时南下，越过淮河直至长江。在大纵深的进攻中，北魏没有专注于攻城，也没有组织太多后勤粮秣供应，主要靠抢掠南方的农村地区获取军粮。江、淮之间遭受魏军严重破坏，之后多年都难以恢复。刘宋边防重镇寿阳、彭城、下邳、盱眙等都闭门固守，未被魏军攻陷。但北魏军单纯依靠抄掠为食，后勤保障很不充分，无法进行持久作战。

拓跋焘这次大规模南征之后，北魏对刘宋边境的小规模骑兵侵扰一直未曾停止，给刘宋造成很大压力。如六年之后的 456 年，宋孝武帝"诏问群臣防御之策"。诏旨主要关心的，就是如何对付北魏骑兵的这种袭掠，而孝武帝描述的困境和十几年前何承天的陈述基本相同：

> 胡骑倏忽，抄暴无渐，出耕见虏，野粒资寇，比及少年，军实无拟，江东根本，不可俱竭，宜立何方，可以相赡？……贼之所向，本无前谋，兵之所进，亦无定所。比岁戎戍，仓库多虚，先事聚众，则消费粮粟，敌至仓卒，又无以相应。[1]

可见北魏这种骑兵袭掠没有特定的目标，也不以寻找宋军主力会战为目的，只是抢夺农田中的庄稼和农夫，可以看作一种特殊形式的"游击作战"。它直接破坏了宋军的军粮征收和供应。而宋军缺少骑兵难以做出反应，在边境屯驻的步兵不仅难以捕获敌军主力，还要吃掉大量粮食，更堕入恶性循环的怪圈。对于孝武帝提出的这个问题，刘宋文武臣僚找不出合适的对策。

宋明帝泰始（465—471 年）年间，北魏趁南方内战之机占领淮河

---

[1] 《宋书》卷九十四《恩幸传·徐爰》，第 2307 页。

以北。而淮河以南河流、丛林较多，不便于骑兵奔驰，南方对骑兵袭掠的紧张才有所降低。但南朝一直注意北方骑兵在秋冬季节出击的特点。比如刘宋末年，萧道成担心被残暴的后废帝（苍梧王）杀掉，希望挑动北魏发动侵袭，从而使自己获得驻防边疆的任命。他嘱托亲信刘善明说，已到"秋风行起"的季节，如果在边境稍微制造事端，吸引北魏军入境报复，则可以获得离京的机会。当萧道成代宋建齐后，刘善明上书讨论边防问题，说"秋风扬尘，容能送死，境上诸城，宜应严备"，还在警惕魏军秋季的攻势。[1] 此时萧道成之子、豫章王萧嶷任荆、湘二州刺史，次年春，魏军渡过淮河进攻寿春，骑兵向西南进犯南阳一带，引起南方惊恐，但萧嶷认为"虏人春夏，非动众时"，即春夏不是北方骑兵活跃的季节，所以没有进行大规模军事动员，后来事实证明萧嶷的判断正确。[2]

史书中"铠马"的数量误区

东晋十六国到南北朝时期，骑兵和战马都披铠甲的具装骑兵经常在战争中使用。这一时期的文献中，对具装骑兵的称呼有"具装马""铠马""铠骑""铁马""铁骑""甲骑"等等。[3] 但需要注意的是，这些称呼很容易用作文学化的修辞，将没有马铠的骑兵也称为"铁马"等。

比如《魏书·姚兴传》载，后秦进攻河西的乞伏乾归，"遂入枹罕，获铠马六万匹"[4]，似乎是俘获了六万匹披具装铠甲的战马。但以乞伏乾归的国力和势力范围，不可能有这样一支强大的骑兵武装。《晋书·姚兴载记》对此的记载是："乾归败走，降其部众三万六千，

---

[1] 《南齐书》卷二十八《刘善明传》，第 525 页。

[2] 《南齐书》卷二十二《豫章文献王传》，第 408 页。

[3] 参见苏小华：《论魏晋南北朝时期骑兵战术的新发展》，《浙江社会科学》2009 年第 10
    期；常彧：《从突骑到甲骑具装——魏晋南北朝骑兵之演进》，《中国中古史研究》（第
    九期）。

[4] 《魏书》卷九十五《羌姚苌传附姚兴》，第 2082 页。

收铠马六万匹"[1]。以三万六千名部众，也不可能有六万多匹具装马。其实这个人、马比例是按从事游牧的部落，所谓"铠马"，在这里应该是"战马"的同义语，即可以用来披铠甲作战的马匹。在两汉和三国文献关于草原游牧民族的记载中，从未提及这些游牧族使用具装战马。这有其必然性。首先，马具装（马铠）的制造工艺和成本相对较高，单纯草原民族的经济形态，不容易支持。其次，如本书前文所述，草原游牧民的习惯战术是骑射，不愿打近距离的冲击肉搏战，沉重的马具装也会降低战马的机动性。所以具装战马都是在习惯冲击战术，且对手主要是步兵的情况下采用的。

十六国初期，石勒与幽州鲜卑段部骑兵作战，"获铠马五千匹"。后来伏击刘琨率领的鲜卑骑兵，又"获铠马万匹"[2]，与石勒作战的鲜卑人当时尚未建立汉化政权，恐怕难以大规模组建具装骑兵部队，这些"铠马"应当还是普通战马。同理，北魏末年，崔延伯、萧宝夤平定关中的叛乱，有"甲卒十二万，铁马八千匹"[3]，数量也有夸大之嫌。

北魏道武帝进攻后燕时，长孙肥与四千名后燕步骑兵作战，"获铠骑二百"[4]；太武帝与后秦姚兴军队作战，"获兴甲骑数百，斩首千余级"[5]，这个数字不太夸张，而且后燕和后秦都是一定程度上已经汉化的政权，应当组建了具装骑兵部队，所以这两处应该是真正的具装骑兵。

在十六国南北朝时的文献中，除了将没有铠甲的战马误称为"铁马""铠马"，当时文献还有一个问题，就是对真正的具装骑兵并未进行明确指明。比如刘曜的前赵政权有一支近卫骑兵部队："召公卿已

---

[1] 《晋书》卷一百十七《姚兴载记》，第 2981 页。
[2] 《晋书·石勒载记上》，第 2725 页。
[3] 《魏书》卷七十三《崔延伯传》，第 1638 页。
[4] 《魏书》卷二十六《长孙肥传》，第 652 页。
[5] 《魏书·羌姚苌传附姚兴》，第 2083 页。

下子弟有勇干者为亲御郎，被甲乘铠马，动止自随，以充折冲之任"，在刘曜进攻河西张骏的战争中，这支亲御郎骑兵也参加了战斗。[1] 但时间稍晚，东方石虎的后赵政权也有一支禁卫骑兵"云腾黑槊"，或称"黑槊龙骧"，史书只提及他们都持黑漆槊作战，总数有五千人，也曾参加进攻河西政权，但却未提及他们的战马是否有具装。[2] 其实，根据这支部队的地位和当时的习惯看，他们中至少有一部分应当是有马具装的。

此外还有一个现代研究者容易误解之处，就是古代文献中的所谓"轻骑"。在中亚和欧洲很早以来就有轻骑兵和重骑兵的区别：轻骑兵没有马甲，以弓箭为主要武器；重骑兵则是人、马都有铠甲，以长矛冲击为主要战术。[3] 但在中国从来没有这种区分的概念。中国文献中的"轻骑"，都是指不带后勤辎重的纯骑兵战斗部队，侧重的是行军速度因素；与之相对的概念，则是携带全部辎重的骑兵（辎重往往用大车运输）。所以，中国的"轻骑"未必没有具装，而非"轻骑"的骑兵也未必有具装，具装骑兵在战斗中也可能卸下具装作战。总之，当时大量的骑兵战斗，史籍都未言明是否是具装骑兵，从而对现在的研究造成了极大不便，所以本书不用专门章节讨论当时具装骑兵的战术问题，对于一些可以认定是具装骑兵的史料则进行单独讨论。

第三节　南方政权的骑兵建设

南方骑兵建制与规模管窥

自曹魏明帝青龙年间尚书省开始有骑兵曹，到西晋时依旧沿袭。

---

[1]　《晋书·刘曜载记》，第 2699 页。
[2]　《太平御览》卷三百引《邺城故事》，第 1383 页。另参见《晋书》卷八十六《张轨传附张重华》，第 2242 页。
[3]　恩格斯：《骑兵》，《马克思恩格斯全集》第 14 卷，北京：人民出版社，1979 年。

在与刘、石武装的战争中，西晋主力部队都在中原战场消耗殆尽。东晋政权在江南重新立国，依靠的是南方诸州的地方军，基本没有骑兵武装，尚书省的骑兵曹亦被废止。亲朝廷的北方地方势力与江南隔绝，如并州刘琨、凉州张轨、辽东鲜卑段部等，也无法为东晋朝廷提供骑兵。所以东晋政权建立之初骑兵建制基本是空白，掌握、运用骑兵战术的问题更无从谈起。

东晋朝廷直辖的兵力较少，大州刺史、都督的军府拥有较多军队，是与北方作战的主体。在东晋立国数十年中，这些地方实力派通过与北方政权的战争，逐渐能搜罗一些战马，建立起小规模的骑兵部队。东晋末刘裕在征服南燕、后秦的战争中，俘获了很多骑兵和战马，使晋军骑兵规模一度增加，所以当他称帝建宋后，又增加了尚书省骑兵曹的建制，由一名尚书郎主管。但刘宋缺乏新的战马补充，随着自然老化和与北魏军作战的损失，战马数量迅速减少。到宋文帝元嘉十年（433 年），曾将骑兵曹裁撤，但次年即恢复。这反映了刘宋政权骑兵数量在走下坡路，制度因而产生摇摆。到宋明帝刘彧时，淮北广大地区被北魏夺取，刘宋疆界收缩到淮河沿岸，骑兵数量更为减少，因而骑兵曹被再度裁撤。[1] 此后历经齐、梁、陈都不曾恢复。

北方政权对南方威胁最大的，是人、马都披铠甲的具装骑兵（“具装”是东晋南朝用语，十六国北朝文献一般只称“铠马”“铁骑”等）。所以东晋军队很重视收集、缴获战马具装。石虎后赵曾以七千骑兵渡过汉水攻击襄阳，晋守军桓宣部突袭得手，缴获了一些“铠马”。[2] 前秦军队对长江中游展开攻势，在逼近竟陵时，晋竟陵太守桓石虔率部夜袭，取得战果“斩首七千级，俘获万人，马数百匹，牛羊千头，具装铠三百领”[3]。从斩、俘总数和缴获的马匹、具装铠甲比例

[1]　《宋书》卷三十九《百官志上》，第 1223 页。
[2]　《晋书》卷八十一《桓宣传附桓伊》，第 2117 页。
[3]　《晋书》卷七十四《桓彝传附桓石虔》，第 1944 页。

看，这支前秦军中骑兵数量并不多，具装骑兵也只是骑兵中的一部分。这可能和竟陵一带多山林河川，不便骑兵作战有关。383 年秦晋淝水决战，晋豫州刺史桓伊率部参战，在胜利后收集了很多秦军丢弃的"人马器铠"，但多数都已经残损破坏。经过数年修补，拼凑出完整的步兵铠甲五百领、马具装一百具。桓伊临死前将这些铠甲上交朝廷，受到诏书嘉奖。[1] 淝水之战十万以上秦军大溃败，[2] 而桓伊所部只能收集到如此少的铠甲装备，说明秦军中具装骑兵所占的数量也不多。

东晋末年刘裕主政，对北方政权采取攻势。409 年，刘裕晋军与南燕会战于临朐，南燕一支"具装虎班突骑"——铠甲上都绘着虎斑花纹的具装骑兵——试图从后方攻击晋军部队，但被晋军沈林子部阻击。[3] 在晋灭南燕之后，这支具装骑兵被晋军收编，随后返回江南，参与对卢循天师道军的作战。

东晋、南朝政权的地域和战略环境，和三国鼎立时期的东吴基本相同，其战马来源、骑兵规模也有相似之处。黎虎先生曾总结东吴主力军队步、骑兵比例常为 40：1，但东晋南朝史料中则未有这么明确的比例。这反映了两个时期军事体制的区别：东吴皇权强大，对军队的编制、装备有统一而明确的管理，东晋、南朝则多为地方实力派拥兵自重，缺乏统一的军队编制模式。史料中几乎没有东晋时期骑兵数量的明确记载。从刘宋开始这方面的材料才稍多一些。另外，南方政权的军队中骑兵数量、步骑兵比例并不一致，一般是邻近北方战区诸州的军队，战马和骑兵会多一些。他们经常与北方政权作战，需要比内地州府更多的骑兵武装，且这些州府可以通过贸易、缴获等从

---

[1] 《晋书·桓宣传附桓伊》，第 2119 页。

[2] 《晋书·苻坚载记》载苻坚动员了近百万军队南征东晋，但能参与淝水之战的只是其中一部分，有研究者认为在十万到三十万之间。参见邱久荣：《淝水之战双方兵力略释》，《历史研究》1980 年第 2 期；舒朋：《淝水之战双方兵力问题综释》，《首都师范大学学报》（社会科学版）1983 年第 3 期。

[3] 《宋书》卷一百《自序》，第 2453 页；卷一《武帝纪上》，第 20 页。

境外获得战马。这些北境部队在对北方作战、南方内战中都表现得最为活跃。

宋文帝元嘉七年（430 年），刘宋政权试图收复河南。刘义隆诏书称北伐兵力近十万，其中段宏所率"精骑八千，直指虎牢"[1]，但这些数字都做了严重夸大，不能据此判断宋军的骑兵规模。宋明帝即位之初，刘宋境内发生大规模内战，当时豫州刺史刘胡也投入到反对刘彧的阵营中，参加了向建康的进军。他统帅的部队有"众三万，铁骑二千"，在一次作战时，则言其有"步卒二万，铁马一千"[2]。第二次的数字比较接近实际，则步骑比例为 20∶1。刘宋末年，江州刺史、桂阳王刘休范起兵反对萧道成，集结士兵有"众二万人，骑五百匹"[3]，步骑比例为 40∶1。南齐时，为对抗魏孝文帝元宏进攻沔北，萧鸾派崔慧景"率众二万，骑千匹"前往援助，[4] 步骑比例 20∶1。这些战争中，刘胡的豫州与北魏接境，骑兵比例较高；崔慧景之前任豫州刺史，在援助沔北时得到了朝廷直属的"台军"补充，骑兵比例也较高。至于刘休范的江州，地处长江两岸，与北魏并不直接接境。可见内地的江州骑兵对步兵比例为 1∶40，这是东吴时主力军的正常水平。而边境州的比例能达到 1∶20 甚至更高。

在南齐末，少帝萧宝卷昏乱，引起雍州刺史萧衍起兵。萧衍在檄文中列举自己的兵力，其中说"即日遣冠军、竟陵内史曹景宗等二十军主，长槊五万"[5]，似乎有二十个骑兵军、五万骑兵。但这种檄文的夸大之辞不能相信。当时搜遍南朝全境也不可能拼凑起五万骑兵。《梁书》载萧衍起兵时，集结其治下诸郡的兵力，其中上庸太守韦叡"率郡人伐竹为筏，倍道来赴，有众二千，马二百匹"，华山太守康绚

---

[1] 《宋书·索虏传》，第 2331 页。

[2] 《宋书·邓琬传》，第 2142—2143 页。

[3] 《南齐书·高帝纪上》，第 7 页。

[4] 《南齐书》卷五十一《崔慧景传》，第 873 页。

[5] 《梁书》卷一《武帝纪上》，第 8 页。

"举郡以应高祖，身率敢勇三千人，私马二百五十匹以从"[1]。这些战马构成了萧衍军的主要骑兵力量。这两人都是边境侨郡太守，因为地处北境，拥有较多的战马，步、骑比例10：1左右，骑兵占比非常高，但总量并不算多。

在梁朝中期，有些军队中的骑兵比例曾达到较高的数字。比如豫州刺史、都督北境七州诸军事的夏侯夔，"有部曲万人，马二千匹，并服习精强，为当时之盛"，步骑比例达5：1，几乎是南朝骑兵的巅峰。[2]这个时期骑兵增加，和梁武帝普通末年开通了与吐谷浑、河西的通道，可以大量进口战马有关（参见下文）。另外，梁中期，陈庆之乘北魏内战带领七千士兵北征，当转战到虎牢城下时，已经能"率骑三千"与魏军作战。[3]这些战马应多为缴获而来。

战马来源与天监十三年西路"马道"的开通

东晋、南朝政权地处南方，与马匹原产地存在地理阻隔，所以战马数量很有限，也难以组建强大的骑兵武装。关于东晋、南朝的战马来源，黎虎先生《六朝时期江左政权的马匹来源》已有详尽论述，概言之，基本来自与北方政权的交易或战争虏获，以及辽东海路、西南（川滇及河西），所以这部分内容本书从略。[4]

但黎虎先生论文尚有可商榷补充之处。首先是东晋南朝的所谓"蜀马"，黎虎先生认为产地为蜀地（益州），这个说法恐怕难以成立。当时"蜀马"应是指产于吐谷浑和西域，经蜀地贩运到中原或江南的马匹，其原产地并不在蜀地。如黎虎引《北史·西域传》："波路国……有蜀马"，遂以为此马来自蜀地。其实不然，《北史》同卷"女国，在

---

[1]《梁书》卷十二《韦叡传》，第221页；卷十八《康绚传》，第290页。

[2]《梁书》卷二十八《夏侯亶传附弟夔》，第422页。

[3]《梁书》卷三十二《陈庆之传》，第461页。

[4] 黎虎：《六朝时期江左政权的马匹来源》，《魏晋南北朝史论》，第393—421页。

葱岭南……出鍮石、朱砂、麝香、牦牛、骏马、蜀马"[1]。明确可见所谓"蜀马"乃女国当地所产。另,《晋书·吐谷浑传》亦云其地"出蜀马、牦牛"[2],可见吐谷浑本地原产的马也称蜀马。这是因为西部马匹要转运到江南,蜀地是重要中转站。在这些原产地看来,这些马匹是卖往蜀地的。在江南政权看来,这些马匹是从蜀地买来,错将中转站当成了原产地。

　　当然,西域马匹也可以不经过蜀地,而从河西和关中进入中原。450年北魏太武帝拓跋焘南征刘宋,在彭城外对宋使节说,"脱须蜀马,亦有佳者"[3],即准备送蜀马给宋人。这是因为拓跋焘已经平定了关中和河西,可以从北路得到西域的"蜀马"之故。蜀地在刘宋控制下从未失守,如果蜀马原产于蜀地,自然轮不到拓跋焘来送给宋人。[4]

　　南方政权被阻断了与蒙古草原的交通,但如果能保有蜀地,就能沟通云南、西藏,以及北通汉中、河西地区,从这些地区进口马匹。但由于路途遥远,地势崎岖险峻,沿途割据政权作梗等等,造成战马西来之路时通时塞,能够进入江南的马匹数量很有限。到梁武帝天监十三年（514年）,吐谷浑遣使入梁到达建康,从此,梁朝不仅建立了与吐谷浑的稳定联系,且吐谷浑以西、以北的河西以至西域诸国,都能够过境吐谷浑与梁朝进行贸易交流。这从根本上改善了梁朝马匹短缺的局面。《梁书》对此事的记载为:

　　　　其界东至垒川,西邻于阗,北接高昌,东北通秦岭,方千余里,盖古之流沙地焉……有青海方数百里,放牝马其侧,辄生驹,土人谓之龙种,故其国多善马……子休运筹袭爵位。天监

---

[1] 以上见《北史·西域传》,第3235页。

[2] 《晋书》卷九十七《四夷传·吐谷浑》,第2538页。

[3] 《宋书》卷四十六《张劭传附张畅》,第1398页。

[4] 周一良先生早已指出江南并非战马产地:"盖无论南北,马皆战争所不可少,而江南不产马。"周一良:《南朝境内之各种人及政府对待之政策》,《魏晋南北朝史论集》,北京:北京大学出版社,1997年,第75页。

十三年，遣使献金装马脑钟二口，又表于益州立九层佛寺，诏许焉。十五年，又遣使献赤舞龙驹及方物。其使或岁再三至，或再岁一至。其地与益州邻，常通商贾，民慕其利，多往从之，教其书记，为之辞译，稍桀黠矣。[1]

吐谷浑通使江南，必须经过益州即蜀地。吐谷浑王请求在益州建造佛寺，也有在益州常设办事机构的用意。此时益州刺史是梁武帝之子、鄱阳王萧恢，他上任恰恰也在天监十三年。之前，益州境内驿传所需马匹都要向民间征调，给百姓造成很大负担。萧恢"乃市马千匹"，交给负责驿传公务的民户饲养，"百姓赖焉"[2]。如此大规模的马匹贸易，在以往东晋、南朝历史上从未有过，三国时期的蜀汉和吴也未曾有过，这应该和刚刚开通了与吐谷浑的商路，可以大量进口马匹有直接关系，即所谓"其地与益州邻，常通商贾，民慕其利，多往从之"。

天监十三年是南朝与西部交通的关键性一年。据《梁书》卷五十四《西北诸戎传》，在此年之前，与梁朝有联系的只有于阗（天监九年）、宕昌（天监四年）、邓至（天监元年）、武兴（天监初），其中宕昌、邓至和武兴都比吐谷浑靠近内地，且辖境有限，能提供的马匹不会太多。但自天监十三年之后，河西、西域入梁通使的国度有：芮芮国［即柔然，天监十四年（515年）］、滑国［天监十五年（516年）］、周古柯国［普通元年（520年）］、呵跋檀国（普通元年）、胡蜜丹国（普通元年）、龟兹国［普通二年（521年）］、白题国［普通三年（522年）］、末国［中大通二年（530年）］、高昌［大同中（535—545年）］、渴盘陀国［中大同元年（546年）］等。在不长的时间内，这些国家纷纷与梁朝通使，应与吐谷浑和益州之间开通了贸易道路

---

[1] 《梁书》卷五十四《诸夷传·西北诸戎传》，第810—811页。
[2] 《梁书》卷二十二《太祖五王传·鄱阳忠烈王恢》，第351页。

有直接关系。这个时期梁朝政治比较稳定，国力强盛，经济富裕，吸引这些西道国家前来贸易，梁朝也获取了足够的马匹。如前述夏侯夔能拥有私马二千匹，堪称一时之盛。[1]梁武帝末年其子武陵王萧纪担任益州刺史，"在蜀十七年，南开宁州、越巂，西通资陵、吐谷浑……器甲殷积，马八千匹"[2]，马匹之多，在东晋南朝三百年实为空前绝后。[3]

但梁武帝并没能抓住这个机遇组建起强大的骑兵部队。当时南北分裂割据已久，南朝人早已习惯江南水乡生活，其军队以步兵和舟舰为主，骑兵只是处于辅助地位。在整个梁朝，长江下游地区马匹一直很少。梁武帝末年，东魏叛将侯景发动突袭，渡过长江攻克建康，控制梁朝政局。史载侯景渡江时有"马数百匹，兵千人"[4]，到侯景控制梁朝的长江中下游之后，与陈霸先作战，兵力是"众万余人、铁骑八百余匹"[5]，骑兵数量并没有明显增加，说明梁的长江下游地区仍非常缺少战马。当时西魏乘机南下占领益州，切断了南朝的马匹进口通道。此后的陈霸先军也一直以步兵为主力，没能组建起大规模的骑兵，这种情况一直持续到南朝的灭亡。

第四节　南方骑兵作战特征

对北军的破袭作战

南方政权的骑兵数量少，在对北方战争中往往捉襟见肘，不堪应

---

[1] 刘宋末，荆州刺史沈攸之拥兵自重，"养马至二千余匹"，已属当时少见之事。当时荆州能够都督益州，辖境比较大。见《南齐书·高帝纪上》，第11页。

[2] 《南史》卷五十三《梁武帝诸子·武陵王纪》，第1332页。个别标点有改动。

[3] 东晋时，前秦攻益州，晋"刺史周仲孙帅骑五千南遁"（《晋书》卷九《孝武帝纪》，第225页）。此"五千"似为"五十"之误。之前桓温垄断东晋朝政，尚未能纠合起五千骑兵武装，以区区一益州刺史，更不可能。

[4] 《梁书》卷五十六《侯景传》，第841页。

[5] 《陈书》卷一《高祖纪上》，第6页。

付。但如果能利用北方军队疏于防范的麻痹心态，对其发动突袭，也往往能获得一定战果。

在宋少帝初抗击北魏的战争中，司州刺史毛德祖驻防虎牢城，仅能拼凑起一支二百人的骑兵部队在黄河南岸巡防。这支骑兵曾对一支千人的北魏军发起突袭，取得俘获二百人的战果，但随后遭到五千余名北魏骑兵的围攻，很快溃败。此后毛德祖部据守虎牢城直至陷落。[1] 和这场骑兵战斗类似的，是梁武帝大通元年（527年）梁军北伐涡阳，北魏军十五万前来救援（这个数字可能有夸大），前锋在树林中驻营。梁将陈庆之认为魏军选择在茂密的林地宿营，是因为远来疲惫不愿作战，因而率领二百名骑兵进行突袭，击溃了这支军队。[2] 这两次战斗，都是利用魏军初入宋境、对战场环境比较陌生的机会进行攻击，所以能够取得战果。

元嘉二十七年（450年）初，魏军再次大举南下，刘宋淮北城池都闭门坚守。一支魏军驻扎汝阳，负责看管掳掠来的刘宋百姓。宋文帝刘义隆获取这一情报，命彭城驻军"遣千骑，赍三日粮袭之"。当时刘义隆之子刘骏驻防彭城，他征发彭城百里之内的军民马匹，共收集一千五百匹组成五个骑兵军，前往五百里之外的汝阳。这支部队接近汝阳时再次拣选马匹，只选取一千一百匹精干堪用的战马前往战区。当时看守俘获百姓的北魏军营在汝阳城北三里，魏军没想到彭城方向宋军会进行远距离奇袭，没有防备。宋骑兵杀死魏军三千余人，焚烧其辎重，被俘百姓大都趁乱逃走。但这支宋骑兵在返回途中被北魏骑兵追击，因连日奔驰作战疲劳不堪而溃败，六名主将中三人战死、被俘，能够返回后方的士兵仅九百余人，马仅四百匹。[3]

这场战斗说明，在北方大部队快速推进时，后方勤务部队会存在

---

[1]《宋书·索虏传》，第 2323 页。

[2]《梁书·陈庆之传》，第 460 页。

[3]《宋书·索虏传》，第 2344 页

疏于防范之处。宋军骑兵如果能抓住机会进行奇袭，可以收到较好战果。但这次战斗也暴露出刘宋政权骑兵建制的弱点，即缺乏统一和集中，马匹需要临时征集；士兵和军官之间缺乏协调，也影响战斗力。这支部队溃败的首要原因，是一名军主垣谦之临阵先退所致（此人事后被处斩）。所以南方军队战马、骑兵数量少固然是一大缺憾，更重要的则是骑兵缺乏战斗经验，在战斗中往往难以抓住打击敌军的机会。

对北魏骑兵正面作战

北方政权骑兵数量多、战斗力强，对南方政权的威胁最大。如北魏孝文帝亲征，给南齐人印象最深的是魏军"铁骑为群，前后相接"[1]。所以南北方会战时，南方骑兵最主要的对手是北方的骑兵而非步兵。在这种双方骑兵数量、素质极不对称的战斗中，南方仍不缺乏擅长马矟冲锋的骑兵将领（有些是从北方投诚而来）。这种南北骑兵对战还有一个特点，就是具装骑兵不如无具装骑兵机动性强。北方骑兵的主要作战对象是南朝步兵，经常披具装铠。南朝骑兵将帅因此扬长避短，有意用轻装骑兵冲击敌笨重的具装骑兵，往往能取得出奇制胜的效果。如刘裕伐南燕的临朐战役，南燕方面投入了"具装虎班突骑"，晋军当时没有具装骑兵，史书仅提及一部分"轻骑"为"游军"，担任侦察警戒任务。[2]但晋军轻装骑兵参与了对鲜卑骑兵的战斗，并取得了临朐战役的胜利。[3]

再如元嘉末年（453年）刘宋对北魏的北伐，西路宋军从襄阳出发，进攻北魏弘农、陕城方向。双方在陕城外展开会战。宋军统帅骑兵的薛安都原是北人，比较擅长骑战。两军在陕城下列队布阵时，一支北魏骑兵首先奔驰到宋军附近挑战。薛安都骑具装战马冲刺，"瞋

---

[1] 《南齐书》卷五十七《魏虏传》，第994页。

[2] 《宋书·武帝纪上》，第20页。

[3] 《宋书·孟怀玉传附弟龙符》，第1408页。

目横矛，单骑突阵，四向奋击，左右皆辟易不能当，杀伤不可胜数"。当两军主力进入激战后，北魏突骑冲击宋军步阵引起宋军惊恐。薛安都脱下头盔铠甲，"马亦去具装，驰奔以入贼阵"，与北魏具装骑兵厮杀，"当其锋者，无不应刃而倒"。此举极大缓解了北魏骑兵对宋军的威胁。当天双方战事僵持，魏军仍固守陕城。次日，双方再度开战。宋军步、骑兵左右分开列阵。当两军激战时，薛安都"不堪其愤，横矛直前，出入贼陈，杀伤者甚多，流血凝肘，矛折，易之复入"，激战一天后魏军溃败，被斩首及俘获数千。这是刘宋对北魏为数不多的胜利之一（但随着东线的溃败，西路这支宋军不久也主动撤退）。[1] 薛安都骑兵的突出表现，是此次宋军获胜的重要原因。

宋孝武帝孝建初年（454 年），魏军对泗水（清水）以东、黄河以南的刘宋据点展开进攻。宋台军骑兵幢主焦度受命增援，在清口"刺房骑将豹皮公堕马，获其具装铠槊，手杀数十人"[2]。在南齐初年，北魏军数次对齐军边境城垒展开攻势，建元三年（481 年），魏军围攻泗水入淮处的角城，齐将周盘龙与其子周奉叔前往解围，以数百骑兵对抗上万北魏骑兵：

> 盘龙子奉叔单马率二百余人陷阵，虏万余骑张左右翼围绕之，一骑走还，报奉叔已没。盘龙方食，弃箸，驰马奋槊，直奔虏阵，自称"周公来！"虏素畏盘龙骁名，即时披靡。
>
> 时奉叔已大杀虏，得出在外，盘龙不知，乃冲东击西，奔南突北，贼众莫敢当。奉叔见其父久不出，复跃马入阵。父子两匹

---

[1]《宋书》卷七十七《柳元景传》，第 1984 页。

[2]《南齐书》卷三十《焦度传》，第 559 页。这位被刺伤的"豹皮公"情况不详，曾在此指挥作战的北魏将领有皮豹子和封敕文，但《魏书·皮豹子传》并未提及他在清东的战役中受伤，大概焦度所刺伤另有其人，但在战场双方信息错落的情况下，被附会成了一个亦真亦虚的"豹皮公"。据《魏书》相关传记，这次战役魏军损失并不大，且对宋军有一定成绩。这也反映了刘宋在北魏优势骑兵的威胁之下，急需宣传甚至夸大自己的战绩以鼓舞士气。

骑，萦搅数万人，虏众大败……[1]

这段记载可能有一定夸张。但魏军指挥此次南征的统帅是冯熙、元嘉，他们的本传都没有记载在角城（淮阳）的这次战斗，可能小有损失而不予记载（如果有大胜或大败则不会遗漏）。再如梁天监初年（502年），冯道根驻阜陵阻截自寿春南下的魏军，"魏将高祖珍以三千骑军其间，道根率百骑横击破之，获其鼓角军仪"[2]。梁末，数万北齐军队渡过长江运动到建康城北。陈霸先率部与之会战，部将侯安都"率十二骑突其阵，破之，生擒齐仪同乞伏无劳。又刺齐将东方老堕马"。南方阴雨泥泞阻碍了北齐骑兵的发挥，当双方决战于幕府山时，侯安都带步骑兵共千余人绕到齐军后方攻击，造成齐军溃败，在南方军队追击下几乎全军覆没。[3]可见小股南方骑兵在面临大量北方骑兵时，如果敢于猛烈冲击，往往会使敌陷入混乱，难以做出反应，从而取得一定战果。

不擅长骑兵集群运用

以上都是南方少量骑兵，甚至是骑兵统帅单人独马面对大量敌骑兵时的成功战例。这些夸张的战例有其原因：大规模军团在受到小规模、高机动性的敌军冲击时，往往因为信息传达、指挥不畅而陷入混乱；披着沉重具装铠的骑兵难以追逐轻装骑兵；以及南方政权为了鼓舞士气而进行的夸大宣传。毕竟在很多战役中，小股南方骑兵都免不了被优势敌军歼灭的命运，如前述毛德祖的先胜后败之战。但这些颇具个人英雄色彩的战例背后，南朝骑兵的不足也很明显。当南朝政权努力集结起一支规模较大（超过千人）的骑兵时，统帅缺乏调度、指

---

[1]《南齐书》卷二十九《周盘龙传》，第544页。
[2]《梁书》卷十八《冯道根传》，第288页。
[3]《陈书》卷八《侯安都传》，第144页。

挥经验的弊病就会暴露出来，且基层作战单位之间也缺乏协同配合。

除了前述 450 年千余名刘宋彭城骑兵进行破袭战的例子，在普通四年（523 年），梁对北魏大举北伐，由于开通了与吐谷浑马匹来源，合肥裴邃部下骑兵达三千之多。在北伐到寿阳城下时，梁骑兵的指挥协调显然发生了问题，与魏军作战失利被迫撤退。裴邃收集败兵对骑兵组织进行整合，改变了以往东晋南朝军队只以红色（绛）为军装的习惯，"令诸将各以服色相别"，他自己直接指挥下的骑兵都穿黄袍，"自为黄袍骑"。在稍后的进攻中梁军获取了一定战果，占领了一些魏军城垒，但裴邃未能攻克寿阳便死于军中，其整合过的骑兵也不再见于记载。[1] 从数量上说，这应该是东晋南朝在特定战区集结骑兵数量的巅峰。再如南朝陈末的将领萧摩诃，本人骑术很精湛，也有很多单人独骑的战斗经历，在进攻北齐时，他率部进军吕梁与齐军交战，曾"率七骑先入，手夺齐军大旗，齐众大溃"。不久后周灭齐，萧摩诃又与周军数千骑兵作战，"领十二骑深入周军，纵横奋击，斩馘甚众"。北周援军赶到并切断了陈军后方水路。当时陈军有步兵三万，具装骑兵二千（可能只有部分有具装），几乎集中了举国的骑兵战斗力，但统帅吴明彻丧失斗志宣布撤退，在归途中被周军阻击，乘船的步兵几乎全部被俘获，只有萧摩诃带领骑兵逃回江南。[2] 可见在骑兵规模较大时，南朝的统帅很难发挥其集群战斗力。直到 589 年隋军渡江，这些陈军骑兵再也没能有突出表现。

骑兵在南方内战中的作用

除了与北方政权作战，东晋南朝在长江流域的内战也很频繁。当作战双方都是"南方化"的、以步兵为主的军队时，规模不大的骑兵

---

[1]《梁书》卷二十八《裴邃传》，第 415 页。

[2]《陈书》卷三十一《萧摩诃传》，第 410 页。按，本传言"摩诃领铁骑数千"，这个数字应非夸大之辞。《周书》卷四十《王轨传》也载"骑将萧摩诃以二千骑先走，得免"，见第 712 页。

常在战场上有突出表现，甚至对战局起到决定性作用。南方民众在生活中很少接触马匹，临时起事的民众武装尤其缺乏对骑兵的战争经验和心理准备，往往少量正规骑兵就可以制造很大恐慌。比如东晋末天师道徒在会稽起义，刘牢之率北府兵前往镇压，天师道军据险固守。刘牢之之子刘敬宣率领一支骑兵迂回到天师道军后方，"吴贼畏马，又惧首尾受敌，遂大败"[1]。由于缺少骑兵及对抗骑兵的经验，天师道军难以在陆地与朝廷正规军抗衡，只能依托舰船和海岛进行水上流动作战。

410年，当刘裕率晋军主力出征南燕时，天师道军又从广州起兵，乘战舰从湘江、赣江入长江，直抵建康城外。刘裕仓促从青州回师，为巩固建康人心，他派千余名从南燕俘获来的"具装虎班突骑"沿江岸巡逻，"皆被练五色，自淮北至于新亭。贼并聚观，咸畏惮之"，给江心洲上的天师道军极大震撼，使其长期不敢上岸决战。[2]南齐武帝萧赜时，昔日天师道起事的会稽、钱塘地区再次发生起义，萧赜"遣禁兵数千人，马数百匹东讨"，负责指挥骑兵的是擅长马槊的马军队主陈天福，结果"贼众乌合，畏马。官军至钱塘，一战便散"[3]。到明帝萧鸾末，因其诛杀大臣激起老将、会稽太守王敬则反叛，在向建康进军途中，百姓十余万人持农具参加。当叛军攻击朝廷军队固守的营垒时，后方遭到朝廷马军冲击，"白丁无器仗，皆惊散，敬则军大败"，王敬则被朝廷骑兵刺杀。[4]这些战例说明，南朝骑兵虽然规模、战斗力难与北方抗衡，对付江南地区的民变和起义军却占有绝对优势。

---

[1] 《宋书》卷四十七《刘敬宣传》，第1410页。

[2] 《宋书·武帝纪上》，第20页；《刘敬宣传》。但天师道军最后选择了不便骑兵展开的地域——秦淮河南岸的塘路进军，使政府军的骑兵优势难以发挥。而在这一战中击退天师道军进攻的，是从南燕俘获来的另一支"鲜卑步稍"。见《宋书》卷四十八《朱龄石传》，第1422页。

[3] 以上见《南齐书·沈文季传》，第777页。

[4] 《南齐书·王敬则传》，第487页。另，据《南齐书》卷五十一《崔慧景传附崔恭祖》（第877页），刺杀王敬则的骑士是崔恭祖，他自称"恭祖秃马绛衫，手刺倒贼"，这个"秃马"似乎是有意未给战马披具装铠。

南朝骑兵在内战中非常重视使用具装（马铠）。骑兵在南方内战中的主要对手是步兵，马铠在冲击密集步阵中自然用处较大。但有些非冲击作战的场合，南朝骑兵仍在使用具装铠。如刘宋元嘉末，政府军进攻汉水流域的蛮人部族，蛮人据险筑堡寨固守，官军"以具装马夹射，大破之，斩首二百级"[1]。宋军骑兵只是从远处奔驰射箭，并没有采取冲击作战（对堡寨工事也无法直接冲击），却仍不愿放弃使用具装马铠。再如宋明帝初年对抗"四方反叛"的内战中，萧道成受命带领一支三千人的军队平定南路叛军，当时朝廷军队主力都已调往芜湖，萧道成部下的马匹没有具装铠可用，遂临时以棕榈纤维编织成马铠，"编棕皮为马具装，析竹为寄生，夜举火进军"，叛军看到这样一支"具装骑兵"，吓得不战而退。[2]"寄生"是立在马鞍后的穗状装饰物，并无实战意义。[3]但萧道成在仿造马甲的过程中，连这个细节也不放松。这说明具装骑兵对南方步兵有很强的威慑力，以至刘宋骑兵在难以保障实用性的情况下，仍然顽固坚持着具装骑兵的外在形式以震慑敌军。

在梁武帝朝，侯景以叛将身份偷渡江南，占领建康。虽然侯景的骑兵并不多，但他很善于利用骑兵进行长途奇袭，在与长江上游梁武帝诸子孙的战争中屡屡获胜。如梁武帝之子萧纶在齐昌郡准备联结西魏，侯景部下任约派"铁骑二百"奔袭，击败萧纶并迫使其逃亡。[4]当上游战事越来越激烈时，侯景又派宋子仙"率轻骑三百"长途袭击郢城，不仅活捉郢州刺史萧方诸及其军府臣僚，还控制了前线梁水军将士的家属，使其不战而溃。[5]在与侯景军队作战过程中，梁军也在总结防范和运用具装骑兵的战术。在陈霸先部与侯景在建康城外的会

---

[1]《宋书》卷九十七《夷蛮传》，第2397页。
[2]《南齐书·高帝纪上》，第5页。
[3] 杨泓：《中国古代马铠具装对海东的影响》，《中国古兵与美术考古论集》，北京：文物出版社，2007年，第192页。
[4]《梁书》卷二十九《高祖三王传·邵陵王纶》，第435页。
[5]《梁书·侯景传》，第856页。

战中，陈霸先军三万余人，侯景军步兵万余、铁骑八百余，双方都用铁骑部队对敌步阵进行冲击。当侯景军的营栅相继被攻破时，侯景带百余骑兵"弃矟执刀，左右冲阵"，试图冲散陈霸先军，未能成功，侯景军全线溃败。[1]

从总体上看，由于江南地区水网纵横、丛林较多，并不适合大规模骑兵的集结和展开，[2] 所以江南战事都以小规模骑兵的灵活运用为主，从未发生过北方政权间惊心动魄的大规模骑兵会战场面。

---

[1] 《陈书·高祖纪上》，第6页。

[2] 《南齐书》卷四十《武十七王传·鱼复侯子响》："子响勇力绝人，关弓四斛力，数在园池中帖骑驰走竹树下，身无亏伤。"（第704页）这可能是在建康皇家园林中的表演。但江南地区多竹木妨碍骑兵奔驰的情况可见一斑。

第六章　古代步兵军阵的战术特征与发展历程

　　步兵是出现最早、存在时间最长、战术形式也最稳定的兵种。但可惜的是，中国史书对步兵的具体作战方式记载极少。明代的王士祯在给戚继光《纪效新书》作序时曾抱怨：汉武帝南平瓯越、北扫匈奴，战功赫奕，但司马迁所作《史记》中，居然没有任何对战役过程的详细描写；各家传世兵书撰写者如孙子、吴起、司马穰苴、韩信、诸葛亮等，又都侧重于战略思想，极少关注兵种构成和战术运用，也使王士祯感叹：真正的军人看了这些书也不能懂，文士能看懂却也无法用于实战。[1] 这也正是戚继光将自己的练兵和实战经验编写成《纪效新书》的动机："纪效"指侧重使用效验，"所以明非口耳空言"；"新书"则指它的现实性、实用性与以往兵法书都不相同，"所以明其出于法而不泥于法，合时措之宜也"[2]。

　　在戚继光之前，个别兵法著作中也有对兵种战术的讨论。较早的是战国兵书《六韬》，但此书对步兵军阵的讨论较少，主要侧重车、

---

[1]　王士祯作《戚将军纪效新书序》："其微旨奥意，往往使介胄之士见之而不能习，觚翰之士能习之而不能用。"见戚继光：《纪效新书》（十八卷本），北京：中华书局，2001年，第4页。

[2]　《纪效新书》（十八卷本）"自序"，第7页。《纪效新书》是戚继光总结在东南沿海抗倭经验而做，分十四卷本和十八卷本两种版本，内容有一些不同。另外，戚继光后来在北方边境练兵防范蒙古军，又写了《练兵纪实》一书，但《练兵纪实》中的措施大都未经实战检验，而且戚继光在北方练兵时，战术思想已经转变为强调武器的全面火器化，和主要依靠冷兵器的抗倭战争已完全不同。本书主要论述冷兵器步兵战术，所以对《练兵纪实》涉及较少。

骑兵的运用；《大唐卫公李靖兵法》则与《六韬》相反，几乎都是讨论步兵的编组、训练和作战理论，基本未涉及骑兵。本书主要依据《大唐卫公李靖兵法》《六韬》和《纪效新书》，结合史书战例及考古材料，研讨中国冷兵器时代的步兵战术问题。对于中国古代的步兵战术，现代研究成果也比较少。雷海宗 1938 年的《中国文化与中国的兵》成书较早，[1] 其主要内容为兵制史，对具体战术少有论述。蓝永蔚《春秋时期的步兵》一书，[2] 是研究中国古代步兵战术的开创性专著，下面就在蓝书基础上进行深入讨论。

第一节　古代步兵军阵的队列特征

关于步兵军阵队列密度的讨论

蓝永蔚《春秋时期的步兵》认为，春秋时步兵军阵队列的特点是：五名士兵为一"伍"，在战阵中纵列站立；每名士兵前后间距 1.8 米；相邻的每个"伍"之间，间距也是 1.8 米。[3] 由此，整个军阵中每一名士兵与前、后、左、右的士兵之间都是 1.8 米间距。但蓝永蔚先生的这个判断缺乏有力的史料支持，多有流于臆测之处，如：

（一）蓝认为"伍"在军阵中是纵向而非横列，但没有给出这种推论的依据。

（二）关于每名士兵前后间距 1.8 米，蓝的推论过程是：每个"伍"的五名士兵使用的是不同的五种兵器，其中柄最长的是矛和殳，长度为三寻（24 尺）；五名士兵从前往后，使用的兵器依次变长，所以第四名士兵应当持三寻长的矛殳（第五名持远射的弓箭），而且矛殳必

[1]　雷海宗：《中国文化与中国的兵》，长沙：岳麓书社，1989 年。
[2]　蓝永蔚：《春秋时期的步兵》，北京：中华书局，1979 年。
[3]　蓝永蔚：《春秋时期的步兵》，第 110—126 页。另外第 163 页也有此说。

须能长及最前面的士兵，以便"隔人助杀"，即帮助最前的士兵一起作战。所以第一到第四名士兵的距离应是三寻长，由此每一名士兵之间距离为一寻（1.84 米）。但蓝关于一个伍的五个士兵必须使用不同兵器的说法，在中国古代文献和考古材料中也找不到任何支持。秦兵先生《五兵说质疑》反驳了蓝永蔚"五兵"说，他根据文献和考古材料指出，古人对冷兵器的习惯划分只有长兵（戈矛）、短兵（刀剑）和强弩三种，《周礼·司兵》中的"五兵"只是习惯性泛称，而将其坐实为五种具体兵器，只是郑玄等汉代注疏家为求严整而强做解释，且各家说法也不一致。[1]

（三）士兵左右间距，为什么和前后间距一样，必须也是 1.8 米？蓝永蔚没有给出任何解释。

为了证明军阵中士兵之间的距离必须较大，蓝永蔚多次引用了《司马法·定爵》篇中的一句："凡阵，行惟疏"[2]。但《司马法·定爵》篇中原文是"凡阵，行惟疏，战惟密"[3]，蓝永蔚不惜割裂文句、断章取义以论证自己的观点，是不足取的。本书认为，冷兵器时代步兵军阵的特征是队列严密而非疏散。至于军阵中的队列具体如何组成，队列中每名士兵之间的距离多大，史料中缺乏详细记载，现根据能搜寻到的有限材料进行论证。

在公元前 11 世纪，周武王灭商的牧野之战，周人共集中了"戎车三百乘，虎贲三千人，甲士四万五千人"[4]，《尚书》中的《牧誓》即武王对将士的临战演说，现场感很强，可能有真实的史料依据。其开端是：

> 嗟！我友邦冢君御事，司徒、司邓、司空，亚旅、师氏，千

---

[1]　秦兵：《五兵说质疑》，《考古》1986 年第 4 期。

[2]　蓝永蔚：《春秋时期的步兵》，第 117 页。

[3]　《司马法·定爵》，北京：中华书局，1971 年（《六韬》附录），第 8 页。

[4]　《史记·周本纪》，第 121 页。

夫长、百夫长，及庸，蜀、羌、髳、微、卢、彭、濮人。称尔
戈，比尔干，立尔矛，予其誓！[1]

　　武王先历数自己的部下军官及同盟军，要求他们列成临阵战斗队
形，其中值得注意的是"比尔干"一句。据经学家注释，"干"是盾
牌，"比"是连接之意。[2] 士兵作战靠盾牌提供保护，所以盾牌之间要
尽量紧密不留缝隙。商纣王有叔名"比干"[3]，说明这种战术动作在当
时很普遍，并非周人或周武王的独创。

　　秦代军阵的队列，可以从秦陵兵马俑军阵中获得较具体的认识。
一号俑坑以步兵为主，军阵宽 57 米，最前排每行 68 人，平均每人占
宽度近 0.9 米。兵马俑形体比真人略大，则实战中每名士兵占据的宽
度在 0.8—0.9 米之间。[4] 但出于俑坑地宫形制的局限，兵马俑坑并不
能完全代表真正军阵。因为俑阵中要留出夯土隔墙的空间，以便架设
顶层棚木。这样，十道隔墙把军阵主体分割为十一个纵队（除了最前
端三横列弩兵）。每个纵队宽度为一辆战车，或四名士兵。这与中国
古代步兵以伍（5 人）、什（10 人）为基本编制单位的习惯不符。这
可能是工程制约了对真实军阵的再现：战车的宽度决定了地宫纵队的
最大宽度，如果再要加宽，就需要顶层的棚木更长，这无疑增加了成
本和施工难度。秦俑还有一个问题，就是方阵中没有盾牌的遗存。
江陵睡虎地出土的秦律中盾和甲都是违法者缴纳罚款的计量单位，
说明秦军中不应缺乏盾牌。但秦俑中为何没有装备盾牌，却不太容易

---

[1] 《尚书·牧誓》，《十三经注疏》，北京：中华书局，1980 年，第 183 页。
[2] 郑玄注曰："干：楯也。比：徐扶《志》：'毗'。"孔颖达疏："《方言》又云：'楯，自关
　　而东，或谓之楯，或谓之干，关西谓之楯'。是干、楯为一也。……楯则并以扞敌，故
　　言'比'。"
[3] 《史记·殷本纪》。另外，殷人甲骨卜辞中多有"射"百人队，三百射组成左、中、右
　　三队。但具体队列形式不详。见陈梦家：《殷墟卜辞综述》，北京：中华书局，1988 年，
　　第 513 页。
[4] 陕西省考古研究所，始皇陵秦俑坑考古发掘队：《秦始皇陵兵马俑坑一号坑发掘报告
　　(1974—1984)》（上册），北京：文物出版社，1988 年。

解释。

从战国到汉代的兵书中也多有强调步阵必须密集、严整的原则。《司马法·定爵》篇云"凡陈，行惟疏，战惟密"[1]，即指出军阵作战时队列一定要密集。但此处的"行"需做一辨析："行"主要由两个含义，一是指军阵的行列；一是动词"行进"之意。此处"行"与"战"对称，则应当是行进之意。意思是当军阵移动时，为了机动迅速，战士行列应当疏散一些，但对敌作战时，则必须密集。《尉缭子·兵令上篇》亦云："阵以密则固，锋以疏则达"[2]。即战阵密集是为了坚固，使敌军不易突破。但"锋"宜稀疏，此"锋"与阵相对举，其意义不甚明确，可能是指起先锋作用的骑兵、战车部队，类似秦陵兵马俑中由车、骑兵组成的二号坑方阵，他们冲锋时要靠马匹奔驰的速度，所以在进攻中不能太密集。《六韬·战步》篇在讨论步兵遭遇到敌车、骑兵的突然攻击时，认为必须"坚阵疾战"[3]，即靠坚固的步兵行列抵挡敌军进攻。

汉代到隋代的数百年中关于步兵战阵的兵书理论较少。但从这一时期的军事实践看，步兵仍沿袭以外围盾牌为掩护，组成紧密军阵的传统。为对抗这种步阵，必须从其最外围队列打开缺口。在南朝刘宋元嘉末的内战中，沈法系对抗太子邵一方的进攻，他命士兵砍伐堑壕外的大树，将树干纵向倒放。敌步兵前来进攻时，队列被倒地的树干、树枝分开，盾牌行列出现了缺口："贼劲来攻，缘树以进，彭排多开隙"（彭排即盾牌）。沈法系乘机命令弓箭手射击，射死大量敌军。[4]刘宋后废帝时，桂阳王刘休范起兵进攻建康，萧道成指挥反击，双方展开一场数百人规模的战斗。萧道成部下的"三齐射手七百人，

[1]　《司马法·定爵》，北京：中华书局，1971 年（《六韬》附录），第 8 页。
[2]　《尉缭子·兵令上》，《中国军事史》编写组编：《武经七书注译》，北京，解放军出版社，1986 年，第 111 页。另，《尉缭子》同卷又云："密静多内力，是为固陈"，见第 108 页。
[3]　《六韬·战步》，第 42 页。
[4]　《宋书》卷七十七《沈庆之传附沈法系》，第 2005 页。

引强命中"，战斗力很强，休范军展开进攻时"皆推楯而前"。萧道成则指挥射手迂回到敌侧面，"分兵横射"，绕开了敌盾牌防护的正面，射死、伤敌百余人，迫使其撤退。[1]这和商纣之际"比干"的步兵队列方式完全一致。

到唐初的《大唐卫公李靖兵法》，则提出了一种比较稀疏的步阵排列方式，军阵基本单位为 50 人队，每队占据十步见方的空间，队之间左右间距也是十步。队间空隙之后二十步，则是后排的预备队（驻队）：

> 诸教战阵，每五十人为队……队别相去各十步，其队方十步，分布使均。其驻队塞空，去前队二十步。[2]

一步为五尺，当时一尺约今 0.3 米，则一步为 1.5 米，十步为 15 米，这是每队五十人占据的空间。至于每队的队列：

> 诸每队布立，第一立队头，居前引战；第二立执旗一人，以次立；左傔旗在左次立，右傔旗在右次立。其兵分作五行，傔旗后左右均立。第一行战锋七人次立，第二行战锋八人次立，第三行战锋九人次立，第四行战锋十人次立，第五行战锋十一人次立，并横列，鼎足分布为队。队副一人撰兵后立，执陌刀，观兵士不入者便斩。[3]

如此，自第一至第五行分别有普通士兵 7、8、9、10 和 11 人。另外，队头在整个队列之前；执旗、左右傔旗共三人，站在队头身后

---

[1]《南齐书·高帝纪上》，第 8 页。
[2]《通典》卷一百四十九《兵志二》引《大唐卫公李靖兵法》，第 3813 页。
[3]《通典》卷一百五十七《兵志十》引《大唐卫公李靖兵法》，第 4035 页。

的第一行中，则第一行共有 10 人。这样，每队列成 5 个横行，平均
每行 10 人。由于每队占据的横宽为 15 米，平均每名士兵横向占据 1.5
米的宽度。与兵马俑等军阵相比，李靖步阵的士兵队列相对稀疏。但
李靖同时又说，为了防止敌军集中兵力突击，我军指挥官所在的队要
由三个普通的五十人队组成，这种三合一队占据的空间不变，还是十
步见方，则士兵密度比普通战队要大三倍。按照李靖的部署，每支
三千人左右的军队，指挥官身边要有两到三个这种密集战队。在进行
日常操练时，甚至还要进行五队、十队合成一队的训练。当 500 人拥
挤到 15 米见方的空间中时，以每人占据 0.5 米的宽度计算，每行可
容纳 30 人，前后共 17 行，每行前后纵深不到一米，这种拥挤程度显
然无法作战，需要向外扩展空间，但李靖对此并未做出说明。所以，
《大唐卫公李靖兵法》中的步兵队列原则，今日多有难以解释之处，
姑且存疑以俟方家。

　　至于蓝永蔚构拟的步兵阵列前后间距和左右间距完全相同，也缺
乏史料依据和现实基础。明代戚继光编练抗倭军队时，用过两种队列
编组形式。一种是他独创的"鸳鸯阵"，另一种是古老的"立队法"，
即每"伍"五名士兵列一横行，伍长居中，前后四个伍组成一小方
阵"队"：

　　　　立队法：以伍层站立，队长居前，伍长居中，以成一方，纵
　　横成行。古所谓行伍，即此法也。[1]

　　这种由小的横行构成的 20 人方队，和《大唐卫公李靖兵法》中
的 50 人队方阵构成原则基本相似。值得注意的是，步兵所谓"方阵"，
一般指长度和宽度基本相同，而非士兵的行数和列数相同，即士兵的
前后间距和左右间距不一定相同。所以戚继光"立队法"横向有 5 人，

---

[1]　戚继光：《纪效新书》（十八卷本）卷八《操练营阵旗鼓篇》，第 146 页。

但纵向只有 4 人，左右间距小于前后间距。再如秦陵兵马俑方阵，每个探方横向平均有 23 人，纵向平均有 18 人；左右间距亦小于前后间距。[1] 前述《大唐卫公李靖兵法》中，50 人小队成横向 5 行、每行 10 人，占据十步见方空间，则前后间距为左右间距的二倍。再如中国 2009 年国庆阅兵方阵，横向每行 25 人，共 14 行，前后间距亦大于左右间距。冷兵器战争的队列左右间距较小，是为了队形紧密、对敌作战坚固，前后间距稍大则是便于队列行进的机动性。

　　冷兵器战争虽然已经成为历史，无法重现。但近似冷兵器作战的情况仍然存在，这就是现代都市中街头示威者与防暴警察的打斗场面。从电视新闻和图片报道中都可以看到，在街头冲突中的防暴警察，都会列成非常紧密的横向队列，用盾牌防范投掷物，在打斗中也非常注重保持队列的连续性。这都是冷兵器战争的基本作战原则。

步兵的作战方式：陷阵

　　在步兵军阵交战中，双方队列互相接近后，前排士兵交手肉搏互相砍杀，优势一方会逐渐突破敌前方队列，突入敌军阵列的内部。战国以来，习称这种攻破敌阵列的行为为"陷阵（陈）"，在给将领统计战功时，它和攻城首先冲上敌军城头的战功"先登"一样重要。《史记》记载汉初诸将的战功时，"先登"常常与"陷阵"联用，但两者具体含义是有区别的。刘邦部将曹参在反秦和楚汉战争中战功第一，《史记·曹相国世家》对其军功有详细记载，其中在东阿、南阳与秦军作战时都是"陷陈"之功。曹参统帅的主要是步兵，他所"陷"的应当也是敌步阵。

　　需要注意的是，"陷阵"并非全歼或最终击败敌军，而只是在敌

---

[1]　一号俑坑多数巷道（过洞）内都有战车，影响对队列前后间距的讨论。但 4、6、8 号过洞内恰好没有战车，其横行数分别是 17、18、18。陕西省考古研究所、始皇陵秦俑坑考古发掘队：《秦始皇陵兵马俑坑一号坑发掘报告（1974—1984）》（上册），第 52 页。

阵队列中打开缺口。一旦敌队列被冲开、军阵被分割，直接后果就是指挥体系被打断，统帅的指令无法通过军官逐级传达给一线士兵，这会给被分割的士兵造成极大的心理压力，影响其战斗力发挥。加之传统时代的步兵地位较低（与战车兵、骑兵相比），作战积极性普遍较差，一旦失去上级军官的监督，很容易出现一哄而散的溃败局面。成功"陷阵"之后敌阵溃败，才会出现对敌大追杀、大斩获的局面。所以"陷阵"和"先登"都是首要功劳。至于斩首或俘获敌军之功都是量的差异，和"陷阵"之功有质的区别。

为了成功"陷阵"，冲开敌军队列，统帅会选择强壮、有战斗经验的士兵部属在军阵对敌的最前方。如东汉末吕布部下将领高顺，就有七百余名士兵组成的这种部队："铠甲斗具皆精练齐整，每所攻击，无不破者，名为'陷陈营'"[1]。曹操与吕布军作战时，双方激战一天都未退缩，曹操处于被动局面，遂临时"募陷陈"，应募士兵数千人，由典韦统帅，"皆重衣两铠，弃楯，但持长矛撩戟"，将吕布军逼退，曹操乘机撤军。[2] 这次"陷阵"虽然没有彻底击败敌军，但为己方军队获取了全身而退的机会，也是成功的作战。

从东汉末开始，骑兵逐渐承担起冲击步兵军阵的任务，步兵精锐负责"陷阵"的现象开始减少，但从未消失。因为许多军队缺少战马和骑兵（特别是分裂时代的南方政权），而且步兵对地形适应性强，崎岖山地、丛林湖沼等不便骑兵奔驰的环境仍要靠步兵作战决胜。如西晋对东吴政权发起总攻时，东吴也派出一支军队渡江展开反冲击。吴军缺少骑兵，但他们有来自丹阳郡的精锐"刀楯"五千人（即一手持刀一手持盾的战士），"号曰青巾兵，前后屡陷坚陈"，在与西晋淮南郡步兵决战时，"三冲不动"，即无法冲陷晋军阵列，遂失去控制开始溃退。晋军乘机展开进攻，"吴军以次土崩"，进入彻底溃败，这次

---

[1]《三国志》卷七《魏书·吕布传》，第 227 页。
[2]《三国志》卷十八《魏书·典韦传》，第 544 页。

反击遂宣告失败。[1] 这是试图陷阵未成，反而遭遇惨败的例子。再如隋朝名将杨素，他每次作战都"先令一二百人赴敌"，如果成功"陷阵"则主力展开总攻；"如不能陷阵而还者"，则不管斩获敌首级多少一律处斩，同时再选二三百人展开下一轮陷阵。这种血腥的做法使得将士畏惧而"有必死之心，由是战无不胜"[2]。

　　当双方参战的军队实力相当，双方将士都富有作战经验，具有良好的心理素质时，往往出现一时难以"陷阵"的局面，即使队列某些部分出现动摇、断裂，也会由后排或预备队迅速补上。如《纪效新书》交待与敌接战时的注意事项，在"胜负未分，前力已竭"时，主帅会击鼓，士兵闻鼓声后"第二层由前层空内间出，如图（即鸳鸯阵图）接应对敌"[3]。即由第二排士兵替换前排与敌交手作战。双方鏖战一段时间后，会因伤亡、疲惫和心理压力而撤出接战状态。但这种撤退并非不可收拾的溃败，而是在经历短暂休整、调整队列、补充兵员甚至饮食后再度接战。能够坚持到最后，保持阵列严密完整的一方才是最后的胜利者。如前述曹操与吕布军的战斗，双方在一整天中连续作战，都未发生溃败，"自旦至日昳数十合，相持急"，显示了双方将士极高的军事素质和组织纪律性。再如东魏、西魏会战于洛阳城下，"是日置阵既大，首尾悬远，从旦至未，战数十合，氛雾四塞，莫能相知"，双方在大半天内军队数十次接战，退而复整，且其间不止有步兵军阵的列队肉搏，还包含着骑兵部队的纵横冲杀，双方从统帅到普通士兵的战斗素养和承受的精神压力，未曾经历的人（包括当代所谓研究者）都是无法想象的。最终，西魏军一些部队间联络不畅，对战局发生误判而撤退，导致洛阳失守，东魏军取得胜利。[4]

[1]　《三国志》卷四十八《吴书三·三嗣主传》，第1175页。

[2]　以上见《隋书》卷四十八《杨素传》，第1286页。

[3]　戚继光：《纪效新书》（十四卷本）卷八《操练营阵旗鼓篇》，北京：中华书局，2001年，第131页。

[4]　《周书》卷二《文帝下》，第26页。

队列的移动与军阵的变化

在实战中，由数十人的步兵小队列组成上千、上万人的大型军阵，军阵还要移动接敌及撤退。对于统帅来说，这绝对不是一件轻而易举之事。戚继光虽是明代人，与本书讨论的中古时代相隔较远，但戚继光时代的战争仍是以冷兵器为主，从中亦可归纳冷兵器战争的诸多特点。戚继光用很通俗明白的语言描述了编组军阵的困难：

> 若万众无行伍、营阵，可自何处立？一人入万众中，何处容足？即十人，某在前、某在后、某在左、某在右？若不素定而预习之，至入场之内，张呼："我队在何处？"李呼："我队在何处？"便是呼头目之名，得其所而从之，万口喧哗，可谓军纪乎？下营之时，或分而合，或合而分，俱交锋前后之事，可迟立询问"我分向何队、合向何队"乎？[1]

为了解决军阵的编组指挥问题，冷兵器时代有"旗鼓"指挥体系，即用大众可见的旗帜、可听的金鼓规定一整套信号系统，用来对部队发布进退及变阵指令。这在各家兵书中多有记载，《大唐卫公李靖兵法》和《纪效新书》言之尤详，秦陵兵马俑军阵中也有金鼓等指挥装备出土，本书暂不讨论。但即使有这套相沿已久的指挥体系，以及士兵们经常性的操练，但在一些场合仍难免出现统帅无法将军队编组成需要的队形，以至出现戚继光描述的那种一团混乱的局面。在西晋太康（280—289 年）年间，晋武帝司马炎一次外出射猎，当傍晚准备返回时，就发生了禁卫士兵无法组成护卫队形"函"的问题。皇帝在马车上等待许久，天已经黑下来时，队列依旧混乱无法成行。都水使者陈飑曾经担任军官，熟悉军令指挥体系，司马炎命令他临时指

---

[1]　《纪效新书》（十四卷本）卷十四《炼将篇·炼将或问》，第 377—378 页。

挥编队，陈勰"举白兽幡指麾，须臾之间而函成"，获得皇帝的嘉奖。可见指挥队列编组是一项技术性很强的工作。[1]

对于统帅来说，通过旗、鼓命令指挥调度一支庞大的军队，是一件复杂的工作。但这种工作的困难之处，恰恰在于要将统帅意图变成对士兵们的最简单命令：行、驻、前、后、左、右。戚继光总结说，士兵大都是愚民，往往连方向都分不清楚，所以对他们只能以前后左右来命令，而不能用东南西北："凡旗帜，制八方则色杂，而众目难辨。如以东南西北为名，则愚民一时迷失方向，即难认。惟前后左右属人之一身，但一人皆有前后左右，庶为易晓。"他读《史记》到"孙子教吴王宫嫔战"一篇不禁感叹——最简单的才是最实用的：

> 孙武子教宫嫔曰：汝"知而左右手、心、背乎？"呜呼！此教战之指南，此千载不传之秘文，此余独悟之妙也！揭以示人，尤为可惜。[2]

除了旗语和金鼓声音，个别情况下，统帅也会让声音洪亮的部下大喊发令，指挥军阵。[3] 这样做的好处是可以发布一些稍复杂的指令，有些内容是旗语、金鼓系统无法表达的；但缺点则是容易为敌方获悉，

---

[1] 事见《晋书·职官志》，第 741 页。白兽幡即白虎旗，为避唐先祖李虎之讳改。时称这种保护在皇帝车驾外围的队列为"函"，大概取其重重封闭如箱函之意。《晋书》未载其具体形制，但《通典》载有西晋皇帝出行时最隆重的"大驾卤簿"队列程式，可作参考：车驾外围至少有五重步兵队列，最外层是"大戟楯"，即执长戟和盾牌的步兵；其内是"九尺楯"，高约今 2 米，但未载其武器，大概是专门作防御屏障之用；再内是"刀楯"步兵；再内是"弓矢"步兵，最内一层是弩手。另有执长槊的骑兵，但不知是在步兵队列外围还是内侧。见《通典》卷六十六《嘉礼·卤簿》。皇帝游猎出行的队列应当比此精简。另，北魏制度也可作参考：车驾护卫队为方阵，内外共有步骑兵四重：最内层为具装（铠甲）骑兵；其外层为"幢"，兵种不详，可能就是西晋的"九尺楯"步兵；次外为长矟步兵；最外为刀、楯步兵。见《魏书》卷一百八《礼志四》，第2813 页。

[2] 《纪效新书》（十八卷本）卷二，第 68—69 页。

[3] 《魏书》卷四十三《毛修之传附子法仁》："法仁言声壮大，至于军旅田狩，唱呼处分，振于山谷。"（第 961 页）

且对个人依赖较强，所以只能是金鼓旗语的一种补充。

第二节　军阵的"非理性异动"

信息不畅与群体紧张造成的军阵异动

在军阵的队列中，最前列的士兵视野比较开阔，但大多数在队列后排的士兵，前后左右都是自己的战友，视野范围极为有限。北朝民歌《企喻歌》所唱就是军阵队列中士兵的这种感觉："前行看后行，齐著铁裲裆。前头看后头，齐著铁钜鍱。"[1]士兵向前后左右顾盼时，看到的只有自己战友的一排排头盔和胸甲而已。这种情况下，士兵们的行、转、进、退，都要听从附近队列中基层军官的口令，基层军官则要关注统帅方向传来的旗鼓指令——如果他有匹马骑的话，视野会比徒步士兵稍好一些。如果基层军官也徒步站立在队列中，能了解的情况也就很有限了。

有时军阵已经列成许久，但一直没有与敌接战，文献记载中这种情况有持续大半天甚至整个白天的，士兵在队列中站立过久，难免受寒冷或酷热天气、便溺、饥渴等影响而产生严重不适。当军阵前列或侧翼已经与敌军接战搏杀时，队列之中的士兵可能还对战况进展一无所知。这种茫然感是队列中普通士兵的最大威胁，流言蜚语或者某些微小的变故，都可能在极短时间内在队列中传扬开来，造成失控局面。我们可以将这种军阵中因歪曲、错误信息产生的变局，称作军阵的"非理性异动"。如东晋末丞相司马道子集结军队，准备迎战叛乱的殷仲堪、王恭等武装。当朝廷士兵们在长江边列阵时，军阵中一匹战马受惊跳跃，踩踏了身边的士兵，由此引发整个军阵的惶恐异动，

---

[1]　《乐府诗集》卷二十五《横吹曲辞五·企喻歌辞四曲》，北京：人民文学出版社，2010年影印本，第560页。裲裆即上半身铠甲，钜鍱即兜鍪，头盔。

许多士兵被拥挤到江水中淹死，"忽有惊马蹂藉军中，因而扰乱，赴江而死者甚众"[1]。

这种信息不畅引发的"非理性异动"有时也会取得某种积极效果（虽然这种情况极少）。比如东晋中期桓温讨伐割据蜀地的李势政权，双方决战于成都郊外。桓温军队首度接战失利，军官战死，前列的士兵都产生畏惧情绪。桓温遂下令撤军，但发令兵由于过于紧张，没有敲表示撤退的"金"（钲锣之类），而错敲了代表攻击的鼓。晋军士兵听到鼓声，以为战局发生了重大转折，遂一鼓作气发动进攻，居然彻底击溃了李势军队。李势只得投降。[2] 此次偶然性的传令错误居然决定了桓温伐蜀的成败。

中国战争史上，因为步兵军阵的"非理性异动"而导致整场战役胜负改观，甚至影响历史进程的例子，当数383年前秦与东晋的淝水之战。此战双方都将主力部队投入对寿阳城的争夺，秦、晋分别据淝水（东南—西北流向）的西、东两岸列阵，秦军数量对晋军占据压倒性优势。由于隔水无法开战，晋军要求秦军稍向后撤，以便在西岸留出空地供两军决战。秦帝苻坚准备趁晋军渡水时进行骑兵突击，遂同意晋军的请求，下令秦军军阵整体后撤。当秦军后撤时，晋军八千名先锋抢先涉水渡河并开始攻击秦军，加之秦军阵列中又有人（晋军降将朱序）高喊"秦兵败矣"，导致秦军全面崩溃，晋军主力乘机全部渡河展开攻势，前秦军队彻底失败。[3] 值得注意的是，在秦军军阵刚开始溃败时，苻坚之弟苻融曾带骑兵主动出击，试图遏制晋军的攻势。这说明发生溃败的只是秦军步兵阵列，而至少有部分骑兵仍处在可指挥状态。但苻融在冲锋中旋即"马倒被杀"，骑兵部队失去指挥，

[1] 《晋书》卷六十四《会稽王道子传》，第1737页。
[2] 《晋书·桓温传》，第2569页。
[3] 《资治通鉴》卷一百五，第3312页。《晋书》卷八十一《朱序传》对此的记载是："于是石遣谢琰选勇士八千人涉肥水挑战。坚众小却，序时在其军后，唱云：'坚败！'众遂大奔……"（第2133页）

这一挽回战局的努力也告失败。[1] 这也说明，步兵军阵比骑兵更容易受误导而产生"非理性异动"。这应该是因为步兵军阵比骑兵更紧密，在战斗中更被动，心理压力也更大。

"非理性异动"的另一种表现：军营夜惊

在军阵队列的"非理性异动"之外，另一种与之相似的现象也值得讨论。这就是古代战争中军队的"夜惊"，即军队在夜间宿营时，因为一些极偶然的小事，如牲畜的嘶鸣、个别士兵的噩梦等，使多数将士陷入惊恐，甚至误以为敌军前来偷袭，而发生自相砍杀和逃散的局面。

比如十六国初，前、后赵军激战于洛阳，前赵帝刘曜亲率部队前往增援，首战获胜。当刘曜军夜宿洛阳城西时，军人"夜无故大惊"，军队失去控制而溃散，向后方逃奔，刘曜在渑池县收集部队，重整纪律，但当晚军中再度夜惊，将士奔溃不能制止，一直逃回长安才告终。刘曜此次军事行动因两次闹剧般的夜惊而宣告失败。[2]

考察史书中记载的诸次军队"夜惊"事件，普遍发生在两军作战最为激烈时，地点主要是刚刚进入敌军控制区内，或者两军长期鏖战的战线上。这种情况下，军人因急行军与作战疲惫，加上担忧被敌军夜袭的心理压力，很容易在漆黑的夜间被一些轻微的外界刺激触发，演变为群体性歇斯底里的惊恐局面。如三国魏明帝时，东吴鄱阳太守周鲂向魏军发出诈降信号，魏扬州牧曹休信以为真，率部队深入吴境，被吴军优势兵力击败于石亭。当夜魏军夜惊，将士失去控制争相逃往后方，所有兵器、辎重都被丢弃在营地。[3] 前秦王朝崩溃后，叛将姚苌杀死苻坚，但他之后与敌军作战屡次战败，疑心是苻坚的神明

---

[1] 《晋书·苻坚载记下》，第 2819 页。
[2] 《晋书·刘曜载记》，第 2698 页。
[3] 《三国志》卷九《魏书·曹休传》，第 279 页。

作祟，遂在军营中设立苻坚神像，叩拜祈求宽恕。但立像之后军营中频频出现夜惊事变，姚苌只得又毁坏了苻坚像。[1]

　　由于战阵和夜营中容易发生惊悚溃乱，所有将帅都非常重视对阵列和军营的纪律约束。《大唐卫公李靖兵法》详细规定了迎敌队列及宿营的种种纪律，比如"不得扇动兵士，恐吓队伍"，如果"无故惊军，叫呼奔走，谬言烟尘"，以及借宗教、鬼神、阴阳卜筮等动摇众心的，都处以斩首之刑。战阵之中违反军令、错乱队列的，后行士兵有义务将前行斩首。关于宿营的规定，详细到不得在军营内驰马、不得在其他营区借宿，甚至士兵看到奇异的禽兽虫蛇等动物，或者其他怪异事物靠近营垒，都不得擅自告知其他士兵，而是应该报告本部将帅。[2] 戚继光的《纪效新书》对这方面的规定更为详细。[3]

　　总结战争史可以发现，发生战场夜惊的军队，未必是刚刚成军、缺乏战斗经验的新兵部队，反而往往是久经战阵的老兵部队居多。这说明夜惊与士兵的战斗素养、纪律性，以及军官的指挥素质都没有直接关系；仅仅强调纪律与训练并不能完全防止夜惊。[4] 战史记载中，有经验的将帅遇到部队夜惊时往往以镇静待之，而非急于贯彻纪律、捉拿为首者。因为在黑夜的混乱环境中，命令无法顺畅传达，急于申明军令反而会使局势更加失控。如西汉景帝时七国之乱，太尉周亚夫与叛乱吴军相持日久，军队夜间发生惊乱，士兵们自相攻击，甚至混战到周亚夫帐下，但周亚夫一直躺卧不肯起床。不久后骚乱便趋于安静。[5] 三国时，魏汝南太守田豫长期驻防在战线上，一次他率部阻击

---

[1]　《晋书》卷一百十五《苻登载记》，第 2951 页。

[2]　《通典》卷一百四十九《兵志二》所附"杂教令"，引《大唐卫公李靖兵法》，第 3824 页。

[3]　戚继光关于管理野营的教令更加详密，参见《纪效新书》（十四卷本）卷九《扎野营篇》。

[4]　当然，这不排除有极少数畏战士兵的蓄意策划，但夜惊能够扩大蔓延，仍有其内在因素。

[5]　《史记·绛侯周勃世家》，第 2060 页。

吴军时军中夜惊，士兵都传言吴军正在进攻。田豫也不肯起床，同时下令对擅自行动者处斩。稍后营内安定，发现并没有敌军进攻。[1] 南朝刘宋末，萧道成据守新亭垒与桂阳王刘休范部作战，两军在深夜大雨中连续作战，"鼓叫不复相闻，将士积日不得寝食"，萧道成营垒中有战马惊跑，造成军人惊恐混乱，到处跑动。萧道成"秉烛正坐，厉声呵止之，如此者数四"，保持军营未发生溃败。[2] 从今天的观点来看，军阵"非理性异动"和军营"夜惊"都属于大众心理学的研究范畴，即在人口密度和心理压力极大、信息传递不畅的情况下发生的极端行为。

第三节　先秦至隋代的步兵军阵变化趋势

以上是关于步兵军阵的队列编组及运动作战的总体原则，侧重普遍性。下文则对古代文献及考古材料中几个步阵个案进行讨论，侧重特殊性与发展变化规律。

《国语》中的夫差吴兵方阵

春秋时期列国间战争主要是贵族化的车战，步兵居于次要地位，文献对步战的记载也极少。到春秋末期，南方的吴国、越国崛起并参与中原战争。吴国介入中原战争初期也使用战车，不久后则转变成以步兵为主力。这种转变的原因既有社会方面的，即吴国并不具有中原列国贵族政治基础，不拘泥于传统，比较容易适应新的战术形式；也有自然条件的限制，即吴地处水乡泽国，且南方缺少马匹，维持战车部队成本高昂且作用有限。加之吴军开掘了自长江进入淮河及泗

---

[1]　《三国志》卷二十六《魏书·田豫传》，第 728 页。
[2]　《南齐书·高帝纪上》，第 8 页。

水的航道，水运使其摆脱了对畜力车辆的依赖，船载步兵可以直接进入中原。[1]

　　周敬王三十八年（前 482 年）夏，吴王夫差率兵北上，与晋、鲁等国会盟追求中原霸主地位。此次吴、晋争执盟誓顺序，互不相让。夫差遂率吴军列阵向晋军示威。这是史书中最早的大规模步兵战阵记载。吴军阵列的形式为：

> 陈士卒百人，以为彻行百行。行头皆官师，拥铎拱稽，建肥胡，奉文犀之渠。十行一嬖大夫，建旌提鼓，挟经秉枹。十旌一将军……万人以为方阵。[2]

　　可见吴军是以步兵百人一行为一编制单位，长官称"官师"，十行千人，长官为"嬖大夫"，百行万人为一方阵，长官为将军。这样的方阵共左、中、右三个。当然，长、宽皆为百人的军阵未必是正方形，因为士兵的左右间距一般小于前后间距，已见前节。所以这种军阵的纵深长度会大于宽度，但这种长方形阵也可以叫方阵，如同秦俑一号坑的长方形军阵也可称为方阵。

　　吴军方阵的"彻行"是纵行。因为每行最前列的官师所拥"文犀之渠"，据韦昭注"谓楯也"，即犀牛皮盾。官师居于前方，才有执盾防御敌军箭矢的必要。这种以纵队列阵、军官都在前列的做法，应是从车战战术照搬而来，未必适合步兵作战。[3] 因为步兵军阵行动缓慢，两军逼近交战时，只有前列士兵能参与作战，伤亡概率最高。官师在前一旦伤亡，整个纵队就失去了指挥。当然，也许官师只是执盾为身

---

[1]　前 482 年，夫差遣使到洛阳告周王曰："余沿江沂淮，阙沟深水，出于商、鲁之间，以彻于兄弟之国。"见《国语》卷十九《吴语》，上海：上海古籍出版社，1978 年。

[2]　《国语·吴语》，第 615 页。

[3]　因为战车速度快，各车间距大，传达命令不容易。军官战车在最前列，普通战车只要追随前方军官战车的旗帜，就能保持队列。

后的下属提供保护，开战时则是两人拥挤在盾牌后一起作战：这种情况可以参考戚继光的鸳鸯阵，其伍长往往执长盾牌居前，为身后的士兵提供掩护。所以戚继光特意规定，如果伍长牌手战死而其部下撤退的，全部予以连坐斩首。[1] 另外，官师在第一排与敌作战，不可能分心指挥后面的 99 名部属。步兵往往由社会地位较低的农民组成，战斗积极性也低，一旦没有军官监视督战很容易临阵脱逃。欧洲 14 世纪的瑞士长矛步兵方阵，其特点也是列长都在第一排。但这些长矛兵来自相同的山区部族，自幼一起长大，战士间关系十分密切，不必担心逃兵问题。[2] 当然吴军方阵也有一种可能，就是其主力步兵都是具有一定社会地位的士大夫，作战决心不成问题，这也是贵族战车时代的遗存和过渡。战国以后的步兵主要是征发农民或贱民性质的世袭兵，就难用这种队形战术了。

在《大唐卫公李靖兵法》中，步阵基本队列是 5 横行、每行 10 人的 50 人小方队，《纪效新书》（十八卷本）中"立队法"则是 4 横行、每行 5 人的 20 人小方队，这样既便于第一行的士兵协作对敌，又便于队长统一指挥。反观吴军的这种布置，可能和当时的步兵军阵战术尚不成熟有关。因为这是吴军第一次以步兵主力进入中原。以往吴军经常与楚、越作战，步兵运用较多，但在南方的丛林水网环境中，可能没有进行过这种大型方阵战斗。另外，此次吴军的战术意图也值得探讨。因为晋军还沿袭着以战车为主力的春秋惯例，一旦战车整队冲锋，吴军很难避免被踩踏和碾压的命运。吴军这次布阵是乘夜间秘密进行，[3] 列阵完毕后开进到晋军营垒前一里处，当时天色始明（昧明），使营中的晋军猝不及防。以当时惯例，军营外都筑有垒墙，

---

[1] 《纪效新书》（十八卷本），第 65 页。

[2] ［美］阿彻·琼斯：《西方战争艺术》，刘克俭等译，北京：中国青年出版社，2001 年，第 126 页。

[3] 吴军列阵前曾"秣马"，列阵时又"系马舌"防止其出声，可见有马匹，可能数量较少，主要为吴王及高级长官驾车用。

墙内是宿营、炊灶等生活区，没有空间整队列阵。如果这时晋军开出营垒列阵，吴军就可以趁晋军出营时的无序状态展开进攻，未形成阵列的晋军必然大败。以前晋军也曾遭遇过楚军这种"晨压晋军而陈"（前 575 年，晋楚鄢陵之战），区别在于当时楚军主力是战车兵，晋军的对策则是"夷井塞灶"，在军营内原地驾车列阵，然后平毁垒墙整体开出迎战。[1] 这次如果晋军采用相同的办法，吴军则不会在原地等待晋军整队，而是会直接冲向晋营垒，展开攻城式的围攻作战，这恰恰也是步兵的长项。所以晋军这次未敢与吴军开战，而是选择了和平会盟。应当说，夫差步阵这次虽然没有投入实战，却是一次成功的亮相。

　　史书对战国时期战争的记载都非常简略，使我们难以总结当时的步兵具体战术特征，但秦陵的兵马俑军阵是一个难得的材料，使我们得以了解秦朝步兵军阵形态。秦陵兵马俑军阵和《国语》中的吴兵方阵有一个共同特征，就是纵深较长的长方形。吴兵方阵的纵深为百人，秦陵兵马俑的一号步兵俑坑正面宽 57 米、纵深 184 米，深度甚至达宽度的三倍。这说明战国到秦代，步兵军阵的主要特征是密集的方形阵列，对敌的正面不会太宽，或者说宽度不会明显大于纵深。但在这个背景下，列国仍会有些自己特色的方阵队形和战术特点。《吴子·料敌》篇云："齐陈重而不坚，秦陈散而自斗，楚陈整而不久，燕陈守而不走，三晋陈治而不用"[2]。虽然未必全是实际情况，但也反映出列国军阵仍有一些自己的特点。汉初刘邦与淮南王英布作战，"望布军置陈如项籍军，上恶之"[3]。英布曾长期随项羽（籍）作战，其军阵也有项羽风格。《史记》对秦汉之际几次大会战的记载很简略，没有具体的军阵布局，也许司马迁对此不甚了解，以至现在也无从讨论。

---

[1]　《左传·成公十六年》，《十三经注疏》，第 1918 页。

[2]　《武经七书注释》，第 434 页。但今《吴子》应是汉代以后的人伪作，未必是战国实际。所言各国战阵特点，也都不太可信。

[3]　《史记》卷九十一《黥布列传》，第 2606 页。

328 年洛阳之战与步阵的"扁平化"趋势

两汉到三国时期，关于步兵军阵作战的详细记载依然很少。但到十六国和南北朝时，这方面的史料稍有增多。十六国初期，刘曜前赵与石勒后赵的洛阳之战就体现了步兵军阵一种新的趋势：纵深变浅、宽度变大。

328 年，刘曜与石勒决战于洛阳城西，刘曜"军十余万"[1]，"陈于洛西，南北十余里"[2]。当时刘曜在西，石勒在东，刘曜军是南北拉开了十余里的宽度。刘曜军中应有三分之一左右为骑兵，不会和步兵混合列阵。暂以步兵为整十万人，且全列为战阵计算，每华里正面平均有万人，如正面一人占据一米的宽度，则纵深仅有二十余人。比起吴兵和秦陵的军阵，这种纵深显然是太浅了。但详细分析《晋书》关于两赵洛阳之战的记载，会发现一种可能性，就是刘曜军阵并非一开始就如此之宽，而是在战斗过程中经历了一个逐渐横向（向南）伸展的过程，这个横向伸展的目的，似乎是为了实现对敌阵的侧翼包抄，即试图以己方的正面军队攻击石勒军的侧翼。下面对战斗中刘曜军阵的变化做一梳理：

《晋书·刘曜载记》云，刘曜军本来是在围攻金镛城，得知石勒亲自率军赶来后，刘曜才"使摄金塘之围，陈于洛西"。金镛城在洛阳大城突出的西北角，刘曜军解除围城后，应当是列阵于洛阳城西偏北，基本在谷水以北的方位。

开战之前，石勒后赵军队已经全部进入洛阳城，共有"步卒六万，骑二万七千"。第一支出城的后赵军是石虎率领的三万名步兵，他们"自城北而西，攻其（刘曜）中军"。石虎部应是从金镛城开出的，之前刘曜军一直猛攻金镛，这三万名步兵应是在此处守城用。当

---

[1]　《晋书·石勒载记下》，第 2745 页。
[2]　《晋书·刘曜载记》，第 2700 页。

他们从金镛开出向西时，正对的是刘曜中军位置，也可证开战初期刘曜军阵整体偏北。

但就在这一轮的步兵对战中，双方的军阵一直在向横向延伸。由于战场北部是邙山高地，不便军阵展开，双方只能向南方，即刘曜军右翼、石虎军左翼延伸。《刘曜载记》云："（曜）至于西阳门，捴（挥）阵就平"，按，西阳门为洛阳城西的中门，门外已经是平地，所以这里两句的位置似应互换，即刘曜中军原本在邙山与平地的连接处，他希望军阵向平地展开（就平），才使部队向南延伸到了正对着西阳门的位置。此时前赵军正面已经拉开了半个洛阳城的长度，正面才达到了"南北十余里"。

石虎军远少于刘曜主力，难以无限拉宽，且随着横向展开军阵纵深变浅，很容易被刘曜军击溃。但这种情况并未发生，因为在石虎部奋力抵抗的同时，后赵骑兵部队从洛阳城内开出，对刘曜军进行了致命打击："石堪、石聪等各以精骑八千，城西而北，击其前锋，大战于西阳门。"刘曜本人此时正在面对西阳门的位置，即己方军阵的最南端，这说明他一直处在军阵伸展的最前方，此时直接受到打击，他本人也被石堪所部俘获。石堪、石聪骑兵出城的位置，应当是城西正中及偏南的西阳门、西明门，从西明门出城的骑兵要向北才能攻击刘曜军，即所谓"城西而北，击其前锋"。

当石堪、石聪骑兵攻击刘曜军突出的右翼时，石勒也率最后的三万步兵、一万骑兵开出，"躬贯甲胄，出自阊阖，夹击之"。阊阖门在城西偏北，西明门和金镛城之间，正对着刘曜军拉伸开的中央部位，且这个方向受石虎步兵压力最重。在刘曜已经被俘获的情况下，这一轮打击如摧枯拉朽，最终造成了前赵军的彻底崩溃，"斩首五万余级，枕尸于金谷"。

按，此刘曜军队最为集中的"金谷"需要做一考辨。据《水经注》卷十六"谷水"条，谷水在洛阳以西，自西向东流，在（汉魏北朝）洛阳城西三十里的河南县故城向南注入洛水。但自东汉、西晋以来对谷水水道做了人工延伸，使其向西北流，直至洛阳城西北角汇入护城河水系。金谷地名来自谷水左岸的一条小支流——金谷水，西晋富豪石崇的金谷园亦得名于此。刘曜军集中之地，应在金谷水汇入谷水的汇合处，距离洛阳城西墙不到十里之遥。此金谷为泛称，并非特指金谷园旧址，因为战场范围较大，史书只是用以借指谷与金谷两水所夹之地。这也说明后赵军主力所处仍比西明门，甚至比阊阖门还要偏北，即刘曜在"挥阵就平"时，只有部分后赵军能够及时向侧翼机动。急于向侧翼伸展包抄，而未能顾及己方军阵的整体布局，是刘曜此战失败的主要原因。当然，刘曜本人临战酗酒大醉，被攻击时又急于"昏醉奔退"，是惨败的主观因素。值得注意的是，刘曜在试图逃命时"马陷石渠，坠于冰上"而被追骑俘获（《晋书·刘曜载记》），这里的石渠和冰的位置，应为谷水河道上著名的"千金堰"，在洛阳西十余里。[1] 这说明刘曜还是想向自己军阵主力的后方逃跑。

　　328年刘曜洛阳之战的失败，主要原因是他未曾考虑到敌后备部队（特别是骑兵）突然投入战斗，以及他自己在昏醉状态下丧失战斗意志、没能与敌骑兵进行顽强对抗。但刘曜这种试图拉宽己方军阵正面宽度、对敌阵侧翼实现合围打击的意图，却代表了中国步兵军阵发展的一个趋势。从此之后，步兵阵列，特别是大规模会战中的步兵军阵，一直朝着宽正面、浅纵深的方向发展。

　　除了步兵军阵之间对抗的需要，这个趋势背后还有一个原因，就是冲击骑兵的发展。正是从十六国初期开始，装备马镫、马槊甚至马铠的骑兵开始普及，这种骑兵能够以其强大冲击力直接冲破步兵的密集阵列，成功"陷"入敌步兵军阵。步兵军阵纵深过大会导致兵力过于集中，如果被敌骑兵深入冲击，多层队列的指挥链都会断裂，整个军阵将完全失控。所以自十六国开始，步兵军阵纵深变浅，而正面宽

---

[1]　据《水经注疏》卷十六《谷水》，谷水千金堰开五个渠口，都用石砌，防止水流冲击损坏。谷水其他河段则未提及用石铺渠道。见第1379页。

度加大，也是为了加强军阵总体的"弹性"，即受到冲击时损失的降低，以及被敌骑兵成功穿过之后军阵的自我恢复能力：当敌骑兵冲向这种宽正面、浅纵深的步阵时，迎面的步兵即使难以迎战，也可以很方便地向两侧或者侧后稍做撤退，待敌骑冲过之后重新"合拢"阵列。所以在东晋十六国和南北朝乃至隋唐时期，经常发生骑兵穿过敌步兵阵列，直达其后方的情况，而步兵军阵经过这种穿透后并未丧失指挥和反应能力，需要骑兵掉头进行第二次甚至多次反复冲击（详见前文骑兵部分的论述）。

刘曜的这种战术意图，可以与《纪效新书》中的交战原则相呼应。戚继光在谈到以军阵正面迎敌时说：

> 其两翼之兵，先大张其势，望外开行。俟将战，急于贼之两边，各令一半自外围戳而来；各令一半伏住，俟贼到正面，兵俱将牌立定不动，两奇兵急合。贼必分兵迎我两来奇兵。俟贼四顾夺气，正面兵即拥牌夹战。[1]

即军阵在迎敌前进时，左右两翼主动向两侧拉开。接近敌军时，正面迎敌的队伍立定不动，等待两翼对敌两侧实现合围。戚继光将这进行合围的两翼部队称为"奇兵"，敌军两翼被包抄，军心不稳，我正面军队再发起攻击。当然，这种战术自4世纪以来，已经经历了上千年的积累，到戚继光时代已经相当成熟，不具有独创性。他能在抗倭战争中运用这种战术，很重要的原因是明军对倭寇有数量优势，即在双方战术思路相同的情况下，比正面宽度必然会变成比军队数量。

不过，并非只有数量优势的军队才适宜这种"扁平化"宽正面合围战术。因为它还受到另一个制约因素，就是军队纪律性、士气的影

---

[1] 《纪效新书》（十八卷本）卷八《操练营阵旗鼓篇》，第131页。部分标点有改动。

响。十六国时期步兵军阵"扁平化"体现很明显的，当数与姚苌作战的前秦苻登部队。首先，他们的军阵是"每战，以长槊钩刃为方圆大阵，知有厚薄，从中分配，故人自为战，所向无前"[1]。"方圆大阵"的"大"，是指正面的宽度大，为此最大程度地降低了军阵的纵深，确保与敌直接接战的第一线有足够的兵力即可，其余未接战兵力并不在队列后面消极等待，而是机动巡回，发现第一线有薄弱处就及时补充。

其次，苻登军队的阵型可圆可方。步兵正式作战时都是方形军阵，这是直线形的基层队列所决定的，很容易理解。实战中出现所谓"圆阵"，都是被敌军包围，士兵因恐惧而相互靠近和向心收缩，军阵突出的四角消失，才形成圆形。[2] 在势均力敌的战斗中军阵不会是圆形，因为弧形的队列不容易排列，更不易统一指挥调度。苻登所部军队会成为圆形，可能也因为他们经常出于数量劣势，处于被包围或半包围状态，但不同的是他们的"圆阵"是空心，仍是以主要兵力保证接敌的第一线。但苻登军队的不可复制之处，在于其顽强的战斗意志。这支军队为了给前秦皇帝苻坚复仇，都以必死之心作战。他们带着苻坚灵位参加每次战斗，士兵甲胄上都刻"死休"二字以示至死方休之心，甚至经常不带军粮而以敌军尸体为食。这种旺盛的作战意志是历代绝大多数步兵部队都无法具备的。就像戚继光描绘的那些走上真正战场的士兵，往往有缺乏勇气者，即使平时武艺熟练，实战中却"临事怕死，手足仓卒，至有倒执矢戈，尽乃失其故态，常先众而走"；或者虽身高力大，临阵则"足软眼花，呼之不闻，推之不动"[3]。

---

[1] 《晋书·苻登载记》，第 2945 页。另可参见《魏书》卷九十五《临渭氐苻健传附苻登》。

[2] 《孙子兵法·势篇》云："浑浑沌沌，形圆而不可败"；《武经七书注译》，第 23 页。言不可败，其实正是面临可能的败局而言。曹操注曰："车骑转也。形圆者，出入有道，齐整也"。这里"车骑转"的意思可能是步兵遭遇敌车骑部队，敌车骑围绕步兵驰骋，使步阵收缩为圆形防御状态。这种情况可参照 311 年石勒骑兵追上正在逃跑的西晋禁军主力，"以骑围而射之"，见《晋书·石勒载记》，第 1625 页。

[3] 以上见《纪效新书》（十八卷本）卷一"束伍篇"，第 41—42 页。

所以符登军阵在常规战术教程上并无太大意义。但符登军阵说明，步兵军阵的战斗威力只在于第一行与敌直接接战的士兵，像《国语·吴语》或者秦陵兵马俑那种纵深达百人的队列，是一种很不"经济"的战斗方式。而要降低纵深，提高战斗效率，其前提是士兵的素质和主动战斗意志，这恰恰也是多数步兵军队所缺乏的。作为一名统帅，在决定己方军阵的宽度和纵深时，除了要考虑战场地形、敌军数量和队形之外，还要必须考虑己方步兵的纪律性和战斗意志，即使军阵宽度和士兵战斗意志具有正向相关性。

北朝大规模会战中的的步兵军阵

北朝后期，东西方政权（东魏北齐与西魏北周）之间进行了连续多年的战争。这两个政权都由北魏后期大战乱中崛起的六镇军人势力组成，将士的战斗技能和战术素养普遍较高，两个政权的战争动员能力也极强。最能代表这一时期军阵战术水平的，是双方进行的几次大规模会战：537 年，东魏高欢进攻西魏宇文泰的沙苑之战；538 年、543 年宇文泰与高欢在洛阳郊外进行的两次大规模会战，即所谓河桥之战与邙山之战；以及 576 年北周进攻北齐的晋阳会战。这四次会战，双方投入的兵力都在十万人左右（只有沙苑之战时西魏军队略少）。

关于会战中双方军阵的宽度，史书则记载不多。538 年河桥之战，《周书》只说由于当天双方的军阵宽度过大，战斗开始后人马踩踏起的尘埃遮天蔽日，使得周军的中军和左右两翼都失去联系，进入各自为战的状态。西魏统帅宇文泰指挥的中军突入东魏军阵，俘获敌军一万五千余名，更多的东魏军被逼入黄河淹死。但西魏军赵贵、怡峰指挥的左军，独孤信、李远指挥的右军都作战失利，又与中军失去联系，以为中军已经覆灭，都擅自丢弃士兵而还。李虎、念贤率后军充当预备队，见到独孤信、李远等撤退，也随之班师。西魏军队因而受到极大损失。[1] 这说明在当时的通信条件下，由于军阵正面拉开过宽，超过十万人的会战已经无法实现统一指挥，只能依靠事先的部署和各分队将领的应变能力。

576 年，北周皇帝宇文邕率主力进攻北齐，与齐帝高纬会战于晋阳城下。此战齐军在北，周军在南，周军投入八万人，"置阵东西二十余里"[2]，平均正面每米的纵深只有十人左右。齐军兵力与周军相近，[3] 只是由于北齐后主高纬昏庸无能，临阵先逃，造成惨败，北齐不久便亡于周。

这四场大规模会战的军阵几乎都有一个普遍现象，就是双方接战时，总有一方的左翼首先被击败。似乎当时统帅习惯将实力较强的部队部署在右翼，而将较弱的部队放在左翼，进攻时，也习惯重点打击敌军的左翼。比如沙苑之战时，西魏的左军首先遭到敌攻击，但右军统帅李弼带六十名骑兵冲锋，将进攻左翼的敌军冲散，西魏军乘机取胜。[4]543 年邙山之战，东魏右军统帅彭乐带数千骑兵，首先冲击西魏军左翼赵贵等部，成功贯穿后又顺势直至西魏中军，宇文泰也几乎被彭乐刺死。[5] 但西魏中军和右军成功击败了东魏中军，才避免了全军覆没的危险。576 年周齐晋阳之战，齐军也是东侧部队先发生退缩。齐军阵朝南，东侧正是左翼，后主高纬因为恐惧逃跑。[6]

十六国北朝以来这种宽正面、浅纵深的大规模会战，其流风余韵直到唐初。武德四年（621 年），李世民与窦建德在洛阳东的虎牢决战。此战为李世民、李元吉联合出兵攻打洛阳王世充，窦建德自东方

---

[1] 《周书》卷二《文帝纪下》，第 26 页。

[2] 《周书》卷六《武帝纪下》，第 96 页。

[3] 《北史》卷九十二《恩幸传·高阿那肱》："堪战者不过十万，病伤及绕城火头，三分除一。"（第 3050 页）

[4] 《周书·李弼传》，第 240 页。

[5] 《北史·彭乐传》只云："冲西军北垂"（见第 1923 页）。西魏军向东列阵，其北侧就是左翼。另参见《周书·文帝纪下》。

[6] 《北史·恩幸传·高阿那肱》，第 3050 页。

赶来救援王世充。李世民遂带一部分部队向东阻击。窦建德军共十余万人朝西列阵，队列北自黄河，南至鹊山，绵延二十余里。史书对李世民军队数量记载不详，且在描述战斗过程时，只注重刻画李世民本人率领骑兵冲锋的事迹，对战场全局的全面介绍太少，[1] 但此战中双方都以宽正面、浅纵深的扁平军阵进行战斗，则是基本清楚的。

第四节　南方步兵的特殊战术形式

装备特征：短兵器为主

以上主要是讨论北方地理环境中的步兵军阵战术。自先秦至汉末，多数大规模战争都发生在以中原为中心的北方地区，但三国和东晋南北朝的分裂时期，江南地区长期存在割据政权，南北间战争及南方内战很多，出现了一些与北方不同的步兵战术。

在步兵使用的武器上，南方军队比较明显的特征是多使用短兵器，尤其以战刀和盾牌组合为主。长柄的矛、矟、戟等兵器使用较少。这可能因为南方多山林，长柄兵器在茂密的丛林中不便挥舞；另外，南方水网地带步兵多乘船机动，长柄兵器不易在船舱内携带，水战时更难以在船舱内挥舞。东吴权臣诸葛恪与魏军会战于东关，魏军在高堤上筑城固守，吴军以敢死之士"解置铠甲，不持矛戟，但兜鍪刀楯"爬上堤岸，然后"鼓噪乱斫"，大败魏军。[2] 据此记载，吴军中应当装备有矛戟长兵，只是未投入使用。但在西晋发动全面伐吴之战时，吴军主力渡江迎击，其中丹杨太守沈莹率领的"丹杨锐卒刀楯五千"屡次击败晋军，[3] 则是全部以刀和盾牌为兵器。

---

[1]《旧唐书》卷二《太宗纪上》云李世民"亲率步骑三千五百人趣武牢"，第 27 页。如此兵力显然不能迎战窦建德的十万军队。这是唐初史臣为神化李世民而有意夸张。

[2]《三国志》卷六十四《吴书·诸葛恪传》，第 1435 页。

[3]《三国志》卷四十八《吴书·三嗣主传》，第 1175 页。

《汉书·晁错传》云:"崔苇竹萧,中木蒙茏,支叶茂接,此矛鋋之地也,长戟二不当一。"颜师古注曰:"鋋,铁把短矛也。"[1] 短矛强于长戟,因其便于在密林中挥舞。在东晋末,卢循率领天师道军队从广州远袭建康,与刘裕指挥的晋军对抗。天师道军数千人在江边登陆,"皆长刀矛鋋,精甲曜日",一度将晋军逼退。但刘裕调一支从南燕俘获的鲜卑长槊步兵投入战斗,天师道军无法抵抗,只得撤退回船上。[2] 可见在较开阔的地形上,天师道军的短矛难以对抗来自北方的长槊。

刘裕晋军与北方政权作战时,其军队也以使用短兵器著称。在其远征后秦时,沈田子偏师与秦帝姚泓的主力部队会战于蓝田。面对数量居绝对优势的秦军,沈田子"所领江东勇士,便习短兵",径直冲入秦军阵中将其击溃。[3] 宋明帝初年的内战中,衡阳内史王应之与行湘州事何慧文属于不同阵营,双方在长沙城下作战,"应之勇气奋发,击杀数人,遂与慧文交手战,斫慧文八创,慧文斫应之断足,遂杀之"[4],可见双方统帅都是持战刀,徒步对砍。当时宋明帝一方的将领阮佃夫招募数百名蜀人参战,这些蜀人"皆著犀皮铠,执短兵",在江东战场表现出色。当时另一位在浙东作战的将领刘亮也以擅刀楯著称,每次战斗都持刀、楯冲锋在前,直接杀入敌阵列。敌军在水塘间的道路上树立木栅,由于地势狭隘难以攻克,刘亮则"负楯而进,直入重栅,众军因之,即皆摧破"[5]。这些都属于典型江南水网地区的战斗形态。

为了便于在水滨沼泽中作战,南方军队有时还使用一些特殊装备。如宋文帝刘义隆死后的内战中,两军在曲阿奔牛塘遭遇,塘堤路

---

[1] 《汉书·晁错传》,第 2279 页。
[2] 《宋书·武帝纪上》,第 20 页。
[3] 《宋书·自序》,第 2448 页。
[4] 《宋书·邓琬传》,第 2141 页。
[5] 以上皆见《宋书·邓琬传》,第 2159 页。

窄，两侧水中长满水草，时人称为"菰封"。但其中顾彬之一方士兵带有"篮屐"，可能是鞋底类似竹篮，面积较大，可以踩在水草中而不下陷。凭借这种篮屐，顾彬之军撤到两侧水草中，用弓箭夹射塘路上的敌军而取胜。[1]

步兵对骑兵冲击的防御

步兵作战的对手不仅有步兵，还有敌骑兵部队。春秋战国时，步兵就有被敌战车部队冲击的危险。在骑兵还没有装备马镫的时代也可能试图冲击步兵，所以步兵军阵习惯以矛戟等长柄兵器组成最外围队列，防范敌车骑的高速冲击。自马镫普及后，这种威胁比以往大大增加了，但步兵的技战术没有革命性变化。一些简单的设施仍能起到些防范敌骑兵的作用。比如将枪矛斜插在地上就可以防备敌骑冲击。西晋末，擅长骑战的巴人流民李特等在蜀地起义，在成都城下的战斗中，特侄李荡骑马追击敌军，"触倚矛被伤死"，"倚矛"大概就是斜埋入地中防御骑兵的矛。[2]北魏后期，尔朱天光与关西的万俟道洛作战，为防止道洛军乘夜突围出城，尔朱天光"密使军人多作木枪，各长七尺，至黄昏时，布立人马为防卫之势，周匝立枪，要路加厚。又伏人枪中，备其冲突"，当夜，道洛骑兵果然试图冲出，结果冲到木枪上，"马各伤倒"，都被擒获。[3]

在尔朱天光之前，北魏曾派崔延伯平定关西的万俟氏叛乱，为了防范其骑兵，崔延伯采取了一种比较笨重的方法：用铁链和铁柱将大木板连接起来，由身体强壮的士兵抬、背而行，构成军阵外围，其他士兵和辎重都躲在中间，"号为排城"。但这种设施过于笨重，士兵不堪重负，"兵力疲怠，贼乃乘间得入排城"，崔延伯军因而大败。[4]这

---

[1]《宋书》卷七十九《竟陵王诞传》，第 2026 页。
[2]《晋书》卷一百二十《李流载记》，第 3030 页。
[3]《魏书》卷七十五《尔朱天光传》，第 1675 页。
[4]《魏书·崔延伯传》，第 1639 页。

说明如果步兵军阵所依托的掩护过于笨重，必然降低其战斗力。[1]

实战中，步兵赖以防范骑兵冲击的主要手段，是运输军粮辎重的大车。这是历史很悠久的战术。西汉卫青出击匈奴曾用武刚车环绕保卫辎重，李陵步兵也依托大车与匈奴对峙多日。且这种战术也非中原军队独有，因为草原民族也使用大车进行游牧迁徙，他们在对抗敌优势骑兵时也会这样做。北魏早期，匈奴刘部的优势骑兵将拓跋珪军包围，"太祖乃以车为方营，并战并前"，将刘部骑兵击退。[2] 后秦姚泓时，其北境戍将姚恢不堪赫连勃勃的压力，也率领部属"以车为方阵"撤往长安。[3]

东晋南朝政权缺少骑兵，为对抗强大的北方骑兵威胁，更加倚重车辆对步兵的保护。最早进行这种尝试的是东晋末年的刘裕。在409年北伐南燕时，为了对抗慕容鲜卑的具装骑兵，以步兵为主力的晋军将四千辆大车部署在队伍的两侧，车辆首尾相连而行，车上张挂布幔以遮蔽箭矢和阻挡敌军视野，"御者执稍"以防范敌骑兵冲击，同时也说明这些大车都是畜力拖曳的，不然不会有"御者"。这支晋军顶住了上万鲜卑骑兵的攻击并攻克临朐，为全面占领南燕奠定了基础。[4]

在418年，刘裕西上进攻后秦政权，主力部队溯黄河而上时，经常受到河北岸的北魏骑兵攻击。刘裕步兵再次以车辆为掩护作战：晋军七百人、车百辆首先在北岸登陆，车辆连接呈弧形排列，两端临河，中间距河百步，总体呈弯月状的所谓"却月阵"；之后以二千人增援，每车配属二十七名士兵、大弩一张，同时在朝外的车辕上树立

---

[1] 东汉初，光武帝刘秀为对抗匈奴的优势骑兵，也制造过一种专用战车："可驾数牛，上作楼橹，置于塞上，以拒匈奴"。但实战中未见有这种牛拉战车的表现。因为其速度太慢，无法追及匈奴骑兵，只能起保护己方步兵和辎重的作用，牛却很容易被敌射伤，所以其实用性不高。这种战车后世也未普及。见《后汉书》卷八十九《南匈奴传》，第2943页。

[2] 《魏书》卷九十五《铁弗刘虎传》，第2055页。

[3] 《晋书》卷一百十九《姚泓载记》，第3013页。

[4] 《宋书·武帝纪上》，第16页。

大盾牌（彭排）。北魏三万余骑兵发起冲击，晋军则依托车辆用弓弩和短兵作战。北魏骑兵无法冲开车营组成的壁垒，都下马蜂拥而上，试图以搭人梯的方式爬过彭排。晋军则将长槊截短为三四尺，架在彭排缝隙中以大锤锤击，像钉钉子一样刺穿外侧密集的魏军，"一槊辄洞贯三四虏"。魏军溃败，晋军追斩北魏青州刺史阿薄干。[1] 此次战斗使魏军遭受较大伤亡，之后再未敢主动进犯晋军，从而使刘裕得以全力攻灭后秦政权。

　　刘裕之后，南朝步兵更多地是依托车辆进行消极防御。宋文帝元嘉时，北魏时常袭掠河南的青州、兖州地区，御史中丞何承天建言备边，其中有建议征集五百辆车，每车用二牛拖曳，"参合钩连，以卫其众"，可以保护平原地区的居民撤往险要地形。[2] 这种以大车连接成外围防御的阵型，南朝人多称之为"函箱阵"，应是取其方形且坚固之意。450 年魏军大举南下侵宋，兵锋遍及整个河南及淮南地区，刘宋军队多固守城池不敢出战。这段战事中多见有步兵依托车辆作战的例子。一路宋军八千人在撤退途中遭遇数万北魏骑兵，宋军只得依车辆结营，且战且退，这种局面和西汉李陵遭遇匈奴主力如出一辙。但此时的北魏骑兵已经习惯冲击近战，他们分为三部，轮流进攻，并投掷燃烧的草束，试图焚毁宋军车辆。激战一天一夜后，宋军将领刘康祖颈部中箭身亡，军队溃散，被魏军追杀殆尽。刘康祖的人头被魏军送到彭城，希望以此迫使宋军投降。[3] 守城的宋江夏王刘义恭担心军粮缺乏难以守城，有部属向其建议，"以车营为函箱阵，精兵为外翼"，护送刘义恭一家前往清水以东避难。但此举未必如守城安全，所以未付诸实施。[4] 同时，青州东阳城也遭到魏军骑兵包围袭击，城中宋军将车辆推出北门外为掩护，挖掘沟堑为营垒，使得魏军不能靠

[1]　《宋书》卷四十八《朱龄石传附弟超石》，第 1426 页。
[2]　《宋书·何承天传》，第 1708 页。
[3]　《宋书》卷五十《刘康祖传》，第 1448 页。
[4]　《宋书》卷五十九《张畅传》，第 1599 页。

近攻城，终于退兵。[1] 元嘉末的这些战例表明，南朝步兵在野外依托车辆也难以抵御魏军骑兵，最有效的防御手段仍是守城。到南齐初，武帝萧赜曾计划夺回被北魏占据的淮北地区，在建康郊外建造"露车"（应是没有棚盖的畜力大车）三千辆，准备用于淮北的陆战。此举一度引起北魏方面注意，向南齐使臣质问此事。[2] 但这些车后来似乎未派上用场。

宋明帝刘彧初，刘宋境内爆发大规模内战，驻守寿阳的殷琰也起兵反对刘彧。双方激战于寿阳外围。殷琰派兵向前方运送军粮一千五百车，并用五千士兵护送。为防刘彧军袭击，他们将米车排列为函箱阵，士兵在车阵内外护卫。刘彧军在途中设伏，使运粮兵遭到重大伤亡，丢弃车辆逃回。刘彧军焚烧了米车，将驾车的两千多头牛驱回营地。不久寿阳也力屈投降。[3] 这是南朝内战中使用"函箱阵"的战例。

此后梁、陈两代与北方的战争中，已经不见以车辆为依托的战例记载。这种现象的背后，应当有北朝政权中原化的因素。因为在北魏政权早期，尚保留有较多的草原习惯，兵种上主要依赖骑兵，战术上以骑兵快速袭掠为主，缺少步兵进行持久战。这种情况下，南朝步兵可以依托车辆进行短期坚守。但自魏孝文帝改革后，北魏政权迅速中原化，步兵力量壮大，南朝依托车辆的战术就难以发挥作用了。

另一种对抗骑兵的战术：斫营

东晋南朝步兵对抗北方骑兵的另一种战术，是主动在夜间出击，袭击北军宿营的营垒。当时称这种战术为"斫营"。因为军队野营主要靠挖沟筑墙、建造营垒来保证安全，北方军队多骑兵而少步兵，劳

---

[1] 《宋书》卷六十五《申恬传》，第 1724 页。
[2] 《南齐书·魏虏传》，第 992 页。
[3] 《宋书·殷琰传》，第 2207 页。

动力相对有限，难以建筑起坚实的营垒；夜间昏暗，骑兵难以发挥冲击的威力，且夜间战马都解除了鞍辔，一时难以武装，这些都是南方步兵"斫营"的便利条件。

在西晋末年战乱中，石勒远征淮河流域后返回北方，渡过黄河时，当地武装试图乘夜斫营，但据说石勒军中的僧人佛图澄发出预警，使石勒逃过一劫。[1] 当时坚守在河南的李矩、郭默武装，也屡次以这种战术与石勒、刘曜政权的骑兵对抗。[2]570 年，东晋寿阳守将袁真、袁瑾父子叛变投靠前秦，秦军步骑兵二万前往增援，驻扎在寿春城外的八公山及洛涧。桓温军队乘夜间发起袭击，击败秦军，乘势攻占寿春，保住了东晋在淮河南岸的重要据点。桓温军事才能并不高，以往与前秦、前燕屡战屡败，这次能够战胜秦军，主要原因便是熟悉地形与选择了在夜间作战。[3]

对于南方军队的斫营战术，北方也颇为忌惮，在进攻中不得不有所防备。元嘉末宋魏大战中，魏太武帝拓跋焘给宋文帝刘义隆写信进行威胁，便提到"彼吴人正有斫营伎"，但他声称早已识破此术，会让军队在宋军城池百里之外安营，宋军步兵一夜最多行进五十里，天明时尚在途中，反倒成为魏军骑兵的猎物。[4] 这倒不全是空话，因为暗夜对于进袭的步兵也是一种限制，如果在陌生的敌境内，这一战术很难实施。在刘宋襄阳军队对北魏的反攻中，统帅柳元景募集精兵一千人"夜斫贼营"，但这支军队在黑夜中迷失了方向，徒劳无功奔走一夜也没找到魏军营地，天亮后只得返回。[5]

在长期的南北战争中，北方军队也摸索出了对抗南军斫营的战术。齐明帝萧鸾时，齐军乘夜在淮河水浅处涉水渡河，试图斫北魏军

[1] 《晋书》卷九十五《艺术传·佛图澄》，第 2485 页。
[2] 《晋书》卷六十三《李矩传》《郭默传》，第 1707 页。
[3] 《晋书·苻坚载记上》，第 2893 页。
[4] 《宋书·索虏传》，第 2347 页。
[5] 《宋书·柳元景传》，第 1986 页。

营。北魏将领傅永"量吴楚之兵，好以斫营为事"，判断齐军在渡河处一定预设有标识，遂一面巩固营防，一面派人偷渡到南岸，带火种埋伏在深水处的水滨。斫营的齐军遭遇伏击逃回河边，与对岸进行灯火信号联络。埋伏在南岸的魏军也点燃灯火进行干扰。齐军误认魏军灯火为浅水处，结果涉水时淹死多人。[1] 这说明随着北魏政权的中原化，其军队也越来越熟悉步兵战术和南方丛林水网地区的作战环境，南方一些传统战术逐渐失效。

附录　戚继光对军阵战术的探讨和对世俗观念的纠正

关于军阵密度的阐述

在戚继光时代，通俗演义文学已经深入人心，各种传统武术流派也纷纷出现。所以经常有人问他，那些用于表演的武术器械表演，能否用于实战？戚继光对此断然否认。他认为这些武术套路都要跳来跳去，而真正的步兵军阵非常密集，没有空间供人闪转腾挪：

> 或问曰："平时官府面前所用花枪、花刀、花棍、花叉之法，可以用于敌否？子所教亦有是欤？"
>
> 光曰："开大阵、对大敌，比场中较艺、擒捕小贼不同。堂堂之阵，千百人列队而前，勇者不得先，怯者不得后。从枪戳来，从枪戳去，乱刀砍来，乱杀还他。只是一齐拥进，转手皆难，焉能容得左右动跳？一人回头，大众同疑；一人转移存步，大众亦要夺心，焉能容得或进或退？"[2]

---

[1]《魏书·傅永传》，第 1551 页。

[2]《纪效新书》（十八卷本）之《总叙·纪效或问》，第 12—13 页。亦见《纪效新书》（十四卷本）卷五《手足篇·忌花法》条下，第 124 页。

军阵中"转手皆难"，可见队列非常密集。戚继光还说过，民间流传的长枪技艺习惯"徊转走跳"，当时军队在单兵操练时也有挥舞长枪的情景，但这都不适用于拥挤的真正战阵，因为密集队列中没有左右挥舞的空间。他甚至指出一些细节：浙江民间枪法习惯抓握枪杆的中部——"中分其半"，如果实战中如此，则后半截枪杆很容易顶撞到身边和身后的战友，从而无法准确刺中敌人：

> 又如长枪，近见浙江之习，皆学处州狼筅法，中分其半。官军所传之法，亦有回转，但大敌交锋，与平日场上相对比不同。千百之人，簇拥而去，从如麻蓬，岂能舞丈余长枪，徊转走跳？若此，则一二丈仅可布一人而已，不知有此阵否？至于中分其半，则又后尾垂带，一为左右挨挤，手中岂能出入？遂乃遇敌而败。[1]

当然，战阵也是由单个士兵组成的。个别技艺高超、战斗经验丰富的士兵，其杀伤敌军的概率要比普通战友高得多。对于这种情况，似乎应该给予相对较大的空间，方便其发挥技艺。戚继光在这个问题上也难有取舍。他在讲完杨家"梨花枪"优于别家之后，又说："施之于行阵，则又有不同者，何也？法欲简，立欲疏；非简无以解分纠，非疏无以腾挪进退。"[2] 所谓"法欲简"，是指士兵要学的枪法，不能像民间武术流派那样繁杂，一定要简单易于学习掌握；"立欲疏"则是民间武术的特征，但战阵中难以提供足够的空间。这种个人技艺和全军总体水平的差异，也是冷兵器时代所有统帅都曾面临过的两难取舍。

---

[1] 《纪效新书》（十八卷本）之《总叙·纪效或问》，第38页。亦见《纪效新书》（十四卷本）卷五《手足篇·论乡兵》条下，第126页。
[2] 《纪效新书》（十四卷本）卷四《手足篇·长枪解》，第95页

戚继光"鸳鸯阵"的独创和局限

戚继光运用更多的，是他创制的"鸳鸯阵"。其基本原则是，每队有两"伍"；每"伍"五名士兵为一基本作战单位，最前方是盾牌手，他为身后的四人（一名狼筅手、两名长枪手和一名镗钯手）提供保护，五人一起作战：

> 交锋之法，兵在各伍牌后遮严，缓步前行，执牌在前，只管低头前进；筅、枪伸出牌之两边，身在牌之后，紧护牌而进。听擂鼓、吹天鹅声喇叭，交战。执牌者专以前进为务，不许出头看贼，伍下恃赖牌遮其身，只以筅、枪出牌之前戳杀为务。[1]

戚继光没提及这五人之间距离多大，但他们都要从同一面盾牌获得掩护，必然甚为拥挤。《纪效新书》中也提及同伍五人全部平行站立的所谓"三才阵"[2]，但没有详细说明这种队列的用处，大概是应付某些特殊情况，如需要拉开较宽的正面，但不会有太激烈的战斗，如围猎、搜山等。

当代研究者使用《纪效新书》时需要注意，"鸳鸯阵"中哪些是因袭已久的步兵战阵传统，哪些是戚继光本人的独创。与以往史书中的战例及兵书著作相比，戚继光"鸳鸯阵"的创新之处，就是他重视最基层的五人"伍"和十二人队，每个伍都有盾牌手（兼用腰刀）、狼筅手、长枪手、镗钯手四种战士。这给武器供应、士兵协同训练都增加了难度，不是所有时代的步兵军队都能做到。

蓝永蔚先生认为春秋时每个"伍"五名士兵都用不同的武器，以及五人前后站立，应当是从戚继光"鸳鸯阵"受到的启发。但"鸳鸯

---

[1] 《纪效新书》（十八卷本）卷八，第 131 页。
[2] 《纪效新书》（十八卷本）卷八，第 137 页。

阵"在很多方面是没有先例的，有其时代和地理特殊性：首先，"鸳鸯阵"的基本训练原则是以多打少，全"伍"五人只能同时对付一到两名敌军：盾牌手提供掩护；狼筅手干扰敌军；两名长枪手分别保护盾牌手和狼筅手，并承担刺杀敌军的主要职能；镗钯手则防备敌军突入过近。戚继光的对手倭寇并非正规军，数量较少但单兵战斗力较高。所以只能采取"以多打少"战术，以一个"伍"对付一两名假想敌。而且戚继光可以用较多的时间招募训练军队、准备武器，这在大规模战争和全面动乱时代都是难以做到的。其次，是南方江浙水网丛林的地理特征，"夫南方山水林翳，地势最狭"[1]，大部队无法展开，鸳鸯阵以五人、十二人为基本作战单位，机动灵活，适应复杂地形作战。但在北方大平原上的大规模会战中这种编组形式并没有优势。这些因素导致鸳鸯阵只能在抗倭战争中昙花一现，再没有后继者。

戚继光对军阵非实用化趋势的批评

军阵的队列编组、变化，本来是从实战需要发展而来。但在汉代之后，军阵演练逐渐成为一种针对百姓的团体艺术表演，使之逐渐脱离实战。汉代宫廷本来有岁终"大傩"之风，由少年黄门子弟（宦官）表演驱逐疫鬼。在东汉时，这种傩戏和皇室礼送驻京士卒还乡的仪式结合。这可能因为两者都是在岁末之际，且都是一种公共表演性质很强的活动，所以换防士卒会以军阵队列形式参与某些傩戏表演。[2]这体现了军阵操练走向大众娱乐的趋势。到北魏和平三年（462年）年底，"制战陈之法十有余条。因大傩耀兵，有飞龙、腾蛇、鱼丽之变，以示威武"[3]。其具体过程为，军队分为步兵、骑兵两支，骑兵在北，象征北魏军，步兵在南，象征南朝刘宋军：

---

[1] 《纪效新书》（十八卷本）卷八，第 124 页。
[2] 《后汉书》卷十上《和熹邓皇后纪》，第 424 页；卷九十五《礼仪志中》，第 3127 页。
[3] 《魏书》卷五《高宗纪》，第 120 页。

其步兵所衣，青、赤、黄、黑，别为部队；楯、稍、矛、戟，相次周回转易，以相赴就。有飞龙腾蛇之变，为函箱、鱼鳞、四门之陈，凡十余法。跟起前却，莫不应节。陈毕，南北二军皆鸣鼓角，众尽大噪。各令骑将六人去来挑战，步兵更进退以相拒击，南败北捷，以为盛观。自后踵以为常。[1]

这种表演是为了炫耀朝廷军威，同时在节庆中娱乐大众。为了追求更好的视觉效果，与实战无关的因素都逐渐掺入进来，使之成为单纯追求娱乐视觉效果的大型"团体操表演"。北魏时期战争较频繁，军队接受实战锻炼的机会多，还不至因表演影响军队战斗力。但在承平较久的朝代，军队缺乏实战检验，会把这种花哨无用的阵型表演当成真正的军阵。特别是自宋代以后，传统武术"门派"兴起，将实战对打技艺改造成近似艺术体操的"套路"表演；同时，小说、评书等市井文学兴起，以《三国演义》为代表的历史演义小说盛行，将冷兵器战争戏说为个别武艺高超的大将相互对打。军阵也和虚构的神怪传说、五行八卦等非理性因素相结合，使普通民众（包括士大夫和未经实战的将士）远离了真正的战争经验。

在戚继光生活的时代，社会大众对战阵的误解已达到顶峰，京师禁军操练的都是华而不实的队列阵型，以至戚继光不得不自己招募部队，从头训练。他批评京军操练"日久传讹，习学通是虚套，其真正法令、营艺，无一相合，及临阵又出一番法令。如此操至百年，何裨于用？"[2] 有人问戚继光：为何官府平时表演的"花枪、花刀、花棍、花叉之法"不能用于实战？他只能正本清源从头解释：

且如各色器技营阵，杀人的勾当，岂是好看的？今之阅者，

---

[1]　《魏书·礼志四》，第 2810 页。
[2]　《纪效新书》（十四卷本）卷十四《炼将篇·炼将或问》，第 376 页。

看武艺，但要周旋左右、满片花草；看营阵，但要周旋华彩，视为戏局套数。谁曾按图对士，一摺一字考问操法，以至于终也？是此花法胜，而对手功夫渐迷，武艺之病也。就其器技营阵之中，间一花法尚不可用，况异教耶？[1]

戚继光虽有从实战经验教训中总结来的真知灼见，特别是对"花枪""花阵"的警惕与反感，但他也生活在汪洋大海般的传统文化背景和语境中，难免受到玄学神秘主义，或者披着经典外衣的"伪知识"或思维方式的影响，但他一直注意检讨先入为主、缺乏效验的前人成说。比较他前后两次编写的《纪效新书》，也可以看到这个发展历程。

《纪效新书》十八卷本成书于嘉靖四十一年（1562 年），戚继光35 岁时；十四卷本成书于万历十二年（1584 年），戚继光57 岁时。[2]在早期的十八卷本中，戚继光自拟"纪效新书目"（即目录），全部篇章按照"礼、乐、射、御、书、数"六秩的顺序编排。这是用儒家传统的"六艺"来比附，实际内容全无关系。但到晚年的十四卷本目录、凡例中，就抛弃了那种无谓的比附，直接以"束伍""耳目""手足""营阵""实战""胆气""舟师"等给十四卷命名。在早期十八卷本中，记载了戚继光在浙江时训练新兵的一些阵法，其中有类似高分子结构式的"结队法""结攒法"[3]，就是典型华而不实的"花阵"；《拳经捷要篇》主要是单人武术套路，其中不乏"拳打不知"之类神秘色彩的说法。在十四卷本《纪效新书》中，则删除了"结队法""结攒法"阵型和整卷《拳经捷要篇》。

戚继光终究未能总结出一整套冷兵器单兵作战和阵法队列的术

[1]　《纪效新书》（十八卷本）《总叙·纪效或问》，第 19 页。《纪效新书》（十四卷本）卷十四《炼将篇·炼将或问》，第 376—377 页。
[2]　参见两书中华书局 2001 年版中曹文明所作"前言"。
[3]　《纪效新书》（十八卷本），第 147 页。

语、教学体系。但从筹备北方防边（防蒙古）开始，戚继光已经将注意力转向了军队的全面火器化，他在这一时期写作《练兵实纪》，最重要就是主张军队全面火器化。从这点看，他的视野已经从冷兵器时代跨越到了近代。从抗倭时代开始，他一直在呼吁提高火器生产的工艺水平，但当时中国缺乏近代的基础科学体系，弹道学、近代化学、制图学等都未出现，根本无法进行标准化的火枪火炮生产，故未能走上军事近代化之路。如黄仁宇总结的，戚继光是一位"孤独的将领"[1]，完全脱离了他生存的时代。而造成这个局面的原因，仅仅是他勤于总结实战中的经验与教训而已。

---

[1] [美] 黄仁宇：《万历十五年》，北京：生活·读书·新知三联书店，1997 年。

第二编
南征与北伐：经典战例

本编讨论魏晋南北朝时期南北间的几场经典战例：孙吴的江防作战与西晋灭吴之战，陈的江防作战与隋灭陈之战，桓温对前燕的北伐，刘裕对南燕、后秦的北伐。其中有南方政权运用长江天险抵抗北方攻击，维持立国的战例，有南军北伐的战例，也有北方政权克服长江天险，完成统一的战例。

南北对峙大背景下，地理环境，特别是江河的阻隔作用，往往首先引起人们的注意。与地理环境有关的是季节因素，北方军队主要选择冬季枯水期进行南伐，晋灭吴和隋灭陈之战都是在冬季展开；而南方军队则多选择夏季涨水期进行北伐。但地理、季节因素只是军事行动需要考虑的诸多因素之一，并非决定性因素。战争胜负的背后，起决定性作用的是政治模式的竞争，集权、高效的政体才能成为胜利者。在此基础上，统帅的军事素养、战略运筹能力是最直接的决定因素。同样是南军北伐，桓温失败而刘裕成功，原因便在于政治规则和统帅素质。

当然，在实战中，影响战争的因素往往出乎预料。本编将讨论几次战例中双方统帅的作战意图，以及这些意图在战役进程中的实现程度，由此分析各种复杂多变因素对战争的综合影响。

第七章　东吴的江防作战与晋灭吴之战

　　三国和东晋南北朝时期，中国两度经历南北分裂割据，各长达近百年和近三百年时间，最终以西晋灭吴和隋灭陈回归统一。南北方的自然地理环境差异是维持分裂局面的重要原因，而长江的地理阻隔作用尤为突出。如《宋书》所言："胡（北魏）负骏足，而平原悉车骑之地；南习水斗，江湖固舟楫之乡。"[1] 长江以北是降水量较少的暖温带、中温带，以南则是降水量较多的亚热带，故江南多为水乡泽国，居民习惯舟楫生活，而北方民众则对水上生活比较陌生。北方冬季有结冰期，而长江干流终年不冻，所以当北方势力南下时，浩瀚长江造成的阻隔格外严重。这种背景下，即使南北双方的国力、军事实力相差悬殊，弱势的南方也可借助长江长期固守。如在三国和南朝陈时期，南北政权的边界基本维持在长江北岸。当时长江以南开发程度比较低，人口、资源都很有限；西晋灭吴后，全国总人口为一千八百万，而新占领的吴地人口仅占二百万；隋灭陈后总人口为四千万，陈境内的人口也只占二百万。在实力对比如此悬殊的情况下，南方政权得以维系独立割据的战略屏障，便是长江天险。所以，本章和下章将分析长江在西晋灭吴及隋灭陈战争中的意义，由此表现人类战争行为与地理环

---

[1] 《宋书·索虏传》，第2359页。东吴亡国之后，陆机作《辩亡论》总结教训亦云："彼（西晋）若弃长技以就所屈，即荆、楚而争舟楫之用，是天赞我也。"见《三国志·吴书·三嗣主传》裴松之注，第1181页；及《晋书·陆机传》。

境的相互关系。

第一节　汉末三国时期的隔江对峙与攻防战

曹操、曹丕两代的渡江作战尝试

北方政权完成统一的首要问题就是突破长江天险。但北方军队进入长江与南方进行水战绝非易事。208 年，曹操赤壁之战惨败，成为北方历代统治者不能不正视的历史教训。

在赤壁失利之后，曹操便放弃了在长江中与孙权进行正面水战的想法。他此后对孙权的数次进攻，都是在江北的支流河道中建造小型舟船，对江南进行渗透、偷袭。如在赤壁之战的第二年（建安十四年，209 年）春，曹操在淮河的支流涡水中"作轻舟，治水军"。当年七月，他带军队"自涡入淮，出肥水，军合肥"[1]，合肥在长江支流的巢湖流域，但从淮河向南，并没有通达合肥及巢湖的航道，所以此年曹操并未与孙权在长江发生战事。可以推测，涡水里建造的这支轻舟舰队没能进入合肥及长江水系。[2]

但此年曹操在合肥的经营应包含建立造船基地，只有在这里建造的舟船，才能很方便地通过巢湖驶入长江。建安十八年（213 年）春，他再次经合肥、巢湖征孙权，"进军濡须口，攻破权江西营"[3]，取得

---

[1]　以上见《三国志·魏书·武帝纪》，第 32 页。

[2]　现在的淮河与长江两大水系在合肥一带存在分水岭，无法沟通。但对于历史时期合肥附近是否存在一条"江淮运河"，研究者有不同意见，多数认为并不存在。马骙等"江淮运河"的支持者曾在原地踏访，只找到一条未曾修通的河道故迹，亦无法确定其年代。故本书亦认为合肥附近并不存在沟通江淮的水道。参见马骙、高韵柏、周克来：《将军岭古"江淮运河"的考察及发现》，《长江水利史论文集》，南京：河海大学出版社，1990 年。刘彩玉：《论肥水源与"江淮运河"》，《历史研究》1960 年第 3 期。

[3]　《三国志·魏书·武帝纪》，第 37 页。

了一些战果。曹军进入长江的是"油船"[1]，但具体形制不详，似是209 年的"轻舟"一类小型战舰，因为合肥一带的河流流量不大，无法容纳吃水深的大舰。

在曹魏和孙吴建国后，双方连续发生战事。此时颇有渡江之志的，是魏镇南将军曹休。他在黄初初年到任之际，就曾"别遣兵渡江，烧贼芜湖营数千家"[2]。222—223 年间，魏军多路发起南攻，曹休又主动向魏文帝曹丕请命渡江，"愿将锐卒虎步江南，因敌取资，事必克捷，若其无臣，不须为念"。曹丕担心渡江遭遇挫败，急忙诏命停军。[3] 但曹休仍以所部"轻船五百、敢死万人"出洞口攻击孙权后方，[4] 可见每艘轻船仅载二十名士兵。同时，魏大司马曹仁所部受命攻击孙权濡须口驻军。他"以兵五千，乘油船，晨渡濡须中洲"[5]，但被吴军击退。濡须中洲是孙权军的家属驻地，大概在濡须口外长江中的洲岛上。从魏军规模和乘夜偷袭的战术看，油船也是小型轻舟。

此后的黄初五年（224 年）秋，曹丕重拾曹操的做法，在涡河中造船驶入淮河，再沿沟通江淮的传统运河行至广陵，驶入长江。[6] 他宣称这次南征的目标是："吾欲去江数里，筑宫室往来其中，见贼可击之形，使出奇兵击之；若或未可，则当舒六军以游猎，飨赐军士。"[7]

---

[1] 《三国志》卷四十七《吴主孙权传》，裴注引《吴历》曰："曹公出濡须，作油船，夜渡洲上。权以水军围取，得三千余人，其没溺者亦数千人。"则东吴方面认为自己获得了胜利，见第 1119 页。

[2] 《三国志》卷九《魏书·曹休传》，第 279 页。

[3] 《三国志》卷十四《魏书·董昭传》，第 441 页。

[4] 见《三国志·吴书·吴主孙权传》，第 1129 页。按《三国志》中，洞口又名洞浦口，史书及地志中都未载其方位。据《晋书》卷三十七《谯王司马尚之传》，洞浦口在历阳附近，为东晋末侨豫州所辖舰队驻扎之地，应在濡须口下游数十里处。另，此次曹休派轻船攻击之地为"徐陵"，具体地址不详，可能是洞浦水入长江口的一处军垒。此事《三国志》卷六十《吴书·全琮传》作："黄武元年，魏以舟军大出洞口，权使吕范督诸将拒之，军营相望。敌数以轻船钞击，琮常带甲仗兵，伺候不休。顷之，敌数千人出江中，琮击破之，枭其将军尹卢。"（第 1382 页）

[5] 《三国志·吴书·吴主孙权传》，第 1129 页。濡须中洲之战详见《三国志》卷五十六《吴书·朱桓传》及《三国志》卷十四《魏书·蒋济传》。

[6] 春秋后期，吴王阖闾就开凿了经广陵沟通长江与淮河的运河，见《国语·吴语》。

[7] 《三国志》卷二《魏书·文帝纪》，裴注引《魏略》所载曹丕诏书，第 85 页。

可见主要是试探和寻找战机。此举引起孙吴方面极大惊恐，江南全境动员，沿江数百里全面戒备。但长江中风急浪大，曹丕的龙舟几乎倾覆且飘向南岸，[1] 曹魏君臣为之丧胆，曹丕也承认"魏虽有武骑千群，无所用也"[2]，只得班师而归。

次年（225 年）秋冬，曹丕不顾臣下反对，再度南征。魏军十余万兵力集结于广陵，准备一举渡过长江。可能出于去年在长江中遇险的顾虑，曹丕此番没选择在秋季盛水期入长江，而是选择了十月的冬季枯水期。但天寒结冰，魏军战舰都被冻结在运河中而无法驶入长江，"是岁大寒，水道冰，舟不得入江"，魏军只能从陆路行至江边，"临江观兵，戎卒十余万，旌旗数百里"[3]，却没有舟舰可用。曹丕感叹"嗟乎！固天所以隔南北也！"无奈再次班师而还。[4]

224、225 年曹魏所用战舰，应比此前曹休的二十人轻舟要大，才因枯水和结冰造成战舰被困。[5] 但这些船只在涡河中修建，又要经运河入长江，其形体亦不可能太大，应属于中型舰规模。这显示出北方试图用水军控制长江的尴尬：由于不适应长江风浪，北方军队只能选择在冬季的枯水期发动南征，希望乘江面较窄时渡江。但枯水期对北方舰队的行进也造成了极大困扰。这个悖论在后来的北周、隋对陈战事中亦有体现。反观南方孙吴的水军，则能较自如地利用各种型号的舰船。在曹操对濡须口发起进攻时，孙权军队曾用一艘大型"五楼船"固守江口：

---

[1] 《三国志》卷二十二《魏书·徐宣传》，第 646 页。

[2] 《三国志》卷十二《魏书·鲍勋传》："往年龙舟飘荡，隔在南岸，圣躬蹈危，臣下破胆。此时宗庙几于倾覆，为百世之戒。"（第 385—386 页）另参见《三国志》卷五十五《吴书·徐盛传》，裴注引《魏氏春秋》。

[3] 以上见《三国志·魏书·文帝纪》，第 85 页。

[4] 《三国志·吴书·吴主孙权传》，裴注引《吴录》，第 1132 页。

[5] 当时曹魏后方的谯郡人也不得在涡河中拦水捕鱼，以便为淮河和运河中的舰队提供必要的水源。见《三国志》卷五《魏书·后妃传·文德郭皇后》，第 166 页。

　　　　曹公出濡须，（董）袭从权赴之，使袭督五楼船住濡须口。
夜卒暴风，五楼船倾覆，左右散走舸，乞使袭出。袭怒曰："受将
军任，在此备贼，何等委去也，敢复言此者斩！"于是莫敢干。
其夜船败，袭死。[1]

　　这种船应是有五层高楼的大型战舰，对曹军的轻船、油船具有体
积优势，周围系有"走舸"即轻舟以配合作战，巨舰则起着水上基地
"母船"的作用。当然，《三国志》对水战细节记载太少，当时的水军
装备和作战方式已难详究了。

魏晋与东吴的长江攻防战略

　　225 年曹丕南征之后六十余年里，曹魏和西晋朝廷都长期搁置了
渡江攻灭东吴的方案。而东吴缺少战马，也难以在淮河流域的平原上
与北方军队对抗。所以南北双方进入了长期对峙和拉锯战时期。这一
时期的战场，南北纵深稳定在长江以北，基本不出长江流域；东西则
为东起历阳、濡须口，西到江夏（汉水入长江处）。

　　东关、濡须为巢湖入长江之口，夏口为汉江入长江之口，东吴防
范北军渡江，最重要的就是防范巢湖和汉江内的北军舰队驶入长江，
因此重点加强这两处的防御。魏明帝时，豫州刺史贾逵总结孙权进攻
的特征："每出兵为寇，辄西从江夏，东从庐江。"庐江郡即东关及濡
须口所在。[2] 孙权和孙皓都曾迁都武昌，目的便是加强江夏一带的防
务。司马懿曾对魏明帝建言攻吴之策："凡攻敌，必扼其喉而搯其心。
夏口、东关，贼之心喉……"[3] 亦是此意。

　　值得注意的是，东线广陵、徐州附近有沟通江淮的古运河（后之

[1]　《三国志》卷五十五《吴书·董袭传》，第 1291 页。
[2]　《三国志》卷十五《魏书·贾逵传》，第 483 页。
[3]　《晋书》卷一《宣帝纪》，第 6 页。

京杭大运河江淮段亦基本沿袭古运河），曹丕曾两度试图从此进入长江。但在此后数十年里，东吴和魏晋极少在这里发生战事。253 年，诸葛恪率吴军进攻合肥，曹魏方面担心吴军会从东线运河北上，"朝议虑其分兵以寇淮泗，欲戍诸水口"，司马师则认为吴军集结于合肥，"不暇复为青徐患也"[1]。而诸葛恪攻合肥不成后，确实准备改从东线徐州北伐，但旋即死于政变。继之掌权的孙峻也曾试图"自江都入淮、泗，以图青、徐"，但旋即发病而死，此方案终未实施。[2]

至于江夏以西，是孙吴荆州治所南郡及江陵城所在，但这里也较少与魏晋发生战事，多数时间是吴蜀政权的交界地区。只有在北方攻灭蜀汉之后，这里才成为防范北军自蜀地出三峡的前沿要冲。

吴军的机动和补给主要依靠水运，很少能翻越分水岭进入淮河流域。[3] 但依靠长江中的水军优势，东吴在江北岸维持了濡须、皖城、浔阳、江陵等军事据点，并在据点周边屯田以维持驻军。为了防御北方军队南下，东吴往往在江北岸的支流中修筑堤堰，壅塞水流，使其上游泛滥，水域面积扩大，以阻碍北方军队的陆地行军。同时，这些支流水位上升，也扩大了吴军战舰的活动范围，如孙权曾堰塞与建邺隔江相对的涂水。但堰坝也限制了吴军舰船在长江与支流之间的机动，所以吴军往往伴随着战争进程和战术意图变化而修筑或拆毁堰坝。孙权为防范曹操，曾在巢湖入长江的东关口修筑东兴堤，后来孙权进攻合肥，又拆毁了此堤以便水军开进巢湖。吴主孙亮时（252年），权臣诸葛恪又重修东关堤，并挫败了魏军破坏此堤的攻势。[4]

另外，吴军从未放弃过对魏晋南界的攻势，特别是在东线（扬

---

[1] 《晋书》卷二《景帝纪》，第 26 页。

[2] 《三国志》卷六十四《吴书·孙峻传》，第 1138 页；《吴书·诸葛恪传》，第 1447 页。

[3] 只有在 257 年，诸葛诞据寿春起兵反抗司马氏，同时向东吴求援，一支吴军遂从陆路北上进入寿春。司马昭对此的判断是"（吴）贼陆道而来，军粮必少，吾以游兵轻骑绝其转输，可不战而破外贼"。这支吴军果然随着寿春陷落而成为俘虏。见《晋书》卷二《文帝纪》，第 34 页。这也说明寿春向南没有水道可以沟通长江。

[4] 《三国志·吴书·诸葛恪传》，第 1435 页。

州），吴军一直希望将北方势力排挤出长江流域，以解除北方对建邺的威胁。从孙权到后主孙皓，吴军对北方占据的合肥城发起过多次进攻，但始终未能得手。吴宝鼎三年（268 年）秋，孙皓亲征至东关，前锋丁奉试图攻击合肥；271 年，孙皓再次试图从陆路攻击合肥方向；到 277 年，吴军还在发起对西晋江夏、汝南两郡的袭掠，试图从大别山区进入淮河上游。[1] 但这时西晋已经灭蜀，对东吴形成压倒性军事优势，所以吴军这些攻势都难以获得实际成果。

北方的魏、晋政权主要依托城池巩固对吴战线。寿春和襄阳是魏、晋政权在东西两线最重要的军事基地，分别控制淮河和汉江干流，是扬州和荆州兵力主要集结地。这两个城市的前沿，是合肥、庐江（今六安）、江夏等前线城池，[2] 北方凭借其抵抗吴军的水陆攻势，并伺机对东吴的江北地区进行袭扰破坏。如魏征东将军、扬州都督满宠抵御了孙权对合肥的多次进攻，并于魏青龙二年（234 年）八月收获季节对吴军的江北屯田进行焚烧破坏。[3] 晋咸宁四年（278 年）十月，西晋扬州军也破坏了皖城一带的吴军粮储。[4]

如前所述，在魏、晋与东吴对峙的六十年中，北方军队极少渡过长江发起攻击或偷袭。在曹魏建立之初，尚有曹休、曹仁以轻舟发起渡江袭击，但何以再无后继？可能在 220 年代初双方对峙战局刚刚确立，东吴尚未建立起有效的江防体系，所以魏军尚可进行小规模偷袭，此后则难有机会。但曹魏一直试图突破东吴江防。魏明帝太和

---

[1] 《三国志》卷四十八《吴书·孙皓传》，第 1172 页。

[2] 东吴江夏郡在长江南。此江夏为魏荆州刺史王基在江北所筑之上昶城。见《三国志》卷二十七《魏书·王基传》，第 752 页。

[3] 《三国志》卷二十六《魏书·满宠传》："权遣兵数千家佃于江北。至八月，宠以为田向收熟，男女布野，其屯卫兵去城远者数百里，可掩击也。遣长吏督三军循江东下，摧破诸屯，焚烧谷物而还。诏美之，因以所获尽为将士赏。"（第 725 页）

[4] 《晋书》卷三《武帝纪》："扬州刺史应绰伐吴皖城，斩首五千级，焚谷米百八十万斛。"（第 69 页）《晋书》卷四十二《王浑传》："迁安东将军、都督扬州诸军事，镇寿春。吴人大佃皖城，图为边害。浑遣扬州刺史应绰督淮南诸军攻破之，并破诸别屯，焚其积谷百八十余万斛、稻苗四千余顷、船六百余艘。"（第 1202 页）

（227—232 年）初年，司马懿督荆、豫二州诸军事。当时孙权尚都武昌，司马懿向魏明帝的建议是，以陆军攻击皖城方向，吸引吴军主力东下，然后"为水战军向夏口，乘其虚而击之，此神兵从天而堕，破之必矣"[1]。此计划获得魏明帝批准，荆州魏军遂在汉江中建造大型舰只，准备出夏口渡江。但结局和曹丕 225 年伐吴如出一辙——魏军不敢在夏季盛水期入江作战，而是准备在冬季进军，结果又因汉江水浅、大船无法行动而告流产。[2] 到正始年间（240—248 年），魏都督荆、豫二州诸军事王昶"习水军于二州"，为西线渡江做准备。[3]252年，孙权病死，魏朝廷曾向沿边将帅征求伐吴之计，当时征南大将军王昶（都督荆、豫诸军事）、征东将军胡遵（都督青徐）、镇南将军毌丘俭（豫州刺史、都督）三人各自提出了方案：最激进的主张就是"泛舟径渡，横行江表，收民略地，因粮于寇"，此策显然是出自王昶；其他两种分别是"四道并进"（可能是荆、豫、扬、徐四州），制造强大军事压力，促成孙吴内部"崩坏"；最保守的则是在边境屯田，"积谷观衅，相时而动"[4]。但此时司马氏刚刚通过高平陵之变掌握魏朝政局，尚未完全清洗掉反对势力，所以不可能发起大规模南征。

第二节　伐吴的前期部署及司马炎对将帅的戒备

司马氏自 249 年"高平陵之变"掌握曹魏政权，到 265 年代魏建

---

[1] 《晋书·宣帝纪》，第 6 页。

[2] 《三国志·魏书·张郃传》："司马宣王治水军于荆州，欲顺沔入江伐吴，诏郃督关中诸军往受节度。至荆州，会冬水浅，大船不得行，乃还屯方城。"（第 526—527 页）有趣的是，司马懿也知道冬季水浅会阻碍东吴水军的攻势，正始三年（242 年）诸葛恪攻击江北，司马懿主张积极迎击，其理由便是"湖水冬浅，船不得行"，吴军只能进行陆战，而这正是北军所长。见《晋书·宣帝纪》，第 15 页。

[3] 《三国志》卷二十七《魏书·王昶传》，第 749 页。

[4] 以上见《三国志》卷二十一《魏书·傅嘏传》，裴注引司马彪《战略》详细记载此事，见第 626 页。另据《三国志·魏书·王基传》（第 752 页），此时的荆州刺史王基也持"大田"的保守主张，但胡遵、毌丘俭二人持何观点已经不详。

晋，历时三代，至280年方攻灭东吴统一中国。在这三十年对峙之中，司马氏家族最关注的不仅是如何取得对东吴作战的胜利，更是如何防止前线手握重兵的将帅投降敌军、反戈一击。因为司马氏家族长期以权臣身份掌控曹魏政权，会引起忠于曹氏的将帅臣僚反对，也会引起有野心者的仿效。250年代所谓"淮南三叛"，即驻守扬州（治所寿春）、紧邻东吴前线的三位重臣接连起兵，都出于对司马氏掌控曹魏政权的不满。在263年邓艾、钟会攻灭蜀汉后，钟会也萌生了占据蜀地自立的念头，险些造成新的割据局面。这些"叛乱"都给司马氏以警醒，使其注意防范封疆大吏的离心趋向。这些人外可与东吴结合，内则有唤起忠于曹氏的号召力，比单纯的外敌危险得多。

当时东吴前线最基本军事单位是州，为了防范前线将领反叛，司马氏用掌军权的都督与州刺史互相制约。西线荆州辖区较大，兵权较重，甘露四年（259年），司马昭"分荆州置二都督，王基镇新野，州泰镇襄阳"[1]，以沔水为界将荆州分为南、北两个战区，使二者相互牵制。在司马炎正式代魏建晋之后，仍对边州都督、刺史保持着极高警惕。当时石苞受命都督扬州（淮南）诸军事，便受到司马炎猜忌，险些招致杀身之祸：

> 淮北监军王琛轻苞素微，又闻童谣曰："宫中大马几作驴，大石压之不得舒。"因是密表苞与吴人交通。先时望气者云"东南有大兵起"。及琛表至，武帝甚疑之……会苞子乔为尚书郎，上召之，经日不至。帝谓为必叛，欲讨苞而隐其事。遂下诏以苞不料贼势，筑垒遏水，劳扰百姓，策免其官。遣太尉义阳王望率大军征之，以备非常。又敕镇东将军、琅邪王伷自下邳会寿春。苞用掾孙铄计，放兵步出，住都亭待罪。帝闻之，意解。[2]

[1]　《晋书》卷二《太祖文帝纪》，第36页。
[2]　《晋书》卷三十三《石苞传》，第1002页。

这是泰始四年（268 年）之事。晋武帝司马炎为防范石苞起兵，在发布免职诏命时，又调集了朝廷禁军和徐州都督的兵力前往淮南，可见其忌惮之深。在统筹灭吴的战略部署时，司马炎也非常注意防范将领叛变，努力使前线都督与刺史相互牵制。这种错综复杂的制约关系使得伐吴之役险些功败垂成，最集中的表现就是王濬舰队在战争中所受的种种牵制。

羊祜经营荆州与王濬的升迁之路

司马炎在考虑东吴前线的都督人选时，最重要的因素是与皇室有亲属关系。灭吴计划最积极的推动者，就是晋皇室外戚羊祜（司马师的妻弟）。269 年，羊祜被任命为荆州都督，驻防襄阳。因为其可靠的皇戚身份，晋武帝遂将十年前分置的荆州二都督合并，统归羊祜指挥。[1] 他在荆州经营屯田，为灭吴之战做准备。各种伐吴举措中最重要的，就是以王濬担任益州刺史和负担修造战舰。但与王濬相关的史事多有模糊之处，所以先要做一简单辨析。

（一）羊祜在 269—273 年之间曾任"征南将军"。本传载王濬入仕之初，其府主为"征南将军"，但未言明其人：

> 王濬，字士治，弘农湖人也……后参征南军事，羊祜深知待之。祜兄子暨白祜："濬为人志太，奢侈不节，不可专任，宜有以裁之。"祜曰："濬有大才，将欲济其所欲，必可用也。"转车骑从事中郎，识者谓祜可谓能举善焉。除巴郡太守……[2]

按，王濬初入仕时任征南将军府之参军事，受到羊祜器重，所以

---

[1]　《晋书》卷三十四《羊祜传》："诏罢江北都督，置南中郎将，以所统诸军在汉东江夏者皆以益祜。"（第 1015 页）此事不系年月，但在 273 年吴将步阐来降之前，所以应在羊祜到任襄阳后不久。

[2]　《晋书》卷四十二《王濬传》，第 1207—1208 页。

此征南将军应是羊祜。但据《晋书·羊祜传》，羊祜从未有过"征南将军"之号。其到任荆州之初：

> 泰始初，诏曰："……以祜为尚书右仆射、卫将军，给本营兵。"……帝将有灭吴之志，以祜为都督荆州诸军事、假节、散骑常侍，卫将军如故。[1]

可见羊祜都督荆州之初，军号为"卫将军"。本传载他的军号后来又提升为"车骑将军"，但那时已是吴将步阐来降的273年、王濬早已调任巴郡、广汉太守了。所以在羊祜到任荆州之后不久，其军号应曾升为"征南将军"，而当时王濬正在其军府任参军事，此军号为羊祜本传失载。

（二）王濬在泰始七年（271年）曾准备到贾充的车骑将军府任从事中郎。关于王濬在征南参军之后、巴郡太守之前的职位，本传载其"转车骑从事中郎"，此时担任车骑将军的是重臣贾充。[2] 所以王濬在征南参军之后、巴郡太守之前，曾到贾充的军府担任从事中郎。此次迁转的因由，应是贾充准备外调都督秦、凉二州诸军事。《晋书·武帝纪》泰始七年："秋七月癸酉，以车骑将军贾充为都督秦、凉二州诸军事。"贾充原一直在朝廷任职，车骑将军为虚号，此时调外任都督，方需扩充府僚。王濬可能得到羊祜的保荐，才获此升职。但当时贾充不愿放弃中枢之权，所以拖延迟迟不肯赴任，到这年冬天将女儿嫁给太子，方正式获准留任朝廷。[3] 所以王濬的"车骑从事中郎"，也是短

---

[1]　《晋书·羊祜传》，第1014页。

[2]　据《晋书·武帝纪》，在泰始八年（272年）七月，"以车骑将军贾充为司空"（第62页），此时方由羊祜继任车骑将军之号，而此前王濬早已担任过巴郡、广汉太守，并升至益州刺史了。

[3]　《晋书·贾充传》未载其迟留多久，但载其被迫出发赴任时，"会京师大雪，平地二尺，军不得发"（第1168页），可见当时已是隆冬。证以《武帝纪》泰始七年："十二月，大雪。"（第61页）

期的有名无实之职。大概在贾充确定不调外任之后，王濬也就转任益
州的巴郡、广汉太守了。

西陵之战引发西晋对水军建设的重视

到泰始八年（272 年）六月，益州发生兵变，刺史被杀，王濬平
息叛乱，被升为益州刺史。此事其本传和武帝纪记载甚明确，无可争
议。[1]但《资治通鉴》在此月（泰始八年夏六月）记载其开始建造战舰，
却未必正确。因为当时益州刚刚结束叛乱，未必能有大规模造舰之举。

在此年九月，吴西陵督步阐投降晋朝。西陵扼守长江东出三峡之
口，起着防范益州（蜀地）舰队顺江东下的战略作用。晋荆、益两
州军队前往增援，与吴军发生激烈战斗。步阐投降之初，晋军的部
署是：

（一）以荆州刺史杨肇率兵三万前往援助西陵。

（二）荆州都督羊祜率兵五万攻击东吴在江北的重镇江陵，试图
以围魏救赵之策缓解西陵围城局势。

（三）益州的巴东监军徐胤率水军顺江而下，攻击东吴在长江最
西端的据点建平城，试图在破城后直下三峡，增援西陵之军。

东吴负责西线荆州防务的是江陵都督陆抗，他针对晋军的部署是：

（一）亲自率兵从江陵急进西陵，在城外掘壕，阻绝杨肇援军入
城，并围困城内的步阐军。

（二）留一部分兵力固守江陵对抗羊祜，同时命江南公安等地的
吴军水路增援江陵。江陵吴军还掘开河堤放水，使羊祜军队粮船搁
浅，不得不改用车运，运输效率大为降低。

（三）以水军督留虑的舰队扼守三峡，阻击晋巴东水军，使其无
法增援西陵及江陵战场。

---

[1] 但《华阳国志》卷八误将此事系于泰始十年（274 年）（北京：中华书局，1985 年，
     第 102 页）。

双方军队的战事自十一月开始，杨肇军被阻击于西陵城外，损失惨重，到十二月被迫撤退，又被陆抗军追击，伤亡惨重。羊祜所部进展艰难，也被迫从江陵撤兵。随着晋军撤退，西陵被吴军攻克，步阐等人都被处死，此战宣告结束。晋朝追究战败责任，荆州刺史杨肇被免为庶人，羊祜军号也从车骑将军降为平南将军。但就任不久的益州刺史王濬未受处分，这说明投入战场的巴东水军并不属其指挥序列（应是归荆州都督羊祜指挥）。朝廷对羊祜等人的弹劾原文为：

> 祜所统八万余人，贼众不过三万。祜顿兵江陵，使贼备得设。乃遣杨肇偏军入险，兵少粮悬，军人挫衄……[1]

细究晋军以八万优势兵力败于三万敌军的根源，在于没有掌握长江上的"制水权"：第一，羊祜五万主力不能及时攻克江陵，重要原因在于内河断流、粮运不继；第二，杨肇所部驰援西陵，也是从陆地进军，"兵少粮悬"而致失败；第三，巴东出发的晋军舰队被阻绝于三峡，无法为西陵、江陵战场提供兵、粮援助。反观东吴的胜利，则处处与控制长江有关：可以通过长江航道快速运兵、粮，阻击晋军于西陵城下；江南的东吴驻军也可以通过航运增援江北战场。所以，此次失败使羊祜开始重视组建长江舰队，而王濬的益州此时方开始成为大规模造船基地。

王濬在益州造舰的开始时间与波折

王濬本传未载其造舰工作始于何时，《资治通鉴》则系于泰始八年（272年）夏其刚刚就任益州刺史时，显然过于提前。其实王濬在益州造战舰历时较久，且分为不同阶段。下面逐一论述。

在咸宁五年（279年）秋，王濬上书晋武帝，陈说立即伐吴的必

---

[1] 《晋书·羊祜传》，第1016页。战役过程见《三国志》卷五十八《吴书·陆逊传附陆抗》。

要性，其中提到"臣作船七年，日有朽败"[1]。古人用虚岁计年，所以其开始造船的时间应是273年，正是羊祜的荆州军惨败于西陵的第二年。

但为何造船的任务偏偏落在王濬的益州？羊祜所在的荆州，有汉江（即沔水）汇入长江，在襄阳修造的舰队也可以驶入长江。但问题在于汉江流量小，难以容纳大型战舰。当年司马懿在荆州造船后，便因"会冬水浅，大船不得行"而导致计划流产（见前文）。所以最为便捷的还是在益州造船，开战时可开出三峡，顺流直下。此时羊祜的都督区范围并不包括益州，但他的官位远远高于王濬，且是王濬旧日府主，可以利用其私人影响力动员益州造船。王濬本人亦热衷于伐吴，两人在这个事业上取得了一致。

王濬虽然从273年就开始造船，但这只是他和羊祜两人的默契，尚未得到朝廷及晋武帝的首肯，所以其规模不会太大。而他开始大规模建造战舰的时间，在《华阳国志》中有明确记载，是在咸宁三年（277年）三月：

> 三月，（王濬）被诏罢屯田兵，大作舟船，为伐吴调。别驾何攀以为佃兵但五六百人，无所办，宜召诸休兵，借诸郡武吏，并万余人造作，岁终可成。濬从之。攀又建议：裁船入山，动数百里，艰难。蜀民冢墓多种松柏，宜什四市取，入山者少。濬令攀典舟船器仗。[2]

另据《三国志》，晋武帝为了不泄露伐吴计划，是秘密命令王濬造船，且只让其用现有的屯田兵造船，而没有发诏书动员其他兵力。但王濬为了尽快造船，还是接受何攀的意见，进行了规模较大的动

---

[1] 《晋书·王濬传》，第1208页。
[2] 《华阳国志》卷八，第103页。

员。因为没有正式诏命支持，遭到了其下属的广汉郡太守张敩抵制：

> （张敩）晋武帝世为广汉太守。王濬在益州，受中制募兵讨
> 吴，无虎符，敩收濬从事列上，由此召敩还。帝责敩："何不密启
> 而便收从事？"敩曰："蜀汉绝远，刘备尝用之。辄收，臣犹以为
> 轻。"帝善之。[1]

《资治通鉴》将此事系于泰始八年（272 年），而据《华阳国志》，
当是 277 年之事。这里提到武帝给王濬的命令是"中制"，即寄自朝
廷的密信而非明抄诏令，也使得王濬征兵无虎符可用。张敩以郡太守
公然抗命，几乎泄露造船之谋，却得到司马炎赞许，则是因为触动了
其最敏感的神经——防范边帅叛乱。当然，王濬真正开始造船之后，
零碎木屑蔽江而下，直入东吴境内，几乎已经无密可保，只因吴后主
的昏庸怠政，才未能进一步加强江防。

据《华阳国志》，这年十月，王濬派何攀到洛阳上表，进陈伐吴
策略，并命他在回程时途经襄阳，以便"与征南将军羊祜、荆州刺
史宗廷论进取计"。可见王濬仍非常重视与昔日府主羊祜的协同。据
《华阳国志》，咸宁四年（278 年）："刺史濬当迁大司农，至汉寿，重
遣参军李毅诣洛，与何攀并表求伐吴。"[2]此时王濬在益州已整整六年，
晋武帝防范疆臣坐大，调换他也很正常。且大司农属九卿，对于王濬
来说也属于升职。更重要的是，伐吴战争即将开始，晋武帝显然是想
改派更为得力的，甚至是有亲属关系的人刺益州，以便其立功受奖。

但羊祜立即向晋武帝进言，保举王濬继续担任益州刺史，获得批
准，方使其继续进行造船工作。此事《晋书》的王濬和羊祜本传都有
记载，但都不系年月，且与其他史事前后混杂；《资治通鉴》将其系于

---

[1] 《三国志》卷十八《魏书·阎温传》，裴注引《世语》，第 551 页。
[2] 《华阳国志》卷八，第 103—104 页。

泰始八年（272 年），显然有误。现对照咸宁四年（278 年）后半年的诸事，可以证明《华阳国志》记载无误，且可以发掘出当时的更多历史细节。先看羊祜本传：

> 祜寝疾，求入朝。既至洛阳，会景献宫车在殡，哀恸至笃……疾渐笃，乃举杜预自代。寻卒，时年五十八……[1]

据《武帝纪》，羊祜卒于咸宁四年（278 年）十一月。这说明他临死前数月已经返回洛阳。能够旁证其返回时间的，是"景献宫车在殡"（即羊祜姐姐、司马师之夫人刚刚去世），据《武帝纪》，景献皇后卒于此年六月，羊祜于咸宁四年下半年因病回洛阳，恰逢其姐姐的丧事。而王濬被征调为大司农，《华阳国志》载于咸宁四年末条，应为下半年之事。显然，晋武帝也担心羊祜离任或去世后，王濬可能难于驾驭。

据《华阳国志》，王濬接到调令后离开成都，但至汉寿便不肯前行，派僚属到洛阳请求伐吴，也是担心在益州已经进行的造舰事业功亏一篑。据王濬本传："车骑将军羊祜雅知濬有奇略，乃密表留濬，于是重拜益州刺史。"此条羊祜的军号有误，因为羊祜此时已升为征南大将军。但可见他在洛阳向晋武帝做了不少工作，使得晋武帝增加了对王濬的信任，使其重任益州刺史。而且，此时王濬的职责还有增加，首先是军号升为龙骧将军，据说是羊祜引用当时东吴童谣"阿童复阿童，衔刀浮渡江。不畏岸上兽，但畏水中龙"，故以龙为王濬军号（王濬小字阿童）；[2] 不过据《华阳国志》，正式加这个军号是咸宁五年（279 年）初之事，而羊祜已卒于去年十一月。[3]

---

[1] 《晋书·羊祜传》，第 1020—1021 页。
[2] 《晋书·羊祜传》，第 1017 页。
[3] 《华阳国志》卷八，第 104 页。

另外，王濬的都督区范围也有扩大，"假节，监梁、益二州军事"，因其资历较低，故为"监"而非"都督"。所监增加了梁州，是将梁州的氐、巴骑兵划入其指挥序列。益州本土素来缺乏骑兵，这是给王濬增督梁州的重要原因。所以年底进军之时，其军中便有"梁州三水胡"兵。据王濬本传，他修造的"大船连舫，方百二十步，受二千余人。以木为城，起楼橹，开四出门，其上皆得驰马来往"。可见大船也是为了搭载骑兵。王濬舰队启程时，曾因"争骑"而斩部将李延，也证明其舰队中搭载了骑兵。[1]

第三节　灭吴之役的部署

朝廷党争与伐吴争论

西晋灭吴的大规模攻势开始于咸宁五年（279 年）十一月。在此前一年间，西晋上层关于是否以及何时发起攻势，一直有激烈争执。伐吴之议虽然得到晋武帝首肯，但招来了重臣贾充的反对。灭吴成功与否，对贾充并无直接利害关系，但此事由羊祜首倡，一旦成功，羊祜的权威便会大为提高（即使羊祜死后，成就也会由其继任者杜预获得），这是试图垄断朝政的贾充不愿看到的，所以他一直坚决反对伐吴。西晋政治并非君主一人独大，新兴的士族高门对皇权构成了一定的牵制。那些没有参与首倡此事的士族高官也纷纷附和贾充之说，所谓"时帝密有灭吴之计，而朝议多违，唯预、羊祜、张华与帝意合"[2]。《晋书》对这些争议多不系年月，《资治通鉴》则将其一概放置在十一月出兵之前。但通过《华阳国志》及《晋书》诸传记的记载，仍能基本勾勒出西晋灭吴战略的基本形成及争议过程。下面进行详细

---

[1]《华阳国志》卷八，第 104 页。
[2]《晋书·杜预传》，第 1028 页。

辨析。

使晋武帝下定伐吴决心的，是咸宁四年（278 年）底羊祜回洛阳养病，二人有了当面交流的机会。晋武帝担心若羊祜病重不起，前方战备陷于停顿，伐吴大计将功亏一篑，所以他急于让羊祜发动对吴全面攻势：

> 祜寝疾，求入朝。既至洛阳⋯⋯帝欲使祜卧护诸将，祜曰："取吴不必须臣自行，但既平之后，当劳圣虑耳⋯⋯"[1]

这是要趁羊祜在世之际完成灭吴。此时已是咸宁四年（278 年）冬，按照惯例，南伐都要在秋冬季进行，以避开江南的雨季暑湿。如此大规模军事行动，需要准备筹划之事甚多，当年显然已来不及发起进攻，而必须待到来年（279 年）秋冬。让羊祜"卧护诸将"，就是让他筹措一年之后的攻势。但羊祜在咸宁四年（278 年）十一月就去世，伐吴计划则按惯性继续推行。

关于咸宁四年（278 年）底晋武帝的这个决心及计划，除了羊祜本传，在《晋书》中再未提及。但《华阳国志》还可提供一旁证，该书对咸宁五年（279 年）初的记载为：

> 诏书拜濬龙骧将军，假节，监梁、益二州军事；除何攀郎中，参军事。以典军从事张任、赵明、李高、徐兆为牙门，姚显、郤坚为督：冬当大举。[2]

这是对益州伐吴军的一系列人事部署，最主要的是让王濬重返益州。前文已言，这本是咸宁四年（278 年）末羊祜临终时和晋武帝的

---

[1] 《晋书·羊祜传》，第 1020—1021 页。
[2] 《华阳国志》卷八，第 104 页。

布局，只是正式发布已是咸宁五年（279 年）初了。"冬当大举"应当也是诏书原文，即待冬季展开全面攻势。

与此有关的，是羊祜临终推荐杜预继任荆州都督，以及推荐张华为度支尚书，负责伐吴的后勤事务。《晋书》未载张华就任度支的具体时间，《资治通鉴》则载于咸宁五年（279 年）十月战事开始之前。其实张华任度支，应和杜预赴任荆州同时，都在咸宁五年（279 年）初。因为度支尚书原为杜预，杜预离职之后自然由张华递补。不然在开战前一个月是来不及进行后勤准备的。

这样，羊祜临死前已为伐吴事业安排了继承人：杜预都督荆州，王濬都督益州，形成长江上游对东吴的进攻序列；张华在朝廷统筹机务。但此举无疑会引起贾充更多的疑忌，下游扬州、徐州的都督未参与最初的伐吴动议，也多抱冷眼旁观的态度，并不时试图中止伐吴计划。就在总攻开始前数月，咸宁五年（279 年）初秋，任扬州都督的王浑忽然声称吴军有北伐趋势，请求朝廷暂缓南伐计划。西晋朝廷再度发生争议，一度准备将南伐推迟到明年。《华阳国志》关于此事的史料甚为珍贵（虽然部分字句可能有讹脱）：

> （咸宁）五年……秋，攀使在洛，安东将军王浑表孙皓欲北侵，请兵，朝议征，欲须六年。攀因表可因今取之，策皓必不自送。帝乃许焉。[1]

当时何攀仅为王濬龙骧将军府的参军事，人微言轻；而试图拖延战事的贾充、荀勖、王浑等都是朝廷重臣，仅凭何攀个人上书，显然难以改变大局。结合《晋书》的杜预和王濬本传可见，这两人都曾对延期计划表达激烈反对。何攀当时在洛阳，及时将朝议通报益州，所以王濬对此最先做出反应：

---

[1] 《华阳国志》卷八，第 104 页。

时朝议咸谏伐吴，濬乃上疏曰："……臣作船七年，日有朽败，又臣已七十，死亡无日。三者一乖，则难图也，诚愿陛下无失事机。"帝深纳焉。

贾充、荀勖陈谏以为不可，唯张华固劝。又杜预表请，帝乃发诏……[1]

前文已言，益州的大规模造船实际始自两年前的277年，这里说"作船七年，日有朽败"，显然是为陈说今冬伐吴机会之难得，所以将以前的小规模造船也包含在内了。杜预的反应稍晚。他在得到推迟伐吴的正式诏命之后，才上表劝谏："预处分既定，乃启请伐吴之期。帝报待明年方欲大举……"杜预为此在半月之内连上两表力争。针对贾充、王浑等对南伐持悲观言论者，杜预指斥其动机是妒贤嫉能："其言破败之形亦不可得，直是计不出已，功不在身，各耻其前言，故守之也。"[2]经过王、杜两位边帅力争，以及张华在朝中择机进言，晋武帝才决心立即展开对吴全面攻势。

伐吴之役的指挥序列及武帝的意图

按照晋武帝部署，对东吴的攻势于咸宁五年（279年）十一月全面展开，战线东起东海，西至巴蜀。晋武帝试图通过同时的全线攻势，使东吴江防顾此失彼，从而制造渡江机会。《晋书·武帝纪》载其进攻序列为：

十一月，大举伐吴，遣镇军将军、琅邪王伷出涂中，安东将军王浑出江西，建威将军王戎出武昌，平南将军胡奋出夏口，镇南大将军杜预出江陵，龙骧将军王濬、广武将军唐彬率巴蜀之卒

---

[1]《晋书·王濬传》，第1208页。
[2]《晋书·杜预传》，第1028—1029页。

浮江而下，东西凡二十余万。以太尉贾充为大都督，行冠军将军杨济为副，总统众军。……[1]

此处对诸将帅只载军号，未载其都督或所刺何州，所以不便理解。现在按照诸人本传中的信息，将其做一梳理：

东线，徐州都督、琅邪王司马伷从下邳南下，渡过淮河，进攻吴都建邺对岸的江北地区。

中线，分为互不统属的两路：

东路，扬州都督王浑从寿春出发，经合肥进向横江（长江西北岸的历阳地区）；

西路，豫州刺史王戎所部，从淮北的项城出发，经大别山区南下，攻击吴旧都武昌（今湖北鄂州）对岸的江北地区。

西线，又可分为杜预原则指挥之下的三路：

东路，江北都督胡奋所部，沿汉水南下，负责进攻夏口方向（今武汉江北地区）；[2]

中路，荆州都督杜预率部自襄阳出发，从陆路进攻江陵；

西路，益州刺史王濬、巴东监军唐彬的水军沿长江而下，经三峡东进。

从这个指挥序列可见，各路南征军队的统帅，除了武帝之叔司马伷，其余几乎都与皇室有着盘根错节的姻亲关系：王浑之子王济娶武帝之姊；王戎从弟王澄之妻郭氏，是太子妃贾南风的亲戚，胡奋之女是武帝贵人且深受宠爱；[3]杜预之妻是武帝之妹高陆公主；至于受命总统各路军队的大都督、太尉贾充，则是太子妃贾南风之父；贾充副手杨济，是武帝的杨皇后之叔。各路伐吴都督组成了晋武帝的一个盛大

---

[1] 《晋书·武帝纪》，第 70 页。

[2] 胡奋参与伐吴及当时职务，在《晋书》本传中都没有记载，只能参见《晋书·武帝纪》："（咸宁三年）九月戊子，以左将军胡奋为都督江北诸军事。"（第 68 页）

[3] 《晋书》卷五十七《胡奋传》，第 1557 页。

"亲友团"，只有王濬和皇室没有任何亲缘关系，他能任此职完全得力于羊祜临死前的保举。

武帝如此安排伐吴将帅人选，应当还是吸取了"淮南三叛"和钟会谋反的教训，力图避免前线将帅倒戈的局面。特别是吴、晋之间有长江天险，即使成功灭吴，如果前方将帅反叛，将很容易再次出现划江而治的局面。而诏命一直竭力反对伐吴的贾充担任总指挥，显然也有互相牵制之意：贾充与杜预、王濬素来不和，正可实现互相监督，使各方都不敢产生非分之想。另外，这个任命也是晋武帝试图安抚贾充的一种姿态，一旦伐吴成功，贾充将是最大功臣，其以前对伐吴的种种消极反对，都将被这个战功掩盖。当然，这只是晋武帝的一厢情愿。贾充极度自私且没有大局观，在实际战事中，这个安排险些毁灭伐吴大计。

各路统帅之中与皇室最疏远的王濬，却指挥着最为强大的水上力量——益州舰队。这个舰队对于晋军的渡江作战极为重要，为了防范王濬产生二心，也有必要的牵制措施，就是以唐彬为其副手。唐彬原任益州监军，就是充当监视王濬的角色；其后又任巴东监军，从上文的 272 年西陵之战可见，这个职位主要负责辖辖三峡舰队，且具有较强的独立性，并不直属益州刺史领导。如今以唐彬担任王濬舰队副统帅，正是为了进行监控和牵制，防范其离心叛变。

第四节　伐吴之战过程

根据各路军队的进展，晋伐吴之战可分为两个阶段。

从咸宁五年（279 年）十一月至太康元年（280 年）二月十八日，为第一阶段，战事主要发生在长江北岸诸地区，以及自三峡至江陵的长江南北两岸；自太康元年（280 年）二月十八日至三月十五日，为战事第二阶段，王濬舰队从江陵东下，配合江北各军攻克敌沿江诸城塞，顺流直下，于三月十五日登陆占领建邺，尽俘吴后主朝廷，战事宣告结束。

在第一阶段的战事中，各路伐吴军队所遇到的抵抗很强烈，且都有较大战果，但各路统帅对于战事进度的意见并不一致，其中最关键的争执，是能否顺利渡江。在第二阶段，晋武帝已明确指示王濬舰队攻占建邺，但未能及时厘清王濬舰队与下游陆路诸军（主要是中线扬州都督王浑）的指挥关系，导致王濬与王浑发生争执。下面将重点分析西晋高层对于伐吴进展的预判，以及在实战过程中的抵牾。

第一阶段战事

据《晋书·武帝纪》，晋武帝于咸宁五年（279 年）十一月诏命前线各军展开全面进攻。由于诸军进入临战需要一些时间，加之原边界距离吴军重要城垒尚有一定路程，所以到次年正月、二月才进入激战阶段。

关于王濬舰队启程的时间，《华阳国志》卷八载为咸宁五年（279年）“冬，十有二月，濬因自成都帅水陆军及梁州三水胡七万人伐吴”[1]。《晋书·王濬传》则载为“太康元年正月，濬发自成都”。自建平郡（今巫山县）以下的三峡江段都由吴军控制，吴军预先在峡中“以铁锁横截之，又作铁锥长丈余，暗置江中，以逆距船”，而羊祜尚在世时已从吴军俘虏口中获悉这些布防地点，所以王濬舰队已有针对性措施，顺利通过三峡江段。[2] 这表明在益州舰队的下江行动中，荆、益两州保持着密切的协作。

按照晋武帝战前的诏书部署，王濬舰队在驶出三峡，进入荆州江段后，便开始接受荆州都督杜预的指挥（节度）。[3] 二月三日（庚申），

---

[1] 《华阳国志》卷八，第 104 页。
[2] 《晋书·王濬传》，第 1209 页。
[3] 《晋书·王濬传》在记叙完平吴过程后回溯：“初，诏书使濬下建平，受杜预节度，至秣陵，受王浑节度。”（第 1210 页）《资治通鉴》在太康元年三月亦照录。但至建平与至秣陵中间相隔时间甚长，这是两个诏书的内容：“受杜预节度”是开战初期（一月之前）的部署，“受王浑节度”则在战争即将结束的三月。王濬在占领建邺之前，未及见到“受王浑节度”诏书，从而引发诸多争执及误会，详见后文。

王濬舰队攻克江北重镇西陵，继续沿江而下，攻击两岸吴军。

自襄阳南下的杜预所部，正月时已包围了吴江陵城，但一直未能攻克。杜预遂派一部兵力沿长江北岸向上游进军，以便接应王濬舰队；同时又派少数兵力偷渡长江，"奇兵八百，泛舟夜渡"[1]，埋伏于乐乡城外。乐乡是吴军在长江南岸最重要的军事要塞，且是其长江舰队停泊基地。当上游吴军被王濬舰队击败，逃入乐乡城内时，杜预所遣伏兵随之混入城内。王濬舰队于八日（乙丑）抵达乐乡城外江面，与吴军舰队展开会战，将其尽数歼灭，吴荆州舰队统帅"水军督陆景"被俘。[2] 王濬军与城内伏兵里应外合，于当日攻克乐乡。此战彻底消灭了吴军长江上游的水上力量，使得江北吴军孤立无援，杜预军遂于十七日（甲戌）攻克江陵。

至此，吴军在长江上游的重要据点已全部被晋军攻占。

同时，指向长江中游的荆州军（江北都督胡奋）、豫州军（刺史王戎）也逐渐进抵江边，围困夏口和武昌二城。下游的扬州都督王浑、徐州都督司马伷所部，也基本肃清了江北吴军。战线基本推进到长江一线。

但自全面进攻开始以来，贾充一派从未停止对伐吴前景的质疑：

> 众军既进，而未有克获，贾充等奏诛华以谢天下。帝曰："此是吾意，华但与吾同耳。"时大臣皆以为未可轻进，华独坚执，以为必克。[3]

张华本传未载此事具体时间，《资治通鉴》则将其放在平吴之后，属于倒叙，亦无法查证具体时间。本书认为，此事应发生在战事开始

---

[1] 《晋书·杜预传》，第 1030 页。

[2] 《晋书·武帝纪》对攻克乐乡的时间记载颇含糊，此处从《晋书·王濬传》（第 1209 页）。

[3] 《晋书》卷三十六《张华传》，第 1070 页。

后至二月中旬之间。因为在王濬军攻克乐乡之前，晋军的进展颇不乐观：杜预军攻江陵、胡奋军攻夏口、王戎军攻武昌，都难以破城；司马伷、王浑两军虽扫荡江北，但临江而不敢渡，使战局有陷入拖延的趋势。张华、杜预、王濬等力主伐吴者，显然承受着极大的压力。只有在王濬舰队攻克乐乡后，才取得了在长江南岸的第一个重要据点，江北的江陵也在九天后攻克，战局才呈现出转机。

在王濬的益州舰队驶出三峡，即将与杜预的荆州陆军会师之际，指挥权问题也在凸显。开战之前，晋武帝已经做出部署："诏书使濬下建平，受杜预节度"。杜预到任荆州尚不到一年，而王濬在益州经营已有八年之久，只因为杜预与皇室有亲，官品也高于王濬，才有这种安排。

如果杜预在王濬舰队归入自己麾下之后率部登舰，直取建邺，必将建立灭吴首功。但杜预从大局出发，做出了不和王濬争功的姿态。他判断：如果王濬舰队能够从三峡攻克沿途要塞，开到江陵与自己会师，那么早已功勋卓著，自然不甘心受制于人；如果王濬舰队无力攻克吴军诸要塞，也就无法赶到江陵一带与荆州军会师，更谈不上接受自己指挥的问题。早在获悉益州舰队攻克西陵时，杜预便写信给王濬，鼓励他顺江直下，径取建邺，"振旅还都，亦旷世一事也"。王濬得此信后大悦：这解除了他被人抢功的顾虑，正可以放开手脚建功立业。为了向皇帝暗示这种心情，他还专门将杜预的信件转呈武帝，希望武帝能让自己放手一搏。

江陵克定的第二天（十八日，乙亥），王濬舰队开到江北，与杜预主力会师。同在这天，晋武帝发布诏书，将王濬军号提升为平东将军，由"监"升格为"都督梁、益二州军事"[1]。这是对他数日之前攻克乐乡的嘉奖。发这道诏书时，晋武帝还未必知道占领江陵的消息，但他在这天稍晚时获悉江陵已定，于是又发布一道诏书，部署继续进

[1] 《晋书·王濬传》及《华阳国志》卷八，第104页。

军的事项: [1]

（一）唐彬舰队划入王濬指挥之下。[2]

（二）杜预军队继续进占荆州的长江以南地区。

（三）杜预军队中划拨一万人给王濬、七千人给唐彬，编入长江舰队。

（四）王濬、唐彬舰队继续向下游进军，占领巴丘（今湖南岳阳市），并继续东下：王濬舰队协助胡奋攻夏口，克城后胡奋军队划拨七千人给王濬；唐彬舰队协助王戎攻武昌，之后王戎所部划拨六千人给唐彬。然后王、唐舰队顺流攻占建邺。

（五）由于舰队东下，贾充的指挥中心也从襄阳东移到项城，以便协调长江下游战事，特别是司马伷、王浑等军与王濬舰队的协同问题。

这道诏书表明荆州方面的胜利给了晋武帝信心，使他不顾贾充等人反对，执意将伐吴进行到底。另外，这也是他了解了杜预和王濬关系之后的部署：杜预无意于争功，所以命其留在上游；下江直取建邺的任务则留给了王濬。

第二阶段的战事和争议

二月下旬到三月上旬，晋军在长江中游和下游战场都取得了重大胜利。

王濬舰队自江陵东下之后，迅速加入了对夏口、武昌二城的攻势。这两城的情况和江陵相似，都是吴军在长江北岸的军事据点，吴军依托长江对其进行补给和增援，所以长期坚守不下。王濬舰队切断了吴军的江上通道，并增加了临江方向的攻势，所谓"濬自发蜀，兵

---

[1]　除有说明者外，此处内容皆出自《晋书·武帝纪》，太康元年二月乙亥日，第 71 页。

[2]　《华阳国志》卷八："巴东监军唐彬及平南军皆受指授。"（第 104 页）此为节文和缩写，实际上，平南（即平南将军杜预）所辖部分士兵划归王濬指挥之事，在《晋书·武帝纪》中有原文照录，见第三条部署；唐彬军归入王濬指挥则仅见于此。

不血刃，攻无坚城，夏口、武昌，无相支抗"[1]，短期内都被顺利攻破。按照晋武帝二月十八日诏书的部署，王濬及唐彬舰队从胡奋、王戎部补充了兵力，[2] 继续顺流驶向建邺。此时应已进入三月中旬。

在东线，开战以来的三个月里，司马伷的徐州、王浑的扬州军队已进至长江沿线。吴军在下游江北地区没有重兵驻防，所以这两支军队的进展颇为顺利。但在兵临长江之后，他们迟迟没有渡江举动。这种迟疑有两方面原因，一是畏战，因为吴军舰队控制着长江下游的制水权，晋军徐、扬两州都缺乏大型军舰，怕遭到吴军拦截而不敢渡江。以前的曹仁、最近的杜预都曾用轻舟偷渡长江，但司马伷、王浑两人显然缺乏这种魄力。另一方面则是这二人都怕招致贾充反感。所以司马伷、王浑达成了默契，消极对待渡江灭吴之事。

在王濬舰队参与攻击夏口、武昌时，东吴方面也在试图发起反攻。

吴丞相张悌率领吴都建邺的精锐兵力三万人渡江至历阳，北上攻击晋扬州都督王浑、刺史周浚所部。吴军内部曾对此方案有争议，丹杨太守沈莹认为，上游的晋军舰队行将来到，应集中兵力扼守长江，准备与晋水军决战。张悌则认为，待到晋舰队驶入下游时，东吴的军心早已涣散，不如趁现在与晋扬州军决死一战，如能战胜，吴军上下士气大增，尚有全盘扭转战局的可能。从当时形势看，张悌的意见是积极和正确的。但两军会战于江北版桥，吴军大败，损失近万人，张悌等将帅也都战死。[3]

---

[1] 《晋书·王濬传》，第 1209 页。

[2] 《晋书》卷三十九《冯紞传》："伐吴之役，紞领汝南太守，以郡兵随王濬入秣陵。"（第 1162 页）汝南属豫州，所以冯紞所部应在王戎划拨给唐彬的六千兵力之中。

[3] 见《三国志·吴书·孙皓传》，裴注引《晋纪》《襄阳记》。关于此战吴军损失数字，《晋书·王浑传》为"首虏七千八百级"（第 1202 页），而在战后"二王"互相攻讦，王濬则向朝廷揭发说："又闻吴人言，前张悌战时，所杀财有二千人，而浑、浚露布言以万计。"（第 1214 页）显然二千或以万计都有些夸张，《晋书·王浑传》所载应是较为可靠的数字。另外，关于此战发生时间，《晋书·武帝纪》载于二月末，《资治通鉴》则载于三月初且不言出处。要当发生在二、三月之交时。

到此时，贾充还在坚持其伐吴必败的论调。他的依据是，如今大军尚未能渡江，而春季行将过去，长江将迅速涨水，江南一旦进入暑热天气，将不利于北方军队作战，所以必须立即停止攻势。这种意见不仅限于朝廷上层，杜预麾下的荆州军官也颇有应和之声。[1] 这种反战声势显然影响着王浑、司马伷等将帅，使他们依然观望而不敢乘胜渡江，以免得罪贾充。

就在王濬舰队驶向下游之际，晋武帝又发布了一道诏书，指示王濬"至秣陵，受王浑节度"[2]。从诏书字面意思看，"至秣陵"至少是已经渡江围困建邺之后。那么在王浑渡江之前，和王濬的指挥关系又该如何？似尚未明确。另外，这个诏书的发布日期也难以确知。因为王濬舰队在中游的最后一站是武昌，彼时他还未收到这个诏书；待舰队离开武昌之后，一路再未遇到吴军有力抵抗，所以顺流长驱直下，与江北的晋军再没有联系，更无从得知有此诏书。

而王浑得到这个诏书之后，确信自己拥有了对王濬舰队的指挥权，遂一直在江北坐待舰队东来。扬州刺史周浚、别驾何恽都劝他乘胜渡江、直取建邺。但王浑坚持待王濬舰队来后渡江，方万无一失。[3]

三月十四日，王濬舰队行至牛渚，王浑在北岸派遣信使到舰队，邀请王濬到自己军营相见。王濬则表示，吴军舰队正在前方的三山江面集结，战事方殷，无暇旁顾，且如今风向正有利，舰队行驶皆有序列，不能贸然改变方向。这就留下了一个争执，就是在信使见到王濬时，王濬是否得知那封让他"至秣陵，受王浑节度"的诏书？在战后争执中，王濬坚称当时：

---

[1] 《晋书·杜预传》："时众军会议，或曰：'百年之寇，未可尽克。今向暑，水潦方降，疾疫将起，宜俟来冬，更为大举。'预曰：'昔乐毅藉济西一战以并强齐，今兵威已振，譬如破竹，数节之后，皆迎刃面解，无复著手处也。'遂指授群帅，径造秣陵。所过城邑，莫不束手。议者乃以书谢之……"（第 1030 页）

[2] 《晋书·王濬传》，第 1210 页。"秣陵"即吴都建邺，史书为避西晋末帝司马邺之讳而改。

[3] 《晋书》卷六十一《周浚传》，第 1658 页。

> 见浑军在北岸，遣书与臣，"可暂来过，共有所议"，亦不语
> 臣当受节度之意。臣水军风发，乘势造贼城，加宿设部分行有次
> 第，无缘得于长流之中回船过浑……[1]

史书中没有王浑控告王濬的原文，但可以推测，他肯定坚持信使
已经告知王濬：有"节度"之命的诏书，请他到北岸就是要出示这个
诏命。

无论如何，当天王濬舰队没有停留，而连夜直向三山。舰队副统
帅唐彬看到王濬、王浑的争执已趋激烈，为明哲保身，遂托病交出
指挥权，避免开罪于任何一方。[2]吴军集结的最后一支舰队共万余人，
在强大的王濬舰队面前不战而溃。次日（十五日），王濬舰队行驶到
建邺江面，吴主孙皓手足无措，只得投降。

在此时，西晋朝廷关于是否应渡江的争论正如火如荼，中书监荀
勖附和贾充意见认为已不可能成功渡江，请求晋武帝惩办张华。杜预
在荆州得知这些争论，"驰表固争，言平（吴）在旦夕"，信使行至洛
阳近郊，平吴的捷报也正从前方传来，争论才告终结。[3]

而在建邺，二王之间的争执正愈演愈烈。十五日王濬接受孙皓投
降，同时遣信通报王浑；当天晚间，王浑的一封书信送到王濬处，才
提及"当受节度之符"。次日（十六日），显然晋武帝刚刚收到王浑对
王濬拒命的控告（应为十四日发出），遂又发布一道诏书，重申王濬
必须接受王浑的指挥。[4]同日，王浑军队也渡江到达建邺，[5]这说明王

---

[1]　《晋书·王濬传》，第1211页。标点有部分改动。
[2]　《晋书》卷四十二《唐彬传》："彬知贼寇已殄，孙皓将降，未至建邺二百里，称疾迟留，以示不竞。果有先到者争物，后到者争功，于时有识莫不高彬此举。"（第1218页）
　　按，建邺上游二百里，应是历阳一牛渚，即王濬拒绝王浑建议之地。
[3]　《晋书》卷四十《贾充传》，第1170页。
[4]　《晋书·王濬传》，第1211页。王濬上书提及"臣以十五日至秣陵，而诏书以十六日起洛阳，其间悬阔，不相赴接"，十六日诏书内容未载，所以只能做这种推测。
[5]　《晋书·王濬传》载王濬上书："周浚以十六日前入皓宫"（第1214页）。

浑实际并不缺渡江船舶，此前的按兵不动只是迟疑观望而已。

王浑到达建邺后，对王濬抗命的指控日趋激烈，并控告其军队抢掠吴宫财宝，甚至"屯聚蜀人，不时送皓，欲有反状"，俨然有钟会和邓艾之争再起之势。晋武帝只得将两人召回洛阳，朝臣欲以"违诏"治罪王濬。晋武帝的裁决是：

> 濬前受诏径造秣陵，后乃下受浑节度。诏书稽留，所下不至，便令与不受诏同责，未为经通。濬不即表上被浑宣诏，此可责也。濬有征伐之劳，不足以一眚掩之。

但王濬的行为已经触怒了贾充等反战派高官，他和王浑的争执也被打上了以寒门挑战高门的烙印，[1] 在占领区善后及评定功勋等问题上频频遭遇刁难，必要时只能依靠晋武帝提供保护。直到太康十年（289 年），晋武帝命濬孙王粹"尚颍川公主"，才标志着王濬家族正式被接纳为上层士族，而此时王濬已经去世五年了。

余论：晋灭吴之战的另一种可能

西晋灭吴之战的最高决策者是晋武帝，他的判断和决心最终促成了统一局面。但是，以贾充为首的反对者始终未曾放弃对伐吴事业的批评和阻挠。这有两方面的原因：一方面是晋武帝出于制衡群下、防范边帅叛变的考虑，有意识地制造两派臣僚互相批评、攻讦的局面；另一方面，则是当时正在形成的士族对皇权的掣肘，致使晋武帝对某些士族成员不得不保持优容姿态，特别是像贾充这种曾为司马氏夺权立过汗马功劳（杀死高贵乡公），同时又身在朝廷，没有外叛之虞的高官。

---

[1] 《晋书·王濬传》载王濬上书，转引王浑对他的批评："瓶罄小器，蒙国厚恩，频繁擢叙，遂过其任"。而王濬也承认"浑此言最信，内省惭惧"。（第 1215 页）

　　从这个角度看，作为力主伐吴的代表人物，羊祜的作用格外重大。他的意见坚定了晋武帝伐吴的信心，而且为伐吴事业提携了最重要的人才：朝中的张华和荆、益二州的杜预、王濬，在伐吴之战中，荆益二州军队是最为积极的力量，不仅迅速解决了上游吴军，且参与了整个长江江段的战事，直至占领建邺。

　　主战派与反战派的互相攻讦牵制贯穿了伐吴之战全过程。这使得主战派的将帅时时小心戒备，防止授人以柄，从而避免了出现类似钟会据蜀的阴谋。但另一方面，这种争执又使得伐吴事业几乎功败垂成：在战事第一阶段，如果荆益军队在西陵到江陵的战场上遭遇挫折，战局稍事拖延，必然因为贾充等人的反对而告中止，而主战派也难免遭到清算；进入第二阶段之后，如果王濬在牛渚江面接受了王浑的调度，渡江攻建邺之举也势必拖延，届时贾充以最高指挥官（大都督）身份作梗，也很可能使伐吴大计功亏一篑。毕竟，在王濬舰队击败三山的东吴舰队之前，东吴还拥有最后一支保卫长江的水师主力。如果晋军攻势稍为放松，东吴完全可能重建长江上的优势。

　　在战事开始之前，王濬已经有过对东吴内政变化的担忧："令皓卒死，更立贤主，文武各得其所，则强敌也。"[1] 且从后来的历史看，这种变局也并非不可能：550 年代，江陵的萧绎朝廷被西魏攻灭之后，江南地方武装迅速分化、重组，陈霸先武装在混乱中崛起，抵抗住了北方政权的攻势，使陈朝在江南的统治又维持了数十年。而从西晋自身的情况看，如果 280 年的伐吴战事进入拖延，也将逐渐丧失对江南的优势和扩张性：

　　首先是西晋政治的内因：当时士族阶层的封闭和壮大已经是大势所趋、不可遏止。这个阶层文化上崇尚清谈狂放，生活上奢侈腐化，政治上则萎靡保守。张华和王濬在伐吴事业中发挥了不可替代的作用，他们恰恰不是士族出身，他们在世时饱受歧视排挤，而在他们之

---

[1]　《晋书·王濬传》，第 1208 页。

后，通向上层社会的大门已彻底关闭，彼时不可能再出现这种有作为的政治人物了。从这个角度讲，平吴之战是西晋王朝在堕落沉酣之前的最后一次振作，而且有幸获得了成功。

再从西晋的外部局势看，当时内迁的少数民族已经活跃在从关中到并州的内地，且塞外的鲜卑等部族叛乱此起彼伏。如果西晋未能及时灭吴，南方战线占用大量驻军，对付北方少数民族的军事资源将捉襟见肘，也会使西晋政权陷入南北方无法兼顾的困境。当这种困境进入极端时，将是和西晋末"刘石之乱"相似的局面，即北方民族入主中原。从这个角度说，东晋十六国到南北朝的南北分裂局面几乎是注定要出现的，西晋灭吴只是将这个局面推迟了三十年，并使南方政权从孙氏改为司马氏而已。

第八章　陈朝的江防作战与隋灭陈之战

隋灭陈之战，距离晋灭吴已有三百余年，但两次战争的地理因素相似，战役部署也多有可比之处。陈是南朝的最后一个朝代，它的对北防御形势和之前的东晋宋齐梁历代都不相同：以前，南方政权基本能将边防线维持在淮河或者更北。只有330—340年代、510—520年代，寿阳先后被石赵和北魏占领，南北争夺区域南移至江淮之间，但随着石赵崩溃和北魏内乱，东晋、梁又将战线推进到淮河以北。到梁末，侯景之乱引发南方大范围内战，北方政权（东魏和西魏）乘机将战线推过淮河、汉水，直抵长江附近。当陈霸先试图称帝建陈时，又遭到了忠于旧梁武装的反对，这些南方武装接应北周和北齐军过江，数次对陈都建康发起攻势，在长江中也数次发生激战。

陈朝前期二十年（550—560年代）一直忙于抵抗北方侵袭，借长江勉强维持立国局面。570年代，陈宣帝对北齐发动北伐，成功将战线推进到淮河以北。但随着北周灭齐统一北方，周军又迅速将陈军驱逐到长江以南。不久隋代周，陈、隋之间隔江对峙，颇与东吴西晋时相似，直至589年隋灭陈完成统一。就在隋师即将渡江之时，陈后主还自恃长江天险不可逾越：

> 陈祯明三年，隋师临江，后主从容而言曰："齐兵三来，周师再来，无弗摧败。彼何为者？"都官尚书孔范曰："长江天堑，古

以为限隔南北。今日北军岂能飞渡耶？……"[1]

后主言"齐兵三来，周师再来"，是指陈霸先以来南军击败北齐、北周渡江攻势的战例。下面就对这几次战事及长江的战略作用进行梳理。

第一节　立国之初：与北齐的战事

555 年齐军首次渡江之战

555 年，江南经历了侯景动乱之后的一系列战乱，北方政权乘机向南扩张。西魏占领蜀地并攻灭了江陵的梁元帝政权，完全占据江北上游地区，并借助后梁傀儡政权将势力范围扩展到长江南岸。[2]

这年九月，长江下游的旧梁武装之间发生火并，陈霸先自京口偷袭王僧辩，占领建康，并废黜了自北齐迎来的梁帝萧渊明。此举招致了旧梁境内各武装势力的反对：湘江流域的王琳、三吴地区的杜龛等都举兵进攻陈霸先。另外，下游沿江的谯、秦二州刺史徐嗣徽、南豫州刺史任约都倒向北齐，投入对陈霸先的战事。梁末的谯、秦二州在建康对岸的江北；南豫州治所在长江东南岸的姑孰（今马鞍山市与芜湖市之间）。十月，徐嗣徽军队渡江进逼建康，占领京师外围要地石头城。

当时北齐并没有预料到江南的变局。徐、任倒戈投诚，使北齐军队获得了梦寐以求的渡江据点，以及南方的水军战舰支援。于是齐部署在南线的两路边防军迅速渡江，试图一举攻灭陈霸先，平定江南。

---

[1]　《隋书》卷二十三《五行志下》，第 658 页。
[2]　本章中的长江上游指三峡以东，大致为东汉的荆州（约今湖南、湖北），不包括三峡以上的益州（四川盆地）；下游基本为东汉扬州区域。

十一月己卯，"齐遣兵五千济渡据姑孰"[1]，这路齐军从历阳渡江，到达南豫州姑孰，与任约合兵；次日庚辰，[2] 柳达摩率领一万名齐军、一千匹马和三万石军粮，渡江进入石头城，与徐、任军合兵。齐军渡江数量不多，说明江南变起仓促，北齐没来得及从内地调发大部队。而这两支军队成功渡江，显然得到了徐、任水军的协助。因为原来北齐的南界并未推进至长江，也未有渡江计划，不可能有大规模造船的预案。

得知徐、任和北齐军占领石头城，威胁建康，陈霸先迅速从与杜龛作战的三吴地区回援。他利用南军的水上优势封锁了江面。陈霸先水军频频破袭江北的齐军基地。齐军入石头城后第三天（癸未日），陈水军夜袭江北胡墅渡口，烧毁齐军船舶千余艘；另一支水军巡航江中，切断了齐军的渡江增援之路，并俘获了向江南运送援军和粮食的船队，齐北徐州刺史也被俘，这也说明，齐的后方援军已经投入到渡江作战。[3]

石头城的齐军及其附庸数次与陈霸先作战，都难以获胜。陈霸先方面曾担心，徐、任和北齐军向东南运动，与杜龛等武装联合，则建康形势危急。[4] 但北齐军渡江部队缺乏在江南作战的经验，同时身后江路被切断，得不到援兵支持，所以一直驻在石头城及秦淮河南岸，未能向江南腹地扩张。为解江路断绝之困，齐军试图打通向姑孰、历阳方向的交通。徐嗣徽率部离开石头城赶往南豫州，与那里的任约军及齐军汇合。这支徐、任和北齐联军共万人再次向建康进军：徐嗣徽部水军顺江而下；齐军则从陆地进军。但陈霸先军将这两路援军阻截在途中，使其无法与石头城的齐军汇合。

[1]　《陈书》卷一《高祖纪》，第 8 页。本章引文未注出处者，皆引自此卷。
[2]　此日期见《资治通鉴》卷一百六十六，第 5136 页。《陈书·高祖纪》未载日期。
[3]　《陈书·高祖纪》："十一月……癸未，高祖遣侯安都领水军夜袭胡墅，烧齐船千余艘，周铁虎率舟师断齐运输，擒其北徐州刺史张领州，获运舫米数千石。"（第 8 页）
[4]　见《陈书》卷十八《韦载传》，第 249 页。

十二月，陈霸先水军再次偷袭江北，攻入徐嗣徽的原秦州治所，"俘数百人。收其家，得其琵琶及鹰"[1]，派人送至被拦于建康南的徐嗣徽军中，对徐造成很大的震慑。陈水军还阻断秦淮河汇入长江之口，断绝了石头城中齐军的水上逃亡之路，之后和柳达摩军决战秦淮河南岸，齐军大败，两座兵营都被攻破，舰船被烧毁，只能退保石头城。

同日，被阻绝于南线的徐、任军和齐军也在试图北上，但与陈军长江水战失利，"嗣徽等乘单舸脱走"，再无力救援石头城。石头城中粮储甚多，但无水，只得向陈霸先求和。陈霸先也苦于各地战事蜂起、军粮缺乏，遂与齐人盟约、交换人质，备船送石头城齐军返回。南线的徐嗣徽、任约和齐军也撤到江北。

此次齐军和陈霸先的战事持续两个月左右。齐军本已占据了石头城和南豫州两处渡江要地，但因为陈霸先水军切断了江路，使渡江齐军陷入孤立无援境地，最终和议撤兵，放弃了江南这块来之不易的"滩头阵地"。从此，陈霸先势力与北齐开始隔长江对峙。

这次战事，首轮渡江的齐军仅有一万五千人，兵力明显不足，因为此时北齐正关注西魏在长江中游的扩张（见下文）。但下游的事变使掌控东魏的高澄喜出望外，他急忙调集兵力，准备一举占领江南，却没想到柳达摩军在江南全无作为、无功而返。所以高澄诛杀了柳达摩，并不承认与陈霸先的和议，由此开始了556年的第二次渡江作战。

556年齐军第二次渡江

北齐首次渡江作战虽然失利，但获得了长江下游的江北地区，徐、任等南军的投诚，使齐军熟悉江南情况且增加了水军骨干。所以第一次战事结束后的三个月内，北齐向合肥方向集结了十万重兵（包

---

[1]《陈书·侯安都传》，第144页。

括徐、任兵力），并在巢湖流域征集和建造舰船。梁太平元年（556年）三月，十万齐军乘船从巢湖出栅江口，循长江向东北而下，进抵当涂县的梁山。[1]

陈霸先派水军扼守梁山江面迎击，"帐内荡主黄丛逆击（齐军），败之，烧其前军船舰，齐顿军保芜湖"[2]。从齐军这次以水军下江的初衷来看，其统帅可能认为己方水军数量颇高，堪与陈军一战，所以选择了沿西北岸顺流而下，而非急于渡江登陆（水路行军快捷，可以迅速进抵建康城下）。先锋舰队在梁山首度失利之后，齐军对水路下江的信心动摇，于是匆忙南渡上岸，在芜湖观望待机。

双方在芜湖一带相持到五月。一支陈水军从上游溢城（今九江市）返回建康，当其驶近芜湖时，徐嗣徽部列舰拦江阻击，但这支陈军舰队一举击败徐嗣徽军，并在芜湖附近登陆，赶回建康。[3]此战彻底断绝了齐军从水路进军的信心，遂从陆路倾兵出击，十二天后进抵建康城下，并渡过秦淮河安营。

陈霸先依旧采用前度对齐军的策略：一面在建康郊外坚壁清野，寻找战机，一面用舰队隔断长江，断绝齐军的粮援。在陆地齐军渡过秦淮河之际，一支陈军舰队渡江袭击北岸瓜步山齐军，"获舟舰百余艘，陈粟万斛"[4]，这万斛陈年粟米，应是北齐从各地粮仓中紧急调运而来，可见其后勤供应已到捉襟见肘的地步，且这点军粮也被陈水军俘获。

此番渡江的齐军虽然数量众多，但未能像上次取得石头城据点，始终在建康城外游移。到六月，齐军从建康城南向城东移动，最后到城北的钟山、莫府山一带。城北是滨江之地，齐军显然受到断粮之苦，希望与江北建立联系，获得补给。但这种隔江补给非常脆弱。陈

---

[1]　据《资治通鉴》卷一百二十七胡三省注，梁山在长江西北岸，见第3997页。

[2]　《陈书·高祖纪》，第10页。

[3]　《陈书》卷八《周文育传》，第139页。

[4]　《陈书·高祖纪》，第10页。

水军从建康东北的江乘县出击，六月"丁未日，高祖遣钱明领水军出江乘，要击齐人粮运，尽获其船米，齐军于是大馁，杀马驴而食之"。八天后（乙卯日），两军决战莫府山南，齐军大败，"其军士得窜至江者，缚获筏以济，中江而溺，流尸至京口，翳水弥岸"。萧轨等将帅都被俘获斩首。

此时，上游的渡江基地尚有部分齐军。所以决战后第三日，陈军向芜湖方向进发，在姑孰一带攻击齐军舰队，将其全部烧毁。[1] 徐嗣徽、任约未在被俘之列，可能是乘船逃回江北。齐军第二次渡江之战宣告结束。

此次齐军南渡兵力虽然达十万之众，但统帅萧轨等缺乏经验，渡江后不能主动寻找战机，破坏江东腹地，反而在芜湖及建康城外消极等待，丧失时机。其次，齐军虽有水军战舰而不善运用，梁山首败，芜湖再败，虽未伤及齐舰队主力，但彻底打消了其水路下江的信心。此后，齐军再不敢用水战打破陈军封锁，最终因粮尽力竭而大败。反观陈军，则能利用水上力量积极作战，先是打乱齐军的水路下江计划，再以水上封锁和主动出击破坏齐隔江补给，最终保证了决战胜利。

第二节　560 年代陈内战与北周、北齐的渡江作战

西线的长江上游并非陈霸先控制区，但这里的南北战事也开始较早。在 555 年，西魏攻击江陵的梁元帝朝廷，齐军曾试图前往救援，进至江夏郡时江陵已经被西魏攻破。江夏当地的旧梁势力引齐军防御西魏，齐将慕容俨遂带兵渡过长江，占据郢城（在今武汉市武昌区）。但这支齐军旋即受到了侯瑱等江南割据武装的攻击（此时侯瑱尚未归

---

[1] 《陈书·高祖纪》，第 11 页。"丁巳，众军出南州，烧贼舟舰。"《资治通鉴》卷一百二十三胡三省注："南洲，属姑孰。"

降陈霸先），慕容俨部修造城垒战舰，又在鹦鹉洲堆积芦苇堤，阻塞江面，进行了半年坚守作战。因困守孤城、粮援不继，齐军甚至被迫以战死者尸体为食，最终只得与南方武装议和，撤回江北。[1] 同时，齐军在下游与陈霸先两次大战失利，遂暂时搁置了渡江的打算。

变起上游：王琳与北齐联军

陈霸先与齐军两度决胜建康城外，奠定了其在江南的统治基础，最终代梁建陈。但陈朝面临着江北两个巨大威胁：东方的北齐和西方的北周（557 年，宇文氏代西魏建北周）。和三国时东吴的江防局面类似，陈军在对抗北来威胁时，也是依托长江，力保汉江和巢湖入长江之水口。周、齐与陈的数次水上大战，都发生在这两个入江口附近。当然，随着时代变迁，汉水、巢湖的入江口已因淤积发生小范围摆动，所以陈朝时，汉水入江的主航道已不止有夏口，还增加了沌口；巢湖入江主航道也从濡须口改为栅口（栅江口）。

北齐一直在巩固合肥城，将其建成对长江流域的前进基地，由合州刺史封子绘为营造舰船大使，大量造船，准备下一轮渡江之战。陈霸先军则主动出击，梁太平二年（557 年）二月，他派领军将军徐度乘轻舟从栅口、东关驶入巢湖，又溯施水至合肥，破坏齐军造船基地，"烧齐船舶三千艘"[2]。但据《北齐书》的记载，则是陈军乘夜进抵合肥城下时，遭到封子绘齐军的迎头攻击，被迫撤退。[3] 双方史籍都会对己方的战果进行夸大，所以综合两说，此战陈水军应破坏了一些齐军舰船，但数量不太多。另外，陈军宣称烧毁齐船数量较大，应多是小型舟船。这说明从合肥到巢湖以至栅口的航道水位都比较浅，难以通行吃水深的大型舰船。

---

[1] 《北齐书》卷二十《慕容俨传》，第 281 页。

[2] 《梁书》卷六《敬帝纪》，第 148 页；《南史》卷八《梁敬帝纪》，第 249 页。此事《陈书·高祖纪》未载。

[3] 《北齐书》卷二十一《封子绘传》，第 305 页。

　　同在这一时期，占据湘江流域，忠于旧梁的王琳势力开始对建康形成威胁。他遣使与北周通好，又向周扶植的江陵后梁朝廷称臣，同时向江夏、武昌方向扩张。陈霸先此时已决意代梁自立，所以必须着手解决上游威胁。陈永定元年（557 年）下半年，他一面称帝建陈，一面派主力水师溯江而上，攻占武昌（今湖北鄂州市），进而围攻汉水入江处的郢城（三国东吴的夏口城）；王琳舰队自湘江来援，双方在沌口江面会战，陈军大败，侯安都、周文育等主帅都被俘虏。王琳乘胜向下游推进，次年（558 年）正月进抵湓城，占据江州。江北下游地区已是北齐境，王琳于是转而向北齐求援。齐朝再度萌生渡江灭陈之志，送梁宗室萧庄至王琳军中称帝，并又在合肥大造舟舰。

　　陈霸先集结重兵于建康，准备与王琳决战。双方在湓城与建康之间对峙近一年，最后达成妥协，王琳暂时撤回上游的郢、湘州。陈军乘此机会攻击合肥齐军。陈永定三年（559 年）二月，陈司空侯瑱率水军再度入巢湖至合肥，焚毁齐军舟舰。[1] 为了防范王琳再度下江，陈霸先匆忙在南皖口营建军事基地。[2] 据《资治通鉴》胡三省注，南皖口为皖水入江之口，约今安徽省安庆市附近，在栅口上游三百里。[3] 此举除了防范王琳进攻建康，显然还有隔绝其与合肥齐军水上交通的考虑。两个月之后，陈霸先之侄陈蒨也受命参与营建南皖口城栅。陈霸先旋即病死，无子继统，陈蒨依托江防军队进入建康为帝。[4]

　　王琳获悉陈霸先死讯，迅速再度下江，于次年（560 年）二月进抵栅江口。陈朝在数月之前设防的南皖口显然未能阻滞王琳东下。此时，"东关春水稍长，舟舰得通"，合肥齐军舰队也从巢湖出栅口，驶入长江与王琳汇合，"琳引合肥濡湖之众，舳舻相次而下，其势甚

[1]　《陈书》卷二《高祖纪下》："永定三年……二月……司空侯瑱督众军自江入州，焚齐舟舰。"（第 39 页）《资治通鉴》作："侯瑱引兵焚齐舟舰于合肥。"（第 5182 页）
[2]　《陈书·高祖纪下》："永定三年……闰四月……丁酉，遣镇北将军徐度率众城南皖口。"（第 39 页）
[3]　《资治通鉴》卷一百六十七，第 5184 页。
[4]　《陈书》卷三《世祖纪》，参见本书第三编陈朝的军人政治部分。

盛"[1]。值得注意的是，此处提及东关水口只有春水生时才可通航，联系以往 557、559 年，陈军轻舟水师从东关入巢湖、烧齐军舰船的时间也都是在二月，则可知东关水口基本从二月才可通航，齐军每年趁冬季在合肥修造船舶，也有乘枯水期陈军不便来袭的因素。

此次入江的齐水军共万余人，由刘伯球统帅，与王琳舰队汇合后继续顺流而下。同时，齐将慕容子会率"铁骑二千"及步兵沿长江西北岸陆地而行，水陆直指建康方向。[2] 显然齐军吸取了 556 年从江南陆路进攻建康的教训，希望在进逼建康的过程中一直掌握长江"制水权"，避免孤军被隔绝于江南的处境。陈水军则集结于芜湖江面展开阻击。双方舰队会战整日，陈军凭借对风向的运用，取得顺风顺流优势，用大舰拍杆、小舰撞击和抛掷熔铁的战术，击毁王琳军和齐军大量舰船。岸上齐军也受到陈军的登陆攻击，齐军"其步兵在西岸者，自相蹂践，马骑并淖于芦荻中，弃马脱走以免者十二三"[3]。齐将刘伯球、慕容子会都被陈军俘获，王琳和萧庄逃奔北齐。此次战争之后，北齐暂时放弃了渡江灭陈的目标，陈军则向长江上游迅速推进，占领王琳故地，并在这一过程中与北周发生战争。

北周渡江：巴陵和湘州的战事

当王琳、齐军与陈军激战于长江时，北周及其控制的后梁政权也借机向江南扩张。周、梁联军从江陵南渡长江，占领了王琳后方湘州、巴州之地（今湖南中北部），并围攻郢城。原属王琳，又倒向陈朝的郢州刺史孙玚据城固守，周军始终不能攻克。陈天嘉元年（560年）三月，已击败王琳的陈军溯江而来，周军只得撤往上游。同时，原驻扎在江北鲁山城的齐军也向后方撤退，陈军由此控制了汉水入长

---

[1] 《陈书》卷九《侯瑱传》，第 155 页。

[2] 《陈书·侯瑱传》，第 156 页。

[3] 《陈书·侯瑱传》，第 156 页。

江之口，并继续向长江上游推进。

周军稍作收缩之后，仍力图保有湘江流域，继续渡江增兵。八月，周将贺若敦率六千步、骑兵渡江进入武陵郡（今湘西常德市），[1]击退了陈军吴明彻部，并向湘州方向进发。九月，周将独孤盛率江陵水军下江，试图从长江驶入湘江，与贺若敦所部汇合。陈将侯瑱等则据守湘江入长江口附近巴陵城（今湖南岳阳市）防堵周水军。独孤盛水军行至巴陵江面，驻扎在西江口外杨叶洲上。[2]十月，陈水军偷袭杨叶洲，"尽获其船舰，盛收兵登岸，筑城以保之"[3]。相持至十二月，独孤盛部粮尽，只好寻机逃回北岸。因为其舰船已大半被毁，史籍未载其是否获得来自北岸的水军援助，很可能是乘长江枯水期用小舟、木筏等简易设备渡江。

侯瑱诸军转而对付湘州的贺若敦周军。这支周军在江南水乡的境遇极度艰苦，因为江南水网密布，不适合骑兵驱驰，极大削弱了北方军队的机动性，却给惯用舟楫的南方军队提供了便利。《周书》贺若敦本传记载了其在江路断绝情况下孤军作战的情景：

> 俄而霖雨不已，秋水泛溢，陈人济师，江路遂断。粮援既绝，人怀危惧。敦于是分兵抄掠，以充资费。……敦又增修营垒，造庐舍，示以持久。湘、罗之间，遂废农业。瑱等无如之何。
>
> 初，土人乘乘轻船，载米粟及笼鸡鸭以饷瑱军。敦患之、乃伪为土人，装船伏甲士于中。瑱兵人望见，谓饷船之至，逆来争取。敦甲士出而擒之。敦军数有叛人乘马投瑱者，辄纳之。敦又别取一马，牵以趣船，令船中逆以鞭鞭之。如是者再三，马便畏

---

[1]　《陈书·世祖纪》载贺若敦兵力为"马步一万"（第52页）；《周书》卷二十八《贺若敦传》则为"步骑六千"（第475页）。当从《周书》。

[2]　西江口，据《资治通鉴》卷一百六十八胡三省注，为湘江入长江口，见第5209页。另，《水经注疏》卷三十五《江水三》："江水右会湘水，所谓江水会者也。江水又东，左得二夏浦，俗谓之西江口。"（第2881页）

[3]　《陈书·世祖纪》，第52页。

船不上。后伏兵于江岸，遣人以招瑱军，诈称投附。瑱便遣兵迎接，竟来牵马。马既畏船不上，敦发伏掩之，尽殪。此后实有馈饷及亡命奔瑱者，犹谓敦之设诈，逆遣捍击，并不敢受。

相持岁余，瑱等不能制，求借船送敦度江。敦虑其或诈，拒而弗许……瑱等留船于江，将兵去津路百里。敦觇知非诈，徐理舟楫，勒众而还。在军病死者十五六……[1]

贺若敦部北归已是北周保定元年（561 年）正月之事。至此，北齐、北周势力都被陈军逐出江南。自三峡以东，三方基本呈划江而治态势。

北齐、北周与南军在长江中游的战事表明：北方军队难以在江南水网地带迅速扩张，最终会因长江制水权丧失、补给断绝而陷入失败。所以，攻击江南政权必须借鉴当年西晋平吴经验，以主力军袭击其都城建康，以期迅速解决战事。

华皎之叛：周军的再度渡江与沌口一战

贺若敦渡江之战六年后，陈朝发生内战，周军又一次渡江作战：陈湘州刺史华皎本是陈文帝陈蒨心腹。文帝死后太子陈伯宗继位，但文帝之弟陈顼掌控朝政，清除异己准备篡位。华皎遂于陈光大元年（567 年）五月起兵反对陈顼，陈顼派淳于量率舟师进讨，同时命徐度从陆路进袭湘州。[2] 华皎起兵前已经与北周和后梁取得联系，周军、梁军遂前往增援。北周荆州刺史、总管（周改都督称总管）权景宣及后梁水军自江陵顺江而下，至湘江口与华皎水军会师。华皎和权景宣的兵力不详，后梁参战兵力为水军二万。[3] 至于陈军参战部队，自江

---

[1] 《周书·贺若敦传》，第 475—476 页。
[2] 《陈书》卷四《废帝纪》，第 68 页。
[3] 《周书》卷四十八《萧詧传附子岿》："岿亦遣其柱国王操率水军二万，会皎于巴陵。"（第 863 页）

路而来的主力有先锋吴明彻"率众三万，乘金翅直趋郢州"，大将军
淳于量"率众五万，乘大舰以继之"[1]，这尚不包含从陆路进发的偷袭
部队。

以当时情况判断，华皎和周军应暂时不会有顺江而下直取建康的
计划，因为江路过于遥远，且汉口以东的江北尽属北齐，齐军也不会
允许周军独占江南。所以周军和华皎的目标应是巩固对湘江流域的占
领，同时攻占郢城及江北地区，打通自襄阳循汉水入长江航道，再渐
图进取长江下游。

九月，周、梁及华皎水军驶近夏口，另一支周军占据鲁山城，同
时，周将元定率万余步骑兵渡过长江，准备攻取郢城。[2]

此时陈水军已经溯江而来，双方舰队会战于沌口。十年前，王
琳水军曾在此大败陈霸先军，但这次战事却因权景宣指挥无能，引
起周、梁及华皎联军大败，舰船大都被陈军击毁，华皎等向上游逃
往江陵。元定孤军被隔绝在江南，"进退无路，斫竹开径"[3]，希望撤
到巴陵渡江。但从陆路进袭的陈军已经占据湘州和巴陵，元定与陈军
和谈，被陈军欺诈俘获，病死在南方。周军此番渡江作战又以失败告
终。陈军水师还乘秋季涨水，以大舰开入汉江（沔水），攻克周的沔
州治所，[4] 俘获其刺史裴宽。[5] 陈军由此再度控制汉水入江口，阻遏来
自汉水上游的威胁。

---

[1] 《陈书》卷二十《华皎传》，第 272 页。

[2] 关于元定所部兵力，《周》与《陈书》所言不同。《周书》卷五《武帝纪上》："元
定以步骑数千先度，遂没江南。"（第 74 页）《陈书·废帝纪》云"周将长胡公拓跋定率
步骑二万入郢州"（第 68 页）；卷二十《华皎传》则云"长胡公拓跋定人马三万"（第
272 页）。元定即拓跋定。陈朝文献似有夸大敌军兵力的惯例，但《周书》为降低自身
损失，也可能少写元定兵力。《陈书·废帝纪》又云陈军俘获元定的战果"俘获万余人，
马四千余匹"（第 68 页），由于元定军队因无法渡江北撤而全部被俘，此数字当接近其
实际兵力。

[3] 《资治通鉴》卷一百七十，第 5270 页。

[4] 据《隋书》卷三十一《地理志下》，为隋沔阳郡，约今湖北省仙桃市。

[5] 《陈书》卷十《程灵洗传》，第 172 页；《周书》卷三十四《裴宽传》，第 597 页。

陈的江防与进攻

华皎下江之战失利后，北周和后梁为了补充舰船损失及准备下一轮渡江，又在汉江中修造战舰。[1] 周军还在三峡口南岸兴建安蜀城，作为向江南扩张的据点。为了保持对安蜀城的补给，周军在峡谷中搭建跨江索道："于江上横引大索，编苇为桥，以度军粮"[2]。这样周军只需控制长江两岸的陆地城垒，就能持续作战。

陈宣帝陈顼即位之后，一直试图解除北方对长江的威胁。570 年，陈军以章昭达率主力水师溯江而上，准备一举攻灭江陵的后梁小朝廷，并解除周军对上游的威胁。章昭达部首先至汉江口，乘涨水季节轻舟溯汉水至青泥，将周、梁建造的船舰全部焚毁。陈水师继续溯江而上，准备攻拔安蜀城。为切断周军的跨江索道，"昭达乃命军士为长戟，施于楼船之上，仰割其索，索断粮绝"，然后攻击安蜀城，城中周军被迫投降。[3] 至此，陈军再度肃清了长江上游的威胁。

摧毁周军的渡江途径后，陈军集中兵力攻击江陵。周襄州总管宇文直遣军救援，双方在江陵城下数次交战，陈军都被击败。陈军还试图掘开堤坝水淹江陵，又被周梁联军击破，遂班师撤回建康。

570 年的战争说明，陈军有能力依靠水军实现对长江的控制权，北方军队难以染指江南；但陈军离舟攻击江北城垒时付出很大代价，说明陈军在陆地作战中并没有优势。

---

[1] 据《陈书》诸传，此次周、梁造舰之地为"青泥"，但未言具体地址。《周书·萧詧传附子岿》则言"竟陵之青泥"，可见在竟陵郡境内的汉江段，约今湖北省钟祥市，见第864 页及中华书局校勘记。周人选择在这里造船，大概和北齐在合肥造船的考虑相似，即认为其地处汉口门内，可以防备长江中的陈水师，而在机会适当时可以驶入长江作战。三国曹魏末，司马懿督荆、豫二州诸军事时，也曾在汉江中造船，但冬季战争时因为水浅无法驶入长江，见前文。

[2] 《陈书》卷十一《章昭达传》，第 184 页。

[3] 《陈书·章昭达传》，第 184 页。另参见卷十《程文季传》，卷十五《陈慧纪传》，卷二十二《钱道戢传》，卷三十一《樊猛传》《鲁广达传》。但陈军袭击青泥及安蜀城之事，为《宣帝纪》不载，所以难知其具体月日。《资治通鉴》卷一百七十陈太建二年（570 年），将攻灭安蜀城之战系于七月，但未载焚青泥舰船之事。

此战之后，陈军稍作休整，又集中十万兵力，于太建五年（573年）三月发动了对江北北齐辖境的进攻。经过大半年攻势，陈军拔除了北齐在江淮之间的一系列城垒据点，将战线推进至淮河。稍后，陈军又进占淮河以北的胸山、下邳等地，并挫败了齐军的反攻。至此，陈与北方的东线边界恢复到东晋十六国及齐、梁时的状态。但随着周灭齐统一北方，周军对东线陈军发起攻势。太建十年（578年）春，陈军大败于淮北，北伐军几乎全军覆没。次年（579年）冬，周军在淮河一线展开全面进攻，至十二月，全面占领淮南江北之地，陈军北伐所获疆土全部失守，南北方再次恢复到以长江为界。随着581年杨坚代周建隋，陈与隋呈隔江对峙态势，统一南北的使命要靠隋来完成了。

第三节　隋军灭陈之战的部署

总体规划

581年杨坚代周建隋，隋朝已经统治了大半个中国的三千余万人口，而陈只剩江南之地和区区二百余万人口。这种形势和晋灭吴之前基本相似，但隋将战线向南推进更深，在三峡以东，隋几乎已全面控制江北地区。这比三国时东吴尚保有江北一些堡垒、城市的局面又有不同。随着杨坚政权的巩固和隋朝国力的壮大，隋开始进行渡江平陈的部署。

对于隋朝将帅们来说，三百年前晋灭吴的战略肯定是其制定进攻方案的重要参照。但在战事开始后，各种因素又导致了战役进程与晋灭吴并不完全相同。本节将讨论隋军对晋灭吴战略的借鉴，并分析哪些因素导致了不同的战役进程。

开皇八年（588年）三月，隋文帝杨坚已经发布了讨伐陈朝的诏书。依照以往北方政权南伐的惯例，作战季节会避开盛夏雨季，所以到十月，隋朝才完成伐陈的战略准备，晋王杨广受命为淮南行台（驻扎寿春）。到十一月，伐陈主力才从长安开赴前线。这和晋武帝在咸宁五年（279年）十一月启动伐吴的时间完全相同。隋伐陈的整体部署为：

> 命晋王广、秦王俊、清河公杨素并为行军元帅以伐陈。于是晋王广出六合，秦王俊出襄阳，清河公杨素出信州，荆州刺史刘仁恩出江陵，宜阳公王世积出蕲春，新义公韩擒虎出庐江，襄邑公贺若弼出吴州，落丛公燕荣出东海，合总管九十，兵五十一万八千，皆受晋王节度。[1]

隋军基本沿袭晋伐吴的战略部署，只是稍有改动。《资治通鉴》此处取材自《隋书·高祖纪》，但《隋书》对诸统帅多记爵位，而《资治通鉴》则记为实际职务，比较便于观览。下面就结合《资治通鉴》进行详细分析：

东线：贺若弼出广陵渡江。《资治通鉴》作："吴州总管贺若弼出广陵"。这和晋徐州都督司马伷的出击方向基本一致，但西晋在进攻之前，东线的军事基地是淮北的下邳，而隋军此时已经推进至长江之滨，前进基地已是长江边的广陵城。

中线：又分东、中、西三路。

东路，"庐州总管韩擒虎出庐江"，和晋扬州都督王浑的出击方向一致。西晋战前只控制到淮南的合肥，尚未推进到长江边，主要军事基地在扬州治所寿春；而隋军则直接控制着江北的历阳地区。

中路，"（晋王）广出六合"，即从寿春出发，指向建康对岸的江北地区。这个出发地也和晋扬州都督王浑基本相同，但当初晋军并没用直接指向建邺对岸的计划。

---

[1]《隋书》卷二《高祖纪下》，第31页。

西路，"蕲州刺史王世积出蕲春"，和晋豫州刺史王戎出击方向一致。但晋军基地在淮北的项城，而隋军已经占据长江北岸、大别山南麓的蕲春城。

西线：又分为东、中、西三路。

东路，"荆州刺史刘仁恩出江陵"，和晋荆州都督杜预的出击方向一致。但三国时东吴一直占据江陵，西晋荆州的军事基地是襄阳；而隋军则已占据江陵。

中路，"（秦王）俊出襄阳"，这一路是襄阳的隋军舰队，沿汉江（沔水）而下进入长江。这和晋军江北都督胡奋攻击方向相同。但陈和吴不同，不能保有江北，其江夏郡治已经移到长江南岸，只能以水师阻滞隋舰队渡江。

西路，"（信州刺史、行军元帅杨）素出永安"，以水师自蜀地出三峡，和西晋王濬舰队出击方向一致。

以上是隋军和晋军相同的出击方向。此外，隋军还有海道出发的一路——"青州总管弘农燕荣出东海"，即从海道直指江南。但这路隋军在战事中并未发挥直接作用。

隋军指挥序列：有三位行军元帅：晋王杨广、秦王杨俊和清河公杨素。杨素的地位不能与两位皇子相比，所以隋军的战区最高统帅有两个，上游西线的杨俊和下游东线的杨广。晋伐吴时只有贾充一人充当大都督，奔波于东西两处，而隋军的部署更为合理，可以兼顾上下游同时展开进攻。另外，贾充的指挥部设在远离战场的襄阳和项城，而隋军的三位元帅（其中包括两位皇子）都各有负责的主攻方向，直接参与前线战事，显然更有效率。

杨素在上游的准备

在隋文帝部署平陈战事时，显然吸取了晋灭吴的经验，其中最首要的就是在蜀地大规模修造战舰，以便在开战后控制长江，保障主力渡江。开皇五年（585年），隋文帝任命杨素为信州总管，驻永安（三峡西侧的白帝城）负责修造战舰。[1] 杨素本传对此的记载是：

> 上方图江表，先是，素数进取陈之计，未几，拜信州总管，
> 赐钱百万、锦千段、马二百匹而遣之。素居永安，造大舰，名
> 曰五牙，上起楼五层，高百余尺，左右前后置六拍竿，并高五十
> 尺，容战士八百人，旗帜加于上。次曰黄龙，置兵百人。自余平
> 乘、舴艋等各有差。[2]

可见杨素在永安的造舰规模颇大，完全堪与王濬在成都的工作相
比。杨素于开皇五年（585 年）十月到任信州刺史，比伐陈战役开始
的 588 年整整早了三年，他能及时完成此项事业，也可旁证王濬可以
在伐吴之前二年（277 年）开始大规模造舰。王濬时候的益州包含了
四川盆地大部地区，而在隋初州一级行政区的范围已比较小，当时巴
蜀地区已经被划分为十几个州，信州只是其中之一，杨素大规模造
舰，仅信州一州显然不足以提供足够的人财物资源，需要从他州调
拨。杨素所任"信州总管"，必然包含了都督巴蜀地区其他诸州的指
挥权，只是为史书所略。

杨素的造舰事业是隋文帝平陈的重要依仗，他对此寄托了极高的
期望。还在展开攻势之前半年，开皇八年（588 年）三月，隋文帝发
布声讨陈叔宝的诏书，宣称自己即将展开的灭陈大计应天顺人，其中
就提到有神龙出现在长江之中，引导隋军直下金陵（建康）：

> 益部楼船，尽令东骛，便有神龙数十，腾跃江流，引伐罪之
> 师，向金陵之路，船住则龙止，船行则龙去，四日之内，三军皆

---

[1] 《隋书》卷一《高祖纪上》，开皇五年："冬十月壬辰，以上柱国杨素为信州总管"（第
23 页）。
[2] 《隋书·杨素传》，第 1282 页。

睹，岂非苍旻爱人，幽明展事，降神先路，协赞军威！[1]

此时平陈战役尚未开始，杨素舰队尚未驶出三峡。"益部楼船，尽令东骛"一句，应是巴蜀地区各州的舰队向信州集结。这说明造舰工程并非仅在信州一州，而是在巴蜀各州同时展开，建造完毕后驶往最下游的信州集结，归入杨素舰队序列。伐陈之战开始时，杨素被授予"行军元帅"，和杨广、杨俊两位皇子相同，高于其他任何一路伐陈军统帅。这也表现了隋文帝对杨素舰队的期望之高。

贺若弼在下游的渡江准备

在杨坚建隋后不久，就任命韩擒虎为庐州总管，贺若弼为吴州总管，负责长江最下游的对陈防务。[2]据《隋书·地理志下》，庐州即为南朝梁之南豫州；吴州原为南朝梁、陈之南兖州，北周占据后改为吴州，治江都（即魏晋广陵城）。庐州的历阳为古代最重要的渡江地点。隋文帝将造舰任务都交给了杨素，韩擒虎和贺若弼都没有造船工作。

但贺若弼对渡江作战之事非常积极。他曾"献取陈十策，上称善，赐以宝刀"[3]，平陈战争结束之后，他又重新编写过这些建议：

> 平陈后六年，弼撰其画策上之，谓为《御授平陈七策》。上弗省，曰："公欲发扬我名，我不求名，公宜自载家传。"[4]

---

[1] 《隋书·高祖纪下》，第31页。
[2] 《隋书·高祖纪上》："三月……戊子……以上开府、当亭县公贺若弼为楚州总管，和州刺史、新义县公韩擒虎为庐州总管。"（第14页）按，此时贺若弼尚不是吴州总管，其调任应是此后不久之事。因为《隋书》卷五十一《长孙览传》于开皇二年之后，曾提及"上常命览与安德王雄、上柱国元谐、李充、左仆射高颍、右卫大将军虞庆则、吴州总管贺若弼等同宴"（第1328页）。可见贺若弼到楚州不久即调任吴州总管。
[3] 《隋书》卷五十二《贺若弼传》，第1344页。
[4] 《北史》卷六十八《贺若弼传》，第2381页。按，"十策"或"七策"仅见于《北史》；《隋书·贺若弼传》未载。

十策在战后减为了七策，可能没有用到的三条被删去。十策出自贺若弼，这在隋朝高层已不是秘密，但贺若弼却要将其作为隋文帝的"御授"，显然是卖一个空头人情，无怪杨坚不愿领情。这曾付诸实践的七策中，三条与渡江舰船有关：

> 其三，以老马多买陈船而匿之，买弊船五六十艘于渎内。陈人觇以为内国无船。
>
> 其四，积苇荻于扬子津，其高蔽舰。及大兵将度，乃卒通渎于江。
>
> 其五，涂战船以黄，与枯荻同色，故陈人不预觉之。

可见在贺若弼的渡江方案中，并没有等待杨素舰队到来再渡江的打算（也许已经删去的三策中有，但未派上用场，今日也就不得而知了）。所以他不准备在长江中与陈水师主力决战，而是要麻痹陈水师，乘其不备时以小规模船队偷渡。一旦踏上南岸土地，就可发挥隋军的陆战优势。第六策是渡江之后的安排："先取京口仓储，速据白土冈，置兵死地，故一战而克。"特地强调"置兵死地"，也是因为没有信心歼灭陈舰队，夺取长江制水权。这和当年北齐两度渡江进攻建康，以及北周时贺若敦（贺若弼之父）渡江进攻湘州的态势几乎完全相同，且吸收了其父未能速战速决，最终失败的教训，准备一举攻灭陈朝。

第四节　灭陈战事实际进程

上游战事：缺乏建树的杨素舰队

开皇八年（588 年）十二月，沿江各路隋军相继就位，开始对陈攻势。杨素舰队最早进军，已驶入三峡，与沿途及江中陈军展开战斗。三峡中的战事颇为激烈，从流头滩（三峡最西端的瞿塘峡段）直至巫峡（三峡最东端），隋军与陈军发生多场战事。《隋书》本传对杨素的表现多有夸张溢美之辞。例如在狼尾滩，陈军以"青龙百余艘、屯兵数千人"阻击隋军，而杨素"亲率黄龙数千艘，衔枚而下"，一举击破陈军。[1] 据前引杨素本传，黄龙舰是一种可搭载百名士兵的中型战舰，"次曰黄龙，置兵百人"，如果有黄龙数千艘，则杨素水师应有数十万人之多，且还不包括搭乘其他型号舰船的隋军。如前引文，参与伐陈的隋军总共才"五十一万八千"。所以此处的黄龙"数千"可能是"数十"之误，即参与狼尾滩战事的隋水军为数千人规模。

陈军在长江上游的防务比较坚强。名将周罗睺一直驻防上游，当隋军攻势即将展开时，陈后主又命其"都督巴峡缘江诸军事，以拒秦王俊"[2]，所以从汉江而下的隋军杨俊主力被阻击在汉口附近，一直不能向前推进。当杨素舰队驶出三峡后，进至汉口与杨俊会师，也始终未能突破周罗睺部陈军。两军在上游相持至开皇九年（589 年）正月，下游隋军已经渡江占领建康，陈后主被俘，给上游诸将写信命其投降，杨俊等方渡江进入湘江流域，而杨素舰队也始终未能到达下游。和杨素有限的战绩相比，本传对他的吹嘘显得过于肉麻：

> 素率水军东下，舟舻被江，旌甲曜日。素坐平乘大船，容貌雄伟，陈人望之惧曰："清河公即江神也。"[3]

作为江面上势均力敌的对手，陈军显然不会给杨素如此之高的评价。何况杨素舰队还没有当年王濬直取建康的战绩。杨素晚年地位极高，本传初稿很可能作于其晚年权势正盛之时，故而充斥着不切实际的夸张溢美之辞。

---

[1]《隋书·杨素传》，第 1283 页。
[2]《隋书》卷六十五《周罗睺传》，第 1524 页。
[3]《隋书·杨素传》，第 1283 页。

长江下游战事

陈后主对于长江下游的防务未给予足够重视。按照《南史》记载，[1] 当隋开皇九年（陈祯明三年，589 年）新年来临之际，陈后主将沿江重镇将帅都招入建康参见元旦朝会。其中有南徐州刺史萧摩诃，永嘉王陈彦（二人皆驻防京口），南豫州刺史樊猛（驻防姑孰），江州都督、南平王陈嶷（驻防江州溢城）。为了新年阅兵，陈后主还命诸州舰队都开到建康。这样，在隋开皇九年（589 年）春节之际，自江州溢城以下，沿江诸要塞都没有了最高统帅和主力舰队，江防实力大为削弱。

杨广主力进至建康对岸的六合时，已是开皇八年（588 年）十二月。此时的上游杨素舰队尚在三峡中与陈军激战，杨俊主力对汉口方向的攻势也不顺利；陈下游诸州的舰队正驶向建康，使得这里的水师实力大增，六合隋军未敢冒险渡江。

与此同时，前线隋军可能侦知了京口等地陈军统帅、水师赴建康的消息。[2] 是否乘这个机会冒险渡江，成为下游隋军统帅杨广面临的选择。当时杨广比较年轻，实际负责指挥的是长史高颎，他对于渡江决战一度颇为踯躅，[3] 但最终下决心：贺若弼、韩擒虎两路在元旦同日渡江。

开皇九年（589 年）元旦（乙丑朔）前夜，大雾弥江，下游隋军乘机渡江。韩擒虎部凌晨登陆，趁陈军夜宴酣醉之际占领采石据点。贺若弼部则渡江进至京口城下。隋军没有长江制水权，只能采取偷渡的形式，所以过江部队数量有限：贺若弼所部马、步兵共八千人；而

---

[1]　《南史》记载陈后主昏庸的史事较多，甚至有故意贬低陈朝之嫌，《陈书》类似记载则较少。

[2]　《北史》卷七十八《张奫传》："贺若弼之镇江都也，特敕奫从，因为间谍。平陈之役，颇有力焉。"（第 2632 页）可见隋军统帅颇重视情报工作。

[3]　《隋书》卷五十七《薛道衡传》载，高颎在和薛道衡一席谈话之后，方坚定了渡江决心，见第 1407 页。但传中薛道衡所言，都是人所共知之事，对高颎未必有实际意义。北朝末至隋的这种文人本传多言过其词，未必可信。

韩擒虎部则只有五百人。

正月初二（丙寅），陈后主获悉了隋军渡江的消息。初三日（丁卯），"召公卿入议军旅"；初四日（戊辰），"内外戒严"，建康等地才进入战备动员状态。[1] 在建康的南豫州刺史樊猛受命率七十艘"青龙"舰游弋建康江面，防范对岸的杨广主力渡江。[2] 皋文奏则受命增援南豫州，防止韩擒虎部占领姑孰。

韩擒虎、贺若弼两部隋军登陆之后，都经历了数日才攻克南豫、南徐两州治所。六日（庚午），贺若弼部攻拔京口，擒获陈南徐州刺史；七日（辛未），韩擒虎部对姑孰展开攻势，当日克城，擒获樊猛之子、代理南豫州刺史樊巡，并击败了前来增援的陈军皋文奏所部。至此，隋军在江南取得了两个稳固据点，并同时向建康进军，沿途陈军纷纷败逃。

十七日（辛巳），贺若弼军进至建康东北郊的钟山。[3] 陈将领任忠曾经向后主建议：建康陈军应当全力守城，并以舰队巡游长江，截断渡江隋军与后方的联系；同时派水师万人袭击江北六合的隋军。这样，江北隋军会认为渡江隋军已经被全部歼灭，从而打消其主力渡江之决心；再以水师袭击京口等地，断绝渡江隋军后路，逼迫其撤退：

> 兵法：客贵速战，主贵持重。今国家足食足兵，宜固守台城，缘淮立栅，北军虽来，勿与交战；分兵断江路，无令彼信得通。给臣精兵一万，金翅三百艘，下江径掩六合，彼大军必谓其度江将士已被俘获，自然挫气。淮南土人与臣旧相知悉，今闻臣往，必皆景从。臣复扬声欲往徐州，断彼归路，则诸军不击自去。待

---

[1] 《陈书·后主纪》，第 116 页。
[2] 《陈书·樊猛传》："时猛与左卫将军蒋元逊领青龙八十艘为水军，于白下游弈，以御隋六合兵"。（第 418 页）
[3] 《资治通鉴》卷一百七十七作"辛未"（第 5506 页），误，当从《陈书·后主纪》作辛巳。

春水既涨，上江周罗睺等众军必沿流赴援，此良策也。[1]

　　这套方案和三十多年前陈霸先对付渡江的北齐军队如出一辙，其核心是运用长江水师隔绝敌军后援，使渡江敌军进入饥困状态，然后予以歼灭。但陈后主未能接受。此时杨广也试图向江南增兵，准备一举攻克建康。当韩擒虎所部进至建康南郊的新林时，杨广派遣的步骑二万人也在这里登陆与韩擒虎汇合。

　　陈后主担心被隋军南北夹击，又突然下令决战。二十日（甲申），数万陈军开出建康，列阵攻击北来的贺若弼军。双方鏖战一整天。陈军各部互不统属，缺乏协调，损失数千人，将领萧摩诃也被俘获。但陈军鲁广达部据守建康北城作战，使得贺若弼部一直不能入城。同日，韩擒虎获悉建康展开大战，遂带五百名骑兵急进，下午时逼近建康。陈将任忠向其投降，防守秦淮河的陈军溃散，韩擒虎部未遇到抵抗，直入建康台城，俘获陈后主。傍晚时，正在抵御贺若弼的陈军获悉皇帝被俘，遂溃败投降。随着陈后主给上游诸将写信劝降，隋灭陈之战宣告结束。

战功评定的争执

　　和晋灭吴之后王濬与王浑发生争功类似，平陈之战结束后，隋朝诸将也发生了争功纠纷。由于杨广、杨俊是皇子，封赏的意义不大，所以封赏主要是对杨素、韩擒虎、贺若弼三人。韩擒虎和贺若弼在占领建康的第一天矛盾已经公开化：贺若弼认为自己与陈军主力鏖战一整天，对灭陈的功劳最大，而韩擒虎只是乘自己吸引开陈军主力之机进城，属于投机取巧。在二人的互相指责中，韩擒虎特意指出贺若弼"乃敢先期，逢贼遂战，致令将士伤死甚多"[2]，而在刚刚克定建康时，

---

[1] 《南史》卷六十七《任忠传》，第 1651 页。
[2] 《隋书·韩擒虎传》，第 1340 页。

下游总指挥杨广也"以弼先期决战，违军命，于是以弼属吏"[1]。可见杨广对韩擒虎、贺若弼两军在江南的进度曾有统一部署，但这个部署已为史书失载。

以当时形势分析，杨广可能是想等上游克定之后，杨素舰队驶入建康江段，将隋军主力（包括杨广自己）运送过江，再择机决战。这样不仅万无一失，而且还能使杨广获得亲自攻克建康，俘获陈后主的荣耀。但由于上游战事的迁延，这个方案几乎是无法实现的。

所以隋文帝并不赞同杨广对贺若弼的处置，他命人迎接贺若弼回长安，"命登御坐，赐物八千段，加位上柱国。进爵宋国公，真食襄邑三千户，加宝剑、宝带、金瓮、金盘各一，并雉尾扇、曲盖、杂彩二千段，女乐二部，又赐陈叔宝妹为妾"[2]，极尽褒奖。杨素舰队并没有完成协助下游部队渡江，占领建康的任务，但其封赏仍非常高："进爵郢国公，邑三千户，真食长寿县千户。以其子玄感为仪同，玄奖为清河郡公。赐物万段，粟万石，加以金宝，又赐陈主妹及女妓十四人。"[3] 这可能是隋文帝对杨素的偏爱所致。

至于进占建康，俘获陈后主的韩擒虎，所获封赏却不如杨素、贺若弼二人，仅为"进位上柱国，赐物八千段"，这是因为"有司劾擒（虎）放纵士卒，淫污陈宫，坐此不加爵邑"[4]。以当时局势推测，这个弹劾韩擒虎的"有司"，可能还是晋王杨广。因为韩的行为和贺若弼相似，都没有顾及杨广本人立头功的愿望，所以遭到了报复。杨广这种妒忌阴损的性格，在后来的夺嫡和为帝期间得到了淋漓尽致的发挥。

从隋军平陈的战事来看，和晋灭吴之战有非常大的不同。最重要的是，这是一场没有悬念的战争。在开战之前，隋朝内部的意见就非

---

[1] 《隋书·贺若弼传》，第 1345 页。
[2] 《隋书·贺若弼传》，第 1345 页。
[3] 《隋书·杨素传》，第 1283 页。
[4] 《隋书·韩擒虎传》，第 1341 页。

常统一，灭陈是大势所趋，几乎没有反对质疑的声音。在开战之后，诸路隋军的攻势也格外凌厉（除了秦王杨俊所部）。这种大趋势之下，偶或一两位将帅的心怀不轨、消极怠工，也不可能拖延整个战局的进展。诸路平陈军的统帅都出自北周上层家族，经受过灭北齐等战事的锻炼，富有战争经验和进取精神，即所谓"关陇贵族"出将入相、文武兼通的精神风貌。但另一点，即杨广对韩擒虎、贺若弼两位统帅的刻薄寡恩，以及杨俊、杨素在上游战事中碌碌无为也未受到惩罚，则显示了另一种趋势：皇权正在迅速重新崛起，帝王个人的好恶又开始成为唯一的游戏规则。这则和西晋灭吴时已发端的士族坐大、皇权低落的趋势完全相反。

第九章　桓温对前燕的北伐

第一节　南方对北作战的地理因素

水运、河流与季节

在4—6世纪南北政权之间的战争中，江河并非只起到了分割南北的作用。作为交通运输手段，水运在前现代战争中发挥着重要作用，特别是对于南方政权。江南水乡的居民生活多依赖舟楫，所以南方军队在北伐中，也更多借助河流进行后勤运输，甚至是作战部队的进军也依靠舰船和水军。除了惯常的生活习惯，这还和南北方的自然物种差异、兵种差异有关：南方政权控制的区域多非马、牛等力畜原产地，所以缺乏拖曳车辆的牲畜（长江流域固然多水牛，但水牛不适应北方的寒冷和干旱，所以在淮河以北的战场上作用有限）。

另外，南方政权缺少骑兵，也使其军队后勤更多地依赖后方运输，而不能靠在战区征集（抢劫）粮食。骑兵行动速度快，在同样时间内搜索的区域要比步兵大得多，所以便于在战区抢劫物资、因粮于敌，但这个优势只属于北方军队。这也迫使南军更重视运用河流进行水运。

与水运相关的是季节问题。到冬季，北方（淮河以北）河流封冻无法航行。北方降雨量较少，且集中在夏季。只有在雨季涨水时，北方河流才能保证航运所需的水量。所以南方军队的北伐多选择在夏季进行，且即使在雨季，也往往需要采取人工手段，如修筑堰坝，使自然河流改道等来提高航道中的水位，保障通航。当然，除了水运，南军选择夏季北伐还有其他方面的考虑：南方人多不适应北方冬季的严寒；北方河流封冻之后，也不能用作防范北军骑兵的天然屏障（黄河在这方面比较明显）。这些因素都使得南军北伐尽量集中在夏季，避开严冬。

东晋十六国的百余年时间里，北方局势经历了数次激烈变动。石赵王朝、前秦王朝的崩溃都引起了北方的长期混战，给南方军队提供了北伐契机，所以东晋军队曾数次将战线推进到黄河。到南北朝时，双方对峙僵持的局面相对稳定。北魏政权统治北方的百余年时间里，逐渐将南北交界线从黄河推移到淮河。同时，北方经历过两百多年的民族融合，因政局动荡而发生全面的社会崩溃情况已经难以发生了，所以在北魏政权崩溃，北方陷入动荡时，南方萧梁政权的北伐亦难有作为，而很快呈现出东、西魏与南方政权对峙的局面。

关于魏晋南北朝时淮河与长江、黄河流域的漕运（内河航运）问题，王鑫义先生曾有专文论述，他比较系统地梳理了淮河沟通长江、黄河的诸河道，以及这些航道在南北方战争中的运用情况。[1] 故本编的论述重点并不在这些航道本身，而是以东晋时期的几次大规模北伐——桓温征前秦、前燕，刘裕征南燕、后秦为例，从战略角度探讨南军在北伐中如何综合利用内河航运、季节等因素，以及这些外部条件对战局产生的影响。

江—淮、黄—淮水系与南北战争

南方军队北伐都要自长江进入淮河，再从淮河流域北上进入黄河。自春秋末期吴国就开凿了邗沟，沟通长江和淮河水系。在东晋南北朝时，这条江淮运河一直可以使用，南军舰队自江入淮，都是循这条河道。进入淮河后再溯泗水到彭城，有两条河道通向黄河：向西偏

---

[1]　王鑫义：《东晋南北朝时期的淮河流域漕运》，《安徽史学》1999 年第 1 期。

北是汴水，通往黄河荥阳段的石门水口；向正北方溯泗水而上，可辗转进入济水，驶入黄河。下面对这两条航道在东晋之前的情况做一简单介绍：

沟通黄河和淮河的水系比较复杂。黄河在流出豫西山地之后，自荥阳以东都是广阔的平原，少有山地约束。黄河含沙量大，河床淤积迅速，所以河道在平原上发生过多次南北摆动，向北流可入渤海，南流可入黄海。且黄河在荥阳以下河段经常分流出若干"支津"[1]。这些支津或与干流并行注入渤海（如济水），或向东南汇入泗水（如汴水、菏水等，详见下文），再与之一起注入淮河。自战国以来，人们出于灌溉、航运需要，经常对这些黄河支津进行人工疏浚或改道。由于黄河水含沙量大，这些支津也经常淤塞、废弃和改道。特别是在魏晋南北朝时代，因为分裂动荡，河道缺少人工维护，淤塞情况更为严重。在南方政权北伐时，往往先要对航道进行人工疏浚开掘才能使用。而开掘河道的工作受战局影响，多难以按计划进行，反过来又影响战事的成败。在桓温和刘裕自淮河入黄河的北伐战争中都曾遇到过这种情况。

自东汉以来，在沟通黄、淮的航道中，汴水地位最为重要。自彭城通往洛阳，以汴水最短、最便捷。因其沟通淮河和京师的漕运价值，在西晋统一时代，汴河在人工疏浚之下都可通航。280 年西晋灭吴时，王濬舰队自益州驶出三峡，杜预便写信鼓励他："便当径取秣陵，讨累世之逋寇，释吴人于涂炭。自江入淮，逾于泗汴，溯河而上，振旅还都，亦旷世一事也。"[2] 这里"自江入淮"，是走邗沟航道；"逾于泗汴，溯河而上"，则是从淮河驶入泗水，到彭城时转入汴水，至石门进入黄河，最终进入洛阳。这说明当时这条航道是畅通的（当

---

[1]　依史念海先生说，流入干流的河道为"支流"，自干流分出的河道为"支津"。史念海：《论济水和鸿沟》（上），《陕西师范大学学报》（哲学社会科学版）1982 年第 1 期。

[2]　《晋书·王濬传》，第 1210 页。

然，邗沟、汴水等航道水量有限，难以通行大船，王濬舰队中体型较大的战舰是无法通过的）。

到西晋末战乱时期，青州刺史苟晞和控制朝廷的东海王司马越交恶，遂进军占领汴河边的仓垣城，掐断了东南方到京师的漕运干线，使洛阳陷入饥荒，最终迫使司马越带主力禁军离开洛阳，到豫州地区就食。[1] 此举也说明在西晋一朝，泗水—汴水航道始终是东南江、淮流域粮赋进入洛阳的最重要通道。

另一条沟通黄淮的通道，即从彭城继续溯泗水而上，王鑫义先生称之为"泗黄漕路"，王鑫义先生所举关于这条航道的最早记载，是东晋永和十二年（356年），苟羡北伐前燕，"自光水引汶通渠，至于东阿以征之"[2]。但这条航道在东晋之前，特别是在西晋统一时代是否存在？通过《水经注》等文献可以发现，在泗水上游的高平郡（国）湖陆县，一条"菏水"（又称南济水）向西沟通泗水与济水。溯济水向西，可以驶入汴水上游，再从石门水口进入黄河。这是因为济水和汴水在上游同源，都出自黄河的石门水口。[3]

史念海先生认为："菏水本是一条人工开凿的水道，也就是春秋时期吴王夫差在商鲁之间所掘的沟。"[4] 这条经由菏水—济水进入黄河的航道虽如此古老，但在汉魏文献中极少有记载。其原因可能是：以汴水为骨干的航运格局，是以洛阳为中心的统一时代的产物。当时东南去往洛阳的漕船都自彭城进入汴水航道，这比经菏水航道便捷；而冀、青、兖州的粮赋则溯黄河干流运往洛阳，导致菏水—济水航道利用价值降低。当然，在统一时代，菏水—济水航道也并非全无利用价

---

[1] 此事为正史失载，见《水经注疏》卷二十三《汳水》："汳水东迳仓垣城南，即大梁之仓垣亭也。城临汳水，陈留相毕邈治此。征东将军苟晞之西也，邈走归京。晞使司马东莱王讚代据仓，断留运漕。"（第1960—1961页）汳水即汴水之异写。

[2] 《晋书》卷七十五《苟羡传》，第1981页；王鑫义：《东晋南北朝时期的淮河流域漕运》，第12—13页。

[3] 《水经注疏》卷八《济水二》。

[4] 史念海：《论济水和鸿沟》（上），第75页。

值。因为汶水亦注入济水，兖州的中心区（即泗水上游、汶水流域诸郡县）使用这条航道进入洛阳较为便捷。西晋末青州刺史苟晞被起事武装击败后，"单骑奔高平，收邸阁，募得数千人"[1]，高平邸阁（粮仓）储存的粮食，当从菏水—济水送入洛阳最为方便。如果运船顺泗水到彭城，再经汴水送往洛阳，就比较迂远了。

　　还有另一个问题，就是在菏水汇入济水之处，继续向下游行驶，过巨野泽到达东阿一带时，济水与黄河干流之间距离很近。369 年桓温伐前燕至济水，就是从这里的四渎口进入黄河的。那么在此前的汉晋承平时代，这段黄河与济水间是否有航道沟通？史书都没有明确记载。《水经注·河水》则云：

　　　　河水又东北流，迳四渎津，津西侧岸临河，有四渎祠，东对四渎口。河水东分济，亦曰沛水，受河也……东北流，迳九里，与清水合，故济渎也。
　　　　自河入济，自济入淮，自淮达江，水径周通，故有四渎之名也。[2]

　　此处的清水即济水北段。因为济水在流出巨野泽之后，经过沉淀作用，水流已经较为澄清。到四渎口一带再次与黄河水合流之后，清浊对比格外明显，故被称为清水。四渎口这段沟通河、济的河道，又被称为"孟津河"（与黄河的盟津段重名，但非一地），《水经注·河水》称其"迳九里"，即九里长，《济水》卷则称有十里长，[3] 两说基本近似。"四渎祠"则因为这里能够辗转沟通江、淮、济、河而得名，

---

[1]《晋书》卷六十一《苟晞传》，第 1668 页。
[2]《水经注疏》卷五《河水五》，第 472—473 页。
[3]《水经注疏·济水二》："济水又东北……河水自四渎口东北流而为清。《魏土地记》曰:盟津河别流十里，与清水合，乱流而东，迳洛当城北，黑白异流，泾、渭殊别……"（第 737 页）

从祠的存在来看，这条航道应在桓温、荀羡之前已经有了。因为郦道元生活的 520 年代和桓温北伐相距一百五十年左右，如果从桓温时才初次开通四渎口，则未必能在百余年的时间内形成民俗特征的"四渎祠"崇拜。另外，从两汉至西晋的数百年承平岁月，济水和黄河都是重要航道，两水在四渎口相沟通的渠道仅九里长，[1] 这种工程在汉魏晋和平年代完全可以完成。

第二节　晋军北伐中的黄—淮航道

352—354 年，戴施利用汴水进入洛阳和河北

自从中原刘石起兵、晋朝迁播江南之后，洛阳不再是都城和漕运中心，河南淮北地区成为南北方拉锯争夺的战场。320 年代，石氏后赵逐渐占领淮河以北。到 350 年代，石赵王朝因内乱崩溃，黄河以南的驻军将领纷纷投降东晋。晋军乘机北上，在从淮河向黄河推进的过程中，需借助沟通黄淮间的航道进行运输。

永和八年（352 年），晋豫州刺史谢尚的部属戴施进驻汴水沿线重镇仓垣。此年夏秋，邺城中的冉闵之子冉智受到羯胡、慕容鲜卑的联合攻击，被迫向东晋求援，戴施所部遂从仓垣进至黄河，并在河北的枋头登陆进入邺城。八月，戴施部在慕容鲜卑攻击之下撤出邺城，但带出了传国玉玺。史书对戴施所部的记载过于简单，但通过其 352 年的行程可推测，这支部队最初是从彭城沿汴水推进至仓垣，又以舟师入黄河，登陆河北。这说明当时的汴水航道全线都可通航。永和八年冬，掌握东晋朝政的殷浩再次宣称北伐，"遣河南太守戴施据石门，荥阳太守刘遂戍仓垣"[2]，也是要优先控制从仓垣到石门水口之间的

---

[1]　即所谓"（黄河水）东北流，迳九里，与清水合"。

[2]　《晋书》卷八《穆帝纪》，第 198 页。

汴水航道。

此后十余年内，由于东晋上层人事更替，戴施的上级屡次更迭，但其以石门作为军事据点的格局一直未变。戴施曾进驻洛阳。永和十年（354 年）正月，"冉闵降将周成举兵反，自宛陵袭洛阳。辛酉，河南太守戴施奔鲔渚"[1]。据《水经注》，鲔渚在洛水与黄河的交汇处附近。[2] 这也说明晋军在河南地区的驻防体系都依托河道。

永和十二年（356 年）二月，桓温加"征讨大都督、督司冀二州诸军事，委以专征之任"[3]。获得了指挥河南战场之权。此时，叛乱武装姚襄再次进至洛阳，与前度叛乱的周成武装联合。桓温遂亲自从襄阳方向进军洛阳，同时部署其他部队进行协调：

> 遣督护高武据鲁阳，辅国将军戴施屯河上，勒舟师以逼许洛，以谯梁水道既通，请徐豫兵乘淮泗入河。[4]

高武应是桓温的荆州旧部，他所据的鲁阳到洛阳并无水路可通。所以这里负责从汴水入黄河航道的还是戴施所部。戴施时任河南太守，属于司州，只有桓温加了都督司州军事之后，才能够指挥他。对于徐州荀羡、豫州谢尚，桓温尚无指挥之权，所以只能"请"其兵参与会战。当然，出于东晋内部政争，荀羡、谢尚不会主动参与桓温的攻势，但可以通过汴水向桓温军队提供军粮。这也是桓温重视汴水航道的最主要原因。这场战役晋军击败姚襄武装，再次光复洛阳，并俘获叛将周成。桓温的这次胜利和他能通过汴水获得徐州的后勤补给有重要关系。

---

[1] 《晋书·穆帝纪》，第 200 页。

[2] 《水经注疏·河水五》。

[3] 《晋书·桓温传》，第 2572 页。

[4] 《晋书·桓温传》，第 2572 页。但加大都督与征讨姚襄之事，本传皆不系年月。此处从《资治通鉴》卷一百，置于永和十二年。

荀羡沟通泗水、济水和黄河

原来不太重要的泗水上游—黄河段航道，此时开始具有战略意义。因为南军北伐需要使舰队尽快进入黄河，再利用黄河进行东西向机动，并防范北方军队渡河，这种情况下，泗水航道要比汴水便捷。同在永和十二年（356 年）春，慕容氏的前燕军队开始渡过黄河向兖州方向扩张，进抵鲁郡之卞县（今曲阜市东）。燕军从这里可以威胁彭城方向以至淮河防线。晋徐州刺史、监徐兖二州诸军事荀羡对这支燕军进行了防堵，《晋书·荀羡传》：

> 慕容兰以数万众屯汴城，甚为边害。羡自光水引汶通渠，至于东阿以征之，临阵斩兰。[1]

《资治通鉴》胡三省注认为"汴城"应为"卞城"，在鲁国卞县，当是。但卞城在东阿的东南方，大概在晋军推进途中，卞城燕军开始向黄河边的东阿撤退。荀羡晋军溯泗水北上追击，行至高平时只能人工开掘河道沟通泗水和济水。光水（洸水）恰好是来自西北方的一条支流，在高平一带注入泗水。[2] 从洸水上游向北开掘，便可以连接到汶水，而汶水又是注入济水的。所以，经过对洸水的改造，荀羡的舰队便可以从泗水经洸水、汶水而驶入济水，将东阿燕军逐到黄河北岸。

如前所述，在东阿段济水与黄河相距不远，中间有四渎口相通。而荀羡本传未载其进入黄河，可能当时四渎口已经淤塞。但南方舰船进入东阿段济水之后，再疏通四渎口，进入黄河已是非常便捷了。所

---

[1] 《晋书·荀羡传》，第 1981 页。
[2] 《水经注疏》卷二十五《泗水》："（泗水）又南过高平县西，洸水从西北来，流注之。"（第 2121 页）

以三年之后，晋军水师已经能从泗水驶入黄河：升平三年（359 年），燕军再度威胁河南，《晋书·穆帝纪》："冬十月，慕容儁寇东阿，遣西中郎将谢万次下蔡，北中郎将郗昙次高平以击之，王师败绩。"《晋书》的穆帝纪和荀羡本传都未载晋军水师动向，但《宋书》的《五行志》《天文志》却都有明确记载：

> 晋穆帝升平三年……十月，北中郎将郗昙帅万余人出高平，经略河、兖；又遣将军诸葛悠以舟军入河，败绩。[1]

《宋书》卷二十四《天文志二》作诸葛攸，《晋书》卷十三《天文志下》从之。诸葛攸从兖州北上入黄河，必然是从泗水—济水航道而上，这说明到 359 年沟通黄—济的四渎口已经再度开通。当然，这次战役晋军失败，河济地区被前燕占据。到十余年之后，桓温伐燕时重新借助这条航道。这条由洸水、汶水改造成的南北航道此后便取代了东西向的菏水，成为沟通泗水与济水的新通道。

第三节　桓温伐前燕

356 年晋军的北伐成果是暂时的。此时北方的前秦和前燕政权都开始扩张，数年时间内，东晋势力被再次压回淮河一线。而随着桓温在荆州坐大，也希望建立北伐功业，以便压倒东晋内部的竞争者。到 369 年，桓温发动了对前燕的北伐。

桓温的部署及其以往的教训

在桓温北伐之时，北方的前秦定都长安，核心区为关中；前燕建

---

[1]　《宋书》卷三十一《五行志二》，第 909 页。

都邺城，核心区为河北。前燕已基本控制河南和青州（山东半岛）地区，西南方甚至占领了鲁阳，威胁南阳地区。东晋则依托淮河，在北岸仅保留彭城等少数据点。

桓温对进攻前燕的部署是：自己率晋军主力从彭城北上，驱逐兖州方向的燕军，从此前荀羡、诸葛攸开通的泗水—济水航道进入黄河，并渡河攻击燕都邺城；豫州刺史袁真带领西路晋军从寿春（寿阳）北上，解决河南地区的燕军，占领荥阳后疏通石门水口，恢复汴水流量，为进入黄河的桓温主力提供第二条补给通道。[1] 从这个部署可以看出，当时汴水上游的石门水口已经被阻塞。此时距离 356 年戴施从汴水进攻洛阳仅十三年，自然淤积未必这样快，所以很可能是燕军进占河南之后，为了防范晋军北伐而有意阻塞了石门水口。如果没有从石门流入的黄河水，仅凭在河南段的有限流域面积，汴水是无法保证通航水量的。

这个计划中两路晋军分别北上，占据泗水、汴水通向黄河之处，保证了从彭城通向黄河的两条水道都可使用，前线晋军有可靠的后勤补给。这也是桓温以往征战成败的经验总结。前文已经谈及，356 年桓温主力从襄阳、南阳出发，驱逐姚襄武装克复洛阳，就得益于戴施军队维持着汴水航道的畅通，使桓温军在破败萧条的河南地区仍能得到从东南徐州方向运来的军粮。这是后勤保障胜利的例证。

此外，桓温也曾有因后勤不力而失败的教训，即永和十年（354年）的出征前秦苻健之战。当时桓温军队出发的荆州属汉江流域，而前秦所在的关中为渭水流域，两地间有分水岭阻隔，无法通航。桓温军队溯汉水及其支流均水至淅川，然后弃舟登岸，取武关道穿越秦岭，无法携带足够的军粮。[2] 为了克服这个困难，桓温计划采取"因

---

[1]　《晋书·桓温传》："先使袁真伐谯梁，开石门以通运"（第 2576 页）。

[2]　《晋书·桓温传》："温遂统步骑四万发江陵，水军自襄阳入均口。至南乡，步自淅川以征关中……"（第 2571 页）

粮于敌"的策略，准备在关中地区征集粮食。他将出征日期定在二月，[1] 在四月进入关中，而五月正是小麦收获季节，便于征集军粮。但符健政权采取了提前收割小麦、坚壁清野的策略，[2] 加之当年小麦年景不利，几乎绝收，[3] 使晋军无法征集到足够的军粮。桓温与秦军在长安郊外相持到六月，未能取得决战胜利，被迫因粮尽撤退，伐秦之战宣告失败。严格说来，当时桓温在关中驻军两个月，有足够的时间与秦军决战。他迟疑畏战而拖延到粮尽，不能全赖后勤因素。但他主要从后勤保障这个角度总结伐秦教训，所以在制定伐燕计划时，坚持两路并进，开通两条进入黄河的航道，以保障后勤供应万无一失。

新泗黄航道（桓公渎）的开通

四月，桓温率晋军主力开始北伐。他从姑孰出发，舰队循长江而下，在广陵附近驶入邗沟，进入淮河，然后溯泗水到达彭城。这时袁真所部还在北上途中，石门水口尚未开通，汴水中缺水。桓温舰队继续溯泗水北上。[4] 由于在十年前诸葛攸舰队曾从泗水驶入黄河，所以桓温认为这条航道还是畅通的。六月，桓温晋军进至高平郡，攻克燕军固守的湖陆县城。这里是菏水、泗水、洸水的交汇之地，燕军在这里设防，显然也是为了防范晋军沿河道北上。但晋军到湖陆后才发现"时亢旱，水道不通"，即荀羡、诸葛攸前度曾修整利用过的洸

---

[1]《晋书·穆帝纪》：永和十年"二月己丑，太尉、征西将军桓温帅师伐关中"（第200页）。

[2]《晋书·桓温传》："初，温恃麦熟，取以为军资。而健芟苗清野，军粮不属。"（第2571页）《晋书·苻健载记》："初，健闻温之来也，收麦清野以待之，故温众大饥。"（第2871页）

[3]《宋书》卷三十四《五行志五》："晋穆帝永和十年，三麦不登，至关西亦然。自去秋至是夏，无水旱，无麦者，如刘向说也。又俗云，'多苗而不实为伤'，又其义也。"（第980页）永和十年，正是桓温伐秦之年。云"至关西亦然"，则关中后秦辖境亦然。

[4]《晋书》卷六十七《郗超传》："超谏以道远，汴水又浅，运道不通。温不从，遂引军自济入河……"（第1803页）

水—汶水航道已无法承载舰船，这两条河流流量较小，受天气影响最为直接。

为了使舰队入河，桓温只得开凿新航道。这就要废弃荀羡所用的洸水，在干涸的巨野泽湖床上开挖一条沟通泗水和济水的新航道，所用水源就是从汶水汇入济水之处引来。桓温幕府中的文士袁宏作《北征赋》记载北伐见闻，他关于此次开渠的描写是："于是背梁山，截汶波，汛清济，傍祀阿。"[1] 据《水经注·济水二》，梁山处在汶水注入济水的对岸（西岸），晋军可能在汶水入济处附近修筑堰坝，将部分水量导入自南来的新渠道中，这样新渠道南有泗水，北有汶水的水量补充，才勉强可以满足行船要求，当然，体积较大的船舰无法使用这种渠道。

《晋书·桓温传》云"乃凿钜野三百余里以通舟运，自清水入河"。但《晋书·毛穆之传》则曰："温伐慕容暐，使穆之监凿钜野百余里，引汶会于济川。"[2] 所以新开渠道有一百里和三百里两说。另外，开渠所用时间亦有两说。据《资治通鉴》卷一百二：

> 六月，辛丑，温至金乡，天旱，水道绝，温使冠军将军毛虎生凿巨野三百里，引汶水会于清水……
>
> 秋，七月，温屯武阳，燕故兖州刺史孙元帅其族党起兵应温。温至枋头……[3]

桓温军四月发自姑孰，至六月进入高平郡金乡比较正常，因为此前多在晋军控制的区域行进，不致耽误太多时间。且六月正当盛暑雨季，也符合乘雨季涨水驶过泗水上游进入黄河的惯例。如此，则桓温

---

[1] 《初学记》卷六"清济浊河"条，北京：中华书局，1962年，第112页。标点有改动。
[2] 分别见《晋书》，第2756、2125页。
[3] 《资治通鉴》卷一百二，第3214页。

六月开始开渠，七月已入黄河到枋头，开渠工作仅有一个月左右，加之舰队自高平郡驶入黄河，最少也要半月时间，故实际工期尚不满一月。

《晋书·废帝纪》未载桓温开始开渠的时间，但明确记载其入黄河、至枋头的时间是九月：

> 九月戊寅，桓温裨将邓遐、朱序遇晖将傅末波于林渚，又大破之。戊子，温至枋头。[1]

晋军掘完渠道进入黄河，到底在七月还是九月？也就是说，开渠所用时间，是一个月以内，还是三个月之内？这和开渠的长度一样，要结合当时晋军能够完成的工作量，才能推测出比较合理的数字。

桓温伐燕军队共有五万人，其中包括袁真西线兵力，桓温直辖主力规模应在四万人左右。这四万晋军还要负担与燕军作战及运输等任务，不可能全部投入开渠工作，巨野泽地区处在南北方交界战线上，人烟稀少，能征集的民夫数量有限。所以桓温投入开渠工程的人力不会超过三万人。使用手工工具开渠筑坝时，一名壮劳力每日完成的土方量可以进行概算。如1958年修筑北京十三陵水库，工程总量180万土方，共投入870多万个工作日，每人每日工作量0.2立方左右；在毛泽东到工地劳动的5月25日，10万名工人完成了5.1万立方米的工作量，每人每日工作量也是0.2立方左右。[2] 当然，修筑水库和开渠有些不同，修水库的运输土方距离较远，开渠的土方则可就近堆积为堤，所以开渠工作每人完成的日土方量会稍高于0.2立方米。可假设开渠工作每人每日完成0.5立方左右，则三万人每日可完成1.5万

---

[1] 《晋书》卷八《废帝纪》，第212页。

[2] 史义军，徐连英：《1958年中央领导参加十三陵水库建设纪事》，《党的文献》2008年第5期。

立方。假设新渠横截面为 20 平方米（平均宽 6—7 米，深 3 米），则每日可构筑新渠 750 米。每月 30 天，可开掘渠道 22.5 公里，约合当时 50 华里。可见一个月时间不可能开掘一百里，遑论三百里。如果舰队是九月入黄河，说明开渠工作用了两个多月时间，恰好修通一百余华里渠道。则《晋书·废帝纪》的舰队入河时间和《晋书·毛穆之传》的开渠里程是准确的。当然，晋军在开挖新渠时，也要尽量结合旧有河段以节约工程量。这条代替荀羡所开洸水的新渠道，后世便被称为"桓公渎"。

战役进程与桓温的失败

在晋军忙于开渠之时，燕军也在发起反击：下邳王慕容厉带二万燕军来袭，晋军迎击于黄墟，"厉师大败，单马奔还"[1]。《通鉴》胡注引杜预曰："外黄县东有黄城，兵乱之后，城邑丘墟，故曰黄墟。"[2] 其地约在当今河南省兰考县境。可见战场在开渠工地的西方。史书未载这支燕军从何而来，很可能是洛阳到虎牢一带的驻防军。因为这里既要防范西方的前秦，也要防范南来的晋军，需驻扎重兵。但此战场在桓温主力以西二三百里，本应属于豫州刺史袁真的出击方向，说明袁真所部进军迟缓，未能起到配合桓温主力作战的作用。之后不久，桓温所部晋军又在林渚击败燕将傅颜，保障了开渠工作。[3]

就在晋军挖掘渠道之时，郗超曾向桓温建言：这条渠道不可能开

---

[1]《晋书》卷一百十一《慕容暐载记》，第 2853 页。此事《晋书·废帝纪》作："秋七月辛卯，暐将慕容垂帅众距温，温击败之。"（第 212 页）有明确时间，但误以慕容厉为慕容垂。

[2]《资治通鉴》卷一百二，第 3215 页。

[3]《慕容暐载记》称为傅颜，盖来自燕人史书；《废帝纪》和《桓温传》则称之为傅末波，应是东晋方面的称呼。"末波"是鲜卑人常见名字，西晋末年段部鲜卑亦有名末波者。《资治通鉴》卷一百二胡三省注认为"林渚"当在新郑附近，恐非，因为距离巨野太远，大概应在黄河南岸靠近巨野泽之地（第 2853 页）。另，《资治通鉴》先载桓温开巨野泽，入黄河，后又载攻湖陆、战黄墟、败傅颜三战，时间顺序错误。此三战都应发生在开通入黄河的水道之前。

通，所谓"清水入河，无通运理"，所以应抓紧时间从陆路北上，强渡黄河后攻击邺城。[1]慕容暐政权为晋军气势所震慑，必然退回辽东地区，如此便可迅速光复河北。《资治通鉴》误将此议载于晋军已开通运渠，进入黄河之后，但那样郗超就不会声称从济水（清水）无法通往黄河了。郗超还提到"今盛夏"，也定然在渠道尚未开通的九月之前。桓温未采纳这一建议，才有了桓公渎的开凿。

　　不过，郗超另一方面的建议却很有价值。他认为，如果桓温不愿长驱攻击邺城，则应当在黄河南岸济水之滨构建长期屯驻的军事基地，囤积足够的军粮，因为今年的夏天行将过去，一直未能有充沛降水，只好等到明年夏天再展开进攻。他还提到，秋季即将来临，北方气温下降很快，而晋军士兵们多没有准备在北方过冬的衣物，如不早做准备，无法度过冬天：

　　　　……若此计不从，便当顿兵河济，控引粮运，令资储充备，足及来夏，虽如赊迟，终亦济克。
　　　　若舍此二策而连军西进，进不速决，退必愆乏，贼因此势，日月相引，傎俛秋冬，船道涩滞，且北土早寒，三军裘褐者少，恐不可以涉冬。此大限阂，非惟无食而已。[2]

　　到九月，晋军终于掘通运河，桓温舰队进入黄河，驶向距离邺城最近的渡口枋头。此时已是深秋，袁宏《北征赋》所谓"于时天高地迥，木落水凝；繁霜夜洒，劲风晨兴"[3]晋军在挖河之际，前燕已经获得了足够的动员准备时间，开始对枋头晋军进行反击：

　　首先，燕"豫州刺史李邦率州兵五千，断温馈运"[4]。桓温刚刚开

---

[1]《晋书·郗超传》，第1803页。
[2]《晋书·郗超传》，第1803页。
[3]《太平御览》卷二十七《时序部十二》，第129页。
[4]《晋书·慕容暐载记》，第2853页。

通的泗—黄航道已经处在燕军的攻击之下，难以保持畅通；其次，西线袁真所部推进迟缓，未能完成开通石门，从汴水向黄河提供粮援的工作。桓温本传云："真讨谯梁皆平之，而不能开石门，军粮竭尽"[1]。似乎是袁真所部已驱逐燕军，占领了石门，但因工程过于艰巨而不能开通。但《慕容暐载记》则为："慕容德屯于石门，绝温粮漕"。可见石门一直在燕军控制之下；最后，前燕向前秦求援，苻坚派二万兵力出洛阳方向，向颍川袭击晋军后方。

在后援断绝的压力下，桓温没有信心登陆河北进攻邺城，而是下令撤退。由于船行速度慢，且航道水量难以保障，晋军焚毁所有舟舰，步行南撤。途中遭遇燕军、秦军的追击和截击，三万余人战死，几乎全军覆没。至于此事的余波，就是桓温将战败归咎于袁真北进不利，未能打开石门水口，要求朝廷惩办袁真。此举造成袁真及其诸子据寿春叛乱，最终被桓温攻灭，而桓温的北伐事业也告终结。

---

[1]　《晋书·桓温传》，第 2576 页。

第十章　刘裕对南燕和后秦的北伐

东晋末年，刘裕率军相继攻灭南燕和后秦。这两场战事是南方政权对北战争的最高峰，主要表现在：（一）战前综合考虑了地理、季节、兵种、补给等诸因素，计划严密周详；（二）针对北方的骑兵优势，总结出了一套行之有效的对抗手段；（三）从统帅到士兵都有较高的素质，纪律严明，作战积极性高。这些因素保障了对燕、秦战争的胜利，且对南朝的战争形态、政治形势产生了较大影响。

第一节　刘裕伐南燕

战争背景与刘裕的进攻部署

398 年，北魏对后燕发动进攻，占领中原。部分慕容鲜卑在慕容德的带领下渡过黄河，辗转在青州立国，建立南燕政权。此后慕容超继任为南燕皇帝，逐渐对东晋采取攻势。

义熙五年（409 年）二月，燕军数次袭掠淮北，引起东晋边境的恐慌。此时，东晋掌权的是以刘裕为首的北府军人集团。次月，太尉刘裕宣布亲自出征南燕，所率兵力主要是扬州禁军和徐州北府兵旧部。四月，刘裕所部开始进军。（关于此次战役，可参考图 6）《宋书·武帝纪》：

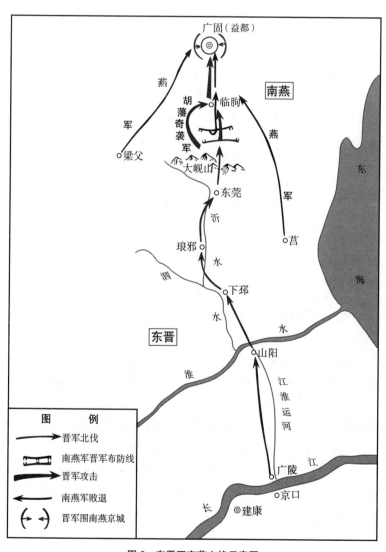

图6　东晋灭南燕之战示意图

（义熙）五年二月，（南燕）大掠淮北，执阳平太守刘千载、济南太守赵元，驱略千余家。

三月，公抗表北讨，以丹阳尹孟昶监中军留府事。

四月，舟师发京都，溯淮入泗。[1]

这样迅速地做出伐国之谋，在东晋南朝战争史上颇为少见。[2] 慕容超袭扰东晋是一时心血来潮之举，事先并无预兆。刘裕此次伐燕时，岭南尚有卢循的天师道武装，益州有谯纵的割据政权，晋军颇有后顾之忧。但这也有一定积极作用，就是使东晋军队一直保持着比较高的动员程度，可以迅速转入实战状态。刘裕伐燕的总兵力并不多，大概在三到五万之间，但大都是经历过对孙恩、卢循天师道军及桓玄作战的北府旧部，富有战争经验，这也是晋军能迅速参战的重要原因。

刘裕伐南燕之战的记载主要来自《宋书·武帝纪》及诸将本传，以及《晋书·慕容超载记》。这些都是战争结束后的追记，战争开始前及过程中的诸多细节都被忽略，需要进行还原。下面就是这方面的初步尝试：

四月，刘裕所部以舟师发自建康，经运河驶入淮河，继续溯泗水北上，经过一个月行至下邳。在这段时间，南燕可能对晋军的动向有所了解，但未必知晓刘裕志在灭燕的决心。因为晋军也可能在边境发动有限的袭扰，作为对燕军进犯淮北的报复。晋军舰队到达下邳后，按照以往荀羡、桓温等北伐的经验，应继续驶往彭城，溯泗水北上。由于行将进入雨季，河道水量充沛，晋军舰队可以溯流行至高平郡登陆，收复南燕占领下的鲁中地区，逐步进逼燕都广固（今山东省青州

---

[1]《宋书·武帝纪上》，第15页。

[2]《太平御览》卷一百二十六《偏霸部十·慕容超》引崔鸿《十六国春秋·南燕录》："（义熙）五年二月，晋相刘裕举众来伐。三月，晋师渡淮。"时间皆比《宋书·武帝纪》早一个月，似应以《宋书》为准。

市）；或者继续经桓温故道驶入济水，直至距离燕都广固百余里之遥的渤海郡，从那里登陆展开进攻。这种依托河道的战术已经成为晋军北伐惯例，不仅是因为舰队可以携带大量后勤辎重，而且依托河道和舰船，可以抵消北方军队的骑兵优势（桓温伐前燕，在弃舟步行时遭遇敌骑兵的惨重打击，就是这方面的教训）。

但刘裕在下邳的决策，与以往北伐惯例完全不同：

> 五月，至下邳，留船舰辎重，步军进琅邪；所过皆筑城留守。鲜卑梁父、莒城二戍并奔走。[1]

晋军在下邳弃舟登陆，徒步沿沂水向北进军。从下邳到琅邪（今山东临沂）之间，是鲁南、苏北的平原地带；再向北是沂蒙山区（时称大岘山），翻越山区之后，就是燕都广固所在的鲁北平原。刘裕这个反常方案，是综合考虑晋军后勤特点、战区地形及两军兵种差异等因素之后的大胆创新：

首先，船行速度慢，受河道影响而路程较长，会留给燕军足够的备战时间；如果燕军采取阻塞河道等措施，将难以避免在平原上展开会战。且战场距离广固尚远，即使晋军完胜，慕容超闻讯忧惧，感觉大势已去，很有可能逃窜他国——向西可以逃奔后秦，向北过黄河可以投靠北魏，甚至有可能浮海北归辽东。如果慕容超等策马狂奔，离广固尚远的晋军根本无力追及。

其次，是作战地形的考虑。晋军陆行至琅邪后，乘南燕未及反应，能迅速进入大岘山地。山区地形陡峭、林木茂密，骑兵部队难以展开冲击，便于步兵行军。燕军骑兵只能在山地北麓的平原上等待晋军。但出山之处距离广固只有五十里，晋军一战而胜，就可以兵临敌都城之下。当然，燕军也可能在山地据险设垒，阻击晋军。但双方在

---

[1]　《宋书·武帝纪上》，第 15 页。

山林间步战，骑兵优势无法发挥，晋军胜算更大。再则，如果把决战地点定在出山之处，万一晋军战败，也可迅速收缩回山地，据险阻缓慢后撤。这要比在平原上决战失利容易处置得多。

最后，是后勤方面的考虑。在从下邳到琅琊的平原上，刘裕沿途留下兵力修筑堡垒据点，形成一条后勤保障通道，为持久战争和万一失利撤退做准备。但另一方面，跨越大岘山的后勤通道并不易维持。所以刘裕将翻越山地，开进到南燕核心区（鲁北平原）的时间定在了六月，以便乘小麦刚刚收割之际从当地征集粮食。

按照计划，从下邳登陆之后，以步兵为主的晋军需要走过近千里征途，于六月间到达鲁北平原，便可与燕军进行决战。届时，晋军深入敌境千里，"则人无退心，驱必死之众，向怀贰之虏，何忧不克！"[1]

南燕君臣的应对策略

燕军在鲁中山地两侧的驻防重点，是西方的梁父城（兖州治所，今山东泰安市南）和东方的莒城（徐州治所，今山东莒县），分别防范来自东南方和西南方的威胁。

晋军上陆攻占琅琊后，南燕君臣开始意识到，晋军这种步步为营的进军策略并非只为骚扰报复，而是以攻灭南燕为目的。燕朝廷为此举行会议，重臣公孙五楼的意见是进行主动阻击，阻止晋军进入大岘山区，迫使其进入持久战。同时派骑兵从梁父、莒城出发，切断晋军后方通道，待其断粮疲惫时将其击退：[2]

> 吴兵轻果，所利在战，初锋勇锐，不可争也。宜据大岘，使不得入，旷日延时，沮其锐气。可徐简精骑二千，循海而南。绝其粮运，别敕段晖率兖州之军，缘山东下。腹背击之，上策也。

---

[1] 《宋书·武帝纪上》，第15页。
[2] 以下引文见《晋书·慕容超载记》，第3181页。

这个策略虽然最为完善，但在晋军已经进占琅琊时，已经缺乏部署和实施的时间。因为琅琊城距离大岘山区只有数十里之遥，燕军从广固和梁父、莒城出发已难以实施阻截了。公孙五楼的"中策"却可以实施：

> 各命守宰，依险自固，校其资储之外，余悉焚荡，芟除粟苗，使敌无所资。坚壁清野，以待其衅，中策也。
>
> 纵贼入岘，出城逆战，下策也。

"中策"和当年前秦对抗桓温的策略一致，即防止即将成熟的小麦落入敌军之手。如果这个策略付诸实施，刘裕军队将面临和桓温在关中相同的窘境。但慕容超认为燕军的骑兵优势完全可以对付以步兵为主的晋军，所以不愿进行破坏性很大的坚壁清野工作。他计划待晋军开出大岘山区之后用具装骑兵进行打击，予以全歼：

> 超曰："京都殷盛，户口众多，非可一时入守。青苗布野，非可卒芟。设使芟苗城守，以全性命，朕所不能。今据五州之强，带山河之固，战车万乘，铁马万群，纵令过岘，至于平地，徐以精骑践之，此成擒也。"

为执行这个"下策"，燕军开始修缮都城广固及临朐（在大岘山出山口处）等城，集结兵力准备会战。梁父、莒城的军队也调回广固备战。这使得晋军顺利穿越大岘山区。史载刘裕军队开出山地时，看到燕军没有据险阻击，平原上的小麦也正在收获，不禁以手指天称庆。[1]

---

[1]《南史》卷一《宋本纪上》："及入岘，帝举手指天曰：'吾事济矣。'众问其故，帝曰：'师既过险，士有必死之志，余粮栖亩，军无匮乏之忧，胜可必矣。'"（第9页）

战事进程：临朐战役与广固围城

燕军原已在山口处的临朐城集结五万兵力。到了六月，晋军即将翻过山地时，慕容超担心前方吃紧，又亲自带四万军队增援临朐。燕军占据了出山处的水源巨蔑水，试图使晋军人畜无法饮水。晋军骑兵在孟龙符、刘钟、沈田子带领下，前往争夺水源。双方骑兵发生激战，孟龙符战死，但晋军驱逐燕军占领水源，使主力部队得到补给。[1]

晋军进入平原后，为对抗燕军骑兵，将四千辆辎重车布置在步兵队列两侧，车辆外侧张挂布幔以防箭矢，驾车者都持长槊站立车上防范燕骑兵的冲击。步兵队列在车辆内侧行进。当行至临朐城南数里时，上万名燕军具装骑兵驰出城外与晋军交战。双方主力逐渐全部投入战斗，激战持续至傍晚未止。刘裕采用部下胡藩的建议，派五千晋军撤出战场，从侧面迂回到临朐城下，登上城墙砍倒燕军旗帜，并扬言是从海道而来。[2] 此举使燕军以为遭前后夹击，军心动荡全线崩溃。[3] 慕容超带残兵逃回广固。晋军缴获了临朐城中燕军的全部辎重。临朐战役为时仅一天。战前，南燕几乎将全国军队都集中在此，所以这一战役之后，燕军主力军都已陷入溃败。

---

[1]　参见《宋书·武帝纪》，卷四十七《孟龙符传》，卷四十九《刘钟传》，卷一百《自序》；《晋书·慕容暐载记》。

[2]　《资治通鉴》卷一百十五回："裕遣藩及诸议参军檀韶、建威将军河内向弥潜师出燕兵之后，攻临朐，声言轻兵自海道至矣，向弥摲甲先登，遂克之。"按，声言轻兵自海道而至之事，《宋书·武帝纪》、向弥（向靖）本传、《慕容暐载记》皆不记载，不知《通鉴》采自何书，可能来自当时尚存的《十六国春秋》。临朐距离渤海不到百里，且城下有巨洋水人海，晋军自海道绕过山东半岛来袭，亦有其可行性。参见《水经注疏》卷二十六《巨洋水》。

[3]　《宋书》卷四十五《檀韶传》："从征广固，率向弥、胡藩等五十人攻临朐城，克之。"（第1372页）此"五十"应为"五千"之误。《宋书》卷四十五《向靖（向弥）传》："从征鲜卑，大战于临朐，累月不决。弥与檀韶等分军自间道攻临朐城。弥摲甲先登，即时溃陷，斩其牙旗，贼遂奔走。"（第1374页）此"累月"为"累日"之误。因为临朐战役只持续了一天。

刘裕晋军于次日进围广固，掘长壕阻断其内外联系，同时向燕境各地进军，接管了南燕地方的郡县政权。当地征集的粮食已经足够晋军食用，无须依赖后方运输。北方汉人不甘被异族统治，渴望晋政权的回归，对晋军提供了较多帮助。北魏统治下的汉人也纷纷渡过黄河投奔晋军。[1]

相对于一天之内解决掉燕军主力的临朐战役，广固围城战旷日持久。慕容超曾试图遣使向后秦求救，但后秦被赫连勃勃所牵制，无法提供援助。慕容超看外援无望后，曾向刘裕提出称臣纳贡等条件，希望维持小国之君的地位，但被刘裕拒绝。围城战自义熙五年（409 年）六月持续至次年二月，历时八个月方破城，慕容超被俘至建康斩首。青齐地区首次成为东晋直接管理下的疆域，[2] 直到宋明帝时被北魏攻占，南方政权统治山东半岛达六十年之久。

第二节　刘裕北伐后秦

灭南燕之后，刘裕又经历了攻灭卢循天师道军、蜀地谯纵政权的战争，和东晋内部的两场内战（对荆州的刘毅、司马休之），压平了南方割据势力和东晋政权内部的反对派。到 416 年，他将进攻目标转向羌人姚氏的后秦政权。

后秦核心区为关中，并占据着河南地区的西半部。秦晋间的边境线很长且曲折参互。在刘裕攻灭南燕之后，双方西段边界在南阳盆地北缘和秦岭；中段边界在淮河北侧；东段则在泗水西侧。黄河以北是北魏疆域，但北魏又占据着黄河南岸的滑台等地（河济之间），所以

---

[1] 《宋书·武帝纪上》："大军进广固，既屠大城。超退保小城。于是设长围守之，围高三丈，外穿三重堑。停江、淮转输，馆谷于齐土。……河北居民荷戈负粮至者，日以千数。"（第 16 页）

[2] 以往割据青齐的曹嶷、段龛等武装，虽向东晋称臣，实际上仍是独立割据状态。

秦、晋、魏三方形成鼎峙格局。

义熙十二年（416 年）正月，秦帝姚兴去世，姚泓继位。此时后秦外有赫连勃勃武装的骚扰，内有宗室成员的不满和觊觎，统治很不稳定。但北魏和后秦皇室有联姻之好，所以北魏坚决支持姚泓政权。姚兴死去的消息传到东晋，刘裕迅速做出伐秦决定。二到三月间，他操纵晋安帝朝廷给自己加"中外大都督"之号，东晋举国戒严，进行全面军事动员。[1] 四月，刘裕正式发布文告，声称"今当奉辞西旆，有事关河"[2]，宣布伐秦计划，但战事直到秋季八月才正式开始。（关于此次战役，可参考图 7）

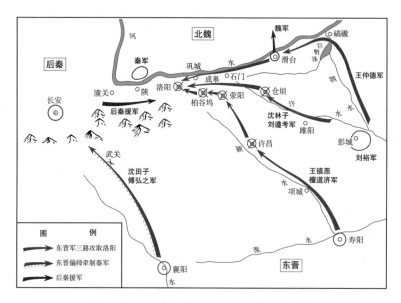

图 7　东晋灭后秦之战战略部署和夺取洛阳示意图

---

[1]　据《宋书·武帝纪》和《南史·宋武帝纪》，加大都督时间为三月；但《资治通鉴》卷一百一十七为二月。大概朝廷二月发布加大都督之诏令，但刘裕要根据惯例辞让，最终接受时已至三月。伐秦檄文的发布日期，据《南史·宋武帝纪》为四月乙丑。则从二月获悉姚兴死讯，到四月发布檄文，是刘裕前期酝酿和准备伐秦阶段。

[2]　《宋书·武帝纪中》，第 36 页。

刘裕对第一阶段战事的部署

九月，晋前锋诸军发起攻势。这和以往东晋，以及此后南朝的历次北伐都不同的是，没有选择夏季进行战争。晋军本来自三、四月已进行动员，完全可以在夏初展开攻势。但刘裕这次打破惯例，在秋冬发动进攻，是综合了天时、地理和敌我兵力形势之后的全盘计划：

从地理上看，后秦的疆域范围较大，核心区关中有山河四塞之险，刘裕吸取了桓温伐前秦失败的教训，不再从陆路翻山北上，那样后勤保障难以维系，风险过大。他计划先占河南，再攻关中。河南不是后秦的核心区，所以不会发生太惨烈的战事，但只有占领河南，晋军才能开通自淮入黄的航道，溯黄河前往关中。

从季节上看，晋军在九月展开攻势，用整个冬季占领河南地区，这种"反季节作战"，正是要让士兵们在向北进军的过程中逐步适应北方的寒冷天气。待到来年春天已经稳定占据了河南，开通入黄航道，晋军主力舰队驶入黄河，诸军乘春夏季涨水之机再进攻关中，从季节上讲最有利。届时，晋军有汴水、泗水两条航道提供后勤保障，正好进行最艰难的战役。且士兵们有了冬季作战经验，即使战事拖延到下一个冬天，也不致影响大局。如果冬季在河南作战失利，撤回淮河以南也比较容易，不至有重大损失。

所以，伐秦战事第一阶段的目标，首先是占领河南地区，以攻占洛阳为标志；其次是开通自彭城进入黄河的两条航道：汴水—石门航道和泗水—黄河航道。各路军队的进攻计划是：

中线：沈林子、刘遵考二将从彭城出发，溯汴水向西北，负责攻占汴水沿线，并掘开石门水口。虽然汴水航道早已湮塞，但从彭城去往洛阳，走汴水航道更近，且可以避开北魏控制的河段，最为便捷。所以刘裕对沈林子等开通石门的任务寄予厚望。

东线：前锋军总指挥王仲德率东线晋军，[1] 自青齐地区（南燕故地）西进，监督朱牧、竺灵秀、严纲三将开通巨野一带的桓公渎故道，沟通泗水和黄河。自桓温伐燕以来，这条航道已经荒废近五十年；同时，东线晋军向黄河南岸的北魏据点进逼。一支由朱超石、胡蕃率领，前往半城（今山东聊城东南）；[2] 另一支由王仲德率领，进向滑台城（今河南滑县）。滑台是黄河南岸重镇，北魏兖州治所就设在这里。晋军开通桓公渎，舰队自泗水入黄河，必须经过半城、滑台河段，才能溯流驶向洛阳。刘裕希望尽量避免同时对北魏展开战事，但为了保障泗水、黄河航道的畅通，必须拔除北魏在黄河南岸的据点，也可防止魏军趁秦晋鏖战之际窜扰东晋后方。

西线：檀道济、王镇恶北上进攻许昌、洛阳。史书未载两人从何处出发，从当时形势判断，应当是从重镇寿阳出发向西北进军。这支西路军也是以陆地行军作战为主。

八月，在前线的东、中、西三路晋军进入攻势之时，刘裕亲自统帅的晋军主力也从建康出发，乘舰队驶向淮河、泗水。九月，刘裕主力抵达彭城。[3] 前锋诸将此时刚刚与敌接战，泗黄航道和汴水航道都未开通，所以主力舰队必须留在彭城，待航道开通后入黄河。按照刘裕部署，前锋诸军攻克洛阳、开通航道之后，都要集结在洛阳待命，等主力舰队开到洛阳，再一起溯黄河向潼关进发。[4]

---

[1] 《宋书·武帝纪中》载王仲德时为北兖州刺史，但卷四十六《王仲德传》则载其职为冀州刺史。盖两职授予时间稍有先后，两传各载其一。冀州或北兖州，都在新占领的青齐地区的西部。

[2] 据《魏书》卷一百六中《地形志二中》平原郡聊城县有畔城。但《魏书》所云之畔城，皆在黄河北岸；宋军所进向之半城，应在黄河南岸，盖此段黄河南北两岸都有一城，临河方向皆做半城状，故都可称为半（畔）城。南岸之半城，后被宋军营建为碻磝城。《水经注疏·河水五》云："河水……迳碻磝城西。《述征记》曰：'碻磝，津名也。自黄河泛舟而渡者，皆为津也。其城临水，西南崩于河。'"可见其残半之状。（见第468页）

[3] 《宋书·武帝纪中》："八月丁巳，率大众发京师……九月，公次于彭城……"（第36页）

[4] 《宋书·王镇恶传》："初，高祖与镇恶等期，若克洛阳，须大军至，未可轻前。"当王镇恶等违令冒进遭遇困难时，刘裕又斥责其来使："我语令勿进，而轻佻深入……"（第1369页）

第一阶段的战况

东线：王仲德部陆路循黄河西进，首先攻克魏军的凉城。驻防滑台的北魏兖州刺史尉建被晋军震慑，弃城渡河逃往北岸，王仲德立即占领滑台，肃清了北魏在河南的驻军。[1]魏帝拓跋嗣不了解晋军意图，派叔孙建率兵渡河至滑台城下探寻晋军北上的目的。王仲德派使者向魏军转达：晋军此行是为西征姚秦、光复洛阳，需要溯黄河进军，所以要向北魏暂借这段河道，他声称晋军本准备以租借形式获得滑台城，"以布帛七万匹假道于魏"，但尉建仓皇逃遁，才使晋军轻易占领空城。叔孙建得到王仲德这个保证后，表示不反对晋军西征，但晋军应早日归还滑台。魏帝获悉王仲德的解释后，又遣使到彭城面见刘裕，得到的回答与王仲德所言相同。[2]

但竺灵秀等开泗黄航道的工作并不顺利。十月，西路军已经攻占洛阳，但泗黄航道仍未开通。此时已进入严冬季节，受土地封冻影响，工程难度更大，且黄河结冰之后，北魏军队随时可以侵袭河南地区，所以王仲德部承受着巨大压力挖掘渠道，并警戒滑台一带的黄河边界。

中线：沈林子、刘遵考所部沿汴河故道西上。汴水上游的石门水口已经湮塞多年，水量无法保障航行，所以沈林子、刘遵考所部无法乘船，而只能从陆路进军。[3]汴水中游的谯郡、梁郡，原是秦、晋势

---

[1]　《宋书·武帝纪中》云："公又遣北兖州刺史王仲德先以水军入河。仲德破索虏于东郡凉城，进平滑台。"（第 36 页）但北魏史书对此的记载稍有不同。《魏书》卷三《太宗明元帝纪》："九月……司马德宗相刘裕溯河伐姚泓，遣其部将王仲德为前锋，从陆道至梁城。兖州刺史尉建畏懦，弃城北渡，王仲德遂入滑台。"（第 56 页）《魏书》"梁城"，即《宋书》之凉城。但关于王仲德部的进军方式，《宋书》载为"水军入河"，《魏书》则为"从陆道"。两相勘校，应以《魏书》为是。因为在九月时，泗水入黄河的航道尚在开凿之中，未能开通，晋军舰队不可能驶入黄河。当然，《宋书》所载是刘裕给王仲德的指令而非实际战事，即命令他开泗黄航道后以水军夺取滑台，由于工程艰难，王仲德遂不待通航而从陆地进军。

[2]　《魏书》卷二十九《叔孙建传》，第 703 页。

[3]　参见本章末附录《刘裕伐后秦"水军出石门"辨正》。

力都较薄弱的边界地带，有一些独立武装，此时加入沈林子所部。[1]
后秦兖州刺史韦华驻防仓垣，在晋军压力之下，弃城撤往成皋，晋军
进占仓垣。

沈林子等乘胜进占石门。但开通石门水口的工作也不顺利。刘遵
考指挥士兵们投入开渠工作，一度开凿出黄河入汴水的渠道，但渠道
旋即发生崩塌，再度湮塞。此后数月内一直不能开通。[2] 除了开掘石
门水口，晋军还要砍伐汴河故道中的树木，因为自彭城至石门的七百
里河道湮塞日久，已经树木丛生。周超之部受命砍树，这项工程也旷
日持久。[3]

西线：王镇恶、檀道济沿颍水向西北，一路攻克秦军城垒。驻防
项城的后秦徐州刺史姚掌向晋军投降。晋军继续北上攻占许昌，又于
十月连克阳城、荥阳，至此，洛阳外围关隘已被晋军控制。逃奔到
成皋的秦兖州刺史韦华也向檀道济投降。[4] 后秦在洛阳驻军仅五千余
人，[5] 驻防的征南将军姚洸急忙向长安求援。姚泓派出骑兵三千、步
兵一万增援洛阳。当援军未赶到时，姚洸分兵防守洛阳城东的巩县和

---

[1] 《宋书·自序》："时襄邑降人董神虎有义兵千余人，高祖欲绥怀初附，即板为太尉参
　　军，加扬武将军，领林从戎。林子率神虎攻仓垣，克之，神虎伐其功，径还襄邑。林
　　子军次襄邑，即杀神虎而抚其众。"（第 2455 页）

[2] 《水经注疏》卷七《济水一》："晋太和中，桓温北伐，将通之，不果而还。义熙十三
　　年，刘公西征，又命宁朔将军刘遵考仍此渠司而漕之，始有激湍东注而仍山崩壅塞……"
　　（第 658 页）按，刘遵考开石门航道，应是从义熙十二年（416 年）十月开始。《水经
　　注》载刘裕伐秦，多径载为义熙十三年，其实战事乃从十二年延宕至十三年。

[3] 《水经注疏·汳（汴）水》："汳水又东迳周坞侧，《续述征记》曰：斜城东三里。晋义
　　熙中，刘公遭周超之自彭城缘汳故沟，斩树穿道七百余里，以开水路，停薄于此，故
　　兹坞流称矣。"（第 1966 页）

[4] 《宋书·武帝纪中》："伪兖州刺史韦华先据仓垣，亦率众归顺。"（第 36 页）似韦华以
　　仓垣归顺，但仓垣是中路军沈林子所部攻占，见《宋书·自序》。《宋书》卷四十三《檀
　　道济传》："至成皋，伪兖州刺史韦华降。"（第 1342 页）可见韦华是在沈林子攻势之下
　　撤往成皋，然后投降檀道济、王镇恶军。如果没有檀道济本传这个记载，成皋和荥
　　阳则不能确定是中路军还是西路军攻占。

[5] 《晋书·姚泓载记》云，姚洸遣赵玄率精兵千余守柏谷坞，几乎全部战没。姚洸遂以
　　洛阳降。《宋书·檀道济传》，洛阳被俘秦军四千余人，则战前洛阳驻防的秦军为五千余
　　人规模。

柏谷坞，巩县守军未与晋军交战即逃回城中，柏谷秦军一千余人与晋军激战，几乎全部被歼。姚洸见晋军兵临城下，遂向檀道济、王镇恶投降。[1] 此时增援骑兵已进至洛阳西不足百里的新安县，步兵进抵三百里外的湖城。得知洛阳陷落，这两支增援秦军改为原地驻防固守，阻止晋军西进长安。

到义熙十二年（416年）十月，晋军已完成第一阶段的作战任务，全部占领河南地区。从八月进军以来，只用两个月就取得如此战果，应当说进展比较顺利，但两处开凿航道的工作仍未能完成。按照刘裕的部署，三路北伐晋军分别驻扎滑台、石门和洛阳，等刘裕主力到来。

完全超出计划的伐秦第二阶段战况

在义熙十二年冬，泗黄航道和汴水航道都未能开通，刘裕主力舰队依旧停泊在彭城。从义熙十三年（417年）正月开始，王镇恶、檀道济、沈林子三将违反部署，擅自向关中进军。从这时开始，战事进入第二阶段——与原规划不同的第二阶段。最关键之处就是刘裕主力未能与前锋诸军汇合，双方都各自为战。下面对这一阶段战事进行简要梳理。（关于此阶段战事，可参考图8、图9）

三将擅自西征：义熙十二年底，晋军刚刚进占河南之后，后秦内部发生动荡和内战，到义熙十三年正月，叛乱被扑灭。此时，河南的晋军将领看到后秦受叛乱削弱，不愿坐失时机，遂不顾刘裕部署，主动向西发起攻击。最先擅自西进的是王镇恶。他从洛阳出发，循洛水西上宜阳，从南方迂回占领渑池，然后向潼关进军。檀道济、沈林子看王镇恶投入战斗，不甘灭秦之功被其独占，也率部西进。到达陕县（今三门峡市）后，檀、沈认为秦军重兵在潼关阻击王镇恶，黄河北

---

[1] 据《资治通鉴》卷一百十七，十月"甲子，道济进逼洛阳。丙寅，洸出降"（第3694页）。《宋书》《南史》的刘裕本纪，及《晋书·姚泓载记》均未载洛阳克复的具体日期。

岸疏于防范，遂北渡黄河试图从蒲坂进入关中。但秦军严密防守潼关、蒲坂，三将与秦军鏖战数月，都无法冲入关中。

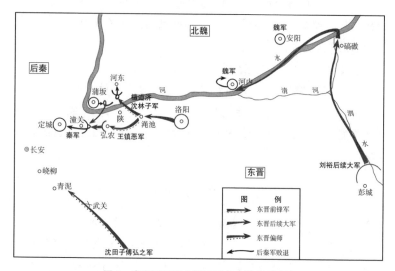

图 8　东晋灭后秦之战两军争夺潼关示意图

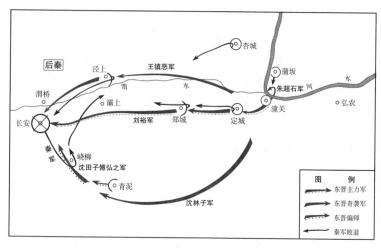

图 9　东晋灭后秦之战奇袭长安示意图

刘裕水军入河：同在义熙十三（417年）年正月，王仲德部终于开通泗黄航道，而汴水航道一直未能开通。刘裕舰队只得溯泗水而上，准备入黄河开赴洛阳。这条航道比汴水迂回，且要经过魏军在北岸严密设防的河段，并非首选，但在石门开通遥遥无期，三将已经擅自西征的情况下，刘裕只能做此选择。

刘裕舰队在泗水—济水航道中行驶两个月后，方于义熙十三年三月进入黄河，靠士兵纤绳拖曳逆黄河激流而上，前进十分缓慢。北魏军队在黄河北岸严密监视，晋军舰船因风波漂流至北岸者，都被魏军杀死劫掠。刘裕遂遣朱超石、胡藩等在北岸登陆，与魏军骑兵展开激战。晋军采用抗击南燕骑兵的战术，用辎重车辆联结为长墙与北魏骑兵激战。此役重创魏军，使其不再敢骚扰晋军舰队西进。

前线的补给危机（正月至四月）：在刘裕先期部署中，要求王镇恶等前锋将领必须等到主力舰队行驶至洛阳，再一同进攻关中。这主要是为了建立稳定的后勤保障，因为只有主力舰队才能为陆地诸军提供足够的粮秣供应。当王、檀、沈三将擅自西进之后，军粮供应的问题逐渐暴露出来。新占领的河南地区人少地贫，资源有限，且与潼关战场之间隔着崎岖的豫西山地，难以通过陆路向战场运送军粮。而王、檀、沈三将没有舰队，也无法利用黄河航道从后方运粮。所以从开始西征后的三个多月时间内，三将只能靠与秦军作战缴获粮食，以及从战场附近的民户中征集。这数月恰是没有任何作物收获的青黄不接之时，前线晋军的处境极为窘迫。

王镇恶在西进途中比较注意接管后秦郡县组织，以便筹措粮秣。他本是关中人，又曾"流寓崤、渑之间。尝寄食渑池人李方家"[1]，熟悉这一地区的地理环境和风土人情，所以进军作战、筹措粮饷都比较顺利。攻占渑池县之后，他任命故人李方为县令。随后，他的军队又俘获秦弘农太守尹雅，王镇恶命尹雅继续任职，使其为晋军提供

---

[1] 《宋书·王镇恶传》，第1365页。

补给。

沈林子、檀道济所部从洛阳西进之初，是渡过黄河在北岸作战。这里刚经过后秦内乱的洗劫，加之晋军进入陌生环境，难以得到百姓支持，所以只能靠缴获敌军兵粮。"时伪建威将军、河北太守薛帛先据解县，林子至，驰往袭之，帛弃军奔关中，林子收其兵粮。"[1] 沈、檀攻蒲坂不克，又转而渡河与王镇恶部合兵，一起进攻潼关。这使前线晋军兵力集中，粮食更难以为继。

后秦调集数倍于晋军的军队固守潼关，使其难以前进。此时已至三月，后方的刘裕舰队已从泗水驶入黄河，三将派人到下游求援，希望从速为前方提供粮援。此时主力舰队正在与北岸魏军苦战，因此刘裕对三将擅自西进十分不满，他打开战舰的窗户，指着北岸的魏军对信使说："我语令勿进，而轻佻深入。岸上如此，何由得遣军？"[2]

后秦军统帅姚绍也了解晋军的困难，他指挥秦军占据险阻地段，深沟高垒限制晋军的行动，使其逐渐陷入饥荒。得知后援无望，王镇恶遂留沈、檀与秦军相持，自己到战线之后的弘农郡筹措军粮，甚至深入僻远的豫西深山之中。[3] 王镇恶四处征粮之时，前线晋军一度发生动摇，有人甚至主张撤退回洛阳，与主力舰队汇合后再做打算。此议被沈林子否决，为解除姚绍军队的围困，他率部冲击秦军营垒，缴获了一些粮食。随着王镇恶征集的粮食逐渐运到，前方晋军才免于断粮崩溃。[4]

四月，刘裕舰队驶出了北魏军队威胁之下的河段，与潼关战场

[1]　《宋书·自序》，第 2455 页。

[2]　《宋书·王镇恶传》，第 1369 页。

[3]　《水经注疏》卷十五《洛水》："洛水又东，迳龙骧城北。龙骧将军王镇恶，从刘公西入长安，陆径所由，故城得其名。"（第 1297 页）所谓"从刘公西入长安"为概说，因为此时刘裕尚未至前线。此地在洛水上游，较为僻远，正常行军不会经行此处，只能是王镇恶部为筹集军粮，从黄河边翻山而来。

[4]　《宋书·王镇恶传》："镇恶悬军远入，转输不充，与贼相持久，将士乏食，乃亲到弘农督上民租，百姓竞送义粟，军食复振。"（第 1369 页）

建立联系，主力舰队调出部分战舰和军队增援前方，去年负责开通泗黄航道的严纲、竺灵秀所部受命乘舰船溯黄河而上，为潼关运送兵力和粮食。而前线的战斗也在围绕补给线进行。姚绍先派出姚赞所部绕出沈林子等后方，试图切断黄河航道，但这支秦军尚未修筑好营栅，就被沈林子击溃。[1]三万秦军与晋军争夺黄河航道，又被沈林子击败。严纲、竺灵秀率领的分遣舰队此时驶抵潼关战场，晋军才获得来自主力部队的粮援。[2]不久，秦军前方统帅姚绍病死，姚赞继任。

四月至八月战事：刘裕主力舰队于四月驶入洛阳，停留至七月。他试图找出绕过潼关，迂回至关中的途经。一方面，他命令荆襄和汉中一带的部队，翻越秦岭进军关中。其中沈田子、傅弘之所部从当初桓温伐秦的武关蓝田路线前往关中。这支晋军数量较少，沈田子所部不过千人。[3]另一方面，刘裕派参军戴延之率一支小船队溯洛水而上，探查洛水上游能否通入关中。戴延之等在深山中穿行数百里，最终发现水道不能通向关中，无功而返。

到了七月，刘裕得知开辟洛水航道无望，遂率舰队驶出洛阳，前往潼关。他还密令潼关前线的沈林子率万余兵力向西南方迂回，秘密翻越秦岭接应沈田子所部。

已在潼关苦战半年的王镇恶也在寻求攻入关中之策。他决心从黄河中行船入渭水，绕过潼关的秦军驶向长安。他为此带部下"伐木为

---

[1]　《宋书·自序》："绍复遣抚军将军姚赞将兵屯河上，绝水道。赞垒堑未立，林子邀击，连破之，赞轻骑得脱，众皆奔败。"（第 2456 页）

[2]　《宋书·自序》："高祖以通津阻要，兵粮所急，复遣林子争据河源。林子率太尉行参军严纲、竺灵秀卷甲进讨，累战，大破之，即斩伯子、默骡、小方三级，所俘馘及驴马器械甚多。所虏获三千余人，悉以还绍，使知王师之弘。兵粮兼储，三军鼓行而西矣。"（第 2456 页）

[3]　《宋书·自序》："田子本为疑兵，所领裁数百"（第 2448 页）。《晋书·姚泓载记》："刘裕使沈田子及傅弘之率众万余人人上洛，所在多委城镇奔长安。田子等进及青泥。"又云："时裕别将姚珍入自子午，窦霸入自洛谷，众各数千人。"（第 3015 页）盖翻越秦岭的晋军有多路，并非只从武关道进发，大概每支规模都不大，共计有万余人。

舟"[1]，制作吃水较浅的"蒙冲小舰，行船者悉在舰内"，可冒着矢石逆流而进。"羌见舰溯渭而进，舰外不见有乘行船人，北土素无舟楫，莫不惊惋，咸谓为神。"[2] 趁七月雨季，渭河涨水之机，王镇恶所部乘船而上，驶向长安。潼关秦军只能在岸上徒步追赶。

八月初，当王镇恶军航行于渭水之上时，沈田子、傅弘之军抵达蓝田。此时沈林子部尚未赶到，秦帝姚泓带数万军队前往阻拦，但被沈田子部以少胜多，将秦军主力击溃，姚泓逃回长安。此时刘裕舰队也抵达潼关。秦前线的姚赞等守军放弃阵地，一路向西逃奔，希望在王镇恶舰队之前赶回长安。刘裕晋军主力紧追其后入关，潼关天险被完全突破。

八月二十三日（壬戌）清晨，王镇恶水师进抵长安郊外，士兵弃舟登岸，与数万秦兵列阵决战，秦军再度被击败。王镇恶乘胜占领长安。姚赞等秦军赶到后，见都城已经沦陷，纷纷瓦解溃散。数日后，逃亡在外的姚泓向晋军投降，后秦灭亡，晋军全部占领关中地区。

刘裕伐秦之战，是在不适合南方军队的地理环境和季节里，对后秦和北魏同时进行战斗，历时一年终于攻灭了后秦政权。按照刘裕的计划，此后晋军将对北魏展开进攻，重新统一中国。但因为主持后方政务的刘穆之病死，刘裕主力匆忙返回江南，关中被赫连勃勃攻占，不久刘裕去世，南方对北攻势遂陷于沉寂。但从战略运用角度看，此次战争仍可视为南军北伐作战的巅峰之作。

伐秦之战中，檀道济、沈林子、王镇恶诸将不顾事先部署，不等主力赶到就急于西进，堪称积极进攻的典范。这是经过近二十年战争洗礼形成的刘裕军人集团的典型风格，它是对东晋士族萎靡、怯懦政治风气的彻底逆转。刘裕从 399 年的天师道内战时从军，连续多年

---

[1] 《宋书·武帝纪中》，第 42 页。
[2] 《宋书·王镇恶传》，第 1369 页。

厮杀在战场第一线，"征伐屡被伤，通中者数矣"[1]。他不仅本人从不畏战，治军也以严厉著称，对贪生怕死者毫不留情。410 年对卢循天师道军作战时，军官徐赤特违令出战失败，使得建康一度危急。刘裕亲率部队堵住缺口，临战"出列陈于南塘。以赤特违处分，斩之"。在对天师道军追击过程中，双方舰队会战于雷池江面，面对敌优势舰队，"右军参军庾乐生乘舰不进，斩而徇之，于是众军并踊腾争先"[2]。刘裕军征讨荆州的司马休之势力时，敌据江岸峭壁固守，刘裕舰队无法靠岸，刘裕命胡藩所部强行登陆：

> ……即日于马头岸渡江，而江津岸峭，壁立数丈，休之临岸置阵，无由可登。高祖呼（胡）藩令上，藩有疑色，高祖奋怒，命左右录来，欲斩之。藩不受命，顾曰："藩宁前死耳！"以刀头穿岸，少容脚指，于是径上，随之者稍多。既得登岸，殊死战，贼不能当，引退。因而乘之，一时奔散。[3]

刘裕麾下的将领大都是在镇压天师道、攻灭桓玄的战争中成长起来的，以其敢打敢拼、不计后果的凌厉作风，一洗百年士族政治的萎靡颓唐风气。东晋偏安江左近百年来，军权由士族门阀把持，这些士族大都怯懦，贪生怕死，且视军队为家族私产，拥兵自重，不愿在恢复中原上耗费实力，所以桓温、殷浩等人的一次次"北伐"都归于失败。而刘裕集团在短短二十年间，连续攻了孙恩卢循天师道军、桓玄朝廷、谯纵政权、南燕政权、后秦政权，在内部铲除了刘毅、司马休之等离心势力，其军事成就堪称三百年间南方政权的顶峰。刘裕死后诸将凋零，对北方的军事优势未能维持，但使南朝政治回归专制皇

---

[1] 《宋书》卷二十七《符瑞志上》，第 784 页。

[2] 《宋书·武帝纪上》，第 20、22 页。

[3] 《宋书·胡藩传》，第 1444 页。

权，是其对历史的影响。

附录 刘裕伐后秦"水军出石门"辨正

晋安帝义熙十二年（416 年）秋，东晋太尉刘裕北伐后秦。经过一年的战斗，晋军连克洛阳、长安，俘获后秦皇帝姚泓。关于此战过程，《资治通鉴》义熙十二年载：

> （八月）丁巳，裕发建康。遣龙骧将军王镇恶、冠军将军檀道济将步军自淮、淝向许、洛；新野太守朱超石、宁朔将军胡藩趋阳城；振武将军沈田子、建威将军傅弘之趋武关；建武将军沈林子、彭城内史刘遵考将水军出石门，自汴入河；以冀州刺史王仲德督前锋诸军，开巨野入河……[1]

刘裕北伐的重要根据地彭城，向北方有两条水道：（一）向北溯泗水，经桓公渎入黄河；（二）向西北溯汴水，在石门入黄河。《资治通鉴》云沈林子、刘遵考部"将水军出石门，自汴入河"，即认为是以舟师溯汴水入黄河。后世史家亦沿袭此观点，未提出异议。

但是，核以《宋书》《魏书》《晋书》诸相关传记所载，都未云沈林子、刘遵考部有水军。与《资治通鉴》此条最相近的记载，是《宋书》卷四十六《王懿（仲德）传》：

> 义熙十二年北伐，进仲德征虏将军，加冀州刺史，为前锋诸军事。冠军将军檀道济、龙骧将军王镇恶向洛阳；宁朔将军刘遵考、建武将军沈林子出石门；宁朔将军朱超石、胡蕃向半城；咸受统于仲德。仲德率龙骧将军朱牧、宁远将军竺灵秀、严纲等开

---

[1] 《资治通鉴》卷一百十七，第 3689 页。

钜野入河……[1]

此外尚有《宋书》载此次北伐沈林子"加建武将军，统军为前锋，从汴入河"[2]。《晋书·姚泓载记》："晋太尉刘裕总大军伐泓，次于彭城，遣……将军沈林子自汴入河，攻仓垣。"[3]《宋书·武帝纪中》则只载"北兖州刺史王仲德先以水军入河"[4]，未提及沈林子、刘遵考部。《魏书·刘裕传》："裕率众军至彭城，加镇北将军、徐州刺史。遣中兵参军沈林子自汴入河……"[5]这些史料，都未提及沈林子、刘遵考部为水军。

事实上，黄河分流入汴水的石门，在魏晋之际经常淤塞。如果石门不通，汴水无法获得黄河水，流量非常有限，不能供舟船通航。刘裕北伐时的汴水就是如此。《水经注·济水》：

> 济水与河，浑涛东注，自西缘带山隰，秦汉以来，亦有通否。晋太和中，桓温北伐，将通之，不果而还。义熙十三年，刘公西征，又命宁朔将军刘遵考仍此渠而漕之，始有激湍东注，而终山崩壅塞。刘公于北十里，更凿故渠通之。今则南渎通津，川涧是导耳。[6]

可见沈林子、刘遵考部受命循汴水攻占石门，正是要凿通湮塞已久的石门，恢复汴水流量。

另外需要注意，石门未开通，不等于汴河故道内完全没有流水。因为在得不到黄河水源的情况下，汴河仍在河南地区有比较小的流域

---

[1]　《宋书·王懿（仲德）传》，第 1392 页。

[2]　《宋书·自序》，第 2455 页。

[3]　《晋书·姚泓载记》，第 3010 页。

[4]　《宋书·武帝纪中》，第 36 页。

[5]　《魏书》卷九十七《岛夷刘裕传》，第 2133 页。

[6]　《水经注疏·济水一》，第 658 页。

范围，这一流域的降水可以形成径流，只是水量比较小。但这不排除雨季时仍能形成洪涝灾害。《水经注·汳水》：

> ……义熙十二年，霖雨骤澍，汳水暴长，（彭）城遂崩坏。冠军将军，彭城刘公之子也，登更筑之。悉以塼垒，宏壮坚峻，楼橹赫奕，南北所无。[1]

义熙十二年（416年）夏，正是刘裕北伐后秦准备启程之时。虽然汳水在暴雨季节能形成洪涝，但仍不能通航。因为多年缺水，河道内已经长满树木。《水经注》同卷载：

> 汳水又东迳周坞侧，《续述征记》曰：斜城东三里。晋义熙中，刘公遣周超之自彭城缘汳故沟，斩树穿道七百余里，以开水路，停薄于此，故兹坞流称矣。[2]

可见要恢复汳水通航，不仅需凿通石门，还需要清理河道树木。这一工作非短期所能完成。

刘裕帅主力溯黄河入洛水，进抵洛阳时，汳水尚未开通。跟随刘裕出征的戴延之亲至黄河分流出汳水的故地观看："三皇山上有二城，东曰东广武，西曰西广武，各在一山头，相去百步。汳水从广涧中东南流，今涸无水。"[3]

义熙十三年（417年）上半年，晋前锋诸军和秦军在潼关的战斗异常激烈，相持甚久。为打破僵局，王镇恶准备抛开潼关秦军，乘船溯渭水直进长安。《宋书·武帝纪中》："七月，（刘裕）至陕城。

---

[1] 《水经注疏·汳水》，第1991页。
[2] 《水经注疏·汳水》，第1966页。
[3] 《史记·项羽本纪》，张守节《正义》引戴延之《西征记》，第327页。

龙骧将军王镇恶伐木为舟，自河浮渭。"[1] 王镇恶就地伐木造船，也说明他们西进时汴水不能通入黄河，不然舟舰不至缺乏。《宋书·王镇恶传》：

> 大军次潼关，谋进取之计，镇恶请率水军自河入渭。伪镇北将军姚强屯兵泾上，镇恶遣毛德祖击破之，直至渭桥。镇恶所乘皆蒙冲小舰，行船者悉在舰内，羌见舰溯渭而进，舰外不见有乘行船人，北土素无舟楫，莫不惊愧，咸谓为神。[2]

八月，王镇恶攻克长安，生擒后秦皇帝姚泓。伐秦之役至此告成。刘裕在长安驻扎至十二月，因为后方刘穆之病死，方急忙班师回建康。大概在此行中，刘裕才终于凿通了石门，由汴水南归。《宋书·武帝纪中》：

> （义熙十三年）十二月庚子，发自长安，以桂阳公义真为安西将军、雍州刺史，留腹心将佐以辅之。闰月，公自洛入河，开汴渠以归。[3]

---

[1]《宋书·武帝纪中》，第 42 页。

[2]《宋书·王镇恶传》，第 1369 页。

[3]《宋书·武帝纪中》，第 44 页。

结语　地理环境并非战争的决定因素

《读史方舆纪要》等传统史地著作多有一句惯用语"得某地者得天下"，对山河、城市在军事上的意义也往往做出决定性的定论。而通过本编诸战例的分析可见，在实际战争中并不存在这种僵化的必然性。真正决定战争胜负的并非地理环境，而是一个军事—政治体的自我整合程度，社会形态、政治结构是战争的决定因素，它们决定着战争的发生、形式，而战争又影响着社会、政治结构的重组。

在战史研究中，研究者往往强调军事技术、地理环境、统帅决策对战争胜负的决定意义。但将视野拉远就会发现，政治结构才是决定政权军事成就的关键。本编以桓温和刘裕的北伐为例，讨论了不同政治结构下的战争形态。东晋门阀政治之下掌握军政权力的士族门阀拥兵自重，互相觊觎和掣肘，对北方的战争一直少有建树；而刘裕为首的北府军人势力则消灭了士族分权，确立了令行禁止、赏罚严明的政治秩序，一洗士族政治的萎靡，从而对外连续攻灭北方政权，对内重建了皇权的独尊地位。再以近代为例，北洋水师的覆灭、甲午战争的失败，根源在于晚清政权的涣散，地方实力派借办洋务拥兵自重，与桓温的失败如出一辙。而在朝鲜战争中，新中国的志愿军能够与美军为主的联合国军平分秋色，也正因为通过历次政治运动消灭了离心倾向，使政权具有极高的运行效率与社会动员能力。

当然，政治结构并非自动生成。集权、高效的政治结构，也都是战争洗礼和锤炼的产物。春秋贵族社会的分权特征很明显，但通过

"三家分晋"等内部战争，逐渐形成了以战国七雄为代表的新型集权国家，又经历百余年战争过渡到秦朝的统一。东晋门阀政治涣散，也是在一次次内战中出现了北府兵势力的崛起，最终由军人势力结束了士族的统治，并将战争机器转向对外扩张。而西晋八王之乱后的政治涣散局面，在北方也是通过刘、石政权的战争而重建集权的。政治体系和战争由此实现互动，战争孕育的新军人阶层建立更高效的专制政体（或表现为北方民族入主的形式），并进行新一轮扩张。政治分权涣散——通过内战走向集权——新兴政权对外扩张，构成了一个从内到外、从政治到军事的连续发展过程。中国历史自春秋进入战国争霸、秦统一和西汉的大扩张，是这个循环的第一次展示；而自两晋十六国的解体、南北朝的争霸到隋及唐前期的大扩张，则是这个循环的第二次展示。

第三编

成功转型与积重难返：
南北朝的战争与政权

本编从军事与政治的关系角度，讨论由于民族特征（生活方式）和社会发展水平的差异，南北朝政权维持战争的不同方式，以及南北战争对两方政权形态的影响。

本编前三章探讨北魏政权的战备形态与对南战争特点，主要研究北魏从占领中原到迁都洛阳之后政权的转型，以及由此带来的对南作战方式的不同。在拓跋珪到拓跋焘时期，北魏政权还保留着草原民族的诸多特点，兵种以骑兵为主，缺乏系统的后勤保障，擅长野战而短于攻城，对东晋南朝的战线只能维持在黄河一线。献文帝拓跋弘时期，北魏已逐渐适应了对中原的统治，兵种上，步兵有较大增长，并有了初步的后勤保障体系，开始适应攻城战和长时间防御战，得以进占山东半岛和淮北地区，将对南战线推进到淮河。魏孝文帝迁都洛阳之后，北魏政权已经深度中原化，用普遍兵役制征集大量步兵投入对南作战，将战线推进到淮河、汉水以南地区，为南北统一奠定了初步基础。

第十四章是关于南朝政权用货币财政手段筹措军费维持战争的研究。南方商品和货币经济比较发达，南朝政权可以通过增发货币的方式筹措军费，但也进行了对社会经济的多次洗劫，使得南方社会经济难以实现良性发展。第十五章探讨南朝政治与军事的关系，对北战争中形成的军人集团多次改朝换代，新皇权为了巩固自身统治又经常对军人势力进行打击，这种斗争削弱了南朝的军事实力，使南方最终被北方统一。

第十一章　北魏开国初期的战争模式

总论　拓跋北魏战争模式的三次转型

自前秦解体，拓跋珪重新立国，到528年河阴之变北魏统治瓦解，其间历时近一个半世纪。这个过程中，拓跋北魏政权一直在经历向南扩张的过程，大趋势指向中国的再度统一。但在不同阶段，拓跋魏向南扩张的动因、速度并不完全相同，这又和拓跋北魏政权自身的转型过程密切相关，即拓跋人的社会结构、北魏的政权结构在发生变化，导致其对南方扩张的动力、方式和速度也有区别。

这种社会、政权结构对军事扩张的影响，可以分为物质与文化两个层面。物质层面的影响又体现在两个方面，一是掠夺财富。北魏政权从早期到中期（拓跋珪到拓跋弘时代），为劫掠财富而发动对外战争的动机比较明显。二是政权支持战争的手段即战争动员方式。北魏占领中原之后，汉地的军事资源支持着北魏的持续向南扩张，而北魏政权中原化程度越高，可以利用的中原军事资源也越多。文化层面，在北魏政权早期，统治者尚保留着较多塞外游牧族的生活方式和文化心态，将南朝看作"非我族类"的他者，对南朝的通使或者战争也多受好奇心驱使。而在魏孝文帝汉化改革之后，北魏统治者已经把自己看作中原文化的正统，将南朝看作势不两立的僭越者和挑战者，急于进行"大一统"的战争以实现天下归一。北魏解体之后，北齐、北周、隋仍在沿袭这一进程，直到隋的统一。

本书第一编已经谈及，草原游牧族"原生态"的骑射战术与草原早期部落联盟的松散政治形态有直接关系。其主要特征是：

政权形态，是部落联盟而非君主集权体制，传统习俗仍有较大影响，缺乏统一和强有力的国家机器。

兵员构成，"士力能弯弓，尽为甲骑"，农（牧）闲时节全民皆兵，参战目的多是为抢劫战利品。

单兵战术，以骑马射箭（骑射）为主，极少采用骑兵冲击作战。

集体战术，以游击、袭掠为主，极少采取正面作战。

这些特征在西汉时的匈奴帝国最为典型。但在中原骑兵探索出冲击战术之后，游牧族仅凭骑射已经无法与中原对抗。所以东汉至魏晋时期，塞外游牧族在与中原的合作与冲突中，开始学习汉地的集权政治模式，以便能够推行骑兵冲击战术（当然，战术转型并非游牧族政治走向集权化的唯一目的）。到西晋末，才由内迁的匈奴、羯胡彻底实现了这个转型，建立起汉化的君主集权政治体制，同时实现了骑兵的冲击战术转型。崛起较晚的拓跋鲜卑，则要在更短的时间内完成这一政权结构和战术形态的转型。

和十六国多数政权类似，北魏也是由塞外少数民族建立。但和以往建立十六国政权的匈奴、羯胡、慕容鲜卑、羌、氐等族类不同的是，拓跋鲜卑在建立北魏政权之初，尚保留着比较"原生态"的草原游牧生活方式，受中原政治、文化影响相对较弱，即所谓"中原化"（或称汉化、封建化）程度较低。在其统治中原的百余年时间里，才逐步实现了文化、政治结构的中原化，并对之后的北齐、北周直至隋唐时代产生了深远影响。从这个角度看，拓跋人的历史也是中古时期北方民族入主中原的一个典型个案。而且关于十六国诸政权的史料记载非常缺乏，《魏书》却保存了拓跋部和北魏王朝的较详细史料。所以通过拓跋政权的历程，可以总结从草原游牧族到中原王朝的战争转型规律。本编将拓跋魏战争形态划分为三个转型阶段：

第一次转型，发生在从草原时期到占领中原之初：早期战术形态以骑兵为主，需要经历从骑射到冲击的战术转型；政权形式上从部落联盟的松散政治形态向君主集权的政治形态过渡。北魏道武帝拓跋珪一代人正是这一转型的关键。

第二次转型，发生在对中原的长期占领中：兵种形态上，组建和使用步兵，总结大兵团持久战、攻坚战经验；政治形式上，强化基层政权的控制力，深化对汉地居民的统治，以便利用中原的财赋、人力等军事资源，进行中原传统形式的战争。从拓跋珪进占中原之后，到孝文帝元宏迁都洛阳之前，北魏军政体系都在进行这个转型，其中最有代表性的，是太武帝拓跋焘和献文帝拓跋弘时期的战争。

第三次转型，发生在与南方政权在淮河—汉水流域的长期作战中。这一时期北魏（或东、西魏至北周、北齐）政权形态的汉化已经比较彻底，所以政权结构已无较大调整。主要的转变发生在对南方战场形态、自然地理环境的适应上。在水网、丛林地区作战，兵种上要以步兵为主，同时探索在这种地域使用骑兵和舟楫水师的经验。地理因素方面，要适应涉渡、浮渡江河，架设浮桥，开掘或修筑堰坝等工作，直至组建大规模舰队，适应长江中的正面水战。从元宏迁都中原直到北魏灭亡，魏军都在进行这一阶段的适应和转型。北魏灭亡后，东、西魏和北齐、北周政权依然在进行这一过程（当然，东魏、北齐和西魏、北周的军政模式不尽相同，但大趋势则类似），直到隋灭陈完成统一。下面对拓跋北魏的三次转型动因进行讨论。

第一节　拓跋珪伐燕之战的战争形态

在符坚的前秦王朝崩溃之后，被前秦征服的鲜卑、羌等各族纷纷立国，慕容垂在河北地区建立了后燕王朝，拓跋珪则在代北草原重建起游牧政权。拓跋珪原本向慕容垂称臣，但随着实力壮大，双方间的冲突逐渐增强。随着后燕军惨败于参合陂和慕容垂离世，慕容宝继位，拓跋珪开始准备攻灭后燕，入主中原。

拓跋人在进占中原时，已实现了向骑兵冲击作战模式的转型，但军队的组织形式、作战方式还保留着草原时期的诸多特征，并未完全适应中原地区的战争。这主要表现在：兵种以骑兵为主，兵员以"全民皆兵"的部落成员为主；后勤方面缺乏统一、有效的保障体系，难以维持持久的攻城战。这使得北魏军队在河北地区的战斗旷日持久、极端艰苦，且未能最终消灭慕容鲜卑，所以向北、南方撤退的慕容氏残余又在辽西与青州分别立国。

魏—后燕的政权结构及战备特征

拓跋珪领导的伐燕之战从北魏皇始元年（396 年）八月开始，一直持续到北魏天兴元年（398 年）正月，历时近一年半。战事基本可分为两阶段：皇始元年八月至九月攻占并州（约今山西）为第一阶段；皇始元年十月至天兴元年正月为第二阶段，战事都在河北平原上进行，燕军据守中山、信都、邺城与魏军对抗，最终以魏军占领河北告终。

参与伐燕战事的拓跋兵力达四十余万。此时拓跋珪刚复国十余年，统治区域仍以代北草原为主，动员的兵力与百年前拓跋部全盛时"控弦骑士四十余万"的水平相当，[1] 仍有较明显的草原游牧族"全民皆兵"的特征。其优势是在发动全面进攻时可以动员集结起规模庞大的骑兵部队，而广阔的河北平原缺少天然险阻，正利于拓跋骑兵驰骋作战。

但草原骑兵的长项是野战而非攻城。首先，因为骑兵需要照料战马，难以进行长时间阵地战，如在较晚的 520 年代，长孙稚受命讨伐

---

[1]　《魏书·序纪》，第 6 页。

关西叛军，"所领悉是骑士，习于野战，未可攻城"[1]，这虽是北魏后期事例，但骑兵的运用原则是相同的。其次，草原骑兵长期生活在塞外，对内地的城防体系比较陌生，也缺乏进行持久阵地战的经验。在魏燕战争二十年前的 370 年代，前秦王朝统一北方之时，苻坚曾向拓跋人的使者燕凤询问：草原部族的军事优势究竟在何方？

> 坚曰："卿辈北人，无钢甲利器，敌弱则进，强即退走，安能并兼？"
>
> 凤曰："北人壮悍，上马持三仗，驱驰若飞。主上雄秀，率服北土，控弦百万，号令若一。军无辎重樵爨之苦，轻行速捷，因敌取资。此南方所以疲弊，而北方之所常胜也。"[2]

所谓"军无辎重樵爨之苦，轻行速捷，因敌取资"，即草原骑兵没有专门的后勤补给体系，全靠抢掠获得军需。燕凤还提到，拓跋人举族集结的时间在七月，"每岁孟秋，马常大集，略为满川"，此后的秋冬时节才便于展开大规模军事行动。这种季节性和非专业化特征，都不利于在中原地区进行旷日持久的城池攻坚作战。

后燕方面也试图根据魏军的特征寻找对策。魏军进占并州后，后燕君臣几乎都认为魏军骑兵的机动性强，而平原便于驰骋，所谓"魏军多骑，师行剽锐"，"若逸骑平原，形势弥盛"，从而提出两种对策：一是中山尹苻谟、尚书封懿的"阻关距战"之策，即扼守太行山的山间隘口，阻止魏军进入平原；第二种是中书令眭邃及慕容麟的策略，主张坚壁清野，"修城积粟"，固守城池作战，而魏军骑兵"马上赍粮，不过旬日"，军粮耗尽后只能退兵。燕帝慕容宝最终采纳了第二

---

[1] 《魏书》卷五十八《杨侃传》，第 1282 页。
[2] 《魏书·燕凤传》，第 609 页。

种意见。[1]

以当时形势判断，"阻关距战"之策并不现实。因为太行山间的隘口、谷道众多，难以全部驻兵坚守。以骑兵为主的魏军机动性极强，完全可以从燕军疏于防范之处突入平原。所以依托城池作战比较现实。当魏军进入河北后，驻防邺城的燕将慕容德准备出城作战，其部属认为"魏悬军远入，利在野战"，建议"深沟高垒，以逸待劳"，待魏军粮食耗尽时再展开反击，慕容德也采纳此策。[2]

当然，做出这个决策的燕朝君臣都认为拓跋军队还停留在纯粹的草原游牧状态，不想在中原地区长期立足，只是进行一次劫掠而已。他们对拓跋人现状的认识比较正确，但对拓跋珪的意图则判断有误：拓跋珪正是为占领中原而来。以当时拓跋人的政权规模看，这个计划显然过于超前，他们还不熟悉汉地管理编户齐民、征收粮赋的一整套制度，只能在战争中逐渐学习。所以河北之战呈现为旷日持久的、惨烈的消耗战。

魏军兵力规模：《魏书·太祖纪》载皇始元年（396 年）八月，"大举讨慕容宝，帝亲勒六军四十余万，南出马邑"，此外尚"别诏将军封真等三军，从东道出袭幽州，围蓟"[3]，这支进攻幽州的军队显然没有算在四十余万之内。但在攻占晋阳之后，魏军要留一部分兵力占领并州和扫清燕军残余，所以参与进攻河北的兵力为三十余万。[4]《魏书》没有详细记载这些部队的编制，从有限的史料推测，非拓跋珪直

---

[1] 《晋书·慕容宝载记》，第 3094 页。

[2] 《晋书·慕容德载记》，第 3162 页。

[3] 《魏书·太祖纪》，第 27 页。

[4] 《魏书》卷三十三《张济传》载拓跋珪占领中原两年后，派张济出使驻防襄阳的东晋雍州刺史杨佺期。杨佺期向张济询问"魏初伐中山几十万众？"张济答："三十余万。"（第 787 页）但《资治通鉴》卷一百十一载此事，则云张济回答为"四十余万"（第 3493 页），盖取自《魏书·太祖纪》，而没有注意到这里问是攻占河北（中山）的兵力，而非伐燕总兵力。另，《资治通鉴》卷一百九云："魏王珪大举伐燕，步骑四十余万"（第 3430 页）。按，《魏书》未载伐燕的兵种，实则默认为都是骑兵，《资治通鉴》以中原惯例度之，擅改为"步骑"，实则失去《魏书》原意。

辖的独立作战部队至少有两支：

一是卫王拓跋仪所辖的"五万骑"，进入河北后负责进攻邺城，在一年多的时间内，长期活动于河北南部；[1]

另一支是王建、李栗所辖的"五万骑"，在从晋阳向河北进军时充当前锋，进入河北后则受命进攻信都（冀州治所）。[2]皇始二年（397年）正月占领信都之后，两人就归入了拓跋珪的直属部队，一起攻击中山。所以三月慕容宝从中山逃走时，王建就在拓跋珪身边，而李栗则参与了追击慕容宝。[3]

除以上十万骑之外，所余二十万人应是拓跋珪直辖的兵力，且应全是骑兵。因为两支偏师尚且都是骑兵，拓跋珪所辖的主力也应当是，如此，则参与河北战事的三十余万拓跋部队都是骑兵。拓跋珪主力主要活动在中山及周边地区，也参与过攻占信都的战斗。直辖部队中有著名的将领长孙肥，其他情况则不详。

燕军兵力和分布：皇始二年（397年）二月，燕帝慕容宝曾伺机发起进攻，他在中山城中集结起的兵力有"步卒十二万，骑三万七千"，这几乎是后燕都城中的全部兵力，其中还包含了刚从信都逃来的慕容凤所部。

---

[1] 《魏书·太祖纪》："十有一月庚子朔……别诏征东大将军东平公仪五万骑南攻邺"（第28页）。另外，在去年的参合陂之战中，拓跋仪亦率五万骑兵为一路："陈留公元虔五万骑在东，以绝其左；元仪五万骑在河北，以承其后；略阳公元遵七万骑塞其中山之路。"（第26页）至伐河北时，拓跋虔已战死，拓跋遵（元遵）似在拓跋珪直属军队之中，史书甚少提及。

[2] 《魏书·太祖纪》："冬十月乙酉，车驾出井陉，使冠军将军王建、左军将军李栗五万骑先驱启行"（《资治通鉴》将此条错系于八月进攻晋阳之时）。"十有一月……冠军将军王建、左军将军李栗等攻信都"（第28页）。卷二十八《李栗传》："太祖征慕容宝，栗督五万骑为前驱，军之所至，莫不降下。"（第686页）卷三十《王建传》："并州既平，车驾东出井陉，命建率五万骑先驱启路。车驾次常山，诸郡皆降，惟中山、邺、信都三城不下。乃遣卫王仪南攻邺，建攻信都，众各五万。"（第710页）按，李栗、王建是共同而非各自统帅五万骑兵，两人本传都未载此点，应注意。

[3] 《魏书·李栗传》："慕容宝弃中山东走也，栗以轻骑追之，不及而还。"（第686页）《王建传》：拓跋珪误信王建之言、未能进占中山，"顾视建而唾其面"，见第710页。可见攻占信都后王建部已归入拓跋珪直辖军中。

慕容德驻防邺城的兵力不详，但《晋书·慕容德载记》中提及他从邺城撤往河南时，共有"户四万、车二万七千乘"[1]，这些鲜卑家庭能提供的兵力大概在三四万左右。则后燕当时全国总兵力应为二十余万。但各地郡县的武装过于分散，在拓跋骑兵席卷之下，几乎没有抵抗能力，长期坚持固守的还是信都、中山、邺城三座城池中的主力军。

魏军对城池的攻坚战

在魏燕战争中，以骑兵为主的魏军几乎没有城池攻坚战的能力和经验。燕军据守城池，使战争拖延了一年多时间。而且细寻后燕几座重要城市——晋阳、信都、中山、邺城的陷落，都不是因为魏军的强攻，而是燕军统帅丧失战斗意志弃城逃亡，或者城中粮储耗尽、不战自溃。下面进行逐一分析：

晋阳是后燕在太行山以西唯一的军事重镇。当皇始元年（396 年）九月魏军从代北直指晋阳时，燕并州牧慕容农并没有固守晋阳的准备，他先出城与魏军作战，失利之后弃城逃归中山。关于后燕放弃晋阳，史书有不同记载，《魏书》云慕容农主动放弃：

> 九月戊午，次阳曲，乘西山，临观晋阳，命诸将引骑围胁，已而罢还。宝并州牧辽西王农大惧，将妻子弃城夜出，东遁，并州平。[2]

《晋书》则载燕军内讧使得慕容农无法入城：

> 魏伐并州，骠骑农逆战，败绩，还于晋阳，司马慕舆嵩闭门

---

[1] 《晋书·慕容德载记》，第 3164 页。
[2] 《魏书·太祖纪》，第 27 页。

距之。农率骑数千奔归中山，行及潞川，为魏追军所及，余骑尽没，单马遁还。[1]

《资治通鉴》似兼采两说，但又有增加：

戊午，魏军至阳曲，乘西山，临晋阳，遣骑环城大噪而去。燕辽西王农出战，大败，奔还晋阳，司马慕舆嵩闭门拒之。农将妻子帅数千骑东走……独与三骑逃归中山。[2]

魏军"乘西山，临晋阳，遣骑环城大噪而去"的记载，很生动地表现了魏军骑兵初临时炫耀武力，且对坚城无可奈何的情形。这种情况下如慕容农据城坚守，可以长期对抗魏军，但由于当地人对慕容鲜卑抱敌视态度，且城内粮储缺乏，[3]导致慕容农不敢做长期坚守的计划。而野战正便于北魏骑兵发挥优势。在慕容农弃城逃奔的过程中，又被魏骑追击，几乎全军覆没。

皇始元年（396 年）十一月，魏军从并州进入河北，"自常山以东，守宰或捐城奔窜，或稽颡军门，唯中山、邺、信都三城不下"[4]。这三座城池是燕军的重点设防区。其他城邑则因缺少兵员和粮储，没有抗拒魏军的能力。但魏军始终未能对三城展开强攻，而魏军在试图围困三城的过程中，也因缺粮而不得不到处辗转就食（实际是抢掠），因而无法实现对城池的长期、有效围困。

拓跋珪初到河北时，发现中山城池坚固，难以攻陷或封锁，决定先集中主力进攻信都。皇始二年（397 年）正月，魏军"引骑围之"，

---

[1] 《晋书·慕容宝载记》，第 3094 页。

[2] 《资治通鉴》卷一百八，第 3143 页。

[3] 《资治通鉴》卷一百八："燕辽西王农悉将部曲数万口之并州，并州素乏储。是岁早霜，民不能供其食。又遣诸部护军分监诸胡，由是民夷俱怨，潜召魏军。"（第 3429—3430 页）此记载亦不见于他书。

[4] 《魏书·太祖纪》，第 28 页。以下引文不注出处者，皆引自此卷。

燕冀州刺史慕容凤丧失斗志，"逾城奔走，归于中山"。此后一年时间，燕魏两军围绕邺城和中山展开了持久交战。至于长期转战于邺城周边的拓跋仪所部五万骑兵，史籍对其记载较少。所以我们只能从拓跋珪主力对中山的战事来观察这一时期的魏军作战特征。

中山围城的战事

在皇始元年（396 年）十一月，魏军刚刚进入河北平原之际，拓跋珪主力就第一次尝试包围邺城。但慕容宝固守城池，不肯出城交战，拓跋珪认为"急攻则伤士，久守则费粮"，遂从中山撤军，将行营安置在中山东南三百余里的鲁口城（今河北衡水市饶阳县）。此时魏军主力的主要工作是从河北各郡县征集粮食，以支持大军度过冬季。魏军主力驻扎在鲁口城，也是为了控制河北平原的核心地区，便于各地粮食运输到此，同时隔绝燕军中山与信都间的交通。中山燕军也对魏军的搜粮、运粮武装进行了攻击，试图切断魏军的补给来源。[1]

次年正月末，魏军占领信都，拓跋珪主力进而转移到杨城（今河北宁晋县）。[2] 这是为了更加逼近中山，便于魏骑兵洗劫中山郊外的村邑，并隔绝中山与邺城之间的交通。但此时北魏后方发生内乱，拓跋珪急于撤军回代北，便向慕容宝提出和议。慕容宝认为魏军行将崩溃，遂集中"步卒十二万，骑三万七千"向南进据滹沱河，试图阻断魏军向井陉关及晋阳方向撤退之路。但野战正是北魏骑兵所长，二月，双方在滹沱河两岸数度交战，燕军失败，慕容宝率二万骑兵逃回中山，十余万燕军被歼灭。而拓跋珪也放弃了班师之念，准备全面占领河北。

三月，魏军复进至中山城下，燕帝慕容宝丧失斗志，带妻子宗族

---

[1] 《魏书·太祖纪》，皇始二年（397 年）正月："慕容宝遣其左卫将军慕容腾寇博陵，杀中山太守及高阳诸县令长，抄掠租运。"（第 28 页）
[2] 《资治通鉴》卷一百九，胡三省注引《郡国志》："中山蒲阴县有杨城"（第 3439 页）。

逃往辽西故地。但城中的鲜卑人仍坚守不降。魏军围城至四月，军粮又将告罄，拓跋珪只得命拓跋仪暂时放弃对邺城的攻势，向主力军队靠拢，其实应当是为主力军队搜寻粮食。史书对拓跋仪所部记载不多，以形势推测，他们应当和拓跋珪一样，苦于在邺城周边搜寻粮食，而不能集中全力围城作战。受命之后拓跋仪部北上，并征集粮食运到杨城主力军中。[1]此时，中山燕军有过小规模出城作战，但被魏军击败，而魏军也无法对城池展开强攻。

至五月，拓跋仪部搜集的粮食也无法满足供应二十余万围城军队的需要，拓跋珪只得再度放弃对中山的围困，向东到鲁口、河间一带收集粮食。[2]由于战事已持续太久，民间可搜集的粮食极少，拓跋珪采纳燕降臣崔逞的建议，允许百姓缴纳桑葚充军粮。[3]《魏书》和《资治通鉴》都未将此事系以日期，但河北地区桑葚的成熟在五月间，所以应是魏军第二次放弃中山围城期间之事。

进入夏季之后，中山城中的粮食也已经告罄，五千多名燕军受命出城，到南方的常山郡一带收集粮食。此时，中山郊外的农田虽多抛荒，但生长了较多野谷（稆）。七月间野谷成熟，城中人到城外采摘，得以维持一段时间，以待秋粮成熟。

八月，鲁口一带基本已无粮食可征收，拓跋珪部只能转移至常山。此时发生大瘟疫，魏军及牛马病死一半以上。拓跋珪拒绝了群臣的撤兵请求，并派拓跋遵所部袭击中山，抢收城外的谷物。至九月底，中山城中完全无食，三万余名燕军在慕容麟率领下出城向南寻

[1] 《魏书·太祖纪》，皇始二年（397年）："夏四月，帝以军粮未继，乃诏征东大将军东平公元仪罢邺围，徙屯钜鹿，积租杨城。"（第29页）

[2] 按，关于拓跋珪五月放弃对中山的围困，《魏书·太祖纪》载为："帝以中山城内为普邻所胁，而大军迫之，欲降无路，乃密招喻之……命诸军罢围南徙以待其变。"（第30页）但《魏书·长孙肥传》所载更为真实："中山城内人立慕容普邻为主，太祖围之……时以士马少粮，遂罢中山之围，就谷河间。"（第29页）《资治通鉴》卷一百九将此事系于皇始二年（397年）五月，很正确。

[3] 《魏书》卷三十二《崔逞传》，第758页。

食，至新市（今河北新乐县）。拓跋珪率部北上迎击，于十月初会战击溃燕军，残留在中山的燕朝臣僚相继投降，魏军乘胜占领中山。

守邺城的慕容德得知中山陷落后，于魏天兴元年（398 年）正月放弃邺城、撤往河南，拓跋仪进占邺城。魏军至此方基本占领河北地区。自皇始元年（396 年）十一月魏军进抵河北至天兴元年（398 年）正月克邺城，共历时十三个月。

拓跋珪时代转型总结

拓跋部本是典型的草原游牧部族。西晋末动乱时，拓跋人开始介入中原纷争，与中原有了一定程度的交流，之后又被前秦征服和直接统治，拓跋首领家族也被迁入内地，这使拓跋人对中原有了一定的认知。前秦瓦解后拓跋珪重新立国，拓跋部族还处在草原游牧阶段，但迅速开始了对汉地的扩张，驱逐后燕进占中原（黄河以北地区）。从部族整体角度看，这次大规模扩张的动因是对汉地物质财富的垂涎，即所有的拓跋族人都能从征伐中致富；从部族内部的政治发育看，则与拓跋珪主导的集权化密切相关。拓跋珪等在前秦为臣虏时，一方面看到了汉地核心区的富庶，另一方面则领略了前秦王朝君主集权的诱惑力，类似于刘邦项羽见秦始皇车驾而生"大丈夫当如是"或者"彼可取而代之"的野心。当拓跋珪重新立国时，积极在部族内部推行集权和对汉地进行扩张，便是相辅相成、相互促进的关系：占领汉地使拓跋族人都得到实惠，更加拥护拓跋珪的统治；同时，来自汉地的臣僚也带来了君臣观念和统治制度，如燕凤、许谦等早期汉人臣僚，以及给拓跋珪推荐《韩非子》的汉人公孙表。

换言之，如果拓跋珪未能实现集权和占领汉地，拓跋人一直留居在代北草原，情况会如何？那样部落大人们的独立性较大，整个部族处在松散的联盟状态，不时发生内部冲突，最终可能被某个集权化、汉化程度更高的北方势力（如后燕）征服，也可能被某个纯粹的草原游牧族（如柔然人）征服并同化，和宇文、尔朱、贺兰等部一样消失在历史洪流之中。当然，这一幕并未发生在拓跋部，但却发生在了所有被拓跋部兼并的草原部族身上。

在拓跋珪主导下，拓跋部只用了一代人的时间就完成了从草原到中原的转型，以前少有这种先例。他本人只活了三十九岁，一生的经历极为"浓缩"：部族酋长之子、被俘臣虏、少年酋长、汉地的征服者和帝王。晚年拓跋珪充满矛盾，几乎精神失常：

> 忧懑不安，或数日不食，或不寝达旦。归咎群下，喜怒乖常，谓百僚左右人不可信，虑如天文之占，或有肘腋之虞。追思既往成败得失，终日竟夜独语不止，若旁有鬼物对扬者。朝臣至前，追其旧恶，皆见杀害；其余或以颜色变动，或以喘息不调，或以行步乖节，或以言辞失措。帝皆以为怀恶在心，变见于外，乃手自殴击，死者皆陈天安殿前。于是，朝野人情各怀危惧，有司懈怠，莫相督摄，百工偷劫，盗贼公行；巷里之间，人为希少。[1]

《魏书》推测这和拓跋珪服用寒食散有关。其实，在短短二十年间，拓跋族从苻坚的臣虏成为汉地统治者，种种习俗、文化和制度的差异会在一个人身上造成激烈冲突。这和北齐高欢诸子的荒唐行为颇为相似。而拓跋珪疯狂的重要影响则是所谓"子贵母死"制度。田余庆先生认为这是拓跋珪为保障君主集权的处心积虑之举。本书则认为拓跋珪本人未必有这种深远考虑，他可能只是在癫狂状态下杀死了一位妃子而已，只是到后来，这位妃子的儿子拓跋嗣经过宫廷斗争继位，他无法对天下解释自己母亲的死因，遂将其美化成父皇准备传位给自己的必要准备。《南齐书·魏虏传》云："佛狸（拓跋焘）母是汉人，为木末（拓跋嗣）所杀，佛狸以乳母为太后。自此以来，太子

---

[1] 《魏书·太祖纪》，第 44 页。

立，辄诛其母。"[1] 虽将此风起源延后了一代人，但显示出这种风习实际来自儿子试图解释母亲横死的隐衷。本书并非讨论北魏宫廷政治，只是以此来代表拓跋珪一代人经历的从草原到王朝生活的巨大跨度，这也是拓跋族人面对的生活、战争方式重大转型的一个缩影。

第二节　北魏前期的复合战备形式（5 世纪前期）

北魏进占中原之后的半个世纪里，一面要巩固对中原的统治，进行从草原到汉地统治方式的转变，同时也面临着与周边诸多政权的战争，所以在这一阶段北魏的战略目标、战术形式也呈现出多样化的特征：

首先，北魏进占中原之后，柔然族在北方草原迅速崛起，对北魏北境形成巨大威胁。所以在 5 世纪前半叶，魏军多次对柔然发起大规模攻势，并随时防范柔然的侵袭。这使得北魏必须保持强大的骑兵武装，采取大纵深、短时间骑兵运动战模式，这和草原时期拓跋人的战争模式基本一致。

其次，在北魏周边，东北有北燕，南有东晋（刘宋），西有后秦、赫连夏以及河西的诸割据政权。在对这些政权的战争中，北魏则必须采取中原的战争模式：步骑兵协同作战和持久的攻、守城战。在 5 世纪，北魏经历了对这种战争模式的适应过程。

这些不同的战术需求导致从拓跋珪到献文帝拓跋弘（465—471 年在位）时期，北魏军队的步兵比例逐渐增加，军队构成形式比较多元，基于不同社会结构的军事元素并存，主要有拓跋骑兵、臣服部族骑兵和汉地征调的步兵三种成分。以下分别进行讨论。

---

[1] 《南齐书·魏虏传》，第 986 页。

边疆臣服部族的骑兵（高车等）

北魏占领中原之后，原后燕地区的大量民众被迁徙到代北进行垦殖，逐渐改变了代北地区纯牧业的生态环境，主体拓跋人也从纯粹的游牧生活逐渐转向农业定居生活，这使得他们不再具有游牧族兵民合一、全民皆兵的特征。但在北魏政权的草原边疆，纯牧业的部族和生活方式依然存在。这些部族或是草原时代拓跋人的近邻，或者是被北魏征服而强制迁徙到边疆的草原部族（如高车）。他们负责提供战马和骑兵，北魏政权在进行战争时，经常从这些部族中调发骑兵参战。

比如 422 年，明元帝拓跋嗣乘宋武帝刘裕去世之机，对刘宋发动攻击，试图占领河南、青州地区，拓跋嗣准备亲征时，随同他的就有"四方蕃附大人，各率所部从者五万余人"[1]。这里的"蕃附大人"就是服从北魏统治，但仍保留着一定独立性的游牧部族首领。随同拓跋嗣亲征的有鲜卑将领尉眷，本传载其"征河南，督高车骑，临阵冲突，所向无前，贼惮之"[2]。他指挥的这支高车骑兵部队，就是被北魏征服和迁徙的草原牧民。到孝文帝时准备征讨南齐，还派宗室元羽"持节安抚六镇，发其突骑，夷人宁悦"[3]。这些"夷人"也是保留着草原生活方式的游牧族。

当边境部族产生离心倾向时，北魏政权往往将其迁徙到内地驻防，既使其脱离本土不易反叛，又可监视驻地民众，收到互相牵制之效果。在太武帝时，"北部民"试图脱离北魏控制逃入草原深处，被

---

[1] 《魏书·太宗明元帝纪》，第 62 页。《资治通鉴》卷一百十九改此句为"（拓跋嗣）自将诸国兵五万余人南出天关，逾恒岭，为斤等声援"（第 3749 页），则部分失去了《魏书》的原意。

[2] 《魏书》卷二十六《尉眷传》，第 656 页。

[3] 《魏书》卷二十一上《献文六王·广陵王羽》，第 546 页。

魏军追击俘获，安置到冀、相、定三州为营户，即世袭的军人。[1]孝文帝初年，北方边境的敕勒（高车）又发生叛逃，被魏军俘获的幸存者又被安置到冀、相、定三州或者青、徐、齐、兖四州为营户。[2]但这些北方部族到内地之后，只能放弃其游牧生活方式，作为骑兵的战斗力也逐渐减退。

拓跋鲜卑骑兵（羽林、虎贲、直从）

北魏征服中原之后，部分本民族的拓跋骑兵或成为朝廷禁军，或驻防中原各地，但共同特征都是由国家财政供养，成为职业军人。这种拓跋族亲兵和从中原民户中征发的步兵完全不同。孝文帝初年，宗室元澄上书讨论政事，其中一条就是：

> 十曰羽林虎贲，边方有事，暂可赴战，常戍宜遣蕃兵代之。[3]

"蕃兵"即从汉地民众中征发的步兵，服役期多为一年期，因其征发原则是成年男子每年需服一个月徭役，遂由十二丁各出绢一匹，补贴一丁服役一年。而职业化的拓跋骑兵称羽林或虎贲，区分自有来历：

> 世宗行考陟之法，雍表曰："……武人本挽上格者为羽林，次格者为虎贲，下格者为直从。或累纪征戍，靡所不涉；或带甲连年，负重千里；或经战损伤；或年老衰竭。今试以本格，责其如初，有爽于先，退阶夺级。此便责以不衰，理未通也。……"[4]

---

[1]《魏书》卷四下《世祖纪下》，太平真君五年（444年）："北部民杀立义将军、衡阳公莫孤，率五千余落北走。追击于漠南，杀其渠帅，余徙居冀、相、定三州为营户。"（第97页）

[2]《魏书》卷七上《高祖纪上》，延兴元年（471年）、二年，第135—136页。

[3]《魏书》卷十九中《景穆十二王·任城王澄传》，第475页。

[4]《魏书》卷二十一上《献文六王·高阳王雍传》，第554页。

这是世宗宣武帝时期之事，但元雍上表引用的是北魏惯例，用拉弓力量将士兵分为羽林、虎贲、直从三级。元雍上表提到这种考评涉及到"退阶夺级"，说明羽林、虎贲、直从都是享有正式品级待遇的职业军人，而非从普通民户中征发的一般士兵。由此也可以理解，北魏后期张彝父子要求将武人排除出吏部铨选的"清品"之列，引起"羽林、虎贲几将千人"烧毁其家。[1] 因为羽林、虎贲不仅是职业军人，也是拓跋鲜卑的部族成员，自然不甘心其政治地位被剥夺。普通民众中征发的戍兵不会有这种奢望。

拓跋鲜卑的部族兵分为羽林、虎贲、直从三级，和北魏的军事调发制度有直接关系。太武帝时，曾"诏发天下兵，三分取一，各当戒严，以须后命"[2]。到献文帝末、孝文帝初年，进行军事动员时，"分京师见兵为三等，第一军出，遣第一兵，二等兵亦如之"[3]。这种三等分之法，可能就是羽林、虎贲、直从三级，当有战事调兵时，要按比例调发三等士兵，以保证出征和留守的兵力都不至于过强或过弱。直到清代康熙帝平三藩等战事，驻防京师的八旗兵仍保持这种按比例抽兵出征的做法，应当是北方民族的传统习惯。关于北魏的驻军，还有一条史料很重要：

> 自太祖平中山，多置军府，以相威摄。凡有八军，军各配兵五千，食禄主帅军各四十六人。自中原稍定，八军之兵，渐割南戍，一军兵才千余，然主帅如故，费禄不少……[4]

这是北魏在占领中山之后的驻军。八军，军各五千人，共四万人。其他如邺城等地势必也有类似驻军。此处没有说明这种驻军的来

[1]　《魏书》卷六十四《张彝传》，第 1432 页。
[2]　《魏书·世祖纪下》太平真君六年（445 年）秋八月，第 99 页。
[3]　《魏书·高祖纪上》，第 142 页。
[4]　《魏书》卷五十八《杨播传》，第 1287 页。

源和身份，但从其设立、驻防时间来看，似属于羽林、虎贲一类部族兵。另外，这些部队在向南方边境调发时，也是采用抽调兵员的方式，而非成建制整体调动。

北魏中前期在河北调发兵力的记载比较多，这种做法可以追溯到太武帝时期。[1] 但这些调发的兵力究竟是驻防鲜卑骑兵，还是汉地民户组成的步兵，则多无直接记载，根据有限的材料看，应是骑兵和步兵都有。这里先讨论征发骑兵的情况。如太平真君六年（445 年）十一月，北魏关中地区发生盖吴武装起事，刘宋政权给予这支武装很大支持，拓跋焘遂决意报复：

> 选六州兵勇猛者二万人，使永昌王仁、高凉王那分领，为二道，各一万骑，南略淮泗以北，徙青徐之民以实河北。[2]

此次调发的二万人都是骑兵，所执行的任务也是拓跋骑兵较为擅长的冬季袭掠，所以应是驻防中原六州的拓跋部族骑兵，和前述中山军府"渐割南戍"的情况类似。次年，北魏为镇压盖吴武装，继续从河北地区调兵："发定、冀、相三州兵二万人屯长安南山诸谷，以防越逸。"[3] 这里未提及兵种，但其任务是驻防秦岭诸山谷，防止盖吴军逃往刘宋方向，只有骑兵适合执行这种机动性较强的工作，所以应当和去年一样，也是驻防河北的拓跋部族骑兵。

---

[1] 在整个北魏时期，河北南部冀、定、相三州是最为富庶的地区，治所分别是信都、中山和邺城，正是北魏攻后燕时战斗最多的三城。《魏书·崔浩传》，神瑞二年（415 年）秋，代北地区发生饥荒，明元帝曾准备将都城迁到邺城。崔浩反对迁都，提出可以让贫民到"山东三州"就食，也可以说明这三州比较富庶（第 808 页）。在占领之初，这里是魏军驻防较多的地区，但在实现对中原地区的控制之后，这里又是向边境战场提供兵员最多的地区。

[2] 《魏书·世祖纪下》，太平真君六年（445 年）十一月，第 100 页。《资治通鉴》卷一百二十四载此事径作："魏选六州骁骑二万"；胡三省注，"六州，冀、定、相、并、幽、平，即北魏统治的中原腹地。（见第 3916 页）

[3] 《魏书·世祖纪下》，第 101 页。

汉地调发的步兵

在北魏占领中原之后，特别是在太武帝拓跋焘时期的征战中，军队中开始有一些步兵成分，但在当时的战争中尚无太大作用，其来源亦难根究。但是到拓跋焘晚年与刘宋的大规模战争中，开始有在河北地区征发步兵的记载。就在前一轮调发二万骑兵的四年之后（北魏太平真君十一年，刘宋元嘉二十七年，450 年），刘宋政权对北魏发动了大规模北伐。为了应对宋军攻势，北魏再次从河北调兵：

> 九月……庚子，曲赦定冀相三州死罪已下。发州郡兵五万分给诸军。[1]

此处赦免"三州死罪以下"，即以囚犯充军备战，和"发州郡兵"属同一事。所以这次征发的对象，应不再是驻防的拓跋骑兵，而是河北地区普通民户甚至罪犯组成的步兵。且和以往的记载不同，这次调发的对象是"州郡兵"，多一"郡"字，可能显示了兵员是由地方郡县从民户中征调而来。此次与宋军的战争中，魏军多用汉人步兵协助拓跋骑兵作战。当宋西路军北伐至陕城时，与魏军发生激战，俘获的魏军之中"多河内人"，宋军统帅柳元景斥责这些人为异族效命，这些人的回答是："虏虜见驱，后出赤族，以骑蹙步，未战先死，此亲将军所见，非敢背中国也。"[2] 可见这些都是汉人民户被强征为步兵，待遇十分低下。次年，魏军已攻入刘宋境内，围攻盱眙城时，拓跋焘向守城的宋军将领宣称：

> 吾今所遣斗兵，尽非我国人，城东北是丁零与胡，南是三秦

---

[1] 《魏书·世祖纪下》，第 104 页。

[2] 《宋书·柳元景传》，第 1985 页。

氏、羌。设使丁零死者，正可减常山、赵郡贼；胡死，正减并州
贼；氏、羌死，正减关中贼。卿若杀丁零、胡，无不利。[1]

　　骑兵不便于攻城，所以拓跋焘以非鲜卑的步兵负担此任务，对其
生命毫不在意。拓跋焘虽然宣称攻城用的是丁零、胡、氏、羌等少数
民族，其实充当此任务的多数还是汉人步兵，只是因为守城宋军也是
汉人，为了避免激起自己军队中的民族反抗情绪，拓跋焘才只提及其
中的非汉族成分。另外，此次魏军南下主要靠抢掠维持粮秣军需。骑
兵运动速度快，便于抢掠，步兵则没有这种优势，所以在长途行军中
难免因饥寒减员。魏军此次南征减员颇多，损失的应当主要是非鲜卑
族的步兵。

第三节　420 年代拓跋嗣的对宋战争

拓跋嗣河南战事中的略地作战

　　自 397 年之后的二十余年中，道武帝拓跋珪和明元帝拓跋嗣两代
君主主要忙于巩固新占领的中原地区，一度放缓了对外扩张的势头。
到北魏泰常七年（422 年）夏，宋武帝刘裕病死，少帝继位。拓跋嗣
认为刘宋内部不稳，有机可乘，遂决意夺回 416 年刘裕占领的河南地
区。对于如何进行河南地区的战事，北魏内部有不同意见。臣僚中奚
斤和公孙表都主张优先攻城，即先占领黄河南岸宋军据守的滑台、虎
牢、金镛（洛阳）等军事据点；崔浩和明元帝拓跋嗣则反对集中兵力
攻城，主张用骑兵袭掠淮河以北的广大平原地区，断绝黄河沿岸城垒

---

[1] 《宋书·索虏传》，第 1912 页。

与后方的交通，使其不攻自溃。[1]"略地"是拓跋骑兵的传统战术，攻城则代表了向中原战术转向的趋势。主张攻城的奚斤是鲜卑人，公孙表是汉人；同样，主张略地的拓跋嗣和崔浩也分属胡、汉。所以在这个问题上，民族出身和所持意见并无直接关系。

十月，奚斤、公孙表渡过黄河，开始攻击滑台城。在宋人的文献记载中，魏军"辎重弱累自随"[2]，即为攻坚战携带了大量后勤辎重，这在此前的战事中应较为少见，所以被专门记载了下来。魏军一面围困滑台，一面攻占仓垣，掐断宋军自汴水北上的航道。至十一月，守城宋军溃散，魏军进占滑台，用时一个月左右。从当时的攻坚战情况来看，所用时间并不长，但拓跋嗣已经迫不及待，"帝怒，议亲南讨，为其声援"[3]。可见魏帝尚不习惯这种较为持久的作战方式。此后，公孙表、奚斤继续西进。公孙表攻击虎牢城，奚斤则"留表守辎重，自率轻兵徇下河南、颍川、陈郡以南"[4]，说明奚斤仍能发挥拓跋骑兵的优势进行略地作战。此举为攻击虎牢的公孙表军搜罗了军粮，且肃清了虎牢城周边的宋军，为攻城作战提供了帮助。之后，奚斤所部又返至虎牢城下，和公孙表军一起攻城。

十二月，黄河进入封冻期，已无法充当南军的屏障，拓跋嗣遂决心扩大攻击范围：西线，于栗磾所部受命至河阳，攻击对岸金镛城的宋军；东线，叔孙建等则从平原郡过黄河，攻占青齐及兖州地区。面对魏军的全线攻势，刘宋驻军纷纷溃逃，只有虎牢和东阳（青州治所）的守军进行顽强抵抗。魏军从而同时进行略地与攻城两种形态的

---

[1] 据《魏书·崔浩传》，是崔浩认为"南人长于守城……不如分军略地，至淮为限，列置守宰，收敛租谷。滑台，虎牢反在军北，绝望南救，必沿河东走"（第814页）；而《魏书》卷三十三《公孙表传》则云："太宗以为掠地至淮，滑台等三城自然面缚。表固执宜先攻城，太宗从之。"（第783页）则是拓跋嗣亦主张略地优先。由于《魏书·崔浩传》中多夸大崔浩先见之明，似乎经过崔氏后人的文饰，现在已难以完全还原事实真相。
[2] 《宋书·索虏传》，第2323页。
[3] 《魏书·太宗明元帝纪》，第62页。
[4] 《魏书》卷二十九《奚斤传》，第699页。

战事：

略地作战在各战场上有普遍应用：在西线战场，为对抗宋军自项城方向北上的援军，奚斤所部从虎牢出发，协助于栗磾部进占洛阳，并肃清了南至许昌的河南地区；[1] 中线，魏军沿泗黄航道而下，"悦勃大肥率三千余骑，破高平郡所统高平、方与、任城、金乡、亢父等五县，杀略二千余家，杀其男子，驱虏女弱"[2]。东线，叔孙建部迅速进占泗黄航道（清水）以东，各地分散的宋军无法进行有力抵抗。[3] 但部分宋军逃入东阳城内，加强了守城兵力。宋军还对东阳郊外坚壁清野，"烧除禾稼，令虏至无所资"[4]。拓跋嗣则任用自南方逃来的汉人刁雍为青州刺史，命其在当地征召军队并征收军粮，[5] 供给围攻东阳的叔孙建主力。

拓跋嗣河南战事中的攻城作战

同时，魏军也在尝试攻城作战。422、423 年之交，魏军集中兵力，围攻虎牢和东阳二城。

---

[1] 《宋书·索虏传》："郑兵（奚斤）于虎牢率步骑三千，攻颍川太守李元德于许昌。车骑参军王玄谟领千人，助元德守，与元德俱败散。虏即用颍川人庚龙为颍川太守，领骑五百，并发民丁以成城。"（第 2326 页）

[2] 《宋书·索虏传》，第 2327 页。《魏书》卷三十《闾大肥传》作："宜城王奚斤之攻虎牢也，大肥与娥清领十二军出中道，略地高平、金乡，东至泰山。"（第 728 页）《魏书》之闾大肥，《宋书》为悦勃大肥。另参见《魏书》卷三十《娥清传》。

[3] 《魏书·叔孙建传》："率众自平原济河，徇下青兖诸郡。"（第 704 页）《宋书·索虏传》："虏又遣楚兵将军徐州刺史安平公涉归幡能健、越兵将军青州刺史临菑侯薛道千、陈兵将军淮州刺史寿张子张模东击青州，所向城邑皆奔走。"（第 2325 页）涉归幡能健即叔孙建。

[4] 《宋书·索虏传》，第 2325 页。

[5] 《魏书》卷三十八《刁雍传》，第 866 页。按，刁雍本传载，拓跋嗣命刁雍赴青州时，"给五万骑，使别立义军"，如此庞大的兵力颇为可疑。因为据刘宋方面统计，过黄河到青州的北魏骑兵"凡六万骑"，此数字尚极为夸大，不可能从中分出五万给刁雍。本传又载，刁雍向叔孙建请命，"求将义兵五千"，阻击前来增援的宋军檀道济部，因叔孙建不允而止。如果刁雍本人有五万骑兵，亦不至于再向叔孙建求增兵。《资治通鉴》卷一百十九载拓跋嗣给刁雍兵力之事为："以雍为青州刺史，给雍骑，使行募兵以取青州。"（第 3753 页）应是认为"五万骑"数字颇可疑，而有意略去。可推测，北魏能提供给刁雍的骑兵大概在数百人规模。

虎牢是一座为扼守黄河南岸而建的军事堡垒，处于临河的高地之上，周长仅三里，边长尚不足四百米，城中只有一口水井，也不可能供应太多的人口。[1] 宋司州刺史毛德祖驻防此城，兵力约数千人规模。但由于是临河的边防重镇，城内储存了较多的粮食，可以维持长期作战。围城魏军规模不详，数路军队汇合之后，应在数万人规模。[2] 宋军一面依托城垒坚守，同时积极出城发动突袭，烧毁魏军攻城器械。但虎牢周边数百里已被魏军肃清，刘宋援军亦不敢前来解围。毛德祖部连续作战数月，情形极为艰苦。最后至闰四月，魏军在城东门下"作地道偷城内井"导致守军断水，虎牢才被攻破，[3] 共坚持七个月时间。

东阳城的情况与虎牢很不同。该城是宋青州治所，有广阔的鲁北平原地区为依托和腹地，面积远比虎牢大，民户和物资储备都较充足。指挥守城的是宋青州刺史竺夔。叔孙建等魏军攻击青州的兵力《魏书》未载，《宋书·索虏传》载"虏众向青州，前后济河凡六万骑"[4]，这个数字大概以黄河沿边侦谍人员的统计为依据，虽可能有些夸大，但总体比较可信。《索虏传》对魏军围城战的过程记载比较详细：三月，魏军三万骑兵追逐逃难军民至东阳城下，被城中宋军阻击，暂时退去。两天后，魏军步、骑兵主力全部开到，在城外四面"列阵十余里"，半日之后见宋守军不敢出城作战，遂退至城西北二十里扎营，伐木制作攻城车辆、器械，同时"日日分步骑常来逼城"，寻找

---

[1] 《水经注疏·河水五》："(成皋县) 城西北隅有小城，周三里，北面列观，临河，苕苕孤上……魏攻宋司州刺史毛德祖于虎牢，战经二百日，不克。城惟一井，井深四十丈，山势峻峭"(第398—399页)。

[2] 据《宋书·索虏传》，宋永初三年 (422年) 十二月，参与合围虎牢的魏军公孙表、奚斤、周几所部共"万五千骑"。从永初四年 (423年) 三月开始，拓跋嗣又陆续多次增兵。(见第2324页)

[3] 近百年之后，郦道元到此处，魏军泄井水所凿之穴仍在。《水经注疏·河水五》："门东对临河，泽岸有土穴，魏攻宋司州刺史毛德祖于虎牢，战经二百日，不克。城惟一井，井深四十丈，山势峻峭，不容防捍，潜作地道取井。余顷因公至彼，故往寻之，其穴处犹存。"(第399页)

[4] 《宋书·索虏传》，第2325页。

战机并对城内施加压力。

攻城设备完工后，魏军营地又推进至城西北四里处。宋军在城外挖掘堑壕筑墙以防范魏军进攻；魏军也在城北一里远夯土筑墙掩护攻城设施，骑兵还一度冲击施工的宋军。魏军设施准备完毕后，开始用虾蟆车（方厢车）运土填埋壕堑，然后用橦车（撞城车）撞击城墙。四座可牵引的高楼也逼近城墙，用箭矢掩护虾蟆车和橦车。除了城北，魏军还在城南用同样手法攻城。城上宋军则用磨石砸橦车，并试图挖地道通向城外焚毁魏军攻城车辆，但未能成功。

战事相持至四月，魏军不适应暑热天气，"兵人不宜水土，疫病过半"，而东阳城北墙也被魏军撞塌"三十许步"[1]。此时，自彭城北上的宋军檀道济部已经进抵东阳附近，叔孙建认为再停留将会招致更大伤亡，遂下令撤退。魏军退兵后，竺夔声称东阳城墙破坏严重，难以修复，将青州治所迁移至不其城（今青岛市北），实际是为远离与北魏交界地区。

总结

422—423 年的魏宋之战，以北魏占领河南地区的洛阳、虎牢、滑台诸城而告结束。此后魏宋两方边界的中段基本在黄—淮之间，各自依托黄河和淮河进行相持。东部则基本以清水（泗黄航道）和黄河下游为界，清水以东是刘宋的青齐地区。

此次魏军主动发起攻势，作战时间为泰常七年（422 年）十月至泰常八年（423 年）闰四月，是比较典型的北方军队对南方作战的季节周期。若延宕至夏日后则战区的暑热难以适应；河流涨水之后，南军也可以更快捷地从河道北上增援，并进入黄河切断魏军后路。所以魏军的战事只能维持半年左右。

从后勤供应方式上看，魏军在战前进行了一定的后勤准备。如在

---

[1]《魏书·刁雍传》，第 866 页。

泰常三年（418 年）秋要求各州加征租粮，并运到定、相、冀三州储存；泰常六年（421 年）春，又"调民：二十户输戎马一匹、大牛一头"[1]。征发牛马也是为了便于战场运输。到下半年，公孙表、奚斤等渡河作战时，携带辎重颇多，应当就有这两次征发的物资。但当战事规模扩大、渡河军队增多之后，后方的补给已不能满足需求，所以前线魏军还要靠略地抢劫，利用汉族代理人征收粮赋等方式取得补给。

从作战方式上看，此次魏军在不放弃传统的野战和"略地"战术的基础上，首次开始进行对城市的攻坚战，且已经掌握了攻城的基本战术手段，如挖掘壕堑、地道，制造攻城车辆、器械等。这和北魏已经占领中原二十余年，可以利用内地的资源和经验有直接关系。但北魏上层拓跋人对攻城战的长期性尚认识不足，攻滑台一个月不拔已经引起拓跋嗣震怒；围攻虎牢数月不下，拓跋嗣两次亲征到前线，并秘密处死了主张攻城的汉人将领公孙表。叔孙建所部围攻东阳数月，即将破城时却匆匆放弃，也说明了魏军对攻城作战的长期性准备不足。

---

[1]《魏书》卷三《太宗纪》，第 61 页。

第十二章　北魏政权中期的战争模式

从 423 年太武帝拓跋焘即位，到 494 年孝文帝元宏迁都洛阳，本书划分为北魏中叶。这时期北魏仍建都平城，逐步巩固了对黄河以北地区的统治，吞并了周边的北燕、赫连夏、北凉等割据政权，并试图向河南、淮北地区推进。与此同步的，魏军对南方作战的军队中的步兵比例越来越高，这是北魏军队走向"中原化"的标志之一。

第一节　拓跋焘时期魏军的战争模式

拓跋焘对夏、北燕等北方政权的战争

在北魏进占河南当年，拓跋嗣病死，其子太武帝拓跋焘继位。在拓跋焘在位的三十年中，对周边政权发动了一系列战争。其中有对草原柔然人的纯骑兵征讨，也有内地方式的战争。总的来说，在拓跋焘时期，北魏军队仍保持着骑兵的传统优势地位，攻城及步兵作战能力则比拓跋嗣末期的河南之战逐渐有所提高。

赫连勃勃在陕北建立夏政权，吞并了被刘裕攻灭的后秦的主要疆域，他死后，赫连昌继位，拓跋焘迅速对赫连夏政权展开了进攻。魏、夏之间是自北向南流的黄河。北魏始光三年（426 年）九月，魏军进攻，奚斤率四万五千人、周几率万人从南线进军：奚斤自平城进攻蒲坂，周几则从洛阳向潼关进军，准备合兵进攻关中；拓跋焘则率

禁军从北道西进，准备渡河攻击夏都统万城。

至十一月，奚斤所部尚被阻于蒲坂关之下。黄河北段因天寒突然封冻，拓跋焘闻讯，遂率二万骑兵长途奔袭统万。经过五天急行军，魏军进抵统万城下。[1] 赫连昌等猝不及防，出城迎战被魏军击败，夏军遂闭城坚守。魏军都是骑兵，没有步兵进行攻城战，也无辎重提供补给，只在城外停留了一天，并分兵袭掠郊外，俘获大量居民和牛马，然后班师回平城。但统万被围困的消息传到蒲坂前线，引起夏军惊恐溃败，奚斤所部遂乘胜进占长安，并与关中夏军展开拉锯战。

拓跋焘认识到统万城坚固难攻，遂命在阴山大规模伐木，制造攻城器械。次年（始光四年，427 年）四月，北魏开始大规模动员，准备一举攻灭赫连夏政权：

> 治兵讲武，分诸军，司徒长孙翰、廷尉长孙道生、宗正娥清三万骑为前驱，常山王素、太仆丘堆、将军元太毗步兵三万为后继，南阳王伏真、执金吾桓贷、将军姚黄眉步兵三万部攻城器械，将军贺多罗精骑三千为前候。[2]

为了攻破统万，魏军中以步兵占多数，三路主力军队中步兵占了两路，其中一路三万人专门运送攻城器械，可见魏军做了长期围困统万城的准备。为了便于辎重通行，魏军还在黄河上架设了浮桥。但在渡过黄河之后，魏帝拓跋焘仍率三万骑兵先行。为了提高行军速度，拓跋焘甚至命令将辎重留在中途，只带骑兵部队轻装前进。此举引起下属疑虑：

---

[1] 《魏书》卷九十五《赫连昌传》："乃以轻骑一万八千济河袭昌。"（第 2057 页）卷四上《世祖纪上》："十有一月戊寅，帝率轻骑二万袭赫连昌。壬午，至其城下"，途中仅用五天。（见第 71 页）

[2] 《魏书·世祖纪上》，第 72 页。

> 群臣咸谏曰："统万城坚，非十日可拔，今轻军讨之，进不可克，退无所资，不若步军攻具，一时俱往。"

> 世祖曰："夫用兵之术，攻城最下，不得已而用之。如其攻具一时俱往，贼必惧而坚守，若攻不时拔，则食尽兵疲，外无所掠，非上策也。朕以轻骑至其城下，彼先闻有步军而徒见骑至，必当心闲，朕且羸师以诱之，若得一战，擒之必矣。所以然者，军士去家二千里，复有黄河之难，所谓置之死地而后生也。以是决战则有余，攻城则不足。"[1]

在拓跋焘的计划中，动用步兵和器械攻城是下策，因为攻城战耗时颇长，统万距离北魏疆界过远，补给不便；但大量步兵和攻城器械的进军会给赫连昌造成错觉，以为魏军推进速度必然缓慢。魏骑兵先至统万城下时，夏军会认为并非魏军主力，可能因麻痹大意而出城作战，正可借此机会一举歼灭夏军主力，使统万城不攻自破。

五月底，拓跋焘骑兵进抵统万附近，并分兵劫掠当地居民。赫连昌本来准备据城坚守，但得知赶到的魏军骑兵数量较少、步兵主力尚远时，遂于六月二日出城作战，被魏军骑兵击败，赫连昌逃奔，魏军进占统万。此后不久，赫连昌被魏军俘获。其弟赫连定称帝，活动于陇山的上邽、平凉一带，试图寻机夺回故地。430 年，赫连定与刘宋相约对北魏发起攻击。拓跋焘遂决心解除赫连定威胁。

八月，拓跋焘自平城出发，先至统万，于十一月进至平凉。赫连定以一部分兵力守平凉，自己带部分兵力阻击魏军，被魏军击败而逃。魏军开始围困平凉城，并掘堑壕防止其逃逸。至十二月，平凉夏军出降，共计围城二十六天。这应是魏军一次比较成功的攻城战。当然，平凉城规模并不大，夏军也没有做好坚守的准备，才使魏军在不到一个月的时间内克城。但魏军仍为攻城付出了代价：魏军制造攻城

---

[1]《魏书·赫连昌传》，第 2058 页。

冲车并进行撞击试验，结果发生故障，深受拓跋焘喜爱的将领尉地干被断裂的绳索击中肋部而死。[1] 这是魏军在"中原化"过程中的一幕不算顺利的小插曲。

随后，割据辽西的北燕冯文通政权成为北魏的攻击目标。延和元年（432年），拓跋焘亲征北燕。为了攻克北燕都城和龙，北魏先在幽州制造了大量攻城设备，并动用万余民夫将这些器械运往和龙。[2] 七月，魏军主力抵达和龙城下，征发当地三万劳力掘堑筑墙，进行围困，并分兵袭掠燕境各地。和龙燕军曾出城作战，被魏军击败，遂一心守城。魏军围攻至九月不能破城，由于天气转冷、补给困难被迫撤军。此次围城仅两个月时间，说明魏军尚缺乏在敌境持久作战的信心。

此后数年内，魏军多次以骑兵突袭的方式袭掠北燕境内，进攻时间都在夏季六七月间。[3] 这种袭掠破坏了正在生长的庄稼，俘获了大量人口，使北燕国力大为削弱。到太延二年（436年），拓跋焘再次派骑兵袭击北燕，此次出击的兵力并不多，只有娥清、古弼率领的"精骑一万"，以及北魏驻辽西的一些地方部队。[4] 拓跋焘大概并未部署攻克和龙的任务，但和龙城内发生叛乱，冯文通感到无力抵抗魏军，遂逃亡至高丽境内，北燕全境被北魏占领。

430 年宋魏河南之战

拓跋焘在位时期曾与刘宋两度发生大规模战事。这两次战事都发

---

[1] 《魏书·尉眷传附尉地干》："世祖将征平凉，试冲车以攻冢，地干为索所胃，折胁而卒"（第659页）。

[2] 《魏书·奚斤传》，第700页。

[3] 《魏书·世祖纪上》：延和二年（433年）六月，"遣抚军大将军、永昌王健，尚书左仆射安原督诸军讨和龙。将军楼勃别将五千骑围凡城，文通守将封羽以城降，收其民三千余家"（第82页）。延和三年（434年）六月"抚军大将军、永昌王健，司空、汝阴公长孙道生，侍中古弼，督诸军讨和龙。芟其禾稼，徙民而还"（第84页）。

[4] 《魏书·世祖纪上》，第86页。

生在河南地区，既和拓跋嗣晚年的宋魏河南之战有一定继承关系，又具有南北政权之间战争的普遍规律。

宋武帝刘义隆登基后一直试图恢复被拓跋嗣占领的河南地区，将边界推进到黄河一线。这一方面是希望恢复汉魏故都洛阳，建立政治上的自信心；另一方面则是希望通过固守黄河防线取得战略安全。而这一时期的拓跋焘和北魏政权尚面临着北方柔然人的威胁，同时还要对东北、西北方的北燕、赫连夏等政权进行兼并战争，所以无法将全部国力用于对南方作战。从宏观的政治发展来看，北魏政权此时尚未全面完成中原化，其政权组织结构也不适应在南方进行步兵为主的持久战。所以，拓跋焘时期与刘宋的两场战事并未从根本上改变双方的战略态势和力量对比。

宋元嘉七年（430 年）初，刘宋开始筹备收复河南之战。在开战之前，刘义隆曾派遣使者至北魏要求归还河南旧地，并表示宋不准备向河北扩张。这个提议被拓跋焘断然拒绝。拓跋焘判断宋军会趁雨季泛舟北上，所以没有准备固守河南，而是待冬季封冻后再驱逐宋军：

> 先遣殿中将军田奇衔命告焘："河南旧是宋土，中为彼所侵，今当修复旧境，不关河北。"焘大怒，谓奇曰："我生头发未燥，便闻河南是我家地，此岂可得河南。必进军，今权当敛戍相避，须冬行地净，河冰合，自更取之。"[1]

但对于宋军是否会发动进攻，北魏内部尚有不同意见。徐州刺史叔孙建驻防河南，他派出一名僧人间谍到刘宋境内的彭城。僧人看到刘宋北境已经戒严，民间正在征发马匹，三月间宋军数万人陆续抵

---

[1] 《宋书·索虏传》，第 2331 页。另，《魏书·岛夷刘裕传》亦载："三年，又遣殿中将军田奇朝贡。"（第 2136 页）

达彭城，准备循泗水发起攻势。[1] 叔孙建将这个动向报告拓跋焘，并请求紧急增兵三万，对尚未完成部署的宋军发起主动进攻，挫败其企图。[2] 报告送到平城时，深受拓跋焘信赖的侍中崔浩认为，宋军惮于魏军骑兵的威胁，不会主动发起进攻，叔孙建等是看到北方边境将帅与柔然作战，虏获颇多，心生羡慕而希望挑起战事。另外，崔浩也提到，行将进入夏季，不便在南线进行战争，即使开战也应等到秋后。

此时北魏和柔然、赫连定都在进行战争，魏军兵力颇为紧张，拓跋焘不想主动对刘宋作战，遂准备采纳崔浩的意见。但随着宋军的向北推进，叔孙建等南线将领频频告急，要求调河北军队增援河南，并在河北造船为河南输送补给。由于多数臣僚都倾向于战争不可避免，拓跋焘最终批准了这个请求，并派遣来自南方的司马楚之等到边界上招募武装。这说明拓跋焘对河南的战事并未有明确计划，也没有坚持"敛戍相避"、先撤退再反击的预想。

七月，宋军到彦之舰队溯泗水、清水而上逼近黄河，战事遂不可避免。此时正当盛暑，所以魏军没有在河南进行防御作战，河南的四个主要据点碻磝、滑台、洛阳、虎牢守军全部撤回黄河北岸。宋军全面占领河南，舰队自清水驶入黄河，巡游在西起潼关东至入海口的上千里河段。

至十月，魏军开始反攻，迅速攻克了洛阳、虎牢二城。此时黄河下游尚未封冻，魏军应当是乘船渡河。到彦之主力舰队本集结于清水入黄河口一带，见到魏军攻势凶猛，封冻期又将来临，遂循济水向青州方向撤退，只留朱修之率万余宋军固守滑台孤城。魏军一面围困滑台，一面追击退却的宋军。到彦之主力急于撤退，焚毁舟舰徒步逃往

---

[1] 《魏书·叔孙建传》，第 704 页。

[2] 《魏书·崔浩传》："俄而南藩诸将表刘义隆大严，欲犯河南。请兵三万，先其未发逆击之，因诛河北流民在界上者，绝其乡导，足以挫其锐气，使不敢深入。"（第 819 页）这个"南藩诸将表"，应当就是叔孙建所上表。另，此处提到"河北流民在界上者"，说明在拓跋嗣末年进占河南之后，颇有河北汉人到河南地区谋生，这应当和北魏统治区相对安定有关系。

彭城。刘义隆派遣檀道济自彭城救援滑台，但沿途遭到魏军阻击，行进缓慢。到元嘉八年（431 年）二月，滑台城粮尽失守，朱修之及上万名宋军成为俘虏。宋军这次北伐以惨败告终。

和七年前拓跋嗣发动的进占河南之战相比，430 年的河南之战宋军表现更差，重兵驻防的滑台城也仅坚持了四个月。这一是因为宋军已有上次失败的教训，对于在冬季固守黄河防线没有信心；二则是宋军从八月进占河南，到十月迎击魏军的反攻，只有两个月的准备时间，粮储、城防等工作都不够充分，当冬季临近、水路运输中断时便难以坚守。

另外，在对宋军展开反击之际，魏帝拓跋焘还在亲率禁军征讨关西的赫连定残余势力。所以魏军是在西、南两线，对两个政权同时进行战争，而且都获得了胜利。这背后的直接原因，是魏军一直在进行对柔然、赫连等势力的战争，军队富有作战经验，拓跋焘及叔孙建等将帅的素质较高；更深层的原因，则是北魏此时已经统治了人口最稠密、经济最发达的河北地区，深化了对汉地的统治，可以发掘出巨大的战争潜力，而且北魏还控制着以平城为中心的草原地区，维持着强大的骑兵战斗力。农业和草原地区两种军事资源的综合，保障了拓跋焘时期对周边的扩张战争。

450 年宋魏之战

到刘义隆和拓跋焘统治后期，北魏已兼并了北方诸割据政权，宋、魏之间的对峙和冲突更为直接。在 440 年代后期，北魏关中地区发生盖吴武装起事，刘宋试图乘机向关中扩张，对盖吴武装多有援助。拓跋焘平定盖吴之后，决心对刘宋进行报复性攻击，遂揭开了 450 年宋魏大规模战事的序幕。（关于此次战役，可参考图 10）这一年度宋魏战争的特点是：

第一，投入兵力规模巨大，双方几乎都是倾国动员。

第二，地域广。战场自黄河直至长江，从东线的泗水流域到中线

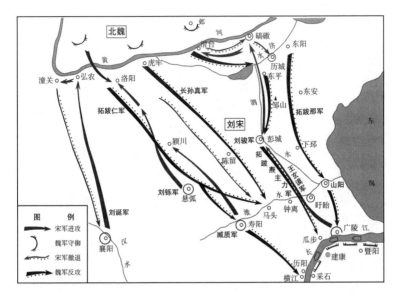

图 10　刘宋元嘉二十七年（450 年）攻魏和魏军反攻示意图

的汝水、颍水流域，再到西线的陕城—潼关方向，都有激烈战事。

第三，南北双方选择战机的季节阶段性非常明显。年初的春季是北魏的进攻阶段；夏季，宋军转入反攻；到秋冬季，则是魏军的更大规模反攻。一年之中，战局因时令分成了三个截然不同的阶段。

第一阶段

北魏太平真君十一年正月，拓跋焘率兵渡过黄河，先到洛阳巡视。二月，他对刘宋方面"声云猎于梁川"[1]。刘义隆判断魏军可能会有骚扰攻势，遂要求淮北边戍"小寇至，则坚守拒之；大众来，则拔民户归寿阳"[2]。但魏军的行军非常迅速。二月三日（甲午），拓跋焘

---

[1]　梁川所在不详，《资治通鉴》卷一百二十五胡三省注认为是《魏书·地形志上》的恒州梁城郡，见第 3937 页。但彼梁城郡在代北，拓跋焘所欲猎之梁川在河南的宋魏边界上，肯定不是一地。

[2]　《宋书·索虏传》，第 2344 页。

尚在做游猎姿态，[1] 二十日（辛亥），魏军已经突入刘宋境内。关于魏军数量，《宋书·索虏传》称"焘自率步骑十万寇汝南"，此数字大致不误。宋军边防戍所来不及做出反应。汝水、颍水流域诸郡县相继失守。只有汝水之滨的悬瓠城中有近千名士兵坚守，寿阳宋军主力慑于魏军威势，不敢前往救援。[2] 魏军一面分兵劫掠周边郡县，一面围攻悬瓠，采用了架设高楼射箭、用虾蟆车运土填堑、冲车撞击城墙等攻城战术，甚至熔毁佛像制造大钩，"施之冲车端，以牵楼堞"，并搭人梯（肉薄）强行爬城，[3] 但都被守城宋军击退。魏军围城共四十二天，进入四月之后，刘义隆派出的增援军队即将抵达，拓跋焘遂下令撤退，450 年宋魏第一阶段战事结束。

在这一阶段战事中，北魏常备军数量多且机动性强，优势非常明显，能在宋军进行备战之前迅速展开攻势。当宋军集结向战场开进时，魏军已掳掠了大量人口撤军。另外，此次魏军的攻势比较集中，只局限在淮河中游以北，刘宋所谓"淮西六郡"地区。[4] 但拓跋焘此次并未有向南推进边界的全盘计划，只是准备进行一次劫掠作战，所以战事开始时间较晚，且悬瓠临近淮河入夏较早，使得魏军未能克城而退兵。

第二阶段

为报复魏军及恢复河南地区，刘义隆在此年夏发动大规模北伐。此次刘宋境内全面动员，北伐军主要分三路：

东线，王玄谟水师自彭城北上，准备自碻磝入黄河克复滑台，并

---

[1] 《魏书·世宗纪下》："二月甲午，大搜于梁川"（第 104 页）；《宋书》卷五《文帝纪》："辛巳，索虏寇汝南诸郡"（第 98 页）。《资治通鉴》卷一百二十五《考异》认为《宋书》的辛巳为辛亥之误，甚确，见第 3938 页。

[2] 悬瓠城是宋汝南、新蔡二郡治所，距离刘宋的边境重镇寿阳、襄阳都有五百里左右，但与寿阳间的地形比较平坦，与襄阳之间则有山地阻隔，所以悬瓠及汝水流域多在寿阳将领的都督之下，当时驻防寿阳的是豫州刺史、南平王刘铄。

[3] 《宋书》卷七十二《南平王铄传》，第 1856 页。

[4] 淮西即淮北。六郡是所谓"双头州郡"，即两郡治所为一城，太守为一人。汝南、新蔡二郡，陈、南顿二郡，汝南、颍川二郡似分别都是这种双头郡。

进而占领虎牢、洛阳。

中线，隶属于豫州刺史（南平王铄）的刘康祖所部从寿阳北上，准备与王玄谟水师合力攻占虎牢。

西线，隶属于雍州刺史（随王诞）的柳元景所部从襄阳北上，翻越伏牛山系之后进攻豫西的陕城等地，东与洛阳方向联兵，西向潼关及关中扩展。

从进军路线看，这次北伐和桓温征前燕、刘裕征后秦颇为相似，都是以东线为主力，从泗水北上黄河；中线从寿阳进攻虎牢方向，和桓温时的豫州刺史袁真所部，及刘裕时的檀道济、王镇恶所部的目标完全一致。只有西线的雍州军队，在以往北伐中没有从这个方向出击的先例。因为这条路线需要翻山越岭，过于艰险，也不能直接攻击洛阳或者关中重地。但恰恰由于这个特征，北魏在豫西的防御力量比较薄弱，使得这路宋军取得的战果最大。

当宋军完成全面动员，战事开始之时已是七月，便于南方进攻的雨季已快结束。但刘义隆坚持发起攻势。他的理由是泗水入黄河的航道畅通，[1] 而当年桓温和刘裕北伐时都要边挖掘河道边进军，所以此次北伐有便利条件。

当北伐宋军逼近魏境时，北魏将领希望向河南地区增兵抵抗宋军进攻。但拓跋焘予以回绝：

> 魏群臣初闻有宋师，言于魏主，请遣兵救缘河谷帛。魏主曰："马今未肥，天时尚热，速出必无功。若兵来不止，且还阴山避之。国人本著羊皮裤，何用绵帛！展至十月，吾无忧矣。"[2]

拓跋焘所持意见，和二十年前刘义隆索要河南时完全一样，即不

---

[1] 《宋书·沈庆之传》载刘义隆对沈庆之的指示："夏水浩汗，河水流通，泛舟北指，则碻磝必走，滑台小戍，易可覆拔。"（第 1999 页）

[2] 《资治通鉴》卷一百二十五，第 3946 页。

与宋军在夏季进行战争，宁可暂时放弃河南甚至河北，以空间换时间，待到秋冬再进行反击。在这个指导思想之下，黄河南岸的魏军并未进行太多守城战，在宋军到来时纷纷弃城北撤。

当年夏天降水比较充沛，泗水、清水流量颇大，所以宋军推进很快，几乎未经战事就占领碻磝，舰队进入黄河。宋军在碻磝城中缴获了大量物资，甚至有公私粮储七十余万斛（可供四万人食用十个月），马二百余匹，[1] 说明魏军撤退颇为仓促而不是早有预备。联系前引魏人强调的"缘河谷帛"，说明北魏在黄河两侧的农业地区征发的农产品较多，将其作为守城储备物资。

但魏军没有放弃滑台，因为宋军推进到这里时已是八月，且滑台正当联结黄河南北陆路交通的要道，对于魏军即将进行的反击战有重要意义。所以拓跋焘亲自率兵渡河增援滑台，从此开始第三阶段的战事。

第三阶段

十月，拓跋焘率魏军主力渡河。正在攻滑台的王玄谟仓皇撤退，在魏军攻击之下损失过万，逃往青州地区。魏军主力从滑台渡过黄河。据刘宋方面的材料，赶赴河南的魏军多达百万，但实际应为四十多万。[2] 魏军兵分多路向南进攻，西线从洛阳进往寿阳；东线循泗水（清水）两岸南下，拓跋焘的中路则进往彭城。

到十一月，西线魏军已经连克项城、悬瓠，围困寿阳；东线和中

----

[1] 《宋书·索虏传》，第 2350 页。

[2] 《宋书》卷七十六《王玄谟传》："虏主拓跋焘率大众号百万，鞞鼓之声，震动天地。"当王玄谟被追究战败责任、准备处斩时，有人替他辩护说："佛狸威震天下，控弦百万，岂玄谟所能当！"（第 1974 页）大概是王玄谟等为掩饰战败之责夸大了魏军数量。《资治通鉴》卷一百二十五亦作："魏主渡河，众号百万"（第 3949 页）。但实际上北魏南征兵力远低于此。据《宋书·张畅传》，当拓跋焘进抵彭城之下时，曾派使臣刓应与彭城守将对话。宋将问刓应魏军"士马多少"，答"四十余万"。刓应不至于故意少报魏军兵力，所以四十多万的数字比较可信，见第 1600 页。联系之前北魏进占河北后使臣对东晋雍州刺史杨佺期所言的魏军伐燕兵力，可见北魏方面使臣的言论都比较可信。当然，这也和拓跋珪、拓跋焘尚保留着塞北民族的直率有关。

线已经推进至彭城之下。最北方的碻磝城反而一直在宋军控制之下。此时，从襄阳北上的西线宋军柳元景部进展顺利，击败魏军占领陕城，切断了关中与河南的交通线，并试图向关中进军。但东线大溃败之后，西线的进展已经没有意义，所以刘义隆命柳元景撤回了襄阳。

拓跋焘主力在彭城之下停留近一个月。拓跋焘试图与刘义恭、刘骏二王直接见面对话未果；魏军也曾试图攻城，但看到难以奏效之后，拓跋焘遂决意继续南侵。十二月，魏军各路渡过淮河，于半个月后进抵长江边的瓜步山。刘义隆一面加紧沿江防务，一面遣使对拓跋焘示好，并承诺将与北魏皇室通婚。拓跋焘于次年正月初二退军，450 年的战事遂告结束，此后的宋、魏边境与开战前基本相同。

北魏对南作战特点：野战与劫掠补给

此次魏军南下，目的是对刘宋的北伐进行报复而非开拓疆土，所以注重推进的速度，并不花费时间和兵力攻击宋军严密防守的大城市。当魏军抵达长江沿岸时，黄河边的碻磝城，淮北的下邳、彭城，淮河上的寿阳、盱眙、山阳都在宋军固守之下。[1] 魏军的主要战术是利用野战歼敌。宋军以步兵为主，缺乏骑兵侦察能力，对魏军骑兵到来往往猝不及防，所以宋军的大多数失败都发生在野战之中。到彦之所部顿兵滑台城外，首先被拓跋焘击溃。当魏军向彭城方向进军时，彭城派出马文恭所部进行侦察警戒，但这支宋军对魏军的到来毫无察觉，被合围攻击，马文恭"仅以身免"[2]。当王玄谟兵败滑台时，中路北伐的宋军刘康祖部八千人紧急撤回寿阳。这支部队在南返途中被魏永昌王拓跋仁所部追击合围，几乎全军覆没。[3] 当魏军全线渡过淮河时，刘义隆派臧质率一万人北援彭城，行至盱眙附近，魏军拓跋谭所

---

[1]　王玄谟守碻磝到次年正月，魏军已从长江边班师时，王玄谟才主动弃城。

[2]　《宋书·索房传》，第 2350 页。

[3]　《宋书·刘康祖传》称拓跋仁所部为八万骑兵，这个数字可能有些夸大。

部已经从上游渡淮河，宋军遂在盱眙城外分为三营据守，相继被魏军攻破，臧质只带七百人逃到盱眙城中。[1]

　　魏军从黄河直抵长江，突入的纵深极大，粮秣供应几乎全靠在战区劫掠，所谓"虏初南出，后无资粮，唯以百姓为命"[2]。由于难以攻破大城市，所以魏军更依靠粮储较多的宋军小城或据点获取补给。如在淮北作战时，拓跋谭东路军攻克宋军在邹山的屯粮据点，"获米三十万以供军储"[3]。主力渡过淮河之后，又缴获了宋军的"平越、石鳖二屯谷"[4]。这种"因粮于敌"的战术，也是对敌军后勤的破坏。在战前拓跋焘给刘义隆的信中，声称魏军的优势是可以用骑兵活跃于宋军百里之内，将这个范围内的"近有谷米，我都唼尽，彼军复欲食唼何物，能过十日邪？"[5]但这种劫掠补给方式对战区百姓民生的破坏极大，所谓"强者为转尸，弱者为系虏，自江、淮至于清、济，户口数十万，自免湖泽者，百不一焉。村井空荒，无复鸣鸡吠犬"[6]。正是宋人对这次战争的记忆。当魏军连续数日无有虏获时，也会因饥寒发生较大的非战斗减员。魏军在淮南时，就因百姓的逃逸而"抄掠无所，人马饥困"，班师途中曾试图攻克盱眙以获取粮食，但连续多日攻城不下，反而增加了伤亡。[7]刘宋方面的史料称"焘凡破南兖、徐、兖、豫、青、冀六州，杀略不可称计，而其士马死伤过半，国人并尤

---

[1] 见《宋书·索虏传》。另，《魏书·世祖纪下》载："将军胡崇之等率众二万援盱眙。燕王谭大破之，枭崇之等，斩首万余级，淮南皆降。"（第105页）此次宋军统帅是臧质，胡崇之只是副将。另，据《宋书·索虏传》，臧质所部为一万人，几乎全军覆没，则《魏书》对魏军总数有高估，但歼敌数量基本无误。

[2] 《宋书·臧质传》，第1912页。《资治通鉴》卷一百二十五将此句改作"魏人之南寇也，不赍粮用，唯以抄掠为资"，意思更为清晰，见第3959页。当然，魏军指挥中心始终与后方保持着联系，《宋书·索虏传》："（拓跋）焘不饮河南水，以骆驼负河北水自随，一骆驼负三十斗。"但士兵显然享受不到这种来自后方的补给，见第2352页。

[3] 《魏书》卷十八《临淮王谭传》，第418页。

[4] 《宋书·臧质传》，第1912页。

[5] 《宋书·索虏传》，第2347页。

[6] 《宋书·索虏传》，第2359页。

[7] 《宋书·臧质传》，第1912页。

之"[1]。所言魏军损失虽有一定夸张，但并非无中生有，这也是魏军不重视后勤运输的战争模式所致。

魏军此次南征，虽然没有将作战重心放在攻城上，但仍针对战区地理及敌军特征采取了一些保障措施，其中最主要的就是渡河工具。在拓跋焘率兵援助滑台时，为保障渡河，魏军在黄河上架设了浮桥。[2]当魏军推进到淮河时，则砍伐芦苇、灌木，制作筏子渡河。[3]当时（十二月）水位较低、芦苇干枯易于漂浮。魏军抵达长江北岸后为了威吓刘宋，"伐苇结筏，示欲渡江"[4]，也引起了江东的惊恐。当然，在宋军严密防范之下，长江并非"一苇可航"，长江天险对于形成南北分裂形势仍有重要影响。到北魏北归时，曾试图攻陷淮河边的盱眙城以获取粮储，进行了规模较大的围城土木工程，并试图建造浮桥"以绝淮道"。首日浮桥被宋军舰队破坏，"明旦，贼更方舫为桁，桁上各严兵自卫……"[5]桁即浮桥，说明魏军对浮桥的修复很快，防卫也颇严密。另外，在对南方军队作战的过程中，魏军也在总结各种应对战术。拓跋焘此次南征时比较得意的一点，就是不再担心南军的"斫营"战术，参见第一编步兵战术章。

拓跋焘时代对南战争的总结

继拓跋珪、拓跋嗣之后，拓跋焘在位近三十年时间，是北魏的新一轮大扩张时期。此时北魏扩张的重要特点是"重北轻南"。在北方，

[1]　《宋书·索虏传》，第 2353 页。
[2]　《魏书》卷三十《安同传》："（安难）有巧思……从驾南征，造浮桥于河"（第 716 页）。按此前五年，北魏已经在碻磝城下的黄河上架设了浮桥。这应当是和北魏试图保有河南地区，以及这一地区的经济恢复有一定关系。但在北魏太平真君十一年（450 年）秋宋军逼近碻磝时，魏军肯定会拆毁这座浮桥。
[3]　《魏书·世祖纪下》："十有二月丁卯，车驾至淮。诏刈蒲苇，泛筏数万而济。"（第 104 页）卷十八《临淮王谭传》："义隆恃淮之阻，素不设备。谭造筏数十，潜军而济……"（第 418 页）
[4]　《魏书·岛夷刘裕传》，第 2139 页。
[5]　《宋书·臧质传》，第 1912 页。

魏军先后攻灭赫连夏、北燕、北凉等政权，将疆域推进至从辽东到河西的广大地区。而在南方仍维持着拓跋嗣晚年奠定的疆域。拓跋焘虽对刘宋进行过两次大规模战争，但主要是进行袭掠破坏，几乎没有占领新的领土。形成这种局面的原因：

第一，诸北方政权对北魏的威胁最为直接。因为这些北方政权都紧临北方草原，战马较多，拥有强大的骑兵，可以很快地袭掠北魏境内；而刘宋政权缺乏骑兵，军队调动依赖水运，行动迟缓，难以对北魏造成实质性威胁。

第二，夏、燕、凉等北方政权的辖境，和北魏的代北、河北地区在自然环境方面非常相似，北魏可以轻易实现对这些地区的征服和统治；而宋魏交界地带，即黄河以南淮河以北地区经过连年战乱，居民稀少，且淮河流域河道密布，不利于北魏骑兵作战，所以魏军缺乏向南扩张的动力。

第三，北魏政权自身特点所致。拓跋焘时期，北魏的政治重心仍是代北地区，其政权尚未完全适应对汉地的统治。这方面最突出的表现，就是尚未实现对汉地民户土地的精确登记和征收粮赋，只能实行"宗主督护"[1]。这种统治方式的控制能力较弱，且提供的财赋、兵员都比较有限，难以进行大规模的以步兵为主的战争。而在淮河以南作战必须依靠步兵攻城和长期驻防。

第四，拓跋焘本人的因素。他平生进行的战争多为亲自出征，青壮年时更冲杀在战场第一线，在对赫连夏、柔然等强敌作战时都身先士卒，甚至几经险境。《魏书·世祖纪》称其"临敌常与士卒同在矢石之间，左右死伤者相继，而帝神色自若。是以人思效命，所向无前"。刘宋方面的史籍亦载其"壮健有筋力，勇于战斗，忍虐好杀，夷、宋

---

[1]　即地方政府只向若干豪强大户征税，豪强再将税额分摊到其控制的民户中去，所以在孝文帝推行三长制、均田制之前，北魏对每"户"征收的粮食数量，都比均田制后每户的缴纳数量高十倍以上。

畏之。攻城临敌，皆亲贯甲胄"[1]。可见拓跋焘有意推崇游牧族剽悍勇武的风习，这种风气之下，北魏军队比较崇尚野战，对旷日持久、更多依赖土木工程和机械设备的攻城守城战术则不太倚重，所以对南方的战争缺乏兴趣。

同样，此时刘宋方面也没有进占河北地区、攻灭北魏的直接动力，或者说自知没有这种可能性。那么，双方之间为何没能进入和平状态，反而数次发生大规模战事？可能的原因有：

第一，对黄河沿岸的争夺

在拓跋珪驱逐后燕、占领河北之后，魏军顺势进占了黄河南岸的滑台等地，不过并未向南推进太深，其河南疆土只是东西向的一条狭长地带。十余年后，刘裕出兵攻灭后秦，同时驱逐了黄河以南的魏军，收复了这一地区。刘裕去世后魏军乘机夺回了河南故地，并扩展到洛阳一带。刘义隆时期的两次大规模北伐，都是试图夺取河南地区，将宋、魏边界限定在黄河一线。而拓跋焘正要力保这一地区，对于向南扩张亦不太热心，所以对刘宋的反攻也只是恢复疆域原状。

那么宋魏双方何以重视黄河南岸这段狭长地带，都势在必得？从精神层面看，对刘义隆和拓跋焘来说，河南地带都是其父曾经攻占的地区（对拓跋焘更可以追溯到祖父拓跋珪），事关朝廷颜面，必须夺回或者力保。另外，自拓跋嗣以来魏军又攻占了洛阳，洛阳作为汉魏旧都，对南朝君臣具有强烈的政治象征意义，所以一直试图"光复"。现实层面看，北魏不愿放弃河南地带的重要原因，是担心河北的安全。河北地区，特别是河北南部（定、相、冀三州）是北魏最为富庶的地区，提供的财赋和步兵兵员最多。如果宋军占领河南，将很容易对河北发起攻势；退一步看，即使刘义隆无意进占河北，河北居民主体都是汉人，对于东晋南朝具有天然的亲和力，当遭遇北魏苛政时很

---

[1] 《魏书·世祖纪下》，第 107 页；《宋书·索虏传》，第 2330 页。

容易逃往河南。

刘宋出于防范魏军南下袭扰的考虑，希望将边界确定在黄河一线。这其实是借鉴的江南地区经验，并不符合北方情况：南朝军队习惯行船和水战，加之泗水、汴水可以贯通黄河与江淮水系，遂认为依靠水军巡游黄河便可遏制胡骑南下。但问题在于黄河和长江、淮河不同，冬季封冻不能行船，不再能阻遏魏军。拓跋人还在活跃于代北、与匈奴刘部争雄时，就经常乘冬季黄河结冰进入河套地区作战，对这种季节规律在军事上的运用非常熟悉。所以刘宋只图河南，不问河北的有限目标注定会落空。

第二，魏军抢掠财富、人口的动机

在拓跋焘时代，北魏军队发动战争的重要动机之一就是抢掠。在对柔然、赫连夏、北燕、北凉、刘宋的战争中，魏军都获得了大量战利品，除了参战将士的个人抢掠所得，北魏还向将士分配公有战利品，未参加战事的留守军队也能获得一定份额，拓跋焘时代的这类记载可谓比比皆是：

> 班军实以赐将士，行、留各有差；
>
> 赐留台文武生口、缯帛、马牛各有差；
>
> 班军实以赐留台百僚，各有差；
>
> 校数军实，班赐王公将士各有差；
>
> 生口、财畜，班赐将士各有差；
>
> 虏获生口，班赐将士各有差；
>
> 虏其（山胡）妻子，班赐将士各有差；
>
> 赐从者及留台郎吏已上生口各有差……[1]

此时北魏尚未有俸禄制度，对文武百官，特别是那些不能参与抢

---

[1] 《魏书·世祖纪上》，第70—83页。

掠的文官们，朝廷能提供的报酬主要就是派发战利品。这也和北魏政权的"中原化"尚不充分，没有完备的户籍、财税制度有关。对刘宋政权的战争自然也会带有这种劫掠目的。428 年河南将帅发现宋军有进攻趋势，向朝廷请求增兵备战时，崔浩则向拓跋焘建言，认为是南方将领为了抢掠自肥而挑起战端：

> 在朝群臣及西北守将，从陛下征讨，西灭赫连，北破蠕蠕，多获美女珍宝，马畜成群。南镇诸将闻而生羡，亦欲南抄，以取资财。是以披毛求瑕，妄张贼势，冀得肆心。既不获听，故数称贼动，以恐朝廷。背公存私，为国生事，非忠臣也。[1]

后来事实证明崔浩对战局的判断错误，此次宋军北伐是刘义隆筹划已久的行动。但崔浩说魏军南北边疆的将领都希望通过战争劫掠致富，则有普遍性。拓跋焘时期的对宋战争中，魏军并没有明显的攻坚战优势。所以魏军的抢掠对象主要是村落、小城中的人口（时称"生口"）。这些南朝人口不仅可以作为奴婢劳作、出售，而且如果其在南方家族比较富裕，往往会出高价向北魏方面赎买，这种记载在《魏书》及《宋书》《南齐书》中也很常见。所以魏军在侵入宋地之后，劫掠人口的行为非常普遍。450 年，魏军入侵河南、淮北之地，将掳掠的人口集中在汝阳，一支来自彭城的宋军骑兵袭击了押解魏军，"诸亡口悉得东走，大呼云：'官军痛与手！'"（"痛与手"即打得好之意）这一年拓跋焘在给刘义隆的信中，声称自己这次南伐的原因是宋朝"以货衒引诱我边民，募往者复除七年"，他还夸口自己这次南征掳获的人口，远高于被刘宋引诱过去的魏境人口，"我今来至此土，所得多少，孰与彼前后得我民户邪？"[2]

---

[1]　《魏书·崔浩传》，第 819 页。
[2]　以上皆见《宋书·索虏传》，第 2345、2346 页。

第三，拓跋焘对异族政权和文化的好奇

如前所述，拓跋焘自觉继承和发扬鲜卑族的尚武传统，并且非常推崇草原民族马上游牧的生活方式，鄙视南朝士族阶层重文轻武的社会风气。在 450 年，当他得知宋军筹备北伐时，曾给刘义隆写信，表达对南朝"生活方式"和宋军战斗力的不屑：

> 彼（刘义隆）年已五十，未尝出户，虽自力而来，如三岁婴儿，复何知我鲜卑常马背中领上生活？更无余物可以相与，今送猎白鹿马十二匹并毡药等物。彼来马力不足，可乘之。道里来远，或不服水土，药自可疗。[1]

当北伐宋军逼近魏境时，北魏将领希望向河南地区增兵，抵抗宋军进攻。但拓跋焘予以回绝。他认为汉地暂时的得失对北魏政权的影响并不大，并且坚信拓跋骑兵会轻而易举地挫败宋军攻势：

> 魏群臣初闻有宋师，言于魏主，请遣兵救缘河谷帛。魏主曰："马今未肥，天时尚热，速出必无功。若兵来不止，且还阴山避之。国人本著羊皮裤，何用绵帛！展至十月，吾无忧矣。"[2]

此事仅载于《资治通鉴》，拓跋珪态度则和西汉叛臣中行说对匈奴单于的建议如出一辙，都是倡言游牧族衣食、生活方式的独特性和对汉地的优势。

但另一方面，拓跋焘对南朝的自然环境、社会风貌及刘宋上层的政治状况，又抱有强烈的好奇心。他在 450 年给刘义隆的信中，曾异想天开地提出和刘义隆交换领土：由刘义隆到平城建都，自己则到江

---

[1] 《宋书·索虏传》，第 2347 页。个别标点有改动。
[2] 《资治通鉴》卷一百二十五，第 3946 页。

南生活：

> 自天地启辟已来，争天下者，非唯我二人而已。今闻彼（刘
> 义隆）自来，设能至中山及桑乾川，随意而行，来亦不迎，去亦
> 不送。若厌其区宇者，可来平城居，我往扬州住，且可博其土地
> （原注：伧人谓换易为博）。[1]

出于这种自信和好奇，在这一时期的宋魏关系中，不论宣战还是
通好，北魏始终是态度积极的一方，而刘宋态度则谨慎、警觉而暧
昧。在 430 年宋魏之战（刘宋方面的所谓元嘉七年北伐）结束之后，
拓跋焘主动"遣使通好"，并希望与刘宋皇室通婚，而刘义隆则"每
依违之"，即既不敢回绝亦不愿答应。

到 450 年的宋魏之战，拓跋焘已年过四旬，他对南方的好奇感不
仅没有减退，而且变得更为强烈。这可能是他率领魏军南下江淮的直
接动力。当魏军进抵彭城之下时，城中有刘义隆之弟江夏王刘义恭
（太尉）、之子武陵王刘骏（安北将军）驻防。拓跋焘登城南的戏马台
望城内，并派遣刚俘获的刘宋军官蒯应到城门下，向刘骏传达问候，
称"远来疲乏，若有甘蔗及酒，可见分"[2]。刘骏派人出城送"酒二
器，甘蔗百挺"，并向拓跋焘索要骆驼。宋将问蒯应："虏主自来不？"
蒯应答"来"，并"举手指西南"，可见使臣相见场面都在拓跋焘注视
之下。次日，拓跋焘又到戏马台，派使者李孝伯到彭城下赠送骡、骆
驼、貂裘、葡萄酒等礼物给二王，并向宋方转达：希望安北将军刘骏
能出城，拓跋焘"欲与安北相见"，且承诺不会攻城。此后，双方使
臣频繁往来、交换礼物，拓跋焘甚至主动索要酒、柑橘、博具（赌
具）、甘蔗、筚篌、琵琶、筝、笛等乐器及棋子，城内则尽量予以满

---

[1] 《宋书·索虏传》，第 2347 页。
[2] 以下引文皆见《宋书·张畅传》，第 1603—1604 页。

足。但刘宋二王始终未敢出城与拓跋焘见面。拓跋焘遂命李孝伯向城中传言：刘义恭、刘骏都还年轻，被困孤城难免惊恐，如果想派信使到江南，魏军可以护送，甚至提供马匹。这个提议被拒绝后，他又命使臣传言：

> 魏主致意太尉、安北：何不遣人来至我间？彼此之情，虽不可尽，要须见我小大、知我老少、观我为人。若诸佐不可遣，亦可使僮干来。

拓跋焘的见面要求始终未得到刘骏叔侄的响应，遂率魏军渡过淮河，直抵长江边，派使者向刘义隆赠送骆驼、名马，并再次要求联姻。刘义隆遣田奇回赠礼物：

> 焘得黄甘，即啖之，并大进郫酒，左右有耳语者，疑食中有毒，焘不答，以手指天，而以孙儿示奇曰："至此非唯欲为功名，实是贪结姻援，若能酬酢，自今不复相犯秋毫。"又求嫁女与世祖……[1]

拓跋焘当宋使之面饮食刘义隆的赠品，可见其无畏与大度，这也是向刘宋方面传达其自信、坦荡。此"世祖"即后来的孝武帝刘骏，可见拓跋焘在彭城之下数次要求与刘骏见面，也是想为女择婿。这段记载出自《宋书·魏虏传》，当来自刘宋使臣见闻，真实且生动。但有意味的是，到了《魏书》中，这次的会见就变成了宋人求婚、拓跋焘不允：

> 义隆使献百牢，贡其方物，又请进女于皇孙以求和好。帝以

---

[1] 《宋书·索虏传》，第 2352 页。

师婚非礼，许和而不许婚。[1]

魏收编著《魏书》时，已能见到沈约《宋书》，其《魏书·李孝伯传》中李孝伯应对宋人的记载，就全抄自《宋书·张畅传》。但何以这次江边的会见就改为了刘宋方面主动，而拓跋焘矜持？可能是北魏在孝文帝的汉化改革之后，逐渐接受了汉代正统的礼仪观念，所以当初拓跋焘直率、坦荡的表现，在后人眼中却变得粗野，只好对史实进行改造文饰。

第二节　北魏进占淮北青齐与作战模式转型

由于拓跋焘时期战争频繁，北魏国力消耗较大，拓跋濬继位后较少发动大规模战事。这和拓跋珪之后的拓跋嗣朝颇类似。再到献文帝拓跋弘即位时，刘宋境内发生大规模内战，边防将帅纷纷倒向北魏，或者在南北政权之间摇摆。魏军抓住这个机会，占领淮河以北及青齐地区。和450年拓跋焘对刘宋的战争相比，献文帝时期的北魏政权及军队更加适应中原的战争形式。所以在这一轮战事中（466—469年），北魏已经能较熟练地进行对城池的攻坚战，后勤补给也更多地依靠后方运输而非劫掠，可以维持较长时间的战争；同时，魏军也能迅速地接管战区的行政体系，进行有效管理。这些都保障了魏军顺利进占淮北、青齐地区并建立稳定的统治。下面就对北魏进占淮北、青齐过程中的特点进行讨论。

尉元的淮北战事

465年，刘宋政权因前废帝刘子业的昏乱和遇刺陷入内战。魏天

---

[1]　《魏书·世祖纪下》，第105页；《岛夷刘裕传附刘义隆》亦同。

安元年，宋泰始二年（466 年）九月，宋明帝刘彧平定了长江流域的反对势力，开始进兵控制边境州郡。徐州刺史薛安都（治彭城）、兖州刺史毕众敬（治瑕丘）、汝南太守常珍奇（治悬瓠城）从未支持刘彧夺权，在朝廷方面的军事压力之下，他们向北魏求降，并请求军事援助。北魏遂兵分两路：东路尉元领兵进占瑕丘、彭城；[1] 西路西河公元石领兵进占悬瓠。至十二月，由于投诚者的接应，两路魏军顺利占领彭城、悬瓠。此时宋军主力溯泗水而上试图夺回彭城，所以这里的战事最为激烈。这年冬到次年春，尉元所部连续击败宋军，斩俘数万之多，并循泗水而下，进占宿豫、淮阳等城。

在进占彭城之后，尉元发现城内已久无存粮，居民"人有饥色"，于是向朝廷请求：从后方的冀、相、济、兖四州运粮食到彭城，运输方式则是用缴获的宋军船只九百艘，经黄河、清水、泗水航道水运。献文帝批准了这个方案。而且尉元所请求的不仅是军粮，也包括"济救新民"，即救济当地民众的粮食。[2] 和 450 年魏军南伐时在淮河南北的大肆抢掠相比，尉元的措施是一种根本性转折，有利于争取原敌占区的民心。在西线，魏军进占悬瓠城之后，又继续向南进攻汝阳，宋军刘勔所部进行阻击，缴获魏军运粮车多达一千三百辆。[3] 魏军从悬瓠向南扩张的势头由此被遏制，但这也说明，魏军采用了自后方运输军粮补给的方式，不再倚重在战区的劫掠。

尉元巩固淮北占领区的另一个举措，是尽量利用原来的地方官维持本地秩序，并尽量用劝降的方式争取敌方官员。在接受刘宋的州刺史投降后，尉元多让其继续担任原职，同时任命一名北魏军官一起担任刺史，共同管理地方政务。如薛安都投降后，北魏仍保留其徐州刺

---

[1]　关于尉元所部兵力，《魏书·岛夷刘裕传》："诏博陵公尉元、城阳公孔伯恭率骑二万救之"（第 2148 页）；《资治通鉴》卷一百三十一"魏遣镇东大将军代人尉元、镇东将军魏郡孔伯恭等帅骑一万出东道，救彭城"（第 4123 页）。当以《魏书》为是。当然，魏军占领彭城之后，和数万宋军多次激战，应当又补充了兵力，但为史书失载。

[2]　《魏书》卷五十《尉元传》，第 1110 页。

[3]　《宋书》卷八十六《刘勔传》，第 2193 页。

史之职，同时尉元也加徐州刺史，实际是薛安都协助尉元管理徐州；宋兖州刺史毕众敬投降后，尉元任命魏中书侍郎李璨与其"对为东兖州刺史"（因为北魏原有兖州，治滑台，所以暂以瑕丘一带为东兖州）；宋东徐州刺史张谠被劝降后，尉元又命魏"南中郎将、中书侍郎高闾领骑一千，与张谠对为东徐州刺史"[1]。这种方式体现了对投诚敌将的信任，有利于平稳接管占领区政权。所以北魏此次顺利占领淮北，且一直维持着比较稳定的统治。

　　北魏占领淮北之后，不仅以重兵驻守泗水上的彭城、汝水上的悬瓠等城。为了运送军粮，还修筑了从后方通往悬瓠城等地的驿路，并疏浚河道，使之便于水运。虽然北魏方面没有这方面的直接记载，在《宋书》中却有反映：刘宋方面讨论是否要夺回悬瓠等地，支持者和反对者都提到了魏军"开立驿道，据守坚城"，"欲水陆运粮，以救军命"，"拥据数城，水陆通便"[2]。经过讨论之后，刘宋方面放弃了夺回淮北的打算。这说明魏军的守城、补给能力比拓跋焘时期有了显著提高，已经能够坚守河南淮北的疆土。

慕容白曜的青齐战事

　　和淮北相比，北魏进占青齐的过程更长。因为青齐地区比较富庶，距刘宋核心区较远，受宋朝廷军队的压力较小，所以这里的州郡长官对于倒向北魏还是刘彧政权一度心怀犹豫、举棋不定。魏廷获悉青齐局势不稳时，先派长孙陵等前锋进入青州，随后又派慕容白曜率主力骑兵五万进军。当慕容白曜所部自碻磝一带渡过黄河后，青齐地区的刘宋官员又大多转向了抗拒魏军。于是魏军对青齐只能进行强攻。

　　青齐地区城垒较多，魏皇兴元年（467 年）春，慕容白曜所部首

---

[1]　《魏书·尉元传》，第 1112 页。
[2]　《宋书·刘勔传》，第 2194 页。

先攻克了巨野泽到黄河之间的无盐、肥城、垣苗、麋沟、升城等城垒，打通了向彭城方向的水运航道。五月至八月间，为了策应尉元，防御宋军反攻，慕容白曜部向南推进到瑕丘一带作战。到秋季，慕容白曜重新沿济水向青齐腹地推进。宋冀州刺史崔道固据守历城（今山东济南市），兖州刺史刘休宾据守梁邹城。魏军遂筑起长围，同时对两城进行围攻，至次年（468 年）二月，两城难以支持，相继投降。三月，魏军开始筑长围围困青州治所东阳城。至次年（469 年）正月城破，刺史沈文秀被俘。至此，魏军完全占领青齐地区。

从慕容白曜攻占青齐地区的过程可见，此时的魏军已经能熟练进行长时间的围城、攻城作战。魏军对升城、历城、梁邹、东阳都采取筑墙长期围困的战术，围城时间分别为三个、五个和十个月，如此长时间的围城在以往魏军战史中从未有过，堪比刘裕伐南燕时围困广固城的记录。魏军占领青齐历时两年整，且中间经过了两个本不适宜魏军作战的夏季，这次却都未能阻滞魏军的进攻态势。

在慕容白曜进占青齐的过程中，两名汉人僚佐，左司马郦范和参军韩麒麟起到了重要作用。他们主要是建议对占领区采取怀柔政策，减少因滥杀和抢掠激起的反抗。当战役初期，魏军刚攻克无盐城后，慕容白曜曾准备将城中人都变卖为奴婢，郦范则建议"宜先信义，示之轨物，然后民心可怀，二州可定"，慕容白曜采纳。[1] 后魏军攻击升城受挫，伤亡较多，克城后慕容白曜曾试图屠城泄愤，被韩麒麟劝止，"今始践伪境，方图进取，宜宽威厚惠，以示贼人"[2]，此后的战事过程中，也没有发生屠城和略买居民为奴婢之事。

在一系列的攻城战中，郦范也起到了重要作用。魏军准备进攻肥

---

[1] 《魏书》卷四十二《郦范传》，第 949 页。值得注意的是，在西线悬瓠战区，陆馛也受诏命抚慰新民："擒衔旨抚慰，诸有陷军为奴婢者，擒皆免之。百姓欣悦，民情乃定。"见《魏书》卷四十《陆俟传附陆馛》，第 904 页。可见到此次献文帝初的宋魏战争时，不再大规模掠夺人口已经成为魏军的一种普遍趋势。

[2] 《魏书》卷六十《韩麒麟传》，第 1331 页。

城时，郦范向宋军守将写信劝降，使其不战自溃。当魏军开始围攻历城时，宋青州刺史沈文秀亦从东阳"奉笺归款，请军接援"，慕容白曜曾准备派遣一部分军队前去，但郦范认为历城"足食足兵，非一朝可拔"，东阳远在后方，沈文秀也没有迫切投降的理由，很可能是对魏军的缓兵之计，如果一旦分兵，很容易两处皆败。所以应当集中力量攻克历城，再逐步向东推进。这个意见被慕容白曜采纳。[1] 这种逐城攻克、步步为营的推进战略，也和拓跋焘450年南征时绕过坚城、大纵深进军的方式完全不同，保障了魏军稳步进占青齐地区。

　　在郦范和韩麒麟的影响下，慕容白曜注意笼络当地官民，接管地方行政体系来筹集军需。在战争初期，魏军主要是从攻克的宋军营垒中获取军粮，如攻占肥城后，"获粟三十万斛"，进占垣苗城后，又"得粟十余万斛，由是军粮充足"。但在继续东进的过程中，魏军转而依靠接管原州郡体系来征收租赋供军，所以比较注意对当地上层人士的笼络。魏军攻克升城之后，俘获当地大族房法寿的家眷，慕容白曜"皆别营安置，不令士卒喧杂"[2]，此举换得房法寿投诚，被任命与韩麒麟"对为冀州刺史"，房法寿的八个侄子也都被任命为占领区郡太守，他们的主要工作是为魏军筹集粮饷。[3] 到后来围攻东阳期间，战区这个冀州（北魏原有冀州在河北）提供了六十万斛租粮，并制造了大量攻城器械。[4] 占领区郡县还缴纳大量租绢为魏军充当军费，代替了以往魏军靠劫掠为生的手段，使青齐地区虽经历数年战争，但不致有太严重的破坏。[5]

---

[1] 《魏书·郦范传》，第 950 页。

[2] 《魏书》卷五十《慕容白曜传》，第 1117—1119 页

[3] 《魏书》卷四十三《房法寿传》，第 970 页。

[4] 《魏书·韩麒麟传》，第 1331 页。

[5] 《魏书·慕容白曜》："督上土人租绢，以为军资，不至侵苦。三齐欣然，安堵乐业。"（第 1119 页）虽然有一定夸张的成分，但确实比拓跋珪、拓跋焘时代的战争要"文明"得多。

第三节　北魏中期的步兵来源

在北魏中期的军队中，步兵主要有两个来源：一是从普通民户中征发，士兵有固定的服役期（往往是一年），服役期满后回乡继续务农。这是汉代，特别是西汉最为常见的兵役形式；另一种则是贱民身份的"营户"参军，这种士兵则没有严格的服役期限，终生随时有可能被征发参战，且往往是世袭身份，子孙后代也不能脱籍。这是东汉末年内战中曹操等军阀开始实行的兵役制度，历经魏晋延续至南北朝。下面进行分类讨论。

从民户中征发的兵役

在文成帝即位之初，刘宋与北魏在汉中至关中地区展开争夺。北魏都督秦、雍、荆、梁、益五州诸军事、仇池镇将皮豹子负责这个方向的对宋作战。魏兴安二年，宋元嘉三十年（453 年），宋军向汉中增兵运粮，准备展开攻势，皮豹子向朝廷请求增援，列举了驻防魏军的薄弱之处，其中提到：

> 臣所领之众，本自不多，唯仰民兵，专恃防固。其统万、安定二镇之众，从戎以来，经三四岁，长安之兵，役过期月，未有代期，衣粮俱尽，形颜枯悴，窘切恋家，逃亡不已，既临寇难，不任攻战。[1]

皮豹子所云"民兵"性质不详。"统万、安定二镇之众"，应当是拓跋或其他北方民族的驻防骑兵，即职业化的镇兵；而"长安之兵"则应是从关中民户中征发的士兵。这两者的区别在于服役时间。镇兵服役没有时间限制，所以驻防武都地区已经有三四年之久；普通民户

---

[1]　《魏书》卷五十一《皮豹子传》，第 1131 页。

中征发之兵服役期为一年，所以皮豹子专门提到这些人服役已经超期一个月，下一批戍兵还没有来换防（役过期月，未有代期）。从文句分析，所谓"衣粮俱尽，形颜枯悴"，也是形容来自长安等地的戍兵，而非统万、安定的镇兵。因为戍兵服役期短且非职业化，需要自备衣粮，朝廷较少向其提供补给，所以一旦超期服役，生活就十分窘迫，"窘切恋家，逃亡不已，既临寇难，不任攻战"，也是因为这些人的军事素养、经验不如镇兵。从这个角度看，皮豹子所云"民兵"，应是兼镇兵和戍兵两者而言，因为戍兵的战斗力差，在统帅看来几乎难以称得上兵，而只能以"民"目了了。

另外，皮豹子还提到，有人向敌军泄露了魏军的情况，"称台军不多，戍兵鲜少，诸州杂人，各有还思"，"台军"是朝廷禁军，"戍兵"此处应指统万、安定的镇兵，这些都是专业化的军队，而且很可能都是骑兵，战斗力强，但他们数量都比较少。"诸州杂人"则应是从关中民户中征发的所谓"长安之兵"，这些人急于回家，所以皮豹子已不愿称之为"兵"了，和前文的"民兵"异曲同工。

皮豹子最终的要求，是"愿遣高平突骑二千，赍粮一月，速赴仇池"。北魏朝廷批准了这个请求，宋军因此未敢发起攻势。[1] 这来自高平镇的二千援兵，性质和统万、安定二镇的镇兵一样，都是专业化的骑兵。从这个个案看，在仇池地区的驻防军中来自朝廷禁军和地方驻防军序列的骑兵数量都比较少，但战斗力较强；来自普通民户中征发的一年期步兵数量较多，但战斗力较差，北魏政府给他们提供的待遇也很低。

到献文帝时期，北魏占领了青齐和淮北地区，将东线边界推进到淮河附近。为了巩固新占领的以彭城为中心的淮北地区，北魏更加倚重步兵和城池要塞防御。因为这里的地理环境、气候更为接近南方，河汉水网地带更适合步兵作战。而且这里距离南方政权的核心地区更

---

[1]《魏书·皮豹子传》，第 1131 页。

近，受南军威胁更直接，魏军一旦失去就难以夺回，这与黄河南岸的滑台、虎牢等城情况很不一样。

就在北魏占领青齐和淮北之后不久，就有了从全国民户中普遍征发兵役的记载。北魏延兴三年（473 年），"太上皇"拓跋弘准备乘刘宋政局不稳之机发动南伐，遂"诏州郡之民，十丁取一以充行，户收租五十石，以备军粮"[1]。可能因为拓跋弘和冯太后的权力之争，此次南伐未能付诸实施。另外，每户征收租粮五十石，数额很大，这是因为"旧无三长，惟立宗主督护，所以民多隐冒，五十、三十家方为一户"[2]。所以每户征收的租粮也三五十倍于正常民户。在这种全国都是"大户"的情况下，不知征发兵役依据的成丁数字如何统计。另，曾经参与占领淮北地区的老将尉元，在孝文帝时期曾上书，认为彭城地区的驻军中，胡人士兵多且难于管理、经常叛乱，不如用汉族士兵代替：

> ……今计彼戍兵，多是胡人，臣前镇徐州之日，胡人子都将呼延笼达因为负罪，便尔叛乱，鸠引胡类，一时扇动。赖威灵退被，罪人斯戮。又围城子都将胡人王敕勤负衅南叛，每惧奸图，狡诱同党。
>
> 愚诚所见，宜以彭城胡军，换取南豫州徙民之兵，转戍彭城；又以中州鲜卑增实兵数，于事为宜。[3]

按，尉元提到的两名叛乱胡人都是"子都将"，地位较高。"呼延"为匈奴旧姓，"敕勤"也可能是敕勒异写，这些人都属于臣服于魏的北方民族成员，似应是骑兵兵种。"南豫州徙民之兵"，意思有些

---

[1] 《魏书·高祖纪上》，第 139 页。
[2] 《魏书》卷五十三《李冲传》，第 1180 页。
[3] 《魏书·尉元传》，第 1113 页。

模糊。南豫州是魏在淮北地区设立的一个小州，本身不可能提供太多兵员，只能是来自北方的士兵在此驻防，[1]"徙民之兵"可能是汉人罪犯充兵为营户者。"中州鲜卑"则可能是驻防内地的拓跋骑兵。而在这一时期，彭城等前线重镇的驻军，已经逐渐由从农户中征发的一年期戍兵组成（时称蕃兵），说明尉元的意见得到了采纳。这方面最明显的史料存在于《魏书·薛虎子传》中。薛虎子从孝文帝太和初年任彭城镇将、徐州刺史，驻防彭城长达十一年，他的军队中有大量来自征发民户的士兵：

> 时州镇戍兵，资绢自随，不入公库，任其私用，常苦饥寒。虎子上表曰："……窃惟在镇之兵，不减数万，资粮之绢，人十二匹，即自随身，用度无准，未及代下，不免饥寒……"[2]

薛虎子上书的目的，是认为戍兵们独自保管十二匹绢，常因计划不善而发生经济困难，所以他建议由州镇长官统一管理这些绢，购买耕牛农具，由戍兵们耕作屯田。当时朝廷批准了这个建议。可见这些士兵从家乡带来十二匹绢作为在战区的衣食开支。薛虎子本传还提到："在州戍兵，每岁交代，虎子必亲自劳送。"可见这些士兵的服役期都是一年，所以每年都要有一轮士兵交接工作。

那么，何以见得这种携带着绢的士兵都是从普通民户中征发，而非来自职业性、终身性的部族骑兵，或者贱民营户？在已经实行了三长制（党族、闾、里三级）的东魏时，宗室元孝友曾论及这种戍兵和绢的关系：

---

[1] 《魏书》卷四十二《薛辩传附薛初古拔》："拔族叔刘彧徐州刺史安都据城归顺，敕拔诣彭城劳迎。除冠军将军、南豫州刺史。"（第 942 页）这是南豫州见于北魏的最早记载，应主要为安置薛安都所部南方降人而设。

[2] 《魏书》卷四十四《薛虎子传》，第 996 页。

令制：百家为党族，二十家为间，五家为比邻。百家之内，有帅二十五，徵发皆免，苦乐不均。羊少狼多，复有蚕食。此之为弊久矣。……请依旧置，三正之名不改，而百家为四间，间二比。计族省十二丁，得十二匹赍绢。略计见管之户，应二万余族，一岁出赍绢二十四万匹。十五丁出一番兵，计得一万六千兵。此富国安人之道也。[1]

元孝友的思路是：一百户（一族）民众之中，有间长五人，邻长二十人，这些人不服兵役，是很大的浪费；所以他建议，一百户内只设四位间长，八位比长，就节约了十三人。每十二人缴纳代役（赍）绢一匹，当时北魏户籍上共有"二万余族"，即二百余万户民众，可多收二十四万匹绢，供应一万六千名士兵。可见服兵役或缴纳代役绢，是"丁"（非贱民身份的成年男子）的义务。这种兵称为"番兵"，一方面因为他亲身服役一年，代表了十二名家乡的"丁"轮番服役一年；另外，这种兵每年都要"交代"即替换一次，也有轮番之意。薛虎子时每名戍兵带十二匹绢，到元孝友时为十五匹绢供养一兵，可能是兵役制的细节变化，或者有州郡政府的克扣截留。

与薛虎子基本同时，太和初年宗室拓跋平原任齐州刺史。这里与刘宋并不接壤，但距离较近，所以也有河北地区的戍卒驻防，拓跋平原对这些人待遇较好，"北州戍卒一千余人，还者皆给路粮"[2]。到北魏后期，定州的一名官员负责送本州戍兵到荆州服役，乘机贪污"兵绢四百匹"，可见士兵们都带着绢赴前线。[3]北魏肃宗朝李韶曾任冀州刺史，政绩较好。他去世下葬之后，"有冀州兵千余人戍于荆州，还经韶墓，相率培冢，数日方归"[4]，可见这些冀州戍兵都是普通民户而

[1]《魏书·临淮王谭传附元孝友》，第 423 页。
[2]《魏书》卷十六《河南王曜附平原》，第 396 页。
[3]《魏书》卷六十三《宋弁传附宋鸿贵》，第 1418 页。
[4]《魏书》卷三十九《李宝传附李韶》，第 887 页。

非职业化的军户，所以对本州父母官有感情。从这些事例可以看到，从孝文帝前期到世宗、肃宗朝（480—520 年代），北魏在与刘宋政权交界的徐州、荆州地区，有大量来自河北地区的一年期戍兵（或称为番兵）驻防。另外，到肃宗朝，宗室元澄曾建议："羽林虎贲，边方有事，暂可赴战，常戍宜遣蕃兵代之。"[1] 说明当时亦用禁军士兵驻防南线边界，但元澄认为这些人应主要用于机动作战，长期驻防则应用蕃兵。

薛虎子提出对戍兵们的绢"集中管理"的做法，似乎逐渐形成惯例，所以在北魏后期，南朝军队与魏军作战中经常缴获大量绢布。比如 498 年魏军与南齐军裴叔业部战于涡阳一带，齐军一战获胜，"斩首万级，获生口三千人，器仗驴马绢布千万计"[2]。次年，齐军攻破魏军据守的马圈城，"（齐）官军竞取城中绢，不复穷追"[3]。506 年，梁军发动北伐，韦叡所部攻破魏军的合肥城，"俘获万余级，牛马万数，绢满十间屋"[4]。可见只要魏军驻防之处都会有大量的绢。对比拓跋焘末年的宋魏之战（450 年），宋军王玄谟部占领碻磝城，也缴获了魏军大量物资，但其中没有绢布。[5] 可见经过 460—490 年代北魏的军事转型，驻防南方战线的主力已变为以代役绢供养的步兵。

贱民性质的兵户或营户

在北魏中期，具有世袭贱民性质的兵户（或称营户）越来越多。这些人主要有两个来源，一是从被征服地区、部族的民户转化而来；

---

[1] 《魏书》卷十九中《任城王澄传》，第 475 页。
[2] 《南齐书》卷五十一《裴叔业传》，第 871 页。
[3] 《南齐书·王敬则传》，第 491 页。
[4] 《梁书·韦叡传》，第 222 页。
[5] 《宋书·索虏传》："获奴婢一百四十口，马二百余匹，驴骡二百，牛羊各千余头，毡七百领，粗细车三百五十乘，地仓四十二所，粟五十余万斛，城内居民私储又二十万斛，房田五谷三百顷，铁三万斤，大小铁器九千余口，余器仗杂物称此。"（第 2350 页）

二是罪犯充军代替刑罚。

拓跋焘末期为了防御刘宋北伐，曾于 450 年"曲赦定冀相三州死罪已下"，编入军队作战，已见前文。到拓跋濬在位的和平（460—465 年）末年，冀州刺史源贺曾上书建议："自非大逆手杀人者，请原其命，谪守边戍。"[1] 获得批准。源贺所任冀州是当时民户稠密之地，亦在拓跋焘时以死罪补兵的三州之中。且源贺上书时未有重大战事，所以这个政策应具有普遍性和长期性。

将征服地区的民户作为军户，有一例证是原刘宋青州治所东阳的孤儿高聪。献文帝初年魏军占领青齐地区后，高聪随当地人被迁入平城一带，"与蒋少游为云中兵户，窘困无所不至"，后因同族官员高允向孝文帝推荐，方免除了兵户身份。[2] 这是在北魏上层有亲属援引的情况，对于更多的青齐兵户，则难有这种脱籍机会。

贱民兵户和平民一年期戍兵一起服役，承担的作战任务不会有太大区别。但在补给或立功奖励方面可能有所区别。488 年魏军对南齐作战失利，齐军攻克醴阳城。北魏朝廷"诏醴阳被掠之兵，有得还者，赐绢二十匹"，大臣公孙邃（公孙表之孙）则向朝廷"奏为贵贱等级"，被孝文帝称赞采纳。[3] 公孙邃是要求给曾被俘士兵的绢数有所区别，体现出贵贱之分。这种区分大概不会是军官与士兵的官阶之分，因为区区二十匹绢对于军官来说无足挂齿，所以这里要体现的应当还是贱民兵户与平民戍兵之间的区别。

兵户和平民戍兵相比，最大特点就是没有固定服役期限，终身不能脱役。孝文帝太和十二年（488 年），曾诏令"镇戍流徙之人，年满七十，孤单穷独，虽有妻妾而无子孙，诸如此等，听解名还本"[4]，是对老年兵户的优免政策，但只针对无子孙之人，如果有子孙则不能解

---

[1]《魏书》卷一百十一《刑罚志七》，第 2875 页。
[2]《魏书》卷六十八《高聪传》，第 1520 页。
[3]《魏书·公孙表传附公孙邃》，第 786 页。
[4]《魏书》卷七下《高祖纪下》，第 163 页。

除兵户之籍，且子孙应继续服役。

到世宗景明元年（500年），南齐的寿春（寿阳）城投降北魏，魏军在此"置兵四万人"驻防，这些军队中就包含部分兵户贱民。次年，诏令"免寿春营户为扬州民"[1]，因为寿春隔在淮南，处于南方萧梁军队包围中，局势险恶战事激烈，故用放免兵户为民的政策激励其战斗意志。寿春战事频繁，不可能减少兵员数量，所以这些放免的营户肯定还要继续从军，不过待遇有所提高。

在世宗朝长期担任扬州刺史、驻防寿春的李崇，曾遇到一起士兵逃亡的案件，"定州流人解庆宾兄弟，坐事俱徙扬州"，后其弟解思安"背役亡归"[2]，似是逃回了家乡。这说明罪犯充军一直是寿春重要的兵员来源。同在世宗朝，官员徐纥因结党营私被流放枹罕，似亦被充军，当时惯例"捉逃役流兵五人，流者听免"，徐纥因捕捉这种逃役流兵满五人被放归。[3] 这也说明充军兵户待遇低下，且终生难脱兵役，所以逃亡现象比较普遍。

除了汉人战俘或罪犯沦为兵户，柔然、敕勒等北方民族归附北魏之后，如果再度叛变，也会被强制改编为营户。前文已谈及，太武帝时、孝文帝初年，都有这种北方部族被迁徙入内地为营户。到孝文帝末期，高平、薄骨律二镇的柔然（蠕蠕）一千余户又被迁徙到济州黄河沿岸。[4]

除了义务制蕃兵和贱民兵户，北魏时期还有将领临时招募的志愿兵，这主要是针对从南朝逃亡过来的人士，如司马金龙、刘昶、王肃等，北魏利用他们南伐时，往往允许他们自行招募一些士兵，主要针对的是南朝旧部。但这种志愿募兵在战争中起的作用很小。

[1] 《魏书》卷八《世宗纪》，第194页。
[2] 《魏书》卷六十六《李崇传》，第1468页。
[3] 《魏书》卷九十三《恩幸列传·徐纥》，第2007页。
[4] 《魏书·杨播传附杨椿》，第1286页。

两种关于练兵的建议

自北魏建立以来，就受到北方草原柔然人的军事威胁。所以从道武帝拓跋珪到献文帝拓跋弘的六十余年间，北魏经常以大规模骑兵部队深入草原打击柔然，并在秋冬季节驻防漠南防范柔然入侵。到献文帝末和孝文帝初年，北魏防范柔然的战略也在发生变化，逐渐不再以骑兵进行主动攻击，而转为用步兵驻防北部边境。在献文帝禅位于孝文帝之后不久，老将源贺就提出了新的防御柔然的策略：

> 是时，每岁秋冬，遣军三道并出，以备北寇，至春中乃班师。贺以劳役京都，又非御边长计，乃上言：
> "请募诸州镇有武健者三万人，复其徭赋，厚加赈恤，分为三部。二镇之间筑城，城置万人，给强弩十二床，武卫三百乘。弩一床，给牛六头。武卫一乘，给牛二头。多造马枪及诸器械，使武略大将二人以镇抚之。冬则讲武，春则种殖，并戍并耕，则兵未劳而有盈畜矣。又于白道南三处立仓，运近州镇租粟以充之，足食足兵，以备不虞，于宜为便。不可岁常举众，连动京师，令朝庭恒有北顾之虑也。"
> 事寝不报。[1]

源贺的建议是在北方边境修筑堡垒，以常备军进行驻防和屯田。这种驻军显然是以步兵为主。但这个建议没有得到拓跋弘的批准。可能拓跋弘不愿放弃拓跋人传统的骑兵战术。但稍后几年，汉人老臣高闾又重提筑城防范柔然之策。按照高闾的论述，野战是柔然人的特长，但攻城是其弱项，所谓"北狄悍愚，同于禽兽，所长者野战，所短者攻城。若以狄之所短，夺其所长，则虽众不能成患"，按照这种

---

[1] 《魏书》卷四十一《源贺传》，第 922 页。

观念，北魏军队已经非常"中原化"了，难以在骑兵方面与柔然争长，只能借助城垒进行防御作战。与源贺不同的是，高闾主张在北方六镇以北修筑一条千里长城，截住柔然人的南下之路，而非仅固守一些点状城池。按照高闾意见，在筑城之前，先要训练一支对抗柔然的军队：

> 宜发近州武勇四万人及京师二万人，合六万人为武士，于苑内立征北大将军府，选忠勇有志干者以充其选。下置官属，分为三军，二万人专习弓射，二万人专习戈盾，二万人专习骑槊。修立战场，十日一习，采诸葛亮八阵之法，为平地御寇之方，使其解兵革之宜，识旌旗之节，器械精坚，必堪御寇。使将有定兵，兵有常主，上下相信，昼夜如一。[1]

这支军队中习"弓射"和"戈盾"的是步兵，共四万，应当就是"近州武勇四万人"；习"骑槊"的二万人是骑兵，应是"京师二万人"，即禁军骑兵序列。练兵之后，北方六镇各出一万军人，与京师的六万人合为十二万，在八月的一个月间，修筑千里长城。但高闾上书也没有得到明确答复，当时孝文帝尚幼，冯太后执政，显然没有推行这个庞大计划的准备。源贺和高闾的建议虽然都未得到采纳，但反映了当时魏军中步兵已占多数。

---

[1]　《魏书·高闾传》，第 1201 页。

第十三章　北魏政权后期的战争模式

494—520 年代是北魏后期，魏军与齐梁军队的作战方式已经高度中原化，并逐渐积累在山林、水网地带的作战经验。虽然北魏在"河阴之变"后陷入动荡和分裂，但继起的西魏、北周和东魏、北齐仍基本继承了北魏的汉化政治基础，其模式一直影响到隋的统一。

第一节　孝文帝时期的魏齐战争形态

北魏太和三年，南齐建元元年（479 年），萧道成代宋建齐。此举引起北魏军队南侵，双方在淮河沿线展开了一系列战事。但此时魏孝文帝年龄尚幼，其祖母冯太后执政，缺乏对外扩张的冲动；萧道成长期驻防淮南，拉拢边疆武将形成了新的统治集团，战斗力比较强，也使北魏难以在战场上获得优势。所以在南齐初年的一系列战事中，齐军保守住了淮河防线，北魏始终未能将边界推进过淮河。

南齐初年的战事又出现了一个新的特点，即蛮人越来越多地介入到南北战争当中。边境蛮人部族生活在淮河上游两岸的山林地带，特别是淮南大别山区及桐柏山区，他们长期受到南朝政权的欺压，希望获得外援。随着 460 年代北魏占领淮北，南北交界线逐渐靠近蛮人地区。蛮人的上层（多数以桓、田为姓）遂招引魏军进入这一地区，从而引发南北政权之间的战事。480 年代，在桐柏山北麓的沘阳、舞阴、醴阳地区，魏齐军队发生了一系列小规模战事，齐军尚保持着对这一地区的控制。

太和十七年（493 年），魏孝文帝元宏自平城迁都洛阳，并对南齐政权展开了数次大规模进攻。从孝文帝时期开始，北魏对南朝的战争模式实现了"中原化"的完全转型：兵种上以步兵为主，骑兵为辅；战术上野战和攻坚战、城垒防御战并重；后勤补给模式上以后方运输为主，不再依赖战场劫掠。只有依靠这种战争模式，北方政权才能够在淮河流域立足，并稳步推进到淮河以南、长江沿岸，最终训练水军进行渡江作战，完成南北统一。这个过程北魏只进行了一半，便因六镇起义和河阴之变终结，但继起的西魏、北周和东魏、北齐政权，仍是按照这个模式继续完成统一。

下文主要分析493—528年间（即魏孝文帝后期到世宗、肃宗朝），北魏对南方齐、梁政权的战争，侧重讨论以普遍征兵制为基础的动员形式在战争中的应用，以及这种动员形式与战场季节、地理等因素的互相影响，并如何使北方军队成功进入江淮之间的战场。

迁都洛阳时的动员规模

太和十七年（493 年）夏，孝文帝元宏打破了与南齐持续数年的和平通使状态，宣称要对南齐发动讨伐。从后来几个月的进程看，元宏此次实际是准备迁都洛阳，只是为了避免酝酿阶段的种种阻力而采取了"南伐"的形式。为了保障大量人员、辎重南迁，北魏在黄河上修建了浮桥，并免除了河南、淮北地区七州的军粮。[1] 由于在到达洛阳之前迁都计划一直秘不示人，此次"出征"完全按军事行动进行动

---

[1] 《魏书·高祖纪下》："六月丙戌，帝将南伐，诏造河桥。己丑，诏免徐、南豫、陕、岐、东徐、洛、豫七州军粮。"（第 172 页）这七州是临近南齐的战区，也是洛阳周边地区，在将来的战事或者迁都事业中，都是负担较重的区域，免征军粮的政策颇难理解。也许是考虑到大部队会长期驻留这几州，届时将直接向当地居民筹措粮秣；也许是当地征发的士兵及民夫较多，本身就要形成对粮食的大量消耗。

员，但详细的动员数字则有不同记载。《魏书·高祖纪下》：

> 八月……己丑，车驾发京师，南伐，步骑百余万。[1]

但《魏书·天象志》和《北史》记载的数字却都是"步骑三十余万"[2]。《资治通鉴》用《北史》之说，但未出"考异"。从现实情况看，以"三十余万"较为接近真实：在太和二十到二十一年（496—497 年）之交，孝文帝从第一次真正南征的战场返回洛阳，对尚书仆射李冲说起未能成行的太和十七年南征计划："朕去十七年，拥二十万众，行不出畿甸"[3]。可见 493 年他离开平城时直接率领的禁军部队只有二十万，这也是北魏禁军全面动员之后比较合理的规模。那么，"三十万"的说法又从何来？可能是北魏全境为此次"南伐"而动员的总兵力。因为北魏步兵最主要来源是河北地区，从来都是直接开赴河南战区，不会翻越群山赶到平城；与战区距离最近的河南和青齐地区的军队也应当是就近集结待命，不会远涉到平城。而《北史》为了夸大孝文此次南伐的声势，遂将总的动员数字都计入了从平城出发之军中。至于《魏书》本纪"百余万"说法的来源，可能是当时檄文、诏书中故意夸大的数字。关于此事虽无直接证据，但有一旁证：孝文帝中途止于洛阳时，关中发生羌人叛乱，原定的西路军转而进行平叛作战，其中卢渊所部"以步骑六千众，号三万，徐行而进"[4]，可见兵力夸张了五倍之多。

九月，孝文帝一行进至洛阳后，群臣进行了一番"稽颡于马前，请停南伐"的表演，孝文帝便宣布停止南伐，正式迁都。但由于洛阳

---

[1]《魏书·高祖纪下》，第 172 页。
[2]《北史》卷三《魏本纪第三》："八月……己丑，发京师南伐，步骑三十余万。"（第110 页）《魏书》卷一百五《天象志二》："八月己丑，车驾发京师南伐，步骑三十余万。"（第 2368 页）
[3]《魏书·李冲传》，第 1186 页。
[4]《魏书》卷四十七《卢玄传附卢渊》，第 1049 页。

城郭宫室残破，需要重新进行建设，迁都各项事务也需要安排，所以此后的一年间，孝文帝一行辗转于河北、平城和北疆六镇之间，在这个过程中，原来为"南伐"进行的战备当已逐渐撤销，已动员起来的军队也恢复正常状态。

第一次南征

太和十八年（494 年）夏，孝文帝一边部署迁都事务，一边试图发起南征。河南民力此时已用于新都建设，孝文只能从其他地区征兵。但主持日常政务的官员对此不太积极，因为按照常理，北魏政权无力在迁都之际维持大规模战争，所以此次征兵因臣僚的怠工而延误。御史台官对元澄等尚书官员提出弹劾，批评其在关西动员不力：

> 车驾南征，征兵秦雍，大期秋季阅集洛阳。道悦以使者治书御史薛聪、侍御主文中散元志等，稽违期会，奏举其罪。又奏兼左仆射、吏部尚书、任城王澄，位总朝右，任属戎机，兵使会否，曾不检奏；尚书左丞公孙良职维枢辖，蒙冒莫举；请以见事免良等所居官。[1]

出土《高道悦墓志》对此事亦有记载：

> 荆扬未宾，豹尾翻路，星遣飞驲，征兵秦雍，限期季秋，阅集洛阳。而兵使褰违，稽犯军律，宪省机要，理膺绳究。尚书仆射任城王，地戚人华，宠冠朝右。尚书右丞公孙良，才望冲远，天心眷遇。皆负气自高，曲树私惠。君并禁劾，会□洗咎，由此

---

[1] 《魏书》卷六十二《高道悦传》，第 1399 页。本传没有载此事具体时间，但此时任城王澄兼左仆射、吏部尚书，从其本传的任职情况看，应是从太和十七年（493 年）冬正在营建洛阳，到第一次真正南征班师之后的太和十九年（495 年）夏，应是 494 年之事。

声格，遐迩敛属……[1]

核以墓志，《魏书·高道悦传》之"秋季"原为"季秋"，即是九月，集结地点是洛阳，正好乘冬季对南齐发起攻势。此事因牵涉高官太多而不了了之，而集结到洛阳的兵员应远低于预计人数。

经过一年辗转，到太和十八年（494 年）十一月，孝文帝朝廷回到了初具规模的洛阳。此时，南齐宗室萧鸾刚刚篡夺帝位，齐政局迅速变幻，各种流言蜂起，边境有传闻称齐"雍州刺史曹虎据襄阳请降"。孝文帝有心乘机发动南伐，但负责政务的李冲和元澄二人反对，他们认为新都洛阳正在营建，暂无实力支持大规模战争。孝文也承认"襄阳款问，似当是虚"，曹虎未必真会投降，但他仍认为，即使没有适当的战机，也可以借南伐"巡淮、楚，问民之瘼，使彼土苍生，知君德之所在"[2]，即向南方政权及民众展示自己的德化成果，这也和孝文正在推行的汉化改革密切相关。所以虽然没有时间进行充分动员准备，孝文仍迅速投入了第一次真正的南征作战。十二月，按照孝文的部署，魏军分为四路，对南齐发起进攻，自西向东依次是：[3]

远西线："平南将军刘藻出南郑"，攻击汉中地区；稍后，驻防仇池的元英所部也参与到进攻汉中的战事。这里是群山地带，军队行动缓慢，但魏军还是击溃了齐军的数座营垒，开始围攻南郑，一直持续到次年夏孝文帝在东线宣布撤军，元英等才撤回仇池方向。[4] 和其他几路魏军相比，元英这一路战果最多，但因为地处西陲，对全局战事影响甚微。

西线："行征南将军薛真度督四将出襄阳"，负责接应传说中的曹

---

[1] 《释北魏高道悦墓志》，《文物》1979 年第 9 期。《汉魏南北朝墓志汇编·北魏》，第 104 页。墓志此事之后才有"既而从县洛中"，即正式迁都洛阳，亦可证此事应在494 年。

[2] 以上见《魏书·任城王澄传》，第 466 页。

[3] 以下关于进攻部署的引文见《魏书·高祖纪下》，太和十八年（494 年），第 175 页。

[4] 《魏书》卷十九下《元英传》，第 496 页；卷七十《刘藻传》，第 1550 页。

虎投诚。因为魏、齐边界距离襄阳尚远，这路魏军的任务是先攻占南阳郡。但魏军将领城阳王鸾、卢渊、李佐、韦珍等互不统属，卢渊认为军粮缺乏，难以远征，遂先围攻赭阳县（今河南省叶县附近）。几路魏军作战消极，顿兵赭阳城下三个多月。当齐援军即将赶到时，卢渊率先逃命引起溃败，被齐军追杀损失惨重。[1]

中线："大将军刘昶出义阳"，在上游渡过淮河，试图攻占义阳城。义阳是南齐司州治所，守军据城抵抗，魏军迟迟不能破城。当南齐援军陆续赶到时，孝文帝的撤军命令也传达至此，魏军遂撤回淮北境内。[2]

东线："徐州刺史元衍出钟离"，攻击淮河中游南岸的寿阳、钟离等城，试图在淮南取得立足点。孝文帝本人则率禁军驻扎悬瓠城，这里向西南是义阳战场，向东南是钟离（包括寿阳）战场，便于指挥协调。

对于魏军攻势，萧鸾朝廷的反应和刘宋时期的历次对魏作战相似，就是坚壁清野，严密防守边界上的重要城池，同时紧急增援被围困的城市。到太和十九年（495 年）一月底，孝文帝看到前线各路都未取得明显战果，一座重要城市都没攻克，遂亲率主力渡过淮河。齐人对孝文亲征的感观见诸《南齐书·魏虏传》：

> 宏自率众至寿阳，军中有黑毡行殿，容二十人坐，辇边皆三郎曷剌真，槊多白真毦，铁骑为群，前后相接。步军皆乌楯槊，缀接以黑虾蟆幡。牛车及驴、骆驼载军资妓女，三十许万人。[3]

---

[1] 《魏书·卢玄传附卢渊》，第 1049 页。
[2] 《南齐书·魏虏传》："遣（王）肃与刘昶号二十万众，围义阳"（第 994 页）。按，攻义阳的魏军不可能有这么多。可能是因为萧衍参与了解救义阳的援军，而《南齐书》成于梁代，遂大大夸张了萧衍的战功，顺便拔高了魏军的数量。
[3] 《南齐书·魏虏传》，第 994 页。

可见魏军对南方人造成的震慑，主要是其军马和力畜的众多。不过"三十许万人"的数字也有些夸张，《资治通鉴》在收录这段内容时，改为了"众号三十万"[1]。元宏在寿阳八公山流连赋诗，肯定想到了一百一十二年前在这里兵败的苻坚。他应当从苻坚的失败中吸取了一些教训，最重要的是避免在战场上做孤注一掷的冒险。随后，元宏主力循淮河东下，与正在围攻钟离城的元衍东路军汇合。

按照元宏的设想，魏军"将临江水"[2]，再现当年拓跋焘兵至瓜步的一幕。但此时南齐主力崔慧景、裴叔业所部已开到钟离附近。而且三月将至，春水渐涨，齐军舰队已自海口驶入淮河，魏军主力有被隔绝于淮河南的危险。元宏不甘心在一城未下的情况下撤军，一时颇有骑虎难下之感。但此时元宏妻兄（亦是妹夫）司徒冯诞病死于军中，次日元宏便借机宣布班师，结束了第一次南征。在齐军威胁之下，魏军主力的撤退极为狼狈，有万余名士兵被遗留在淮河中心的洲岛之上，在向齐军交纳了五百匹战马之后，才被允许渡回北岸。[3]

对第一次南征的总结

元宏第一次南征历时近半年，虽然一度对南齐形成巨大的军事威胁，最终却未能取得任何拓地或歼敌战果，攻南阳的西路军还有重大伤亡。这次失利的原因主要是：

第一，战前准备不充分，时机选择不正确。在洛阳新都营建之际，难以进行充分的战备动员，就匆忙投入了战事。且战事开始时已是太和十八年（494 年）十二月，春季马上就要来临，但元宏没有考虑这些因素。

第二，全线进攻，平均使用兵力，没有明确的主攻方向和战略

---

[1] 《资治通鉴》卷一百三十九，第 4375 页。
[2] 《魏书·高祖纪下》，第 176 页；《魏书》卷九十八《岛夷萧道成传附萧鸾》，第 2168 页。
[3] 《南齐书》卷五十一《张欣泰传》，第 883 页。

目的。

第三，将帅选用多不得人。元宏的门第和身份观念严重，选择将帅更多地重视其出身和是否有文化，而不重视军事经验。受命指挥中路军进攻义阳的刘昶是刘宋宗室，才智低下，"天性褊躁，喜怒不恒"，在北魏朝会上从来都是诸王捉弄的玩物，却被委以方面之任；[1]西路军将领之一卢渊出自有文化的河北望族，但没有任何军事经验和战争勇气，在受命出征前他就向元宏表示"臣本儒生，颇闻俎豆，军旅之事，未之学也。惟陛下裁之"。但元宏不为所动，最终酿成惨败。[2]

在班师途中，元宏也在总结这次南征的经验教训。当北返至黄河石济津渡口时，老臣高闾迎驾朝见，元宏在谈话中对自己的决策进行了辩护：

> 车驾还幸石济，闾朝于行宫。高祖谓闾曰："朕往年之意，不欲决征，但兵士已集，恐为幽王之失，不容中止。发洛之日，正欲至于悬瓠，以观形势。然机不可失，遂至淮南。而彼诸将，并列州镇，至无所获，定由晚一月日故也。"
>
> 闾对曰："人皆是其所事，而非其所不事，犹犬之吠非其主。且古者攻战之法，倍则攻之，十则围之。圣驾亲戎，诚应大捷，所以无大获者，良由兵少故也。且徙都者，天下之大事，今京邑甫尔，庶事草创，臣闻《诗》云'惠此中国，以绥四方。'臣愿陛下从容伊瀍，优游京洛，使德被四海，中国缉宁，然后向化之徒，自然乐附。"
>
> 高祖曰："愿从容伊瀍，实亦不少，但未获耳。"……[3]

---

[1]　《魏书》卷五十九《刘昶传》，第 1308 页。
[2]　《魏书·卢玄传附卢渊》，第 1049 页。
[3]　《魏书·高闾传》，第 1208 页。

按元宏的说法，此次南征本是贸然之举，去年自己并未决心出征，但已经进行了征兵动员，箭在弦上不得不发；初到悬瓠时只是想观察一下前线形势，但又觉得有战机，就率主力渡过了淮河。至于未能取得任何战果，他归因于战事开始较晚，因进入春夏季节而被迫退兵，如果再有一个月的时间，战果应当不止于此。

高闾则认为失利的根本原因是兵力不够，"所以无大获者，良由兵少故也"，营建新都占用了太多兵力，"京邑甫尔，庶事草创"，建议暂时放弃对齐战事。孝文帝暂时没有接受高闾"良由兵少"的总结，他认为"实亦不少，但未获耳"[1]。

返回洛阳一年后，到太和二十一年（497 年），元宏决心再度发起南征。他与李冲等群臣讨论上次南征的教训，就采用了高闾"兵少"的解释。他说，太和十七年从平城南下时，自己"拥二十万众"，兵力充足，但因迁都之决策而中止了南伐，所谓"此人事之盛，而非天时"；上次（太和十九至二十年）的南征"天时乃可，而阙人事，又致不捷"[2]。这里元宏理解的"人事"主要就是集结的兵力。所以他认为，只要征发足够的兵力，就可以取得对齐战争的胜利。

第二次南征

太和二十一年（497 年）六月，元宏开始筹备第二次南征，并为此进行了充分的动员：

> 六月……壬戌，诏冀、定、瀛、相、济五州发卒二十万，将以南讨。……丁卯，部分六师，以定行留。[3]

冀、定、瀛、相、济五州都在黄河下游南北两岸，是北魏统治腹

---

[1]　按，"获"字后似有脱漏，而"愿从容伊瀍"似是衍文，为误抄上文高闾语所致。

[2]　以上见《魏书·李冲传》，第 1186 页。

[3]　《魏书·高祖纪下》，第 182 页。

地，从这里征发的都是一年期"蕃兵"（参见前文对薛虎子所辖徐州戍兵的分析）。"六师"则是朝廷直辖的禁军，可见禁军部分留守洛阳，部分出征。此外参战的应还有南线边境戍兵。大致推测，参与出征的禁军，和边境原有的驻军，规模都应在十万左右。五州军队征发和集结都需要一定时间，六月进行征发已经留出了这个提前量。所以到八月，元宏率禁军离开洛阳，正式开始第二次南征。

元宏吸取了前次南征战线过宽、兵力分散的教训，此次将主攻方向确定在南阳盆地和义阳地区。因为这里距离新都洛阳距离最近，威胁最为直接，而且前度魏军受损失最大的也是南阳方向。元宏亲率主力攻击南阳及汉水以北（沔北）地区，豫州刺史王肃受命攻击义阳。

魏军主力首先到达前度卢渊等战败的赭阳城。齐军依旧采取据城固守的策略。元宏留部分魏军围城进攻，自己带主力南下到达南阳郡治宛城，依旧留部分军队围攻，主力继续南下，分兵围攻新野。这样，沔北地区的大小城垒都被魏军分兵围困。孝文帝则率以骑兵为主的禁军往返于各城之间督战，并准备阻击自襄阳北上的敌援军。

围城战持续了三个月，到太和二十二年（498 年）一月，新野城首先攻克。这意味着切断了南阳齐军的退路，引发了湖阳、赭阳、舞阴等城垒的齐军弃城遁逃，部分被魏军截获歼灭。到二月，宛城也被攻破。魏军完全占领了南阳盆地。齐军崔慧景、萧衍部从襄阳北上，试图进行反攻，但进至邓城时，被元宏亲率的骑兵主力迎击，齐军损失二万余人，被迫退回襄阳。关于魏军南征的兵力，《南齐书》云：

> 宏时大举南寇，伪咸阳王元憘、彭城王元勰、常侍王元嵩、宝掌王元丽、广陵侯元燮、都督大将军刘昶、王肃、杨大眼、奚康生、长孙稚等三十六军，前后相继，众号百万。其诸王军朱色鼓，公侯绿色鼓，伯子男黑色鼓，并有羣角，吹唇沸地。[1]

---

[1] 《南齐书·魏虏传》，第 997 页。

　　这个记载比较夸张。首先，此时刘昶已死，不可能参与。王肃所部主攻义阳，与元宏不在同一战场。且全部南征的魏军也不会有百万之众。《南齐书·魏虏传》又载"宏自将二十万骑破太子率崔慧景等于邓城，进至樊城，临沔水而去"[1]。对于魏军主力骑兵的数量也过于夸大。《南齐书·曹虎传》所载数字则相对真实："……崔慧景于邓地大败，虏追至沔北。元宏率十万众，从羽仪华盖，围樊城。"[2]《资治通鉴》卷一百四十一也采用了这个说法。

　　三月，南阳地区战事结束，元宏率禁军前往悬瓠城休整。此时东路军却遇到困难：王肃围攻义阳许久不能克城。齐军裴叔业部五万人渡过淮河，攻击魏南兖州治所涡阳城。涡阳属于王肃的都督区，[3]但距离豫州治所悬瓠较远，离徐州治所彭城较近，[4]所以徐州、豫州方面都有救援之责。徐州魏军首先赶到，被齐军击败。[5]元宏命豫州军傅永等前往解涡阳之围，又被齐军击败，损失万余人。王肃忙于攻击义阳，无力分兵，遂向元宏请求增兵救援涡阳。元宏却拒绝了这个请求，他声称：自己派兵少则无济于事，"多遣则禁旅难阙"，所以他命王肃以保住涡阳为重，义阳不能攻克便罢。王肃得此指示后放弃义阳之围，东上救援涡阳。据《南齐书·裴叔业传》：

　　　　虏主闻广陵王败，遣伪都督王肃、大将军杨大眼步骑十余万救涡阳，叔业见兵盛，夜委军遁走。明日，官军奔溃，虏追之，

---

[1] 《南齐书·魏虏传》，第998页。

[2] 《南齐书》卷三十《曹虎传》，第563页。

[3] 《魏书》卷六十三《王肃传》："加都督豫、南兖、东荆、东豫四州诸军事。"（第1409页）

[4] 《南齐书·裴叔业传》："涡阳，虏南兖州所镇，去彭城百二十里。"（第870页）

[5] 《南齐书·裴叔业传》："伪徐州刺史广陵王率二万人，骑五千匹……虏新至，营未立，于是大败。广陵王与数十骑走，官军追获其节。"（第871页）但据《魏书》卷二十一上《广陵王羽传》，元羽当时为青州刺史："都督青齐光南青四州诸军事、征东大将军、开府、青州刺史"（第550页），不可能赶到涡阳。当时魏徐州刺史应为孝文帝之子、京兆王元愉，《魏书》卷二十二《京兆王愉传》："太和二十一年封。拜都督、徐州刺史"（第589页）。但元愉年少，统兵者应另有其人。

伤杀不可胜数，日暮乃止。[1]

王肃所部兵力应不会有十余万之多。《南齐书·裴叔业传》承认此战齐军战败，损失颇大，而《魏书·王肃传》则只记载"肃乃解义阳之围，以赴涡阳，叔业乃引师而退"[2]，未载其战果。

至此，夏季即将来临，元宏准备暂缓对南齐的攻势，他本人驻扎悬瓠城，待秋季再展开进攻。[3] 去年夏季征发的五州士兵作战已近一年，需要换防，所以元宏在四月份诏命："发州郡兵二十万人，限八月中旬集悬瓠"，以替换上一年的士兵。禁军骑兵也应当进行了相应换防，但史书未载。

到八月时，各州新兵已经抵达悬瓠，但元宏忽然病重不起，对齐战事只能中止。九月，魏军方面声称因为萧鸾新死，"礼不伐丧"，宣布撤兵。[4] 元宏的第二次南征至此结束。

第二次南征的总结及余波

497—498 年的第二次南征，魏军成功占领了以南阳、新野为核心的沔北地区，将边界南推到汉水附近。这是元宏等北魏君臣吸取了第一次南征教训的成果：

第一，提前进行广泛动员，确保参战的兵员数量，以及利用好冬季作战的"窗口期"；

第二，明确战役目标，集中兵力，在重点方向实现突破（沔北和义阳）；

第三，在攻击沔北地区时决策正确，围城和打援相结合。对于齐

---

[1]《南齐书·裴叔业传》，第 871 页。

[2]《魏书·王肃传》，第 1410 页。

[3]《魏书·广陵王羽传》，载元宏此时给元羽的诗体信："吾因天历运，乘时树功，开荆拓沔，威振楚越。时暨三炎，息驾汝颍。势临荆徐，声遏江外，未容解甲，凯入三川。纂兵修律，俟秋方举……"（第 550 页）

[4]《魏书·高祖纪下》，第 184 页。

军据守城垒的情况，魏军并不采用步步推进、逐城攻克的战术，而是以主力推进至敌境纵深，对顽抗城垒进行分兵包围，以步兵进行长期围攻，骑兵主力则在战线前方运动，伺机打击敌援军。这种快速推进、同时攻击多城的方式，和467—469年慕容白曜攻青齐时逐城推进的战术很不相同。这是因为此次魏军投入的兵力很多，同时有完备的后勤保障体系，使一线军队不必四出抢粮，可以全力投入攻城作战。

但此次魏军只占领了沔北，未能进占义阳，在淮南取得立足点，只实现了部分预定目标。元宏对此的决策颇为奇怪，因为在王肃围攻义阳，齐军围攻涡阳之时，元宏主力军已经开进到离涡阳较近的悬瓠，他声称自己兵力不足，拒绝将禁军投入战事，可能是将禁军骑兵作为预备队，防范齐军进行反攻。但救援涡阳也是魏军机动部队应当承担的任务之一，骑兵部队如对涡阳城下的齐军进行打击，正可发挥其野战优势，同时解除王肃部的后顾之忧，使其可以从容攻克义阳。那么元宏为何拒绝派禁军投入作战？他的这种保守心态，可能和总结了苻坚淝水之战失败的教训有关，所以坚持任何时候身边都要有足够强大的禁军武装。持重而不弄险，是元宏和拓跋珪、拓跋焘的很大不同。

元宏的第二次南征还有余波，就是在次年（太和二十三年，499年）初，南齐试图夺回沔北之地，陈显达率四万齐军突破魏军防线，于二月攻占马圈城。[1] 元宏不顾病情率兵救援沔北，击败陈显达部，歼灭齐军三万余人，再次将齐军逐回汉水以南。这就是元宏的第三次南征，但仅限于挫败南齐攻势，维持去年战事的既成局面。

---

[1]　据《通典》第一百七十一卷《州郡一》，马圈城在襄阳北三百里，见第 4462 页。

总结　孝文帝改革与北魏政权转型

史书关于献文帝拓跋弘的记载极少，这可能和他与冯太后的矛盾、禅位及颇为可疑的死因有关，所以北魏正史对他的记载颇多隐讳。从仅有的一点记载看，拓跋弘在军事方面与拓跋焘有些类似，比如亲率主力远征柔然，他甚至还曾经试图进行全国总动员，对南齐发起征讨，但此计划并未付诸实践。在他统治时期，北魏占领并巩固了青齐、淮北地区，政权的汉化进程在缓慢而自发地进行。这些军事行动的方式复杂多样，并没有一种鲜明特征，和拓跋弘好战、笃信佛教、对冯太后的退让隐忍等表现一样，都呈现出含混、复杂的形态。而到了冯太后和孝文帝元宏的汉化（中原化）改革时期，特别是元宏迁都洛阳之后，随着北魏政权自身性质的急剧转变，三长制、均田制、官员俸禄制的实施，北魏政权能够充分地利用汉地的财赋、人力资源，且使百官生活摆脱了对战利品分配的依赖。所以北魏的军队变得更加中原化、正规化：制度化的后勤补给取代了抢掠冲动，汉人民户中征发的步兵数量大增，在对南战争中的重要性也日益增加。

直接影响北魏与南方（南齐）政权间关系的，是494年孝文帝迁都洛阳。在迁都之前的十余年间，北魏与南齐之间基本保持了和平共处。双方使节往来频繁，边境地区也呈现出安定和交流增多的态势。[1]但在孝文帝迁都洛阳之后，马上发动了对南齐的大规模战争。在此后五年里，魏、齐之间发生了三次大规模战事。虽然元宏在499年病逝，南齐也在两年后被梁取代，但南北政权之间的战争再也未曾中断，直到530年代北魏政权彻底解体。

出现这种从和平到战争的转折的原因：

---

[1]　虽然边界地区醴阳发生过蛮族酋长的叛变，引起双方间规模不大的战事，但在战事结束之后，北魏的大臣向太后和元宏坦承：挑起战端的是北魏一方，南齐的反应合乎道理，所以北魏应当主动遣使恢复两国关系，冯太后和元宏也采纳了这个意见。见《魏书》卷五十五《游明根传》，第1214页。

　　首先，地缘政治及军事地理层面。当北魏定都平城时，淮河流域、汉水中下游地区属于极远的南方，根本无法威胁到北魏最重要的代北、河北地区。且淮河、汉水流域湿热多雨、终年不冻，河道和丛林太多，不适宜骑兵运动，所以北魏没有向淮河、汉水以南扩张疆土的冲动。但洛阳与淮河、汉水流域在气候、地理上的区别就没有那么大。迁都之后很多鲜卑大臣都难以忍受洛阳夏天的暑热，而当他们适应了洛阳之后，淮河、汉水流域也就不那么陌生了。再者，当北魏定都洛阳之后，距南齐控制的南阳盆地、淮河中上游地区只有四五百里，这使得洛阳缺乏安全感，必须将边界线推进到淮河和汉水以南。孝文帝的三次南伐都是围绕这个目的展开的。

　　其次，制度和社会层面。冯太后和孝文帝的汉化改革之后，北魏政权对汉地的控制力和资源的征发能力大为增强。在对南方战争中体现最明显的，就是征发步兵的数量。在元宏的第二次南征之中，北魏在后方诸州两次征发一年期士兵，这种蕃兵在每年八月集结到前线战区，在秋冬季节进行作战，来年夏季则与下一轮士兵换防。在后来的宣武帝朝对梁作战中，仍在沿用这种战争动员模式。这种以征发步兵为主的军队可以进行时间较长的围城攻坚战，也可以驻防在淮河流域的城垒中进行持久防御，且适应当地水网、山林地形，是北魏军队向淮南扩张及坚守的最主要力量。

　　第三，文化层面。孝文帝元宏汉化改革的重要方面，是在文化上改造拓跋鲜卑，使之在语言、风俗、生活习惯上全面汉化。伴随着这一过程，自元宏到高层臣僚都不再有拓跋焘那种"我鲜卑"式的自外于华夏的心态，开始把北魏政权看作继承了汉、魏、晋正统的中原王朝，实现对南方的统一就是顺理成章之事。在元宏前两次发起南征时，群臣多认为正在营建新都洛阳，不应过度征发百姓，但再无人质疑兼并南方的合理性。

　　在进攻南齐的战事中，元宏一直在刻意营造王者之师的仁义形象。他命令沿淮战区释放所有掳获的齐境民众，禁止魏境的百姓趁火打劫。[1] 在进军到淮河以南的齐境之后，魏军还尽量从后方运来军需品，所谓"车驾巡淮而东，民皆安堵，租运属路"，对齐境百姓也"如在内地，军事须伐民树者，必留绢以酬其直，民稻粟无所伤践"[2]，这和拓跋珪、拓跋焘时代魏军赤裸裸的抢掠已完全不同，而它背后则需要一整套后勤保障体系。在第一次南征之前，元宏就已经对臣下坦言，他南伐的主要动机就是"巡淮、楚，问民之瘼，使彼土苍生知君德之所在"[3]，即向南方政权及民众展示自己的德化成果。同样因为这种原因，魏军的第一次南征缺乏准备，军事上并不成功，才有了后来的第二、第三次南征。南齐方面的史籍虽不会正面记载元宏的这些道德表演，但《南齐书》在记叙 495 年魏军包围寿阳的庞大兵力时，也记载："（元宏）不攻城，登八公山，赋诗而去。"[4] 显露出某种诧异的心态，毕竟元宏的南伐和南朝人对魏军南下的记忆太不一样。

第二节　魏宣武帝初年的对南扩张

太和二十三年（499 年）四月，元宏病逝于第三次南征军中，太子元恪继位，是为世宗宣武帝。此时，南齐皇帝萧宝卷统治残暴，诛戮大臣，引发各地的反叛。500 年，齐豫州刺史裴叔业投降北魏，魏军因此进占寿春，首次控制了这座淮河以南的军事重镇。501 年，萧衍推翻萧宝卷代齐建梁，从此开始了梁魏之间（包括后来的东西魏）持续近半个世纪的对峙和战争。正始元年（504 年），梁朝行梁州事

---

[1] 《魏书·高祖纪下》："诏寿阳、钟离、马头之师所获男女之口皆放还南"；"诏禁淮北之民不得侵掠，犯者以大辟论"（第 176 页）。淮北之民即北魏境内之民，此举是禁止北魏边民借机劫掠齐境。

[2] 《魏书·高祖纪下》，第 186 页。

[3] 《魏书·任城王澄传》，第 466 页。

[4] 《南齐书·魏虏传》，第 994 页。

夏侯道迁又投降北魏，魏军得以占领汉中地区，使梁魏战争进一步升级。下面就结合北魏的战争动员方式对这一过程进行简要梳理。

500 年魏军进占寿春与应急动员

景明元年（500 年）初，齐豫州刺史裴叔业担心遭到萧宝卷诛杀，开始与北魏方面联系投诚。北魏的豫州与齐朝豫州隔淮相邻，治悬瓠城，刺史为薛真度，他及时将裴叔业的动向上报魏廷。魏世宗宣武帝元恪此时居丧，由元禧等大臣主政，当裴叔业将一个儿子送入魏境为人质后，魏廷紧急调兵向寿春进发。在给裴叔业的诏书中，魏廷声称：

> 前即敕豫州缘边诸镇兵马，行往赴援。杨大眼、奚康生铁骑五千，星言即路；彭城王勰、尚书令肃精卒十万，络绎继发。[1]

元勰、王肃的"精卒十万"并非能一蹴而就，而且最终也没达到这个数字（详见后），属于檄式的夸大之辞。北魏紧急调集的是边境豫州的傅永所部兵力，以及杨大眼、奚康生率领的禁军骑兵。下面做简要分析：

奚康生部。奚康生出自代北的部落大人世家，历任宗子队主、太子三校、西台直后，都属于典型的禁卫军官序列。在孝文帝第二次南征时，奚康生被划入豫州刺史王肃麾下，参与了围攻义阳的战斗，但这是战时的临时编组，并不意味着他属于豫州军事序列。自义阳撤军之后，奚康生应又回到了禁军序列之中。当魏廷决定进占寿春之时，"遣康生领羽林一千人，给龙厩马两匹，驰赴寿春"[2]。所部是羽林，赐给的马也来自御用马厩，说明奚康生禁军是从洛阳出发驰向寿春。

---

[1] 《魏书》卷七十一《裴叔业传》，第 1567 页。
[2] 《魏书》卷七十三《奚康生传》，第 1630 页。

　　杨大眼出身武都氐人，孝文帝发起南征时才获得军职，之后在孝文帝的主力军中，参加过南阳和淮南地区的战事，靠战功逐渐获得提升。在出兵寿春之前，他的职务不详，但既然与奚康生同行，肯定也是从洛阳出发，属于禁军骑兵序列。

　　傅永所部。在孝文帝第二次南征时，傅永担任豫州刺史王肃的军府（平南府）长史之职，属于豫州本地军事序列。在第二次南征之战中，傅永参与救援涡阳，兵败后被免除官爵。但不久又被孝文帝起用，任"汝阴镇将，带汝阴太守"，汝阴属于豫州，所以仍是豫州军事序列。到裴叔业归降时，傅永也受命入驻寿春，属于诏书所谓"豫州缘边诸镇兵马"之列。但在接到进军诏命之后，傅永"与杨大眼、奚康生等诸军俱入寿春。同日而永在后，故康生、大眼二人并赏列土，永唯清河男"[1]。杨、奚二人从洛阳出发，却比驻防边境的傅永先入寿春，似乎颇为怪异，但这不难理解：进占寿春的诏书是从洛阳发出，随杨、奚军队一起赶到豫州，傅永等还要集结、稍做准备方能成行，所以落在了杨、奚所部之后。

　　另外，据杨、奚、傅的本传，三人在开赴寿春之前都是"统军"之职。统军可能是孝文帝改革之后才普遍设立的武职，在军主之上，刺史之下，和郡太守基本平级，所辖兵力在千人到数千人之间。当局势需要时，这一级的部队可以进行迅速调发。

　　杨大眼、奚康生、傅永等进入寿春之后，王肃和元勰的部队并未及时赶到，因为大部队的集结和调动耗时更长。南齐方面获悉裴叔业叛降之后，曾试图集结重兵夺回寿春，但由于内部动乱未成。北魏进入豫州的先头部队仅有数千人，裴叔业旧部也多有不愿入魏者，所以奚康生等在寿春"防御内外，音信不通。固城一月，援军乃至"[2]。之

---

[1]　《魏书·傅永传》，第1552页。
[2]　《魏书·奚康生传》，第1630页。

后，元勰被任命为扬州刺史，治所即在寿春。[1]

到十月，魏廷"诏寿春置兵四万人"[2]。这个数字与年初诏书宣称的"精卒十万"有较大差距，且从此时的形势看，四万的数量也不可能达到。因为齐军陈伯之部水军沿淮河而上，试图切断寿春与北岸的联系。此时傅永所部已经回到汝阴郡，他再次受命增援寿春，率三千士兵乘船沿汝水而下。但齐军已经封锁汝水入淮河口，傅永等在水口上游二十里"牵船上汝南岸，以水牛挽之，直南趋淮，下船便渡。适上南岸，贼军亦及"，终于连夜赶到寿春城。元勰对傅永来援深为感激："北望以久，恐洛阳难复可见。不意卿能至也。"[3]这也可见当时寿春魏军数量寡少（可能尚不到万人），才会对三千援兵如此倚重。

次年（景明二年，501 年），元勰被征入朝，王肃继任扬州刺史。[4]但此年七月王肃即病逝于寿春。任城王元澄继任扬州刺史。[5]为了巩固淮南，元澄实行了一些鼓励军心的政策。九月，魏廷宣布"免寿春营户为扬州民"[6]，可见寿春驻防军中多有贱民性质的营户，这也是因为一年期蓄兵不易临时征发，营户的征集调动则比较便捷。从元勰、

---

[1] 按，因为宣武帝初年北魏上层政治斗争极为激烈，《魏书·世宗纪》对这数年内地方刺史调动的记载几乎阙如，只能根据诸本传拼合。《魏书》卷二十一下《彭城王勰传》："景明初，萧宝卷豫州刺史裴叔业以寿春内属，诏勰都督南征诸军事，余官如故，与尚书令王肃迎接寿春……又诏勰以本官领扬州刺史。"故元勰应当是北魏在寿春的首任扬州刺史，见第 578 页。

[2] 《魏书·世宗纪》，第 192 页。

[3] 《魏书·傅永传》，第 1553 页。

[4] 《魏书·王肃传》："裴叔业以寿春内附，拜肃使持节、都督江西诸军事、车骑将军，与骠骑大将军、彭城王勰率步骑十万以赴之……肃还京师，世宗临东堂引见劳之……寻以肃为散骑常侍、都督淮南诸军事、扬州刺史、持节，余官如故。"（第 1411 页）按，元勰离任、王肃继任之间，元英曾短期代理扬州刺史，见《魏书·元英传》："司徒、彭城王勰镇寿春……勰还，诏英行扬州。"（第 496 页）当时可能是王肃和元勰一同回朝复命，由元英代理淮南事务。

[5] 《魏书·世宗纪》：景明二年"秋七月……壬戌，车骑将军、仪同三司王肃薨"（第 194 页）。《魏书》卷五十九《萧宝夤传》："景明二年至寿春之东城戍。戍主杜元伦推检知实萧氏子也，以礼延待，驰告扬州刺史、任城王澄，澄以车马侍卫迎之。"（第 1313 页）可见王肃死后，元澄立即继任。

[6] 《魏书·世宗纪》，第 194 页。

王肃到元澄驻防寿春的短短两三年间，北魏挫败了齐、梁军队的反攻（501 年正是齐、梁易代之际），并逐渐向周边地区扩张。

503—504 年魏梁战事

进占寿春之后，北魏获得了在淮南的重要据点。按照孝文帝末年的趋势正是向南方发动进攻的好机会。但在世宗即位之后的数年内，朝廷上层的矛盾冲突非常激烈，难以主动发起大规模的军事行动。不过对于寿春这个在淮南的重要立足点，北魏上下的观念却非常一致，就是必须死守，不能放弃。在这种情况下，寿春驻防将帅的意见会对魏朝的决策产生较大影响。景明四年（503 年）夏，元澄向朝廷报告：梁军正在巢湖入长江的水口——东关修筑堤坝，准备抬高巢湖水位，使其向北倒灌寿春：

> 澄表曰："萧衍频断东关，欲令巢湖泛溢。湖周回四百余里，东关合江之际，广不过数十步，若贼计得成，大湖倾注者，则淮南诸戍必同晋阳之事矣。又，吴楚便水，且灌且掠，淮南之地，将非国有。寿阳去江五百余里，众庶惶惶，并惧水害……"[1]

这个判断建立在对淮南地形缺乏了解的基础上。因为巢湖所在的长江水系和淮河水系之间存在着分水岭，即使人为抬高巢湖水位，也不可能使其北灌淮河。当然，梁军此时有可能修筑东关堤坝，抬高巢湖水位，那是为了使巢湖及其上游河道的水深便于行船，以便向前线运送军队和补给。另外，魏军占领寿春之后，梁军势必要防范其从水、陆两路进向长江，也会主动巩固巢湖（水道）、大岘（陆路）两个方向的防务，营建城垒等。这些措施都刺激寿春魏军产生了"大湖倾注"的恐惧，迫使其采取进一步攻势。

---

[1] 《魏书·任城王澄传》，第 471 页。

元澄这个表章果然引起了魏朝重视。这年六月：

> 诏发冀、定、瀛、相、并、济六州二万人，马一千五百匹，令仲秋之中毕会淮南，并寿阳先兵三万，委澄经略。[1]

这里调发的二万人，应主要是一年期蕃兵。且调发季节周期也和孝文帝第二次南伐时的两次调发相同，都是夏季发布调发诏令，八月（仲秋）在战区集结完毕，乘秋冬季节展开攻势，到明年夏季完成战役行动，士兵复员回乡或者由下一批蕃兵换防。另外，诏书还提到"寿阳先兵三万"，比500年"诏寿春置兵四万人"的诏书还少一万，说明当初预定的部署计划并未完全落实。

到八月，两万戍兵赶到之后，元澄部下有了五万兵力，这是他进行对梁战事的全部兵力。除了元澄扬州军主攻巢湖、大岘方向之外，魏廷还任命元英为都督、征义阳诸军事，负责攻击义阳方向。这支部队的数量不详，可能略低于元澄所部，但得到了汝阴太守傅永所部的增援。

八月，东西两线魏军同时展开进攻。

东路，元澄所部主攻合肥和巢湖东关，为了防范梁军自历阳陆道来援，以一部兵力攻击大岘山的梁军城垒。事实证明，梁军在合肥到东关一带的兵力比较薄弱，并没有堰水北灌的工程。但大岘山一带守军比较强大，显然是为了防范魏军陆路袭击历阳。元澄部攻占了大岘附近的数座城垒，并击败了前来增援的梁军司马明素所部。

正始元年（504年）二月，当元澄部在南方战场获胜时，钟离方向的梁军乘虚西进，试图攻占寿春，[2]一度攻占寿春外城，留守魏军

---

[1] 《魏书·任城王澄传》，第 472 页。

[2] 《魏书》只载这支梁军为姜庆真所部，未提及其来源。《梁书》则根本未载此事。但据《魏书·萧宝夤传》（第 1314 页），萧宝夤受命为东扬州刺史，驻防东城，而他渡过淮河时，东城已被梁军攻占，可见姜庆真所部是从东方赶来，以当时形势判断，很可能来自钟离城。

仓皇固守内城。此时萧宝夤所部受命增援淮南战场，刚刚度过淮河，与寿春守军合力驱逐了梁军，解寿春之围。此事引起北魏重视，元澄遂将攻击方向转为钟离城。

北魏朝廷命令元澄做好计划：如果钟离城中缺粮，应争取在三月之前攻克；不然延宕至四月淮河涨水，梁军可以从水路增援，甚至继续西上切断寿春后路，必然导致淮南惨败。但元澄坚持围攻钟离。梁军张惠绍等护送粮食试图增援钟离，遭到魏军迎击，张惠绍被俘。[1]但不久天降大雨，淮水暴涨，增援梁军陆续开到钟离，元澄仓促撤军，在班师回寿春途中遭到梁军追击，损失四千余人。寿春方向的南伐至此结束。

西路，元英所部围困义阳时，梁司州军队据城固守，曹景宗所部三万余人、马仙琕所部万余人相继赶来救援。魏军在围城的同时先后多次击败来援梁军。至正始元年（504年）八月，义阳梁军被迫投降，魏军乘势攻占周边的山地关隘。[2]围绕义阳的战事跨越了正始元年整个夏季，但魏军攻势并未受到明显影响，可能是因为义阳比钟离处在淮河上游，所以雨季涨水对义阳一带的影响有限，加之魏军占领着寿春，扼住梁军溯淮河增援义阳之路，使梁军只能从陆路前往，运输、行动能力都受到很大限制，使得义阳最终被攻克。

此次战事，魏军在淮南进占了合肥、义阳。这年年底，梁朝行梁州事夏侯道迁又投降北魏，魏军得以占领汉中地区，梁州刺史邢峦甚至一度试图进攻蜀地。魏梁的战线已经推进到汉水、淮河以南，梁军则固守淮河下游南岸的钟离、淮阴等城池。

---

[1]　按，504年张惠绍被俘之事，在《梁书》中都无记载，但《魏书》的《元澄传》《岛夷萧衍传》等都有记载，且《元澄传》详细记载了魏朝同意放张惠绍还南的过程，应确有此事。505年梁军北伐时，张惠绍亦在军中。

[2]　《魏书·元英传》，第499页。

第三节　505—506 年萧宏北伐与魏梁战事

梁军的进攻部署

随着梁武帝萧衍统治的逐渐稳固，梁开始对北魏的南下势头进行遏制和反攻。北魏正始二年，梁天监四年（505 年）十月，梁朝开始准备进行北伐，梁武帝之弟萧宏被任命为北伐统帅。次年春，梁军在淮南对魏军展开全线攻势，目标是将魏军全面逐出淮南，攻占彭城、寿春和义阳。梁军的北伐序列是：

东线，又分东西两路：

东路，从郁州岛（梁青、冀二州）跨海攻占朐山（今连云港），进而溯沂水北上青齐、兖州地区（即今苏北、鲁南地区）。这一路没有大型城市或山河地理屏障，属于策应性质。

西路，萧昞、张惠绍部，自淮河溯泗水而上，攻击淮阳、宿豫等城，最终目标是攻占彭城。

中线，又分南北两路：

北路，是萧宏统帅的北伐主力军，包含徐州刺史昌义之所部（驻钟离），自钟离向西水陆并进，指向寿春。

南路，豫州刺史韦叡自历阳陆路北上，指向大岘、合肥方向，最终目标是与萧宏会师，以钳形攻势夹击寿春。

西线，号称三万军队从陆路进攻义阳。但这一路攻势一直很弱，史书中提及也最少。

此外，其他地区（如汉水流域）的梁军还进行过一些配合行动，但规模都不大。

关于梁军投入此次北伐的兵力，史书没有正面记载。《南史》在记载萧宏与诸将的对话中，曾提及其所部为"百万之师"[1]，但这种说法很不可靠。因为此前的东晋、宋、齐北伐，投入淮河流域的兵力从

---

[1] 《南史》卷五十一《梁宗室上·萧宏传》，第 1275、1276 页。

未超过十万。即使梁武帝这次动员非常充分，也不可能超过二十万人。且这些士兵分散在至少五个方向上，萧宏本部军的数量只能更少。

魏军的防御和反击

为应付梁军攻势，北魏最初是从边境驻军中互相调拨。三月，原驻防沔北地区的荆州刺史赵怡、平南将军奚康生被紧急调往东方，解救宿豫之围。但到四月时，魏之荆州又遭到梁军攻击，由于州军被调往东方战场，魏廷只能急调东荆州刺史杨大眼所部迎击，将这支梁军击败，维持了魏军对沔北的控制。

鉴于梁军在淮河流域的攻势日益增强，四月，魏廷任命元英为"征南将军、都督扬徐二道诸军事，率众十万讨之，所在皆以便宜从事"[1]。元英的都督区虽然包含了扬、徐二州，但主要的作战区域仍是以寿春为中心的扬州，对于稍东的徐州战区少有直接指挥。另外，元英所领的"十万"军队也未必是实数，因为北魏方面并没有这样庞大的机动兵力。进入五月之后，淮河流域的魏军节节败退：

东线东路，六月，来自郁州岛的梁军桓和部攻克朐山，并溯沂水北上，进入鲁南山地，在山区设立据点，并招纳当地民众从军。

东线西路，五月，梁军张惠绍部攻克宿豫、下邳，向徐州治所彭城进军。[2]魏廷任命正在丁忧的奚康生救援徐州，"领羽林三千人，骑、步甲士随便割配"[3]，羽林为禁军骑兵，"骑、步甲士"则可能是沿途州郡及徐州可以抽调的兵力。可见在紧急动员的情况下，北魏方面尚来不及详细统计可以投入前线的具体兵力。奚康生部到徐州之后首战击败梁军，迫使其退保宿豫。彭城因此暂得保全。

---

[1]　《魏书·元英传》，第 499 页。

[2]　这一路梁军规模，《魏书》中有不同记载，《世宗纪》载"衍将萧昞率众五万寇淮阳"（第 201 页）。《奚康生传》则载"临川王萧宏，副将张惠绍勒甲十万规寇徐州，又假宋黑徐州刺史，领众二万，水陆俱进"（第 1631 页）。实际萧宏主力指向的是扬州（寿春），张惠绍和萧昞的出击方向相同，应是同一路。

[3]　《魏书·奚康生传》，第 1631 页。

中线南路，韦叡所部于五月攻克合肥，但不知何故，这路梁军并没有北上进攻寿春、策应北路萧宏的攻势。

中线北路，五月，萧宏主力攻克梁城、逼近寿春。这引起了魏宣武帝的焦虑，他给元英的信中提及：魏军将领对敌情判断有误、行动迟缓，才造成了如此被动局面。如今动员起来的军队已经有十五万人之多，但这些军队何时才能投入战场？漫长的战线上，又该以何处为重点？

> 诏英曰："贼势滋甚，围逼肥梁，边将后规，以至于此。故有斯举，必期胜捷，而出军淹滞，肥梁已陷。闻之惋懑，实乖本图。今众军云集，十有五万，进取之方，其算安在？克殄之期，复当远近？竟以几日可至贼所？必胜之规，何者为先？故遣步兵校尉、领中书舍人王云指取机要。"[1]

《魏书》没有收录元英的回信，所以不知他对形势做出了何种判断。但随后魏军对徐、扬战场采取了均等的重视。六月，邢峦被派往指挥东线徐、兖战场，他曾在汉中与梁军作战，和元英一样比较有对南方作战的经验。七月，随着援军陆续抵达寿春，元英开始正面迎击梁军，魏军在阴陵击败了一支梁军先头部队，斩获五千余人，遏制了其向寿春进攻的势头。[2] 此战使萧宏丧失斗志，屯兵梁城、洛口不进

---

[1] 《魏书·元英传》，第499页。

[2] 《魏书·世宗纪》："戊子，中山王英大破衍徐州刺史王伯敖于阴陵。"（第203页）《资治通鉴》卷一百四十六胡三省注，认为阴陵在全椒县，见第4563页。但全椒在建康对岸，此时魏军绝对不可能运动到全椒。此阴陵应当在合肥以北，《梁书·韦叡传》载其从合肥迳道由阴陵大泽行"（第223页），可见此阴陵在合肥与钟离之间。《水经注疏》卷三十《淮水》载淮水经过寿春之后，"又北迳莫邪山西，山南有阴陵县故城"（第2530页）。可见此阴陵在寿春以东、钟离以西。且《梁书·韦叡传》载其攻占合肥后并未北上，所以阴陵这一路失败的梁军，应是来自萧宏所部。台湾"三军大学"《中国历代战争史》关于此次魏梁之战的地图，对阴陵的方位标注是正确的。另，《魏书·世宗纪》所载之"徐州刺史王伯敖"，在《梁书》中却找不到对应材料。因为梁有南、北徐州，此时的北徐州刺史是昌义之，正在萧宏进攻寿春的主力军中，南徐州刺史历来由宗室重臣担任，此时是豫章王萧综，且未参加此次北伐。

（洛口为洛涧水入淮之口，在寿春东）。

同在七月，北魏又"诏发定、冀、瀛、相、并、肆六州十万人以济南军"[1]。这和以往大规模征发蕃兵的季节、方式完全相同。当进入八月之后，平南将军、安乐王元诠受命"督后发诸军以赴淮南"[2]，但元诠并没有出现在前线指挥官序列之中，所以他的任务可能是将河北地区征发的十万蕃兵送到寿春，交给元英指挥。

北魏援军抵达前线之后，战场形势逐渐发生变化。转折最先发生在东线，八月，邢峦军队击败了桓和所部，拔除了一系列据点，肃清了沂水流域的梁军。邢峦部随后移师徐州，与奚康生部合兵夺回了宿豫。梁军张惠绍部弃城逃往淮南。东线的威胁基本解除。[3]宣武帝命邢峦"率二万之众渡淮"[4]，配合元英对萧宏的战事。但在九月邢峦部尚未渡淮之际，萧宏便弃军逃回江南，造成前方梁军大溃败，被魏军"杀获及溺死者将五万"[5]。和南朝史书对兵力的习惯性夸张相比，《魏书》记载的这个数字是比较真实的。西路围攻义阳的梁军获悉主力溃败，也撤回境内。至此，梁军的北伐以失败告终。

元英进攻钟离失败

挫败萧宏主力之后，元英迅速向东推进，准备攻占钟离城。按照元英的计划，魏军应乘胜扩大战果，占领江淮之间的广大地区，首先就要拔除钟离。宣武帝为胜利所鼓舞，也同意了这个方案，并继续命

---

[1] 《魏书·世宗纪》，第 203 页。

[2] 《魏书·世宗纪》，第 203 页。

[3] 按，史书对于张惠绍部放弃宿豫的时间记载颇为混乱，《资治通鉴》卷一百四十六亦不加甄别，重复载入。胡三省注则认为是萧宏主力在梁城溃败之后，才引起张惠绍放弃宿豫。但据《魏书》卷六十五《邢峦传》载魏宣武帝给邢峦的诏书："淮阳、宿豫虽已清复，梁城之贼，犹敢聚结……"（第 1444 页）可见在邢峦驱逐张惠绍、夺回宿豫时，梁城的萧宏军队尚未败退，当然，这两事的时间差可能较短。这个记载来自当时诏书原文，应当比较可靠。

[4] 《魏书·邢峦传》，第 1444 页。

[5] 《魏书·元英传》，第 500 页。

邢峦所部加入元英军中。

但邢峦对此表示反对。他给宣武帝上表分析，淮南魏军的粮秣不足，梁军"虽野战非人敌，守城足有余"，如果逐城攻取，势必难以奏效，且钟离、淮阴、广陵等城池靠近敌境，即使攻克也难以长期保守。而元英所部将士经过夏、秋两季的征战，"疲弊死病"，战斗力削弱，不堪再战。宣武帝似乎部分听取了邢峦的意见，不再试图全面占领江北，但仍坚持攻占钟离，他催促邢峦从速归入元英序列。

邢峦再次上书陈述其意见。他说，淮南魏军的粮食只能维持八十天，无法维持长期围困钟离；前线士兵参战时穿的都是夏装，如今渐入冬季，尚无御寒衣被。且钟离有淮河天险作为屏障，之前孝文帝、元澄两度进攻，都以失败告终，此次也未见胜算。他还提出，如果坚持进攻淮南，不如大胆弄险，乘梁军没有准备之际"不顾万全，直袭广陵"，反倒有可能得手。[1] 此时元英所部已经开始围攻钟离。宣武帝见邢峦坚持己见，终于批准其回朝的请求。

守钟离城的梁军只有北徐州刺史昌义之所部数千人。攻城魏军共有十万人，低于投入战争的总兵力，这可能是受后勤补给的制约。元英命令在淮河上建造了木桥（而非浮桥），以便物资运输到钟离城下，同时也阻隔梁军舰队从淮河来援。梁武帝派曹景宗救援钟离，韦叡也受命从合肥赶赴钟离，加入曹景宗部，据说参战梁军达二十万之多。[2] 双方在钟离城下连续激战。

在淮南维持这样的作战规模仍是北魏的极大负担。到冬末时，宣武帝已经不看好钟离战场（邢峦回朝之后，应当对宣武帝也产生了一

---

[1]　以上见《魏书·邢峦传》，第 1445 页。

[2]　《梁书·韦叡传》："魏中山王元英寇北徐州，围刺史昌义之于钟离，众号百万，连城四十余。高祖遣征北将军曹景宗，都督众军二十万以拒之。"（第 223 页）卷十八《昌义之传》则云："英果率其安乐王元道明、平东将军杨大眼等众数十万，来寇钟离。……六年四月，高祖遣曹景宗、韦叡帅众二十万救焉"（第 294 页）。可见梁军方面不太了解魏军确切数量，做的估计也比较夸大。两处都载梁军总数二十万，但这个数字也很可能有夸大，由于没有别的史料，姑且从之。

些影响），他诏命元英准备班师，因为"师行已久，士马疲瘠，贼城险固，卒难攻屠。冬春之交，稍非胜便，十万之众，日费无赀。方图后举，不待今事"。元英回信报告，当月钟离一带"霖雨连并，可谓天违人愿"，但他坚持认为，到来年二月末或三月初时一定能够克城。为了应对降雨和涨水，他要求加高淮河上的木桥，同时加紧造船，并增修一座浮桥以防不测。

随着二人的书信往还，时间已经进入北魏正始三年（506年）春，元英预计的克城日期也逐渐推迟到四月末。但到三月底时，淮河突然涨水，梁军战舰乘水势破坏了桥梁。与淮北交通断绝引起了魏军的惊恐，加之已连续作战近一年，魏军战斗力已极大削弱，在梁军攻击之下全线崩溃，纷纷弃营逃命，在梁军追杀之下，"士众没者十有五六"[1]。元英与残部逃回寿春。梁军此次也吸取了元英的教训，不再进攻寿春。此次魏梁大规模战事宣告结束。

505—506年的魏梁战事总结

此次战事结束后，双方态势与开战前变化不大。相对比较明显的变化是梁军夺回了合肥，阻断了寿春魏军南下之路，为历阳的长江渡口提供了保障。双方在战争中都暴露了一些弱点。

梁军：在此次战争的两个阶段，即505年春夏的进攻和505年秋至明年夏的防御阶段，梁军都有之前宋、齐对魏战争的先例。但在宏观战略和具体战术方面，此战仍有较明显特点。

此战前期梁武帝最大的失策，就是以缺乏战争经验的宗室萧宏担任前线统帅，其怯懦导致了梁军坐失战机和惨败。第二阶段的钟离防御作战，没有了无能宗室的掣肘，前线统帅曹景宗、韦叡等都是经验丰富的将领，才实现了胜利。但梁武帝萧衍并未从此战吸取足够的教训。此后梁朝的北伐，也多以其子侄为统帅，极少有值得称道的胜

---

[1]　以上见《魏书·元英传》，第500—501页。

利。这是梁武帝总结了宋、齐易代的经验，防范武将坐大而采取的制约手段——毕竟萧衍本人也是从雍州刺史起兵夺权的。前线统帅无能，梁朝将领需要更多地按照皇帝的旨意行事，但梁武帝本人的军事素质也不高。他在起兵夺权之前，曾经历过两次魏齐战事，但都表现不佳（梁朝正史对萧衍进行了不少粉饰，但仍无法掩盖）。他起兵反对东昏侯萧宝卷的战事，仅在攻击郢城上就耗时数月，其运筹能力和实战经验都比较平庸，只是因为萧宝卷更为昏庸无能，才使得萧衍成功夺权。这一素质"短板"造成梁武帝执政数十年间的对外战争都无甚建树。当然，萧衍为帝有其所长，就是处理内政，特别是防范武人势力崛起、消弭统治阶级上层的冲突，使得梁朝维持了近半个世纪的安定局面。但萧衍最终被叛将侯景的数百人武装以戏剧性的方式攻占都城，身死国灭，仍和他平生的这一"短板"有关。

战术方面，此次梁军的经验积累，主要表现在依托河流作战的战术运用方面。在前期韦叡所部进攻合肥时，就先修堤堰提升肥水水位，[1] 然后"起斗舰，高与合肥城等"[2]，驶到城墙边直接攻城。此举比步兵的攻城器械效率高很多，所以顺利攻克合肥。到梁军解救钟离之围时，为了突破魏军在淮河上的桥梁及木栅，也建造了和桥梁一样高的战舰，乘涨水破坏了魏军桥梁。此后，以战舰直接临岸攻城的战术（往往结合修筑堤堰，以及使用"拍杆"毁坏城墙），在梁朝及陈朝的战争中得到了广泛运用。筑堰抬高上游水位以便攻击的战术，在此后也应用得越来越广，最极端的表现则是梁武帝在514—516年修筑的截断淮河的淮堰。

魏军：从战术和动员形式上，宣武帝时期的北魏军队已经习惯了在淮河流域的战争，其具体形式是以步兵为主、骑兵为辅的攻坚战、

---

[1]　此肥水不是流经寿春入淮的肥水，而是流经合肥入巢湖、长江，《水经注疏》卷三十二称为施水，见第2690页。
[2]　《梁书·韦叡传》，第222页。

守城战。北魏在后方征发一年期戍兵的制度也已经定型，且与对南战争季节规律相吻合。

此次魏梁之战北魏方面遇到的最大问题，就是朝廷（皇帝）与前线统帅之间的沟通、协调。此前北魏皇帝大多有亲临战场指挥的传统，但从宣武帝开始皇帝不再离开都城，与前线统帅之间的联系需要靠书信和特使传达。后方朝廷要从维持战事的资源、各战略方向的均衡出发，进行综合考量；前线统帅则只关注局部战场，且往往受到立功冲动的驱使，不惜将战争扩大化。宣武帝即位以来元澄、元英两次兵败钟离，都是由此引发。

这一特点又和北魏的政治形势、军事特点有直接关系。自拓跋珪开国以来，北魏一直是君主集权的政治模式，边防兵力、补给也都由朝廷统一筹措，由后方州郡供应，边州将帅没有拥兵自重的可能。而东晋、南朝边境将帅（都督或刺史）独立性相对较强，较多地依靠本辖区资源维持军力。这使得南方将帅对于战争比较谨慎，以避免造成"自己的"力量损失。而对于北魏将帅，军队皆是国家所有，战败的损失与己并无切身关系（虽然可能受到降职等处分），战胜则仕途顺利，所以往往会贸然发起战事。且北魏军队调动速度快，可以很快从后方援助前线，而南方水运缓慢，就没有这种优势，所以北魏的边境将帅也更敢于发动攻势，并向朝廷请求更多的兵力，最终酿成506年钟离之战式的大会战。

505—506年的魏梁战争，是南北方在江淮之间战事中最激烈、规模最大的一次。此后的魏宣武帝、明帝朝，双方间还有一系列战争，但战略战术及动员方式再未有创新。作为孝文帝元宏的继任者，宣武帝全盘接受了其改革成果，以及对南方政权的对峙、战争态势。但元宏改革的负面效果也在逐渐显现，最严重的是重文轻武的风气蔓延，终于导致六镇士兵起义，瓦解了北魏统治。

第十四章 南朝的财政与战争

和东晋相比，南朝的皇权比较强大，对社会的动员能力有一定提高，能够投入对北方作战的兵力也有一定增长。但和东晋时期的对北战争相比，这只是量的变化而非质变。也就是说，南朝皇权取代门阀政治并没有带来战争形态的显著变化，比如兵种构成、动员方式等等。这和北魏政权转型带来战争方式的变化有很大不同。但与之前的东晋以及同时期的北朝相比，南朝的军事动员体制也有一些特色，其中最明显的，就是货币（铜钱）在财政体系内的作用越来越大。南朝政权往往将铸币作为筹措军费的手段，而对北方战事进程也直接影响着南朝政权的铸币行为、财政政策，甚至江南的经济生活。

在当代学科划分中，铸币属于金融史，而赋税属于财政史，两者泾渭分明，造成了在研究中的人为割裂。[1] 但中国古代铸币和征收赋税都是政权的财政行为，必须将其放在一起考察才能还原历史全貌，并深入了解财政体系的运行情况。本书将从这方面入手，重点考察南

---

[1] 如中国财政史编写组：《中国财政史》，北京：中国财政经济出版社，1987年；中国金融史编写组：《中国金融史》，成都：西南财经大学出版社，1993年。关于东晋南朝的财政问题，近年有两篇硕士论文进行了专门研究，即吴志宏：《东晋南朝财政制度演变路径试探》，华东师范大学2009年硕士论文；梅生：《论东晋南朝财政管理机构及财政收入》，郑州大学2010年硕士论文。其中吴志宏的《东晋南朝财政制度演变路径试探》搜集材料比较丰富，论点也颇多创建。但这两篇硕士论文也存在同样的问题，就是没有关注当时的铸币问题，也没有从动态的角度研究战争和军费开支对当时财政、货币政策的影响。

朝战争行为与铸币、赋税政策的互动关系。

第一节　刘宋时期的战争与财政

铸币与财政、军费问题的简要回顾

从西汉开始，中央政权通过财政方式供养军队及支持战争的史料逐渐增多。西汉武帝时期，对匈奴、南越、西域的战争非常频繁，军费开支剧增，汉政权实施了一系列货币、财税政策来维持战争，其中最独特的就是按照民户财产按比例征税的所谓"算缗"（及作为辅助措施的"告缗"）。因为在此前、此后王朝征收赋税的标准或是按照农作物产量（田亩），或者按照户、人丁，几乎没有全面统计民户的财产按比例征税之举。到东汉时期的对外战争，特别是三次对西部羌人的战争，政府对货币财政的倚重程度更深。三次对羌战争开支动辄以数十亿计，这和两汉政府一直实行的铸钱政策是分不开的。从西汉武帝朝直到东汉末，汉政府一直在铸造规格统一的五铢钱，社会上流通的铜币比较充足，政府也可以很方便地用货币财政手段支持战争。从东汉末董卓之乱开始，官铸五铢钱的活动基本停止，流通中的铜钱再得不到补充，汉代向百姓征收铜钱（算赋、口赋）的政策，到曹操时也变为征收绢、绵，缴粮食则因袭不变。这使铜钱从财政体制中淡出，[1]百姓上缴税赋的形式是粮食、绢布而非钱币，只有边远地区，因交通不便可以用钱代粮，所谓"极远者输算钱"[2]。

三国时期，江东的东吴政权继续官铸铜钱，但经常铸造"当

---

[1]　《晋书》卷二十六《食货志》："及初平袁氏……户绢二匹而绵二斤，余皆不得擅兴，藏强赋弱。文帝黄初二年，以谷贵，始罢五铢钱。"（第782页）

[2]　《晋书·食货志》，第790页。

五百""当千"的所谓大钱，币制比较混乱。[1] 西晋灭吴之后三十余年即告崩溃，晋元帝朝廷在江南重新立国时，财税制度延续了西晋旧制，粮、绢、布仍是主要的租税形式。但江南民间商业依旧保留着使用铜钱的习惯，汉五铢钱与孙权时期的各种"大钱"并行。所以东晋政权也有若干征收钱币的杂税，如市场中的交易"百分收四"，至南朝历代都沿袭，建康城外要道上还有税卡，过关者"并十分税一以入官"，所收可能也是铜钱。[2]

东晋政权处在保持着使用铜钱习惯的东吴旧地，但在百余年时间里几乎一直没有官铸铜钱的举措。这和东晋皇权式微、士族分权的政治结构密切相关。因为官铸铜钱需要强大的国家机构，才能维持铜矿开采、冶炼、铸造的一整套产业链，东晋政治不具备这种条件。据记载，只有东晋初年的吴兴人沈充曾经"铸小钱，谓之沈郎钱"[3]。沈充是当时权臣王敦的死党，他的铸钱行为背后可能有王敦的支持，这属于士族公开侵夺皇权。当然，沈充紧随王敦兵败身死，他铸钱的规模不大，时间不长，对当时流通中的铜钱总量不会有太大影响。

由于魏晋长期没有官铸铜钱，既有的汉五铢钱和东吴钱的消耗得不到补充，所以东晋时期有一个比较明显的趋势，就是单个铜钱的价值越来越高，所谓"钱既不多，由是稍贵"[4]。于是民间逐渐将旧钱的边缘（所谓"肉""廓"）剪下，将碎铜重新铸钱，而经过剪凿的减重铜钱依旧流通。东晋末期这种经过剪凿的铜钱在考古发掘中曾有出土，且数量颇大。刘宋建立后皇权重振，政权对社会的控制力大为增强，开始用财政、货币手段聚敛财富以支持对北朝的战争，所以南朝

---

[1] 《晋书·食货志》，第795页。另《晋书》中多有东晋时以布匹为军费的记载，如《晋书·食货志》曾引用的悬赏"有斩石勒首者，赏布千匹"之事，见第783页。再如司马睿又以布匹给祖逖为北伐军费，见《晋书·祖逖传》。

[2] 《隋书》卷二十四《食货志》，第689页。

[3] 《晋书·食货志》，第795页。

[4] 见《晋书·食货志》，第795页，当时广州的夷人多购买铜钱铸造铜鼓，太元三年（378年），晋朝诏令禁止将铜钱贩卖到广州，也是防止铜钱流矢。

战争行为对政府财政以至民众生活造成的影响大大加深。

元嘉时期的铸币与改制尝试

元嘉七年（430 年），刘宋政权开始"立钱署，铸四铢钱"[1]。此时距孙吴铸钱已有一百五十年，而距离董卓之乱、汉五铢停铸已近二百五十年。就在刘义隆开始铸钱的这年，刘宋政权正在进行对北魏的大规模北伐，试图夺回河南地区。虽然史书未明言，但此次开始铸钱与战争期间的大规模动员，尤其是聚敛军费的行为应当存在一定联系。汉代铜钱重五铢，元嘉新钱为何略有减轻？这可能和当时铜钱（包括原料铜）的价值上涨有关。但元嘉四铢钱的用铜量仍比较充足，做工也较好，基本与汉五铢区别不大：

> 元嘉中，铸四铢钱，轮郭形制与五铢同，用费损，无利，故百姓不盗铸。[2]
>
> 先是，患货重，铸四铢钱，民间颇盗铸，多翦凿古钱以取铜，上患之。（元嘉）二十四年……[3]

两则史料一云百姓不盗铸四铢，一云多盗铸，前后矛盾。因为《宋书·食货志》中无钱制部分，关于铸钱之事分载于诸传记中，且盗铸问题不易统计，不同的人有不同认定标准。元嘉二十四年（447年），四铢钱的"盗铸"引起朝廷关注，实际因为江夏王刘义恭在这年提出了"以一大钱当两，以防翦凿"的意见，翦凿和盗铸可视为一事，因为凿下来的铜屑还要铸成钱。刘义恭这派意见认为经过剪凿的古钱已经太多，不应当让这种不完整的铜钱和完整铜钱同价，所以一

---

[1]　《宋书·文帝纪》，第 79 页。
[2]　《宋书》卷六十六《何尚之传》，第 1960 页。
[3]　《宋书》卷七十五《颜竣传》，第 1734 页。

枚完整铜钱应可折算为两枚剪凿钱，让剪凿者失去了赢利空间。反对者则认为大钱、小钱并没有可以统一识别的标准，难以严格操作：

> 钱之形式，大小多品，直云大钱，则未知其格。若止于四铢五铢，则文皆古篆，既非下走所识，加或漫灭，尤难分明，公私交乱，争讼必起，此最是其深疑者也。[1]

这里说"四铢五铢"，即完整的汉五铢和新铸元嘉四铢，是毫无疑问的大钱。其实最方便从朝廷得到新铸四铢钱的就是刘义恭本人，他提出"一大钱当两"难免有私利：

> 太尉江夏王义恭岁给资费钱三千万，布五万匹，米七万斛。义恭素奢侈，用常不充，二十一年，逆就尚书换明年资费。而旧制出钱二十万，布五百匹以上，并应奏闻，（尚书左丞谢）元辋命议以钱二百万给太尉……[2]

当然，以刘宋时期的铸钱规模，一年的铸钱总量也未必有三千万之多，[3] 应当还包含了从民间征收的杂税之钱。反对者认为这会使得"富人赀货自倍，贫者弥增其困"[4]，也这说明刘义恭等是"一大钱当两"政策的直接受益者。这个政策最关键的漏洞是没有区分大、小钱的严格标准，所以只实行了不到一年，到次年五月就废止了。

元嘉二十七年北伐造成的国债负担与税收危机

元嘉二十七年（450 年），刘义隆再次对北魏发动北伐。这次北伐

---

[1]《宋书·何尚之传》，第 1735 页。
[2]《宋书·何承天传》，第 1710 页。
[3] 汉唐盛世时，平均一年内铸二亿到三亿枚五铢钱或开元通宝，可为参考。
[4]《宋书·何尚之传》，第 1735 页。

的声势极为浩大。为了筹措军费，刘宋内外官员的俸禄都降低了三分之一，[1] 政府更加紧对民间财富进行聚敛。《宋书·索虏传》：

> 是岁，军旅大起，王公妃主及朝士牧守，各献金帛等物，以助国用，下及富室小民，亦有献私财至数十万者……有司又奏军用不充，扬、南徐、兖、江四州富有之民，家资满五十万，僧尼满二十万者，并四分换一，过此率讨，事息即还。[2]

此次战争动员的最大特点，就是政府向民间举债，涉及的"扬、南徐、兖、江"四州，是宋政权控制最直接，也最富庶的长江中下游地区。借款的标准、额度根据民户家庭财产确定，涉及对民户财产的统计，应当是自汉武帝"算缗"以来首次大规模核定民间财产。和"算缗"不同的是，刘宋此次是采用举借国债而非直接征税的形式。

450 年宋军的北伐以惨败告终，北魏军队随之展开反攻，兵锋直抵长江。刘宋政权为防范魏军渡江，更竭尽全力进行战备动员，对民间财富的征发应不仅限于"四分借一"了。魏军虽然在不久后撤退，但对江、淮之间进行了系统的破坏，《宋书·索虏传》用骈文记录了宋人为此付出的代价：

> ……天子内镇群心，外御群寇，役竭民徭，费殚府实，举天下以攘之，而力犹未足也。
>
> 既而虏纵归师，歼累邦邑，剪我淮州，俘我江县，喋喋黔首，跼高天，蹐厚地，而无所控告。强者为转尸，弱者为系虏，自江、淮至于清、济，户口数十万，自免湖泽者，百不一焉。村

[1]　《宋书·文帝纪》，第 98 页。
[2]　《宋书·索虏传》，第 2349 页。据中华书局本校勘记，"换一"《通典》《资治通鉴》作"借一"；"讨"作"计"，见第 2365 页。

井空荒，无复鸣鸡吠犬。时岁唯暮春，桑麦始茂，故老遗氓，还号旧落，桓山之响，未足称哀。六州荡然，无复余蔓残构，至于乳燕赴时，衔泥靡托，一枝之间，连窠十数，春雨裁至，增巢已倾。虽事舛吴官，而歼亡匪异，甚矣哉，覆败之至于此也。[1]

战乱引起经济凋敝，最直接的后果就是政府在北伐前举借的大量债务无法偿还。魏军屠杀和掳走了大量人口，以及大批居民家园被毁成为难民，都使得纳税人口减少，财政更为困难。[2]刘义隆在两年后被太子所弑，孝武帝刘骏经过短暂的内战即位，财政困难便是刘义隆留给他的最重要遗产。

孝武帝朝（453—464 年）的铸币贬值与政策争论

在 450 年大战期间，元嘉四铢钱可能已经停铸，终文帝朝再未恢复。在孝武帝即位之初，周朗曾上书建言，认为应限制铜钱的使用范围，一千钱以下的交易都用绢布或米进行交换，只有大额交易才允许用钱。周朗这个建议的目的是"盗铸者罢，人死必息"，即减少民间盗铸和盗墓取铜。另外周朗应当也是看到了 450 年大战之后财政困难，官铸铜钱的事业已经难以维持。[3]但孝武帝政权采用的是一种完全不同的解决办法：铸造不足值的铜钱。

孝武帝即位的第二年（孝建元年，454 年）正月，宋政权重新开始铸造四铢钱，史称孝建四铢，[4]但铸造时间并不限于孝建年间（454—456 年），而是延续到了孝武帝后期的大明年间（457—464 年）。和元嘉四铢钱相比，孝建钱的特点是虽名为"四铢"，但用铜量已经

---

[1]《宋书·索虏传》，第 2359 页。
[2]《宋书·文帝纪》："二十八年……二月……诏曰：'凡遭寇贼郡县，令还复居业，封尸掩骼，赈赡饥流。东作方始，务尽劝课。贷给之宜，事从优厚。其流寓江、淮者，并听即属，蠲复税调。'"（第 99 页）
[3]《宋书》卷八十二《周朗传》，第 2093 页。
[4]《宋书》卷六《孝武帝纪》，第 114 页。

做了削减，"铸钱形式薄小，轮廓不成"[1]。"不成"应是指钱之轮廓极不明显，在似有似无之间。官府用这种铜钱向社会支付时还按照以往足值五铢或元嘉四铢的价格，所以获得了较多的盈利，以便维持战后窘迫的财政。

即便如此，孝武帝政府还是受困于缺乏原料铜，难以铸造太多的孝建四铢。孝建三年（456年），尚书右丞徐爰建议：允许犯罪者纳铜赎刑以增加铜的供应，同时他还委婉指出，"货薄民贫，公私俱困"，应按元嘉旧制铸造足额铜钱。[2]孝武帝批准了这个建议，但实际上只是开启了纳铜赎刑之策，而官铸钱的成色、重量并未有改善。另外，这年宋政府还开始"禁人车及酒肆器用铜"，应当也是为了聚敛铸钱的铜料。[3]

官钱减重使孝武帝政权得到一定实惠，但利润差额立即引起了民间的广泛盗铸，而且民间铸钱的重量、成色比孝建钱更低。政府用严刑打击盗铸，但成效甚微。所以刘宋上层开始产生一种新思潮：与其被盗铸困扰，不如索性放手让民间铸钱。首先提出这个想法的，是为孝武帝夺权立下功勋的名将沈庆之。他的意见主要是：

（一）允许民间按照孝建四铢的标准铸造铜钱，但必须在各郡县统一划定的"钱署"之内铸钱，并向政府缴纳所铸铜钱的百分之三十，其余归铸造者所有。

（二）对成色较好的旧钱（汉五铢、元嘉四铢等）——标准是"轮郭"完备者，统一收归政府保存，不再进入流通领域，所谓"官敛轮郭，藏之以为永宝"。

（三）以往民间盗铸的各种劣质铜钱，都允许流通交易。但严厉禁止钱署之外的民间铸钱。

---

[1]　《宋书·颜竣传》，第1961页。

[2]　《宋书·颜竣传》，第1960页。

[3]　《南史》卷二《宋本纪中》，孝武帝孝建三年夏四月甲子，第60页。

沈庆之提出的其实是一个系统的铜币贬值方案。但朝中亦不乏质疑者，且质疑来自不同立场。文帝朝曾建议"一大钱当两"的刘义恭的意见是：

（一）如果允许民间公开铸钱，能够经营此业的都是"人士"，即豪门大族，他们肯定不愿搬到具有工商贱民色彩的钱署中工作。

（二）进入钱署铸钱要与政府分成，成色上也不能肆意掺杂使假，所以难以和盗铸之钱竞争。

（三）政府收敛"轮郭"完备的旧钱难以实行。因为百姓不会无偿缴纳，政府又无力以市场价收购。

对于沈庆之的允许以往民间盗铸钱流通的意见，刘义恭则表示赞同。此外，还有人建议，把官铸钱的重量再减轻到二铢，以便铸造更多的钱。

文职出身的丹阳尹颜竣对以上意见都表示反对。他认为如放开民间铸孝建钱，将会使以往的足值铜钱迅速被剪凿熔化净尽；即使再官铸二铢钱，以官府获得的铜量，数年之内也不过多铸造一二亿枚，且政府向民间征收的税钱也都变成了小钱，对政府财政难有大的助益；所以颜竣的建议是政府多开采铜矿，增加铜的来源，并长期铸造足值的铜钱，方能保持经济的稳定。[1] 但以刘宋政权当时的财力难以大规模开矿，所以各种意见都被搁置下来。之后的数年间，政府还在铸造不足值的孝建四铢钱，而民间违法盗铸的风气更盛，当时仅武康一县，因盗铸钱被处死就有数千人，[2] 经济发达的吴兴郡中，盗铸和剪凿铜钱盛行，太守也被牵连免官。[3]

孝武帝朝的税制

除了铸造不足值铜钱，孝武帝朝廷还实行了各种搜刮征敛的税

---

[1]　此次关于铸币政策的讨论见《宋书·颜竣传》，第 1961—1962 页。

[2]　《宋书》卷四十五《刘怀慎传附刘亮》，第 1377 页。

[3]　《宋书》卷八十一《顾琛传》，第 2078 页。

制。还在其即位之初，周朗的上书中就提到，“取税之法，宜计人为输，不应以赀”[1]，这反映了当时在实行按民户资产（赀）收税的做法，其来源应是450年战时对富民资产“四分借一”的政策，在随后三年中作为一种财产税被固定了下来。周朗认为，这种税制的害处是百姓房屋加瓦、桑树长高、买进田亩都被计为资产增值而增加课税，不利于增进生产。所以他建议应改回按人口收取定额税的做法。

客观来看，周朗的意见并不全面，因为在社会贫富差距悬殊的情况下，财产税要比人口税公平且纳税额更多。至于平民百姓修房加瓦皆需缴税，属于操作层面的失当，应当从操作层面纠正，因此否定财产税是不合理的。周朗这个上书的其他意见也颇为悖谬，比如应主动放弃青齐、淮北，待组建四十万骑兵再行北伐等等，引发了孝武帝不满，最终导致其被治罪处死。

另外，孝武帝认为州、郡、县逐级征税过于缓慢，采取了派遣税收特使（台使）到地方直接征税的做法，所收之税直接进入皇帝斋库。从南齐时萧子良上书看，这种“台使”主要是催交以往拖欠的税款。[2] 在孝武帝政权开始铸造孝建四铢钱之后，铜钱急剧贬值，而以铜钱纳税也使得政府的实际税收额下降。所以孝武帝政权开始在铜钱之外加征实物。大明年间，市场中商户的商品经常被朝廷无偿征用。[3] 皇帝直接掌管的“斋库”向百姓征收绢、绵而非铜钱，百姓往往需要买绢绵完税，“民间买绢一匹，至二三千，绵一两亦三四百，贫者卖妻儿，甚者或自缢死”[4]。此时绢的价格已远远高出了市价(五六百钱一匹)，应是当时朝廷及民间大量铸造不足值铜钱之故。

---

[1] 《宋书·周朗传》，第2094页。

[2] 《南齐书》卷四十《萧子良传》：“前台使督逋切调，恒闻相望于道。及臣至郡，亦殊不疏……或尺布之逋，曲以当匹；百钱余税，且增为千。”（第692页）

[3] 《宋书》卷八十一《刘秀之传》：“时赊市百姓物，不还钱，市道嗟怨，秀之以为非宜，陈之甚切，虽纳其言，竟不从用。”（第2075页）

[4] 《宋书》卷八十二《沈怀文传》，第2104页。

孝武帝之后的钱制和税收

464 年孝武帝死去，其子刘子业（前废帝）继位，次年二月便开始官铸二铢钱。由于盗铸更盛，沈庆之再次提议放开民间铸钱，于九月得到批准。这次放开铸钱并未附带沈庆之上次提出的建"钱署"、政府分成等措施，[1] 民间的铸钱极为低劣，《宋书》颇有夸张地记载：

> 钱货乱败，一千钱长不盈三寸，大小称此，谓之鹅眼钱。劣于此者，谓之綖环钱。入水不沉，随手破碎，市井不复料数，十万钱不盈一掬，斗米一万，商货不行。[2]

刘子业举动荒唐，不久在上层政变中被杀，其叔刘彧（明帝）即位，但诸州起兵引发空前激烈的全国性内战，史称当时"天下反叛"。在大规模的战乱中，刘彧朝廷连二铢钱都无暇铸造，遂于泰始元年（465 年）年底宣布废止孝建以来的所有"新钱"，只用旧钱交易，民间盗铸也严厉禁止。[3] 从孝武帝到前废帝朝纷纭十余年的铸钱新政从此结束。明帝政权为筹措内战军费采用了一切手段，泰始三年（467年），为了给出征淮北军队发饷，甚至将宫女的衣物和首饰都运到了前线。[4] 当时另一个财政手段是用名义上的官职换取民间钱谷：

> 时军旅大起，国用不足，募民上米二百斛，钱五万，杂谷五百斛，同赐荒县除……上米七百斛，钱二十万，杂谷二千斛，

---

[1] 《宋书》卷七《前废帝纪》，景和元年（465 年）九月，第 145 页。
[2] 《宋书·颜竣传》，第 1963 页。
[3] 《宋书》卷八《明帝纪》。《南史》卷三《宋本纪下》载此作"罢二铢钱"，见第 78 页。《资治通鉴》卷一百三十作："罢二铢钱，禁鹅眼、綖环钱，余皆通用。"（第 4091 页）
[4] 《宋书·明帝纪》："以皇后六宫以下杂衣千领，金钗千枚，班赐北征将士。"（第 162 页）

同赐荒郡除；若欲署诸王国三令在家，亦听。[1]

经过孝建钱、二铢钱的剧烈贬值，450 年北伐时向富民举借国债的偿还问题也就不了了之。其实沈庆之等建议允许民间私铸，也可能有制造货币贬值从而化解掉 450 年国债的意图，但因史料过少难以详论了。

第二节　南齐的财政与战争

谨慎的铸币政策

自 465 年宋明帝即位，到 479 年萧道成建（南）齐代宋，刘宋政权再没有铸造过铜钱。萧道成在建齐即位时，开始筹备铸钱事务，但他吸取了宋孝武帝和前废帝的教训，不再把官铸钱看作借通货膨胀敛财的手段，而是准备铸造足值的钱币。易代之际事务纷纭，加之北魏乘机发起战争，萧道成的铸钱想法未能付诸实践。

到萧道成统治的最后一年（建元四年，482 年），朝臣孔觊曾上《铸钱均货议》，他认为当前米价低廉，是因为铜钱少、钱价提高之故，所以应重开官铸钱。他总结了刘宋铸钱的教训，是统治者"惜铜爱工"铸造不足值铜钱，引发民间盗铸和币制紊乱，所以他认为新铸铜钱应当"钱重五铢，一依汉法"，以保障币制稳定。此事交由朝臣讨论，大臣们也普遍认为"钱货转少，宜更广铸，重其铢两，以防民奸"。萧道成遂命令州郡大规模收购原料铜，为官铸钱做准备。但萧道成不久病逝，南齐境内的铜也颇为紧张，难以收购到足够的原料，所以铸钱之事又搁置起来。但通过此事可见南齐君臣都吸取了刘宋的

---

[1] 《宋书·邓琬传》，第 2138 页。荒郡、荒县即没有辖区和民户、有名无实的郡县，实际上是给予献钱谷者的一种虚职。

教训，不再把铸钱看作偷工减料获取利润的手段。到齐武帝萧赜在位的永明八年（490 年），长期在益州任职的刘悛向朝廷奏报当地发现铜矿。萧赜遂命官员赴益州督导铸钱事务，曾铸出铜钱"千余万"，但采铜开支过大，不能赢利，此事遂作罢。这也说明所铸铜钱成色、重量比较充足。此后南齐政府再未有官铸铜钱。[1]

绢布和力役折钱

西晋、东晋以来，政府向民户征收的赋税主要是粮食（租）和绢布（调）两项。从刘宋开始，绢布的一半应折算为铜钱缴纳，[2] 但自宋初以来铜钱（当然是完整的）价值上升，绢布的价格一直在下降，政府依据的绢布价格往往滞后于市场价，所以折算收钱加重了纳税者的负担。在宋初的永初（420—422 年）年间，一匹布的价格在千钱左右，百姓纳钱代布时按照每匹九百钱折算，有一定优惠；到元嘉年间布价降低到了每匹六百钱，纳钱代布则以每匹五百折算。到南齐初布价降到了每匹三百钱左右，而纳钱代布仍按五百钱旧价，使民户损失颇大。[3]

南齐初年为了应付北魏的攻势，曾要求浙东五郡每丁缴税一千钱，应是按照每丁两匹调布的价格折算，百姓"乃有质卖妻儿以充此限"，最终仍有三分之一的民户无法缴足这笔税款。[4] 永明四年（486 年），齐朝规定：民户缴纳的布匹，按照三分之一缴布、三分之二折钱的比例征收，[5] 折价每匹五百钱，给百姓的压力更大。竟陵王萧子

---

[1] 以上均见《南齐书》卷三十七《刘悛传》，第 652—653 页。

[2] 《南齐书·萧子良传》：子良又启曰："……且钱帛相半，为制永久"。之后也是从宋永初年开始追溯，见第 696 页。

[3] 《南齐书·王敬则传》，第 482 页。按萧子良本传中提及以布折钱之诏令，但萧子良详细辨析布价之上表则在王敬则本传，辨析塘丁力役折钱之上书中，似《宋书》抄录中有错简。不过这两件事情都发生在永明四年左右。

[4] 《南齐书·王敬则传》，第 483 页；又载："建元初，狡虏游魂，军用殷广。浙东五郡，丁税一千"。

[5] 《南齐书·萧子良传》，第 696 页。

良上书表示反对。齐武帝萧赜遂做了一点调整：本年度扬、南徐二州的户租"三分二取见布，一分取钱"，即布、钱比例对调；从明年开始诸州都按照每匹四百钱折算布价，布、钱比例也改为各半，"以为永制"[1]。

自东晋以来盗铸者大量剪凿，剪凿钱占了铜钱的大多数，但政府收税时只收取完整的铜钱，由此造成了两种钱的汇兑比价。萧子良在永明二年、四年的两次上书中，都提到了当时纳税须交纳未经剪凿的完整铜钱，所谓"公家所受，必须员大"，如果用剪凿过的铜钱缴税，则"以两代一"[2]。说明之前刘义恭的想法此时已付诸实施了。永明四年的萧子良上书还记载了当时民间完整与剪凿铜钱之间的比价："公家所受，必须轮郭完全，遂买本一千，加子七百"[3]，即一千七百枚剪凿钱可以换一千枚完整钱。可见市场上完整钱与剪凿钱的兑换比例略低于官价。

检籍与财政

从宋文帝、孝武帝之际开始征收的财产税，南齐时仍是重要税种，"围桑品屋，以准赀课，致令斩树发瓦，以充重赋"的情况，在三吴地区非常普遍。[4]刘宋元嘉时期经济富庶、财政充裕，当时政府并未靠铸造贬值铜钱获利，财政收入主要靠正规的赋税征收程序，而征收赋税又是靠一整套对全国民众的户口、财产统计册为依据，时称为"黄籍"。

但元嘉末年的宋魏大战造成了黄籍制度的紊乱，起因是战争时期军队广泛招募兵员并对有战功者进行封赏，这些人享有免税、免

---

[1]　《南齐书》卷三《武帝纪》，永明四年（486 年）五月："扬、南徐二州，今年户租三分二取见布，一分取钱。来岁以后，远近诸州输钱处，并减布直，匹准四百，依旧折半，以为永制。"（第 52 页）
[2]　《南齐书·王敬则传》，第 482 页。
[3]　《南齐书·萧子良传》，第 696 页。
[4]　《南齐书·萧子良传》，第 696 页。

（劳）役之权，由此造成纳税、服役人口的急剧减少。多数获得免税、免役权的人并非有真实战功，而是靠请托行贿获得功勋记录，时人将这种借机改籍免税的行为称为"巧"。南齐初人总结："宋元嘉二十七年八条取人，孝建元年书籍，众巧之所始也。"[1] 这两次具体政策出台的过程史书未载，但从当时形势看，元嘉二十七年（450 年），宋魏之间进行了大规模战事，魏军直抵长江。刘宋为防范魏军渡江，应在境内进行了大规模募兵，"八条"可能就是当时从军及立功者的奖励条件，由此大量人口获得免税资格。孝建元年（454 年）刘骏刚刚击败其兄刘邵夺取帝位，必然也对追随者及降附者进行了大规模赏赐，又使一大批人获得免税特权。此后宋孝武帝、前废帝大肆铸造不足值铜钱敛财，其背景正是"黄籍"系统混乱、纳税人口大减。且自孝建以后，刘宋的内、外战争频繁，假借军功以免税者越来越多，所谓"孝建已来，入勋者众，其中操干戈卫社稷者，三分殆无一焉。勋簿所领而诈注辞籍，浮游世要，非官长所拘录，复为不少"。但刘宋后期政治紊乱，一直没有整顿这些弊病。

到南齐建立之后，明确了不再靠贬值货币敛财的政策，所以整顿黄籍、剔除不合格的免税人口便成为财政工作的当务之急。萧道成即位的第二年，就任命大臣虞玩之等全面校勘黄籍，重点针对元嘉末以来"寇难频起，军荫易多"的借军功免税的人口。取巧免税者多是家产较多、社会地位较高之人，所以此举颇引起了一些动荡。到武帝永明三年（485 年），因为"连年检籍，百姓怨望"，会稽郡人唐寓之等发动了叛乱，三吴地区民众多有响应，在朝廷正规军的进攻下很快失败。[2] 宗室萧子良还劝告萧赜："自宋道无章，王风陵替，窃官假号，骈门连室。今左民所检，动以万数，渐渍之来，非复始适，一朝

---

[1]　《南齐书》卷三十四《虞玩之传》，第 608 页。以下未注出处的引文同。

[2]　《南齐书·沈文季传》，第 776 页。

洗正，理致沸腾。"建议稍为放缓检籍力度。[1] 萧赜似乎未予采纳。但检籍工作一直未能达到彻底满意的效果，永明六年（488 年），行会稽郡事顾宪之向萧赜奏报：会稽最富庶的山阴县有纳税户二万，其中家产不满三千钱的民户占了将近一半，而资产富足者多是有免税权的士人，所以可征收的赋税很有限。[2] 而且在检籍过程中也产生不少问题，如靠贿赂官员保留免税权；萧赜又规定检籍者每天必须查处若干"巧"户，造成本有正当功勋者却被剥夺免税权等等。到永明八年（490 年），朝廷规定，被查出的"巧者"要在沿淮河边境充军十年，颇为激起民怨。不久，萧赜遂终于批准充军者回乡，并宣布宋代的历史旧账不再追究。[3] 萧道成、萧赜父子的检籍事业至此告终，应当说取得了一定的成效。

南齐朝廷财政的充裕

经过萧道成、萧赜父子两代人十余年的努力，到永明末年南齐朝廷的财政已经比较宽裕，特别是折绢收钱和征收财产税两项，使政府积聚了很多铜钱，永明五年（487 年）秋，萧赜宣布"京师及四方出钱亿万，籴米谷丝绵之属，其和价以优黔首"[4]，即政府用铜钱向民间收购米谷丝绵等产品。《通典·食货》对此有详细记载：

> 齐武帝永明中，天下米谷布帛贱，上欲立常平仓，市积为储。六年，诏出上库钱五千万，于京师市米，买丝绵纹绢布。扬州出钱千九百一十万（扬州，理建业，今江宁县也），南徐州二百万（南徐州，理京口，今丹阳郡），各于郡所市籴。南荆河州二百万（南荆河州，理寿春，今郡），市丝绵纹绢布米大麦。

---

[1] 《南齐书·萧子良传》，第 695 页。
[2] 《南齐书》卷四十六《顾宪之传》，第 808 页。
[3] 《南齐书·虞玩之传》，第 609 页。
[4] 《南齐书·武帝纪》，第 54 页。

江州五百万（江州，理浔阳，今郡），市米胡麻。荆州五百万（荆州，理南郡，今江陵）。郢州三百万（郢州，理江夏，今郡），皆市绢、绵、布、米、大小豆、大麦、胡麻。湘州二百万（湘州，理长沙，今郡），市米、布、蜡。司州二百五十万（司州，理汝南，今义阳郡），西荆河州二百五十万（西荆河州，理历阳，今郡），南兖州二百五十万（南兖州，理广陵，今郡），雍州五百万（雍州，理襄阳，今郡），市绢绵布米。使台传并于所在市易。[1]

诸州和朝廷的收购额共计一亿有余。这是将往年所收折绢布之钱又购买了农产品，如处理得当，能够平定物价，使丰、欠年份的农产品价不至于畸低畸高，政府也能从大宗买卖中获取一定利润，但前提在于必须决策正确、用人得当。当时朝廷的少府卿"管掌市易，与民交关，有吏能者，皆更此职"[2]，这种常平买卖事务可能由其负责。在财政充裕的基础上，萧赜曾筹划北伐，希望夺回二十年前被北魏占领的彭城、淮北地区。永明七年（489 年）前后，南齐在建康郊外的石头城"造露车三千乘，欲步道取彭城，形迹颇著"[3]，但由于北魏方面戒备严密，且萧赜在数年之后去世，北伐战争未能展开。但萧赜死时，"聚钱上库五亿万，斋库亦出三亿万"[4]，已有八亿多枚铜钱储备，可见南齐财政此时已颇为宽裕。

---

[1]《通典》卷十二《食货志》，第 288 页。文中"荆河州"实为豫州，唐人为避代宗李豫之讳而改。但小注对两个豫州的解释颠倒：南豫州治所为历阳，西豫州（亦作北豫州，中古西北、东南常可互换，犹言江东与江南）治所则是寿春。另，《通典》所载的收购时间比《南齐书》晚一年。
[2]《南齐书》卷五十三《良政传·沈宪》，第 920 页。
[3]《南齐书·魏虏传》，第 992 页。
[4]《南史》卷五《废帝郁林王纪》，第 137 页。"出"为超过之意。

第三节 梁、陈的财政与战争

梁朝赋税

在萧衍建梁即位的第一年（天监元年，502 年），就废除了宋、齐以来民怨极大的比例财产税。这是南朝财政史上的一件大事，但《通典》等政书都未予反映，只是在《梁书》的序言中有寥寥数语：

> 高祖在田，知民疾苦，及梁台建，仍下宽大之书，昏时杂调，咸悉除省……（天监）元年，始去人赀，计丁为布；身服浣濯之衣，御府无文饰，宫被不过绫彩，无珠玑锦绣；太官撤牢馔，每日膳菜蔬，饮酒不过三盏……[1]

"去人赀"应是废除以民户资产比例征税的制度。"计丁为布"则又回到以绢布为调税的传统。《梁书》对梁代税制语焉不详，《隋书·食货志》在这方面却有相关记载：

> 其课，丁男调布绢各二丈，丝三两，绵八两，禄绢八尺，禄绵三两二分，租米五石，禄米二石。丁女并半之……其男丁，每岁役不过二十日。又率十八人出一运丁役之。其田，亩税米二斗。盖大率如此。[2]

可见梁代税制主要是对成年男女征收租粮、调绢（及布、丝、绵）。但对于田产还有"亩税米二斗"之制，这应当是在丁男丁女的租调之外征收的，可以看作宋、齐财产税的遗留（其实东晋时就已试行过依田亩征粮之制）。向百姓征收实物而非钱貌似比宋、齐宽大，

---

[1]《梁书》卷五十三《良吏传》，第 765 页。
[2]《隋书·食货志》，第 674 页。

实则为后来梁武帝借铸币改革搜刮民间奠定了基础。

梁朝建立之初，北魏已经占领了寿春，对淮南江北之地形成直接威胁；不久梁州刺史夏侯道迁又投降北魏，魏军进占关中，威胁益州和汉南。在这种压力下，梁武帝于天监四年（505 年）发动了第一次大规模北伐，试图将魏军逐出淮南。为了筹集军费，梁朝"王公以下各上国租及田谷，以助军资"[1]，名义上是官民自愿捐献，实际还是采用刘义隆元嘉二十七年（530 年）北伐时向百姓富民收取临时财产税的措施。但在此后，萧衍逐渐摸索出通过铸钱聚敛财富的手段，所以此后梁朝虽经常有大规模对北战争，但已不再采用强行加税的办法筹集军费了。

梁朝钱制和梁武帝发明铁钱

梁武帝最早铸钱的时间不详，大概在天监（502—519 年）中期。自萧道成、萧赜以来必须用完整的"大钱"完税，经过剪凿的不完整铜钱则要按二比一汇率折算，造成当时社会上两种铜钱并行，且存在固定折换率的情况。梁武帝早期的铸钱政策，也因循了这种局面，即同时铸造两种铜钱：

> 武帝乃铸钱，肉好周郭，文曰"五铢"，重如其文。而又别铸，除其肉郭，谓之女钱。二品并行。百姓或私以古钱交易，有直百五铢、五铢、女钱、太平百钱、定平一百、五铢雉钱、五铢对文等号。轻重不一。天子频下诏书，非新铸二种之钱，并不许用。而趣利之徒，私用转甚。[2]

可见梁武帝铸造的"五铢"对应完整的古钱；"女钱"则对应经

---

[1] 《梁书》卷二《武帝纪中》，第 42 页。
[2] 《隋书·食货志》，第 689 页。

过剪凿的古钱。这样就保证了钱制的稳定。但问题也和宋、齐时代一样：政府手中的铜少，难以大量铸钱，所以各种古钱也要继续流通使用。梁武帝却频频诏令不许使用古钱，"非新铸二种之钱，并不许用"，原因何在？可能在他的计划中，铸造足值五铢和女钱只是权宜之计，待新钱全面取代旧钱之后，就要对新钱进行减重贬值了，如果社会上新、旧钱并行，新钱缩水会导致其对旧钱的折算率降低，政府就难以从增发钱币中获益。

到普通四年（523 年）末，梁武帝找到了新的铸币手段：铸造铁钱，同时全面禁止铜钱流通，所谓"尽罢铜钱，更铸铁钱"。最早发行铁钱时，与足值旧铜钱的官方兑换比例应是一比一。铁的价格远低于铜，造成"人以铁贱易得，并皆私铸"[1]。就在开铸铁钱的数月之后，梁武帝的堂弟萧昱就因盗铸钱被捕：

> 昱字子真，景第四弟也。……普通五年，坐于宅内铸钱，为有司所奏，下廷尉，得免死，徙临海郡……[2]

可见当时盗铸钱应处死罪，但宗室也经不起盗铸的诱惑。铜钱禁止流通之后，铜价必然随之跌落，梁武帝的这次币制改革，受损失最大、最直接的是储存了大量铜钱的富户和达官贵人。比如梁武帝之弟临川王萧宏，武帝曾借机探查其钱库，见到"百万一聚，黄榜标之，千万一库，悬一紫标，如此三十余间。帝与佗卿屈指计见钱三亿余万"。梁武帝次子豫章王萧综曾"以宏贪吝，遂为《钱愚论》，其文甚切"[3]。大概也是嘲弄其在铁钱改革时遭受的损失。

---

[1] 《隋书·食货志》，第 690 页。开始铸钱时间见《梁书·武帝纪下》，第 67 页。

[2] 《梁书》卷二十四《萧昱传》，第 372 页。

[3] 《南史》卷五十一《萧宏传》，第 1278 页。按，萧宏死于开铸铁钱三年之后的普通七年，本传未载梁武帝看到的库藏是铜钱还是铁钱，以情理度之，应当是在开铸铁钱以前的事。

　　此次铁钱改革之际，正逢北魏内部发生六镇起义局势大乱，梁武帝乘机发起大规模北伐（普通六年，525 年）。此次梁朝再未向民间大规模征税，却出现了"大军北讨，京师谷贵"的现象，[1] 应是大量铁钱流入社会造成的通货膨胀，铸铁钱成为梁朝军费最便捷的来源。这次北伐旋因主帅萧综戏剧性的叛逃告终。此后北魏统治解体，梁武帝多次北伐，一直未取得明显成效，但梁朝的财政状况却越来越好。为了推广铁钱的使用，在开铸铁钱四年之后的大通元年（527 年）春，梁武帝宣布百官俸禄"自今已后，可长给见钱，依时即出，勿令逋缓"[2]，给钱则意味着不再发放绢、米等实物。梁武帝还向寺院系统注入了大量铁钱。527、529、547 年，他三度到同泰寺"舍身"，后两次都由百官出钱一亿为其赎身，[3] 这也是为了使大量铁钱进入流通领域。到梁武帝统治后期的公元 540 年代，官铸铁钱日多，梁朝上层官员、宗室都从中获得了巨大利益，也补偿了废止铜钱受到的损失，普通百姓却因为通货膨胀而生计日蹙，且还要承担北伐等兵徭力役，下层社会日益凋敝。

　　时人并不了解铸钱与财政、经济的关系，对社会的贫富悬殊局面却有直观感受。散骑常侍贺琛曾向梁武帝上书痛陈当时的社会问题：自铁钱流通以来，官员不仅俸禄无缺，还通过侵占贪污积累起大量铁钱，又立即在养歌女、办宴会等奢侈消费中挥霍一空，整个社会的货币流动速度空前加快（以现代经济学概念，则是 GDP 迅速增长）：

　　　　为吏牧民者，竞为剥削，虽致赀巨亿，罢归之日，不支数年，便已消散。盖由宴醑所费，既破数家之产；歌谣之具，必俟千金之资。所费事等丘山，为欢止在俄顷。乃更追恨向所取之

---

[1]　《梁书》卷八《昭明太子传》，第 168 页。
[2]　《梁书·武帝纪下》，第 71 页。
[3]　《梁书·武帝纪下》，第 73、92 页。其实第一次也可能有用钱赎身之举，史书简而未载。

少，今所费之多……[1]

这些现象背后则是满目民生凋敝。因为百姓缴纳的米布丝绢都是实物而非钱，在通货膨胀的大背景下受到的损失最大。但贺琛也有疑问：“国家于关外赋税盖微，乃至年常租课，动致逋积，而民失安居，宁非牧守之过？”此“关外”盖指建康近郊的石头津、方山津等税关。[2] 贺琛无法解释，为什么在赋税貌似轻微的情况下，百姓生活却越来越贫困？他只能归因于州郡长官的苛剥。

这个上书引起梁武帝勃然大怒，因为这完全否定了他为帝四十余年的政绩。“书奏，高祖大怒，召主书于前，口授敕责琛……”他辩解的核心，就是澄清自己生活简朴，并未滥用国库开支，所以社会凋敝的说法纯属恶意污蔑：

> 我自除公宴，不食国家之食，多历年稔，乃至官人，亦不食国家之食，积累岁月。凡所营造，不关材官，及以国匠，皆资雇借，以成其事。近之得财，颇有方便，民得其利，国得其利，我得其利，营诸功德。或以卿之心度我之心，故不能得知。所得财用，暴于天下，不得曲辞辩论。

梁武帝自称全家“不食国家之食”，但他和子孙妃嫔绝对不会耕田织布，只能消费百姓的租调财物。梁武帝又自称“近之得财，颇有方便，民得其利，国得其利，我得其利，营诸功德”，应当就是靠发行铁钱获利。他沾沾自喜地认为这一政策是不传之秘，天下无人理解，“以卿之心度我之心，故不能得知”。其实贺琛并未指出官吏奢

---

[1] 《梁书》卷三十八《贺琛传》，第544页。本传未载上书年月，但上书中提到“自普通（520—526年）以来，二十余年，刑役荐起，民力雕流”，可见在540年代。《资治通鉴》系于大同十一年（545年）。

[2] 《隋书·食货志》，第689页。

靡、百姓贫困的实质原因在于滥发铁钱，而梁武帝的震怒和急于辩解恰恰显示了其心虚：他不愿正视铁钱对百姓造成的伤害，所以急于表白自己"得财"是有某种常人"不能得知"的"方便"，并且自己没有滥用这些钱财——"所得财用，暴于天下，不得曲辞辩论"，而他始终躲闪、不敢正面回答的，正是下层社会的贫困和上层社会的奢靡并存的问题。虽然梁武帝只字未提自己铸钱之事，却做贼心虚、欲盖弥彰地引用了汉文帝的例子：汉文帝节俭治国、却放任邓通铸钱："汉文虽爱露台之产，邓通之钱布于天下，以此而治，朕无愧焉！"显然，他虽不肯承认自己铸钱的恶果，但也知道后世之人必然看到此点，所以预先埋伏下了这一句自辩，其用心也可谓良苦了。

同在540年代，还发生了铁钱的"不足陌"现象，即用数十钱作为一百钱流通：

> 自破岭以东，八十为百，名曰东钱。江、郢已上，七十为百，名曰西钱。京师以九十为百，名曰长钱。中大同元年，天子乃诏通用足陌。诏下而人不从，钱陌益少。至于末年，遂以三十五为百云。[1]

中大同元年（546年）诏书的原文是：

> 顷闻外间多用九陌钱，陌减则物贵，陌足则物贱，非物有贵贱，是心有颠倒……自今可通用足陌钱。令书行后，百日为期，若犹有犯，男子谪运，女子质作，并同三年。[2]

按，诏书云"陌减则物贵，陌足则物贱"，其实完全错误。"陌

---

[1] 《隋书·食货志》，第690页。
[2] 《梁书·武帝纪下》，第90页。

减"（数十钱假作一百钱）实质是钱贵物贱，即钱的价值上升、货物价值下降。发生这种现象的原因是铁钱在升值。这似乎显得不好理解，因为梁朝发行铁钱的本意是搞通货膨胀牟利。但需要注意的是，这个现象发生在开铸铁钱二十余年之后，所以应是由于铁钱大量增发，加上民间盗铸，导致铁钱的价值已经低于铁价。这样民间盗铸者会因没有利润而停铸，甚至将铁钱熔铸为铁器，由此引起铁钱价格从低谷上升。《隋书·食货志》提及距离京师越远，不足陌的现象越严重，可能是因为京师官铸铁钱的积存量最大，盗铸的铁钱也较多（如前引梁武帝的堂弟在宅盗铸），所以铁钱的价格反弹较慢。简言之，此时各地铁钱的价值几乎等于当地铸铁的价格了。

另外值得注意的是，到 549 年侯景之乱，梁朝统治基本解体，铁钱停止铸造，却一度更为增值，"至于末年，遂以三十五为百云"。在当时战乱中，将领王僧辩曾出钱赎买一位文士沈炯，"酬所获者铁钱十万"[1]，可见梁末铁钱仍有一定购买力，但随着铜钱的复出，铁钱很快便销声匿迹了。

陈朝的货币与财政

在梁末战乱中，推行铁钱的行政强制力消失，各种前代铜钱逐渐又进入流通。到 556 年，陈霸先基本控制长江下游地区，他扶植的梁敬帝朝廷"班下远近并杂用古今钱"[2]，开始允许先代铜钱流通，"今钱"则应指梁武帝铁钱。

557 年，陈霸先开始铸造铜钱："己卯，铸四柱钱，一准二十……壬辰，改四柱钱一准十"，数日之后"复闭细钱"[3]。这里四柱所"准"之钱是哪种钱？所"闭"（禁止）之"细钱"又是何钱？史书皆未明

---

[1]　《陈书》卷十九《沈炯传》，第 253 页。

[2]　《梁书·敬帝纪》，第 146 页。

[3]　《梁书·敬帝纪》，第 148 页。

言。以当时情况看，细钱肯定不会是足值的前代铜钱，因为此时开铸的四柱钱数量有限，不可能全面取代古钱；细钱也不应当是盗铸的劣钱，因为盗铸钱在南朝任何时代都是违法的（除了宋前废帝的很短时间）。所以细钱应是梁武帝时期的铁钱。铜钱对铁钱一比十、二十的兑换比例很正常，所以新铸四柱钱所准的价格，应当也是用梁武帝铁钱来衡量的，但它的职能是替代铁钱。至此，梁武帝铁钱终于退出流通。

《梁书》"四柱钱"之名来历不详，在《隋书·食货志》中没有四柱钱，只有"两柱钱"：

> 始梁末又有两柱钱及鹅眼钱，于时人杂用，其价同，但两柱重而鹅眼轻。私家多熔钱，又间以锡铁，兼以粟帛为货。[1]

按，柱可能是"铢"的讹误。盖"四柱"对铁钱的官方汇兑比例下降一倍之后，政府又对其重量进行缩水，变成了所谓两柱。当铸造粗糙时，钱上的"铢"字笔画减省，很容易被看作"柱"。至于"鹅眼"，似乎是两柱钱继续减重的产物，名称来历则不详。四柱—两柱—鹅眼系列的演变只经历了短短五年时间（557—562 年）。在这五年之内，陈政权经历了频繁而激烈的战争。永定元年（557 年）年底，陈霸先军进攻占据长江中游的王琳武装，遭遇惨败。永定三年（559 年）末，陈霸先病死，其侄陈蒨（陈文帝）即位，王琳与北齐结盟，再度攻向长江下游。永定四年（560 年）初，陈军挫败了王琳和齐军的攻势进占长江中上游地区，但北周军随即渡过长江，试图占领王琳故地。两军鏖战至永定五年（561 年）初，陈军才将周军逐回江北。在如此连年战乱之中，陈政权必然通过铸造不足值铜钱保障军需，使得四柱钱迅速变成了两柱、鹅眼钱，价值降低极为迅速。

---

[1] 《隋书·食货志》，第 690 页。

到陈文帝天嘉三年（562 年）春，陈朝又"改铸五铢钱"[1]，与鹅眼钱的兑换比例是一比十。[2] 此后，陈的外部威胁有所减轻，政治局面相对比较稳定，所以天嘉五铢钱的铸造和使用维持了十七年时间。从 573 年开始，陈军对北齐进行北伐，将边界从长江北推到淮河沿线。但到 577 年，北周攻灭北齐，迅速对陈军展开进攻。太建十年（578 年）春，陈北伐主力被周军击败于淮北，损失惨重。陈宣帝只得再次征发军队固守淮河一线。以往数年北伐已经极大消耗了陈的国力，如今尚未休养生息，又受到周军新的威胁，陈的财政状况非常拮据。太建十年（578 年）四月，陈宣帝诏书提及"戎车屡出，千金日损，府帑未充，民疲征赋"，表示要裁减宫廷开支，"应御府堂署所营造礼乐仪服军器之外，其余悉皆停息；掖庭常供、王侯妃主诸有俸恤，并各量减"[3]。财政困难之下，陈宣帝很自然地又拿起了货币贬值作敛财的手段。太建十一年（579 年）七月，"又铸大货六铢，以一当五铢之十，与五铢并行"[4]。六铢比五铢增重有限，但却要兑换十枚五铢钱，是对民间赤裸裸的掠夺。

就在这年冬，周军开始渡淮南下，陈宣帝紧急增兵试图阻击，但立即被周军击溃。经过一个多月战事，周军全面占领淮南江北之地，南北边界又回到长江。在如此败局之下，陈朝政府甚至已经无力全面推行新铸的六铢钱，导致六铢钱与旧五铢钱的兑换比例跌至一比一。不久陈宣帝去世，六铢钱停止铸造，社会上流通的依旧是五铢钱，直至陈为隋所灭。

---

[1] 据《陈书·世祖纪》，第 55 页。改铸五铢在天嘉三年（562 年），但《通典·食货志》则云在天嘉五年（564 年）。

[2] 《隋书·食货志》，第 690 页。

[3] 《陈书》卷五《宣帝纪》，第 92 页。

[4] 《隋书·食货志》，第 690 页。具体时间从《陈书·宣帝纪》。

总结

东晋门阀分权的政权形式使其对社会的动员能力比较有限，而当南朝皇权变得强大之后，迅速开始用铸币、赋税等财政手段来支持战备活动，政权对社会资源的聚敛程度显著提高。为了维持战争经费开支，南朝政权采用的财政手段有举借国债、铸币贬值和变相增加税赋等。宋元嘉末大量举借国债而无力偿还，加之赋税减少带来的财政危机，政府只能靠铸币贬值来筹措开支和抵消债务，最终带来币制的彻底崩溃。但南朝的铸币行为与现代社会的发行纸币又有不同：（一）铜币的重量最终决定其购买力。（二）政府铸币（哪怕铸造不足值铜币）的能力有限，而社会上仍流通着大量汉代以来的铜币。新铸不足值铜币的购买力最终会低于足值铜币，从而形成不同铜币的兑换比例。（三）南朝的部分赋税也是征收铜币，当铜币贬值后，政府的税收也在随之缩水。梁武帝显然认真考察了之前政权铸币、税收的教训，所以他取消了征收钱币的财产税等税种，使税收以实物为主，铸币（铁钱）贬值就不会造成政府税收减少。这样做的最终后果就是使铁钱价值跌落到铁的实际价格附近，商品交易又回到了实物易货贸易的水平，同时，政府在铸造铁钱和防范盗铸方面投入了较多成本，而这些成本最终也要转嫁到普通百姓头上。

通过以上对南朝财政与战争的讨论可见，南方社会经济的商品化、财政的货币化程度都要比北方高，这会带来社会分工的细密化，已经出现了社会经济走向"近代化"的端倪。但另一方面，南方的这些新经济因素并未变成军事实力，政权通过变更钱制、税制筹措军费，使得南方货币体系和整体经济多次遭遇重大动荡，对民生及社会整体也造成了较大破坏。

如果我们将考察时段放大，会发现这些问题并非南朝独有，唐代后期到两宋，几乎又将南朝这一幕重演了一遍。

北朝的财政体系主要基于均田制和租庸调制，以实物租调为主，实现统一的隋和稍后的唐代，依然维持均田制、租庸调制的基本格局。到唐代中期，由于均田制解体、商品经济发展，政府实行新的"两税法"，提高了钱币在赋税中的比重，学界将其称为唐代中期财政的"南朝化"。但钱币用途增加之后，立刻发生了不敷使用、"钱重物轻"的问题，和南朝时期如出一辙。唐后期和两宋时期，财政货币化程度提高，政府供养军队、维持战争，也更多地依赖财政手段，但这没有提高军队的效率和战斗力，反而使战争、军费开支对社会生活造成了直接影响，社会对战争的承受能力降低。这也几乎是南朝历史的重演。

作为对比，社会发展程度更低、商品经济与货币更少的北方，军事实力却一直占优势，最后由北方政权攻灭南方，实现中国的统一，南方社会也被拖入更为简单、落后的状态。从隋的统一到元的统一，都是在上演这一幕。朱元璋建立明朝，为了对抗北方的军事压力、维持基本的军事实力，也有意识地压制南方新经济因素，实行了一套粗朴而有效的、被学者黄仁宇批评为"缺乏数目字管理"的财政—军事制度。这背后可能隐藏了一个长期被学界忽视的问题：在商品经济发展，社会走向复杂化的过程中，可能必然经历军事动员能力下降、社会对战争承受能力降低的阶段，如果社会能"挺"过这个阶段，实现初步工业化，就能获得军事优势。但如果在这个阶段被北方简单社会攻灭，则永远没有工业化的可能性。从南朝到明清，中国历史可能一直在这个大循环中徘徊。

第十五章 南朝军人势力与皇权

　　南朝社会商品货币经济比较发达，但未能转化成更发达的生产力，也难给政权提供充足的战争资源，已见上一章的分析。另外，在社会政治方面南朝最终被北朝吞并的原因，是皇权与军人势力之间多有抵牾和内斗，占用了本应用于对北战争的资源；且南方的军人势力未能创造一种足以保障自身持续存在、发展的氛围和文化，不同军人集团之间互相倾轧、取代，一直纷纭不休直至灭亡。本章即着重探讨南朝皇权与军人势力的关系问题。

　　本章的论述重点并非南朝政治史，而是从南北战争的角度来讨论南朝政治的一些特点。南朝历代政权的开创者，或自中下级军人起家，如刘裕、陈霸先；或由驻防北方边境的军事长官倒戈而夺权，如萧道成、萧衍，可以说都是从战争和军人集团中产生。在南北割据对峙中南方势力弱于北方，所以南北战争的形势对于东晋、南朝政权的影响更为明显。从东晋到南朝的历次改朝换代，以及其承平时期的南方政治格局，都受到南北战争的直接影响。和之前东晋的"门阀政治"相比，南朝政治的皇权独尊色彩更重；和同时期的北朝相比，南朝皇权却不够强大和稳定，皇权和军事将领之间既相互依存，又相互斗争的局面几乎贯穿了整个南朝政治的始终。所以，本章将对以下几个问题进行讨论：

　　（一）军人势力的形成与改朝换代；

　　（二）皇权与军人势力的关系，包括控制、打击和笼络；

（三）军事将领对皇权的态度，特别是其在皇位过渡中的作用；

（四）皇权—军人势力的发展方向与南朝政治走势。

以往研究者在讨论南朝政治时，多把刘裕、陈霸先等人称为"次等士族""低等士族""豪族"等等，[1] 本书不采用这种观察角度。因为所谓"次等士族""豪族"并无严格标准，像宋武帝刘裕出身耕田卖履的贫寒之家，识字数量有限，还曾因交不起社钱被拘捕，恐怕谈不上是"士族"；陈霸先是江浙人，靠在岭南做中级军官（州参军）起家，也与基于乡土势力的"豪族"无关。所以本书不再采用这种观察手段，而是侧重从职业身份上观察，像刘裕、萧道成、陈霸先这种上战场参战，靠积累战功出人头地、跻身社会上层者，都归入"军人势力"。萧衍不完全符合这种特征，因为其在战争素质方面乏善可陈，本书侧重讨论其军事力量的积累过程，即投靠在其麾下的职业军人的构成。[2]

第一节　陈朝的"军人共同体"特征

从东晋到南朝的历次改朝换代，大都与对北战争中形成的特定军人集团有关。如刘裕建宋依赖北府兵，萧道成建齐依赖其驻防淮阴时经营的武装，萧衍建梁则依靠雍州武装，这些都已为治史者所熟知。只有陈霸先在入主建康之前没有与北方作战的经历，但当他除掉王僧

---

[1]　如田余庆先生认为刘裕是"次等士族"，祝总斌先生则认为是"低等士族"。见田余庆：《东晋门阀政治》，第 264 页；祝总斌：《刘裕门第考》，《北京大学学报》1982 年第 1 期。

[2]　郑敬高先生用"将门"来称呼南朝的军人阶层，他认为将门多由旧族士门或者豪强演化而来，但已经比较重视其职业上的特性，见郑敬高：《南朝的将门》，《华中师范大学学报》（哲学社会科学版）1987 年第 6 期。本书不采用"将门"的称谓，因为南朝将领世袭的并不多，且部分"第二代"将领摆脱武人身份、塑造有文化形象的冲动很强烈，所以谈不上有家风的传承（参见下文）。本书所用"军人势力"的概括，更多从职业角度看待军队组织内部的人际关系及技能传承，与家族不一定相关。

辩控制长江下游地区时，曾两度挫败了北齐军队的渡江攻势，才得以建立陈朝。所以对于陈霸先来说，对北方战争不是他组建武装的起点，而是其建立王朝的最后一道考验。且与以往宋、齐、梁相比，陈所受的北方军事压力更大，而军人势力与陈皇室合作，共同对抗北方以维持自身生存的特征更为明显。从这个角度讲，陈朝的"军人共同体"特征尤为明显。

和以往刘裕、萧道成、萧衍崛起所依赖的军事力量相比，陈霸先军事集团的最鲜明特色，就是构成上的"开放性"。

首先，陈霸先重视团结那些割据的地方实力派，以便壮大自身武装。这和当时的军政形势密切相关：在侯景之乱中，梁朝统治解体，各地官员和地方实力派纷纷武装自保，出现了大大小小的众多割据者。陈霸先从岭南带出的军队也是这些割据武装中的一支。江陵梁元帝朝廷的陷落使这种情况更加严重。为了尽量扩大自己的势力，与王僧辩残部、王琳、北齐等敌人作战，陈霸先必须尽可能多地争取支持者和同盟者。所以在他和陈蒨（文帝）两代，主要将领大都是相继招纳而来。比如陈霸先在岭南崛起及北上时，招纳的将帅主要有胡颖、徐度、杜棱、杜僧明、周文育、侯安都、欧阳頠；陈霸先初平侯景，驻扎京口时，又招纳了在沿江下游颇有地方势力的吴明彻、沈恪二人；在火并王僧辩之后，陈霸先又招纳了原梁元帝及王僧辩旧部侯瑱、徐世谱、周铁虎、程灵洗、韦载，以及割据地方的实力派鲁悉达、荀朗。陈霸先死后，文帝陈蒨继位，他继续对王琳武装作战，进占长江中游地区，并逐渐扫平了江南的各种割据势力，基本统一长江以南。陈蒨原在陈霸先麾下为将时，就与同乡章昭达"结君臣之分"[1]。击败王琳之后，文帝又争取了大量王琳旧部归降，如任忠、周炅和樊毅、樊猛兄弟。另外，陈蒨还逐一平定割据地方的实力派军阀。被他征入朝廷，改授官爵的实力派人物有割据巴山的黄法氍、桂州的淳于量、

---

[1]《陈书·章昭达传》，第182页。

临川的周敷，这些人也在文帝朝及以后的征伐中发挥了重要作用。当然，不愿放弃独立的割据者也被陈文帝逐一铲平，如熊昙朗（割据豫章）、周迪（割据临川）、留异（割据东阳）、陈宝应（割据侯官）。

其次，陈霸先、陈蒨还不介意使用来自敌方的降将。除了招抚王僧辩、王琳旧部，在早期投奔陈霸先的将领杜僧明、周文育、欧阳颜，都是在战斗中被俘并转而忠于陈霸先的。侯瑱在这方面的经历较有代表性：在侯景之乱期间他是益州刺史萧范麾下的将领，后归附梁元帝萧绎成为王僧辩的部属，驻扎在豫章（赣江流域）。王僧辩被陈霸先除掉后，侯瑱遭到当地武装进攻难以立足，有人劝他渡江投靠北齐，但侯瑱"以高祖有大量，必能容己，乃诣阙请罪，高祖复其爵位"[1]。此时陈霸先面临来自上游的王琳威胁，对于侯瑱倒向自己十分感激。在投诚当年（永定元年，557 年），侯瑱就被授予侍中、车骑将军之职。同年底，陈霸先派出抵御王琳的侯安都等军惨败，第二年侯瑱升任司空、"都督西讨诸军事"，受命挂帅抵御王琳。对于降将，一年之内便有如此之大的升迁重用，在其他时代是很少见的。到文帝陈蒨即位之后，侯瑱继续负责指挥对王琳、北齐、北周军作战，陈氏旧将侯安都等反成为其下属。

陈霸先、陈蒨之所以大量使用降将，是因为当时大小割据军阀很多，局势变化很快，各种力量的分化重组非常迅速。如果不努力收揽人心，特别是争取那些握有武装的割据军阀，就会招致他们的反对甚至投靠北齐等更强大的对手。所以陈政权几乎对一切有武装和战争经验的军事强人开放，向他们提供官爵待遇以及作战的机会（也可以看作义务）。在陈这个"军人共同体"政权中，皇权不能高高凌驾于军事将领，两者之间的关系更像合作、共治，与东晋皇权与士族共治的局面有一定相似之处。

在君权独尊的大一统时代，军事将领对于皇帝没有任何独立性，

[1] 《陈书·侯瑱传》，第 155 页。

而被敌军俘获生擒是极大的耻辱，被视为对皇帝的背叛。如西汉武帝时李陵出击匈奴兵败而降，全家都被汉廷处死。但在陈朝，被俘将领在两方都不会遇到太苛刻的批评。如557年陈霸先派兵西上阻击王琳，结果陈军大败，主帅侯安都、周文育、徐敬成（徐度之子）、周铁虎、程灵洗都被俘获，"琳引见诸将，与之语，唯铁虎辞气不屈，故琳尽宥文育之徒，独铁虎见害"[1]。周铁虎曾与王琳同在王僧辩麾下任职，两人可能互有抵牾导致其被杀。到次年八月，周文育、侯安都等又寻机从王琳军中逃出，返回建康，"自劾廷尉，即日引见，并宥之。戊寅，诏复文育等本官"[2]，旋即又投入到对王琳等武装的作战中。到陈蒨甚至陈顼朝，这些被俘逃归的将领都发挥着重要作用。

　　到宣帝陈顼在位的570年代，陈军对北齐发动了大规模攻势，将战线推进到淮河以北。当北周灭齐之后，周、陈又在淮北发生大规模战事。太建十年（578年），吴明彻率数万陈军溯泗水北伐，但被周军击败，除了千余名骑兵突围外，吴明彻部属都成为周军俘虏。此时吴明彻已年过七旬，周朝给予他很高的待遇，"有诏释其鸾镳，蠲其衅社。始宏就馆之礼，即受登坛之策。拜持节大将军、怀德郡开国公，邑二千户"。两年后（580年），吴明彻病逝于长安，亦受到极高礼遇。[3] 在南方，到后主陈叔宝即位的至德元年（583年），陈朝发诏书高度肯定了吴明彻的功绩，称其"虽志在屈伸（即投降以求机会），而奄中霜露（病逝），埋恨绝域，甚可嗟伤"，追封其为"邵陵县开国侯，食邑一千户"，并以其子吴惠觉继承爵位。[4] 吴明彻被俘之前已赠封至南平郡开国公、食邑三千五百户。在其兵败之后，这些封爵显然已被撤销，至此部分恢复。

　　这种将领兵败被俘之后在两方都受到尊重的现象，在南北朝时并

---

[1]　《陈书》卷十《周铁虎传》，第170页。
[2]　《陈书·高祖纪下》，第37页。
[3]　庾信：《庾子山集注》，倪璠校注，北京：中华书局，1980年，第971页。
[4]　《陈书》卷九《吴明彻传》，第164页。

不少见。当时南北方都战事频繁，政权对于军人群体给予了更多的理解和尊重。北方比较典型的是西魏名将王思政，549 年他率八千士兵守卫颍川城，遭到十余万东魏军队围攻，粮尽城破被俘。东魏权臣、丞相高澄（追谥文襄）对王思政极为尊敬，"齐文襄遣其常侍赵彦深就土山执手申意。引见文襄，辞气慷慨，无挠屈之容。文襄以其忠于所事，礼遇甚厚"[1]。后任命王思政为都官尚书，仪同三司，死后还"赠以本官，加兖州刺史"。其子王康留在西魏、北周境内，"思政陷后，诏以因水城陷，非战之罪，增邑三千五百户，以康袭爵太原公"；王思政长子王元逊亦随其一同被俘，其幼子王景在家乡亦被封为晋阳县侯。"康抗表固让，不许。"[2]可见北齐、北周对王思政的待遇比陈朝对吴明彻还要高。这表现了政权对称职军人的尊重。特别是西魏北周的统治阶层（所谓关陇贵族集团），这种"军人共同体"的色彩更为明显。

陈霸先集团"军人共同体"比较明显的另一个表现，就是在 555 年底北齐军徐嗣徽、任约所部渡过长江进攻建康，与陈霸先军进行了激烈战事，两军都粮尽力竭被迫议和。齐军提出的条件是陈霸先需交一名侄子到北齐为人质。陈霸先子侄多已被西魏俘获，很不愿意接受这个条件。但"时四方州郡并多未宾，京都虚弱，粮运不继，在朝文武咸愿与齐和亲"，陈霸先亦不能坚持己见，只得宣布送侄子陈昙朗入齐。他对诸将说："……齐寇若来，诸君须为孤力斗也！"[3]双方由此达成和议，齐军返回江北。次年齐军再次大举渡江进犯，被陈军击败。陈军拒绝释放俘获的齐将萧轨、东方老等，而陈昙朗也被北齐处死。在宣帝陈顼朝，吴明彻部全军覆没之后，陈朝一度面临亡国威胁，为了使举国上下团结振作，陈顼在建康郊外立坛，与朝臣、将

[1]　《周书·王思政传》，第 297 页。
[2]　《北史》卷六十二《王思政传》，第 2209 页。
[3]　《陈书》卷十四《南康愍王昙朗传》，第 210 页。

领一起对天盟誓，次日，又"分遣大使以盟誓班下四方，上下相警戒也"[1]。这种强调君臣一体、共御国难的仪式也比较少见，亦可看作陈政权"军人共同体"风格的体现。

第二节　宋、陈军人改立皇帝的选择

承平年代皇位继承有一整套基于儒家学说的规范：皇帝的嫡长子是法定继承人（太子），但有些情况下，皇帝也可指定其他皇子继位；先皇死去时如果少帝年龄尚幼，则由几名核心大臣辅政，保障少主长大和亲政。这套规范的早期模板是周武王死后周公辅佐年幼的成王。到西汉时，霍光和王莽都扮演过这种辅佐少主的角色，并引发了不同的结局。但在战争威胁之下的南朝，这种规范的皇位过渡模式经常遭遇挑战。由于战争影响，南朝重臣往往是武人出身的将领，局势和职业风格使得这些武人将领另有一套选择皇帝的标准，他们更倾向于推举年长且有能力的人做皇帝，这一幕曾在南朝多次上演。

最早体现出南朝政治这一特征的是宋文帝刘义隆的即位。宋开国皇帝刘裕死后，即位的少帝刘义符行为荒唐，导致朝政混乱，刘宋被北魏夺去河南地带即在此时。受刘裕遗命辅政的徐羡之、傅亮、谢晦、檀道济决心更换皇帝。他们废黜并处死了刘义符，迎立刘裕第三子、荆州刺史、宜都王刘义隆到建康即位。主持此次废立的四位辅政大臣中，檀道济是武人出身，一直在刘裕麾下征战。徐羡之、傅亮、谢晦三人并非武将，但都是长期追随刘裕的旧臣：徐羡之是刘裕亲家，多在刘裕出征时主持后方政务；傅亮、谢晦是士族文人，长期在刘裕幕府供职，以才干受提拔至重臣之位，所以他们都深受刘裕果敢风格影响，选择刘义隆为帝的标准是因为他聪颖有才干且较年长（十八

---

[1]《陈书·宣帝纪》，第93页。

岁）。[1] 当时曾有人主张以十二岁的刘义恭为帝，遭到徐羡之等人拒绝。[2] 显然他们更倾向推选年长的君主。而刘义隆开创"元嘉之治"的表现也证明他们的选择是正确的。

为了给刘义隆即位扫清障碍，徐羡之等人不但杀死了少帝刘义符，还处死了排行第二、"轻动无德业"的庐陵王刘义真。[3] 这种不计后果的决绝风格也颇有刘裕之风。但这也引起了刘义隆的极大恐惧，所以他稳定政权之后，陆续借机处死了四人。如果四人的做法稍微含蓄谦和一些，比如在拥立刘义隆的同时保持刘义符、刘义真的性命，则刘义隆未必敢对四人进行清洗。但这显然不是刘裕和他的部属们的风格，南朝政治血腥、充满杀气，也正由此开端。

陈朝的"军人共同体"色彩较重，在帝位的传承上也有表现。首先是陈霸先死后将领们拥立文帝陈蒨继位。559 年陈霸先病死时身边没有子嗣：其子陈昌在梁元帝朝廷陷落时被俘入周。[4] 当时陈朝将领比较看好的是陈霸先的侄子临川王陈蒨，他富有征战经历，曾参加过对王僧辩所部以及北齐渡江军队的战斗。陈霸先死时他正率部在南皖口防范王琳军。当时陈朝重要将帅大都在防御王琳的前线，只有杜棱在建康负责留守事务。杜棱从岭南就在陈霸先麾下作战，在陈朝诸将中资历较老，他派人到南皖秘密迎接陈蒨回建康即位：

> 三年，高祖（陈霸先）崩，世祖（陈蒨）在南皖。时内无嫡嗣，外有强敌，侯瑱、侯安都、徐度等并在军中，朝廷宿将，唯

[1] 《资治通鉴》卷一百二十："羡之等以宜都王义隆素有令望，又多符瑞，乃称皇太后令……以宜都王辰承大统"（第 3767 页）。
[2] 《宋书》卷四十三《徐羡之传》："侍中程道惠劝立第五皇弟义恭，羡之不许。"（第 1332 页）
[3] 《宋书》卷六十一《庐陵孝献王义真传》，第 1635 页。
[4] 当时北周也试图送陈昌回南方，但长江中游是梁元帝萧绎旧部王琳控制区，无法通行，陈昌只能暂留在北周控制的安陆。

　　棱在都，独典禁兵，乃与蔡景历等秘不发丧，奉迎世祖……[1]

　　另一名重要将领侯安都此时正在班师回建康，他经过南皖时获悉陈霸先死讯，遂陪伴陈蒨一起回到建康，与杜棱等推戴陈蒨即位。陈霸先遗孀章皇后试图迎接亲生的陈昌为帝，所以坚决不同意陈蒨继位。在群臣犹豫之际，还是侯安都从太后处强抢了皇帝玉玺，并将陈蒨推上先皇灵前，象征其已是合法继承人：

　　　　还军至南皖，而高祖崩，安都随世祖还朝，仍与群臣定议，翼奉世祖。时世祖谦让弗敢当，太后又以衡阳王故，未肯下令，群臣犹豫不能决。安都曰："今四方未定，何暇及远，临川王有功天下，须共立之。今日之事，后应者斩。"便按剑上殿，白太后出玺，又手解世祖发，推就丧次。世祖即位，迁司空……[2]

　　颇有意味的是，在陈蒨为帝时，侯安都指挥击败了王琳军，"勋庸转大，又自以功安社稷，渐用骄矜"，对文帝陈蒨逐渐缺乏尊重：

　　　　（安都）尝陪乐游禊饮，乃白帝曰："何如作临川王时？"帝不应。安都再三言之，帝曰："此虽天命，抑亦明公之力。"
　　　　宴讫，又启便借供帐水饰，将载妻妾于御堂欢会，世祖虽许其请，甚不怿。明日，安都坐于御坐，宾客居群臣位，称觞上寿。[3]

　　侯安都向文帝借"御堂"举办家宴甚至坐上皇帝的御座，令人想

[1] 《陈书》卷十二《杜棱传》，第192页。
[2] 《陈书·侯安都传》，第145页。
[3] 《陈书·侯安都传》，第147页。

起东晋元帝即位时引王导登御座之举，及所谓"王与马，共天下"的说法。而到陈文帝时与皇帝共享御座的则换成了武将。侯安都的这种行为已经突破了君臣关系的底线，且陈蒨也具有掌控朝政的能力，最终侯安都被诛杀。

在陈蒨朝，其次弟陈顼被北周释放返回，在政务中发挥了越来越重要的作用。陈蒨死后，继位的太子陈伯宗（废帝）软弱无能，陈顼掌握辅政大权，并受到将领们的拥戴。在废帝陈伯宗即位的第一年（光大元年，567 年），忠心者曾两度试图推翻辅政的陈顼，但都未成功。第一次是文臣与沈太后联合，试图以太后敕令使陈顼离开尚书省"还第"，从而将其驱逐出权力中心。这些参与者主要是尚书和中书省中的文臣：

> （殷不佞）迁东宫通事舍人。及世祖崩，废帝嗣立，高宗（陈顼）为太傅，录尚书辅政，甚为朝望所归。不佞素以名节自立，又受委东宫，乃与仆射到仲举、中书舍人刘师知、尚书右丞王暹等，谋矫诏出高宗。众人犹豫，未敢先发，不佞乃驰诣相府，面宣敕，令相王还第。及事发，仲举等皆伏诛……[1]

陈顼刚得到敕令时，一度犹豫不敢反击，派人询问领军将军，名将吴明彻，吴坚决支持其留在朝廷。[2] 得到吴的支持后，陈顼发起反击，将反对者们逮捕处决。此事成为陈顼废黜陈伯宗自立的直接诱因，而文臣与武将在此事中的不同立场则颇有代表性。

不久，湘州刺史华皎起兵反对陈顼。华皎是文帝陈蒨的亲信，故忠于文帝、废帝父子。他联合北周军队试图顺江而下，但江州刺史章昭达、郢州刺史程灵洗都拒绝了华皎的劝降，建康的旧将也都忠于陈

---

[1]　《陈书》卷三十二《孝行传·殷不佞》，第 425 页。亦见卷十六《刘师知传》。
[2]　《陈书·吴明彻传》。

顼，吴明彻、淳于量、徐度徐敬成父子受命出兵，击败了华皎和北周联军。此举亦为陈顼正式称帝扫清了道路。按照《陈书》的说法，陈蒨临终前就曾试图仿效吴太伯让位给陈顼。不论这种说法是否是陈顼为帝之后的杜撰，当时的将领们都没有对这次帝位易主表示异议。他们显然更愿意接受年长、有能力的陈顼为帝。陈顼即位之后，也炫耀自己熟稔战阵之事，显然是在向将帅们展示他的才能。太建四年（572 年）八月：

> 诏曰："国之大事，受赈兴戎……磻溪之传韬诀，谷城之授神符，文叔悬制戎规，孟德颇言兵略。朕既惭暗合，良皆披览。兼昔经督戎，备尝行阵，齐以七步，肃之三鼓，得自胸襟，指掌可述。今并条制，凡十三科，宜即班宣，以为永准……"[1]

第三节　皇权对军事将领的打击与控制

南朝军事将领与皇权的关系一直处在动态之中：当局势混乱时，军事将领们会结成集团拥立自己支持的皇帝；当皇帝（往往是继任的皇帝）能够稳定执掌政权时，又会对势力强大、过于跋扈的军事将领进行诛杀，以维持皇权的独尊。

在宋、齐两代，这种皇权打压军事将领的现象比较突出。刘义隆被谢晦、檀道济等迎立之后不久就借机陆续除掉了四人。为孝武帝刘骏夺位立下战功的名将柳元景、沈庆之，在前废帝刘子业即位不久也被诛杀。明帝刘彧在讨平反对武装之后赐死为其平叛的将领吴喜，斥逐老将张永。到后废帝刘昱朝，杀戮武人的风气更盛。在这种情况下，曾有一大群禁军将领寄希望于除掉刘昱，改立建平王、南徐州刺

---

[1] 《陈书·宣帝纪》，第 81 页。

史刘景素：

> 自是废帝狂悖日甚，朝野并属心景素……与司马庐江何季
> 穆、录事参军陈郡殷沵、记室参军济阳蔡履、中兵参军略阳垣庆
> 延、左右贺文超等谋之。以参军沈颙、毋丘文子、左暄、州西曹
> 王潭等为爪牙。季穆荐从弟豫之为参军。景素遣豫之、潭、文超
> 等去来京邑，多与金帛，要结才力之士。由是冠军将军黄回、游
> 击将军高道庆、辅国将军曹欣之、前军韩道清、长水校尉郭兰之、
> 羽林监垣祗祖，并皆响附，其余武人失职不得志者，莫不归之。[1]

可见簇拥在刘景素周围的有两批人，一批是南徐州刺史京口军府
中的军官，一批是朝廷禁军序列中的黄回、高道庆、曹欣之等军官，
追随他们的也都是"武人失职不得志者"。476 年刘景素的仓促起兵
很快被平定。次年，后废帝又诛杀了另一群被怀疑谋反的禁军军官和
朝臣，[2] 辅政大臣萧道成也几度险些被刘昱杀害。在这种恐怖气氛中，
刘昱遭到了和前废帝刘子业一样的下场——被侍卫刺杀，政权则落到
了萧道成手中。

萧道成建齐之后，太子萧赜与萧道成集团中的一些将领不睦。当
萧赜即位之后，立即处死了在淮阴时期就追随萧道成的旧将垣崇祖；
车骑将军张敬儿曾为萧道成击败刘休范、沈攸之立下战功，也被萧赜
借机除掉。到齐明帝萧鸾一朝，因为与北魏战事激烈，内部矛盾相对
并不明显。萧鸾平生最担心的是萧道成、萧赜子孙，进行了多次诛
戮。到萧鸾晚年病危时，又开始担心异姓将帅会威胁自己的继承人，
这激起老将王敬则在会稽起兵，但迅速失败。萧鸾死后，年轻的萧宝

---

[1] 《宋书》卷七十二《建平王景素传》，1862 页。

[2] 《宋书》卷九《后废帝纪》："四月甲戌，豫州刺史阮佃夫、步兵校尉申伯宗、朱幼谋
　　废立，佃夫、幼下狱死，伯宗伏诛……六月甲戌，诛司徒左长史沈勃、散骑常侍杜幼
　　文、游击将军孙超之、长水校尉杜叔文，大赦天下。"（第 187 页）

卷继位，他对将帅们大开杀戒：旧将曹虎被杀；陈显达自江州刺史起兵，旋即兵败身死；豫州刺史裴叔业在惊恐中投降北魏；旧将崔慧景受命攻击裴叔业，但在进军途中倒戈，围攻建康数日后兵败。另一路讨伐裴叔业的萧懿所部驰援京师，击败崔慧景部。但萧宝卷旋即赐死萧懿，又大肆捕杀其家人。此举引发萧衍在雍州起兵，终结了萧宝卷和齐朝的统治。

　　在宋、齐两代的政治中，这种以残暴杀戮著称的"少主现象"很值得关注。宋前废帝刘子业、后废帝刘昱、齐东昏侯萧宝卷都是少年即位且血腥残暴，大肆杀戮臣僚，并在短时间内被刺杀或推翻。这也和南朝皇权所处的环境有关：东晋皇权不振，不可能出现残暴的君主；宋齐几位少主又和十六国、北朝那些以残暴著称的君主如赫连勃勃、高洋不太一样：赫连勃勃、高洋的残忍虐杀并没有特定对象，任何朝臣、近侍甚至不相干的百姓都可能遭到屠戮；宋齐三位少帝屠杀的对象则主要指向掌权的大臣，特别是有军事经验的将领。这反映了南朝皇权对军事将领的忌惮，即少帝们本能地意识到武人将领们对自己帝位的威胁，[1] 但由于年幼，心智与政治经验尚不完善，所以表现为残忍的和扩大化的屠杀，最终造成其统治解体。这背后的原因，是南朝军事将领与皇权之间的关系尚未完全理顺。再反观北方，暴君并无特定的诛杀对象，也是因为皇权已经强大到没有任何潜在对手，所以其暴行也没有特定的目标，更接近心理上的扭曲和宣泄。

　　除了对潜在威胁的诛杀，南朝君主还在探索运用制度化的调兵、选将等机制实现对军事将领的控制。[2] 在"元嘉之治"期间，刘义隆成功实现了对将帅武人的控制。但宋军对北魏历次北伐均无功而返，就

---

[1] 亦有先帝教导的成分。比如萧鸾对萧宝卷的训导："高宗临崩，属以后事，以隆昌为戒，曰：'作事不可在人后！'故委任群小，诛诸宰臣，无不如意。"隆昌即被萧鸾废黜的萧昭业。见《南齐书》卷七《东昏侯纪》，第102页。

[2] 自刘裕以来，皇权控制将帅的另一个方式是重用宗室兄弟、子侄等。但同室亦可操戈，君王家族内部的互相杀戮有时甚至烈于外人。宋文帝诸子孙之间的杀戮，以及萧鸾对宗室诸王的屠杀都是例证。这说明宗室并不能代替异姓将领。

与刘义隆对将帅牵制太多有关。《宋书·文帝纪》末，沈约对刘义隆的评价是：

> 授将遣帅，乖分阃之命，才谢光武，而遥制兵略，至于攻日战时，莫不仰听成旨。虽覆师丧旅，将非韩、白，而延寇蹙境，抑此之由。[1]

除了贻误战机，这种指挥方式还造成前线将帅缺乏主动进攻精神与应变能力。刘义隆总结最后一次北伐（元嘉二十九年，452年）的失策，认为是将帅懦弱畏战："早知诸将辈如此，恨不以白刃驱之，今者悔何所及！"[2] 实则是他自己对前线干预过多所致。

在萧衍攻灭萧宝卷，建梁称帝之后，充分吸收了宋、齐两代将领（也包括他自己）坐大篡权的教训，有意识地削夺军事将领，特别是那些随同他起兵的武人的权力。萧衍有能力和信心驾驭这些将领，所以他并未采取诛杀策略，只是不让这些人久居边境州镇，改为让他们在建康担任显赫，但无直接兵权的官职，且在不同官职之间频繁调动，使其无法培植私人力量。比如曾随萧衍起兵的将领王茂，在梁朝最初五六年还在地方州镇及前线任职，后调入建康任尚书右仆射、侍中等职务。他感觉作为武人受到冷落，心中颇为不满：

> 时天下无事，高祖方信仗文雅，茂心颇怏怏，侍宴醉后，每见言色，高祖常宥而不之责也。[3]

另一名元从功臣曹景宗，也对离开军队之后的承平生活颇为厌倦：

---

[1]　《宋书·文帝纪》，第103页。
[2]　《宋书》卷五十三《张永传》，第1512页。
[3]　《梁书》卷九《王茂传》，第176页。

　　（曹景宗）性躁动，不能沈默，出行常欲褰车帷幔，左右辄谏以位望隆重，人所具瞻，不宜然。景宗谓所亲曰："我昔在乡里，骑快马如龙，与年少辈数十骑，拓弓弦作霹雳声，箭如饿鸱叫。平泽中逐獐，数肋射之，渴饮其血，饥食其肉，甜如甘露浆。觉耳后风生，鼻头出火，此乐使人忘死，不知老之将至。今来扬州作贵人，动转不得，路行开车幔，小人辄言不可。闭置车中，如三日新妇。遭此邑邑，使人无气！"[1]

　　其实梁朝中前期与北魏的战事并不少，完全有这些旧将施展的空间。但萧衍为了便于驾驭，都是命令子侄诸王担任北伐统帅。这些宗王多懦弱且无军事经验，造成梁朝的北伐频频失利。比如505—506年，临川王萧宏指挥的北伐，以及524年豫章王萧综指挥的北伐。前次以萧宏弃师逃命引发惨败，后次则因萧综投降北魏而不了了之。不过，旧将赋闲也确实保障了梁朝数十年的稳定。

　　总之，皇帝对将领失去控制会导致军人政变，如果控制太严密则会削弱军队战斗力，无法取得对北方战争的胜利。这是南朝的政治结构一直未能解决的问题。

第四节　皇权、将领对士族文化的追求

　　东晋末年刘裕主导的北伐是南方政权军事成就的最高峰。在此后百余年的南北对峙中，南朝在军事上逐渐转入被动，随着疆域缩小，国力也随之削弱，最终被隋统一。这个历史大趋势背后的原因，除了当时南方开发程度尚低、人口与经济总量不如北方之外，另一个重要原因在于南方缺乏尚武的社会氛围。虽然每个朝代都由军人集团开

---

[1]　《梁书》卷九《曹景宗传》，第181页。

创，但军事将领们（包括以征战起家的皇帝）进入社会上层之后，迅速被士族阶层崇尚雅致情趣与文学艺术的生活方式同化，难以保持勇武精神，整个社会也呈现重文轻武的趋向，最终造成南朝的积弱与灭亡。

南朝皇室对文化品味的追求

宋开国皇帝刘裕本是戎马一生的军人，自幼未曾求学，文化程度很低。他的书法极差，谋士刘穆之只能建议他多写大字，"一字径尺，无嫌"。结果刘裕"一纸不过六七字便满"[1]。与刘裕一起起兵的北府将领刘毅在这方面也有表现。刘裕攻灭卢循之后，刘毅曾在庆功宴上作诗炫耀其有文化：

> 初，裕征卢循，凯归，帝大宴于西池，有诏赋诗。毅诗云："六国多雄士，正始出风流。"自知武功不竞，故示文雅有余也。[2]

刘毅因战功不如刘裕，只得自命在"风流"方面胜出。这种社会氛围也使得刘裕急需表现出文化修养，但他引经据典时难免出现张冠李戴的错误，招致不讲情面的僚属指摘：

> 高祖少事戎旅，不经涉学，及为宰相，颇慕风流，时或言论，人皆依违之，不敢难也。（郑）鲜之难必切至，未尝宽假，要须高祖辞穷理屈，然后置之。高祖或有时惭恧，变色动容……[3]

到宋文帝刘义隆一代人，文化素质已经有了较大提高。元嘉七年

---

[1]　《宋书》卷四十二《刘穆之传》，第 1305 页。参见王永平：《论宋武帝刘裕之文化素养及其文化倾向》，《史学月刊》2009 年第 2 期。

[2]　《晋书·刘毅传》，第 2210 页。

[3]　《宋书》卷六十四《郑鲜之传》，第 1696 页。

北伐失败，刘义隆曾作诗抒发其悲愤之情："抚剑怀感激，志气若云浮"[1]。刘义隆诸子——孝武帝刘骏、明帝刘彧等也很注意塑造自己有文化的形象。刘骏自命书法高超，当时书法名家王僧虔担心引起皇帝嫉恨，"常用拙笔书"，得以明哲保身。[2] 刘骏还有诗《戏马台梨花赞》传世，[3] 戏马台在淮北的彭城，他称帝后并未到过彭城，所以应是元嘉末年以皇子身份驻防彭城时的作品。刘彧在称帝之前也颇有文史、经学著述，[4] 他还自以为擅长围棋，群下投其所好，恭维他棋艺为第三品。[5]

　　南齐开国皇帝萧道成虽然出身将门，但也颇有文化，本纪称其"博涉经史，善属文，工草隶书，弈棋第二品"[6]。在驻防淮阴时，他担心北魏的攻势和宋明帝的猜忌，曾作《塞客吟》以喻志。[7] 齐武帝萧赜也颇有文采，当时北魏使臣李彪数次出使南齐，萧赜与李彪多有诗作唱和，这也是向北朝显示其文化素养。[8] 南齐宗室竟陵王萧子良喜欢招揽文士，他身边的所谓"竟陵八友"囊括了当时的著名文人沈约、王融、谢朓、范云、任昉等人，梁朝开国皇帝萧衍亦在其中。[9] 梁武帝诸子也多有以文学经史著称者。昭明太子萧统延揽门客编辑《文选》，成为后世文学楷模。[10] 继萧统为太子的萧纲（简文帝）在这

---

[1]《宋书·索虏传》，第 2334 页。

[2]《南齐书》卷三十三《王僧虔传》，第 592 页。

[3]《艺文类聚》卷八十六《果部上·梨》："宋孝武帝梨花赞曰：沃瘠异壤，舒惨殊时，惟气在春，具物含滋，嘉树之生，于彼山基，开荣布采，不离尘缁。"（上海：上海古籍出版社，1999 年，第 1474 页）另见《太平御览》卷九百六十九《果部上·梨》，第 4297 页。

[4]《宋书·明帝纪》："好读书，爱文义，在藩时，撰《江左以来文章志》，又续卫瓘所注《论语》二卷，行于世。"（第 170 页）

[5]《南齐书》卷五十三《良政传·虞愿》："帝好围棋，其拙，去格七八道，物议共欺为第三品。与第一品王抗围棋，依品赌戏，抗每饶借之，曰：'皇帝飞棋，臣抗不能断。'帝终不觉，以为信然，好之愈笃。"（第 916 页）

[6]《南齐书·高帝纪下》，第 38 页。

[7]《南齐书》卷二十八《苏侃传》，第 528 页。

[8]《魏书》卷六十二《李彪传》，第 1390 页。

[9]《梁书》卷一《武帝纪》，第 2 页。另参见卷十三《沈约传》。

[10]《梁书·昭明太子传》。

方面同样出色，他"引纳文学之士，赏接无倦，恒讨论篇籍，继以文章"[1]，本纪及《隋书·经籍志》载其文士经义著作多种。在这种社会氛围之中，南朝上层重文轻武之风达到顶点。《颜氏家训》对当时社会风貌有生动刻画：

> 梁世士大夫，皆尚褒衣博带，大冠高履，出则车舆，入则扶侍，郊郭之内，无乘马者……建康令王复性既儒雅，未尝乘骑，见马嘶歕陆梁，莫不震慑，乃谓人曰："正是虎，何故名为马乎？"其风俗至此。[2]

有讽刺意味的是，萧纲为太子时，还曾编著《马槊谱》，当时以"谱"品鉴琴棋书画之风颇盛，萧纲却是品鉴骑兵武器马槊。此书正文已经亡佚，但序文残章保存在《太平御览》之中，萧纲用富有节律的骈体文咏唱：

> 至如春亭落景，秋皋晚净，青霜旦尽，密雨初晴。纤骊沃若，天马半汉。盼金精而转态，交流汗血；爱连乾而息影，不畏衣春。镂衢与白刃争晖，翠眊与红尘俱动。足使武夫愤气，观者冲冠。巴童留玩，不待轻舟之楫；越女踟蹰，无假如皋之箭。[3]

在江南花柳明媚的场景中，在巴童越女的围观下，骑兵操练马槊的场面更像是一场雅致从容的游戏。太清二年（548 年），侯景八百骑兵渡过长江，围攻建康，便是另一番景象："及侯景之乱，（士大夫）肤脆骨柔，不堪行步，体羸气弱，不耐寒暑，坐死仓猝者，往

---

[1] 《梁书》卷四《简文帝纪》，第 109 页。

[2] 《颜氏家训·涉务第十一》，郑州：中州古籍出版社，2008 年，第 157—158 页。

[3] 《太平御览》卷三百五十四，第 1627—1628 页。

往而然。"[1] 在侯景军队围攻台城期间，萧纲甚至还写作了一篇《围城赋》。[2] 被侯景俘获囚禁时，萧纲"又为《连珠》二首，文甚凄怆"[3]。而其子萧大器在被侯景杀害前还在讲《老子》，[4] 可谓历史的嘲讽。在江陵立朝的梁元帝萧绎也"著述辞章，多行于世"，在西魏军队展开对江陵的攻势时，萧绎还在江陵"龙光殿述《老子》义"[5]。

陈朝的前三代皇帝陈霸先、陈蒨、陈顼都是壮年登基，前半生多有征战，无暇顾及文艺。但陈蒨在教育诸子时已经比较强调文化修养。当时文士陆缮受命教授太子陈伯宗及其兄弟优雅的谈吐举止：

> 缮仪表端丽，进退闲雅，世祖使太子诸王咸取则焉。其趋步蹈履，皆令习缮规矩。[6]

而陈伯宗果然文弱无为，迅速被叔父陈顼取代。到后主陈叔宝一代，又以爱好文艺著称，而南朝历史也至此终结。[7]

南朝军事将领对文化品味的追求

晋末、南朝的将领多从行伍出身，文化水平不高，他们最热衷的娱乐是赌博。刘裕、刘毅诸将虽然努力做出有文化的姿态，但在武人群聚的场合，赌博仍是最主要的消遣，且诸人举止颇粗野：

---

[1] 《颜氏家训·涉务第十一》，第 157 页。
[2] 《梁书》卷三十八《朱异传》，第 539 页。
[3] 《梁书·简文帝纪》，第 108 页。
[4] 《梁书》卷八《哀太子萧大器传》，第 172 页。
[5] 《梁书·元帝纪》，第 134 页。
[6] 《陈书》卷二十三《陆缮传》，第 303 页。
[7] 《隋书》卷十三《音乐志上》："及后主嗣位，耽荒于酒，视朝之外，多在宴筵。尤重声乐，遣宫女习北方箫鼓，谓之《代北》，酒酣则奏之。又于清乐中造《黄鹂留》及《玉树后庭花》《金钗两臂垂》等曲，与幸臣等制其歌词，绮艳相高，极于轻薄。男女唱和，其音甚哀。"（第309页）另，《乐府诗集》卷八十七载陈后主作《独酌谣》四首，亦极纤丽。

刘毅当镇江陵，高祖会于江宁，朝士毕集。毅素好摴蒱，于是会戏。高祖与毅敛局，各得其半，积钱隐人，毅呼高祖并之。先掷得雉，高祖甚不说，良久乃答之。四坐倾瞩，既掷，五子尽黑，毅意色大恶，谓高祖曰："知公不以大坐席与人！"[1]

宋明帝初年平定所谓"四方反叛"之后，明帝亲自到新亭迎接凯旋诸将，"劳接诸军主，樗蒲官赌"[2]，即朝廷出资供诸将大赌。天监六年（507年），梁军挫败北魏对钟离的进攻，被解救的徐州刺史昌义之设局，邀请援军主帅韦叡、曹景宗赌钱，"因设钱二十万官赌之"[3]。可见武将的品味都颇庸俗。但当他们位至公侯之后，则往往力图摆脱鲁莽武夫的形象，融入士族的交往圈子。这种情况在刘宋末、南齐时最为明显，且往往发生在"第二代"武人身上。比如刘宋名将沈庆之之子沈文季，到南齐初就颇为忌讳其武人出身，"文季风采稜岸，善于进止。司徒褚渊当世贵望，颇以门户裁之，文季不为之屈"，在太子萧赜的宴会上，褚渊声称"沈文季当今将略，足委以边事"，结果"文季讳称将门，因是发怒"[4]，二人发生口角。刘宋另一位将领张兴世之子张欣泰也颇忌讳提及其军人家世：

（欣泰）年十余，诣吏部尚书褚渊，渊问之曰："张郎弓马多少？"欣泰答曰："性怯畏马，无力牵弓。"渊甚异之。

到南齐萧赜（世祖）朝，张欣泰任直阁将军，负责禁军宿卫，但他努力显示自己的文化修养，终于得以调任文职：

[1]　《宋书·郑鲜之传》，第1696页。此事亦见《晋书·刘毅传》。
[2]　《南齐书》卷二十七《李安民传》，第505页。
[3]　《梁书·韦叡传》，第225页。
[4]　以上见《南齐书·沈文季传》，第776页。

欣泰通涉雅俗，交结多是名素。下直辄游园池，著鹿皮冠，衲衣锡杖，挟素琴。有以启世祖者，世祖曰："将家儿何敢作此举止！"后从车驾出新林，敕欣泰甲仗廉察，欣泰停仗，于松树下饮酒赋诗。制局监吕文度过见，启世祖。世祖大怒，遣出外，数日，意稍释，召还，谓之曰："卿不乐为武职驱使，当处卿以清贯。"除正员郎。……[1]

另一位追随萧道成崛起的武人张敬儿也努力学习适应上层社会的举止规范。"敬儿武将，不习朝仪，闻当内迁，乃于密室中屏人学揖让答对，空中俯仰，如此竟日，妾侍窃窥笑焉。""敬儿始不识书，晚既为方伯，乃习学读《孝经》《论语》。"[2]他的女儿也嫁入高门谢氏（谢灵运之曾孙）。[3]到梁、陈时，高级将领的这种身份落差相对缓和，因为梁武帝能较好地处理武人和宗室、文臣的关系，关键职位都由宗室担任，武人能升迁到最高层的机会较少。陈朝则是因为外部军事压力较大，武人将领一直得势，且无暇过度重视文饰。但作为整体的社会氛围，重文轻武的风气在南朝一直盛行。这造成的结果就是军事将领的技能、职业难以家传。每一轮帝位更迭都产生新兴的军人集团，但将领们地位上升之后，其子孙都不愿继续从事战争生涯，下一轮帝位更迭伴随着新的军人集团出现。这个过程循环不止，而南朝从未形成一个稳定、持续的"军事贵族集团"。北方的西魏、北周、隋政权，则正是因为形成了一个稳定的武人群体"关陇集团"[4]，才得以攻占北齐，再由隋王朝灭陈统一中国，由此开始新一轮的文武阶层大循环。

---

[1]　《南齐书·张欣泰传》，第881页。

[2]　《南齐书·张敬儿传》，第473页。

[3]　《南齐书》卷三十六《谢超宗传》："谢超宗，陈郡阳夏人也。祖灵运……超宗娶张敬儿女为子妇"（第636页）。

[4]　参见陈寅恪：《唐代政治史述论稿》，上海：上海古籍出版社，1982年，第77页。当代学者对于"关陇集团"的形成与北周的崛起已有较多研究，所以本书从略。

余论 文武分途与"南朝化"命题

通过北魏政权的中原化和对南战争历程可见，北方民族统治者必须借助汉地的统治手段与文化传统，方能实现中国的全面统一。但南北统一并不代表南方政治文化因素的消亡。从更长时段看，南朝的士族政治文化在唐代逐渐兴盛，造成了文官与武官之间的壁垒，并对之后的中国历史造成深远影响。

自魏晋开始，士族社会带来了精致书面文化的繁荣，骈体文和格律诗便是这一时期的产物。其他士大夫文化的代表，如围棋、文人画、书法等，也得到了充分发展。在南朝社会（包括深受南朝士风影响的北齐），这些文化形式高度发达，成为文人组成的官僚机器的象征和"准入门槛"。这造成了文官体系与军人阶层泾渭分明、难以整合的现象，并使得整个社会缺乏尚武精神与对外扩张的动力。周隋关陇集团并未受到这种文化风气影响，军事实力较强，所以最终北周灭齐，隋灭陈实现统一。

从唐初到玄宗朝，随着关陇集团的解体，源自南朝和北齐的文化风尚又完全占领了唐的官僚机器，陈寅恪、唐长孺等学者总结的唐代社会"南朝化"趋势，部分也因此而发。这又造成了文臣和武将的职业隔膜，以及文人和武人身份的对立。安史之乱便是这种对立的爆发。此后的唐代官僚机器也一直无力驾驭武人阶层，从而导致藩镇长期割据和五代十国军人称帝。到宋代时，文官机器几乎获得了独尊地位，军人阶层处于被压制的从属地位，这保证了中原地区的政治稳定，但也使得政权缺乏对外扩张性，长期积弱。

自唐以来官僚机器的文人化、文学化，除了导致中原政权缺乏扩张性，也使得中原朝廷与北方游牧族的隔阂加深，因为北方游牧族人比中原武人的文化程度更低。中原文人出身的宰相等高官，显然和游牧族首领缺乏相互欣赏。唐代突厥、回纥在一定程度上建立了集权政治，但其国家机器的发育程度一直不高，部分原因可能在于同时期的唐政权已经过度文人化，北方民族难以效仿。这可能也是唐代突厥、回纥等北族对入主汉地缺乏兴趣的原因之一。所以十六国、北朝那种大规模的民族融合再也没有重现。当然，吐蕃帝国有比较完备的官僚机器和文化，但它萌生于青藏高原的南部农业区，和中原文明少有传承关系。

简言之，唐以来官僚机器的文官化、文学化，导致了政权的内敛，以及汉文化与游牧族隔阂的加深，而这种趋势在两晋和南朝已经出现了。从唐中期的安史之乱开始，汉人王朝已经彻底丧失了对外扩张的动力和实力，基本只能维持长城边界（甚至连长城都无法保有）。能够统治长城内外的，都是北方民族建立的政权，如元、清。从这个脉络看，南北朝社会与政治的关键问题——国家机器内部的文武问题、民族关系上的南北问题——跨越唐、五代至宋、辽、金乃至明、清时期一直存在，成为前现代中国政治、社会最重大的问题。

参考文献

一、传世文献（基本按四部分类排序）

（清）阮元校刻：《十三经注疏》，北京：中华书局，1980 年影印本。

（西汉）司马迁：《史记》，北京：中华书局，1982 年。

（东汉）班固：《汉书》，北京：中华书局，1962 年。

（南朝宋）范晔：《后汉书》，北京：中华书局，1965 年。

（西晋）陈寿：《三国志》，（南朝宋）裴松之注，北京：中华书局，1982 年。

（唐）房玄龄等：《晋书》，北京：中华书局，1974 年。

（梁）沈约：《宋书》，北京：中华书局，1974 年。

（梁）萧子显：《南齐书》，北京：中华书局，1972 年。

（唐）姚思廉：《梁书》，北京：中华书局，1973 年。

（唐）姚思廉：《陈书》，北京：中华书局，1972 年。

（北齐）魏收：《魏书》，北京：中华书局，1974 年。

（唐）李百药：《北齐书》，北京：中华书局，1972 年。

（唐）令狐德棻等：《周书》，北京：中华书局，1971 年。

（唐）魏征等：《隋书》，北京：中华书局，1973 年。

（唐）李延寿：《南史》，北京：中华书局，1975 年。

（唐）李延寿：《北史》，北京：中华书局，1974 年。

（北宋）司马光等：《资治通鉴》，北京：中华书局，1956 年。

《国语》，（三国）韦昭注，上海：上海古籍出版社，1978 年。

（东晋）常璩：《华阳国志》，北京：中华书局，1985 年。

（北魏）郦道元：《水经注疏》，（清）杨守敬、熊会贞疏，南京：江苏古籍出版社，
　　1989 年。

（唐）杜佑：《通典》，北京：中华书局，1988 年。

（清）顾祖禹：《读史方舆纪要》，北京：中华书局，2005 年。

（清）李慈铭：《越缦堂读书记》，北京：中华书局，2006 年。

（清）王夫之：《读通鉴论》，北京：中华书局，1975 年。

（清）王鸣盛：《十七史商榷》，上海：上海书店，2005 年。

（清）赵翼：《廿二史札记》，北京：中华书局，1963 年。

《二十五史补编》，北京：中华书局，1995 年。

《六韬》，北京：中华书局，1971 年。

《武经七书》，骈宇骞校注，北京：中华书局，2007 年。

（明）戚继光：《纪效新书》（十八卷本），北京：中华书局，2001 年。

（明）戚继光：《纪效新书》（十四卷本），北京：中华书局，2001 年。

（南北朝）颜之推：《颜氏家训》，郑州：中州古籍出版社，2008 年。

（唐）欧阳询等编：《艺文类聚》，上海：上海古籍出版社，1999 年。

（唐）徐坚编：《初学记》，北京：中华书局，1962 年。

（北宋）李昉等编：《太平御览》，北京：中华书局，1960 年。

（南朝宋）刘义庆：《世说新语校笺》，徐震堮校笺，北京：中华书局，1984 年。

（南北朝）庾信：《庾子山集注》，（清）倪璠校注，北京：中华书局，1980 年。

（梁）萧统编：《文选》，（唐）李善注，北京：中华书局，1977 年影印本。

（南朝宋）郭茂倩编：《乐府诗集》，北京：人民文学出版社，2010 年影印本。

［古罗马］恺撒：《高卢战记》，任炳湘译，北京：商务印书馆，1979 年。

［古罗马］恺撒：《内战记》，任炳湘、王士俊译，北京：商务印书馆，1986 年。

二、研究论著（按音序排序）

Alex Roland, "Review: Once More into the Stirrups: Lynn White Jr., Medieval Technology and Social Change", *Technology and Culture*, Vol. 44, No. 3 (Jul., 2003).

［美］阿彻・琼斯:《西方战争艺术》，刘克俭等译，北京：中国青年出版社，2001 年。

［日］安田二郎:《六朝政治史の研究》，京都：京都大学学术出版会，2003 年。

Bernard S. Bachrach, "Charles Martel, Mounted Shock Combat, the Stirrup, and Feudalism", *Studies in Medieval and Renaissance History*, 7 (1970).

白建钢:《西汉步、骑兵兵种初探》，《西北大学学报》（哲学社会科学版）1986 年第 1 期。

C. W. Bishop. J. Needham, *Science and Civilisation in China*, 6 v., Cambridge, 1954–1983, v. 1.

Chauncey S. Goodrich, "The Saddles of the Bronze Horses of Lei-t'ai", *Journal of the American Oriental Society*, Vol. 106, No. 1, Sinological Studies Dedicated to Edward H. Schafer (Jan. – Mar., 1986).

常彧:《从突骑到甲骑具装——魏晋南北朝骑兵之演进》，《中国中古史研究》（第九期），台北：兰台出版社，2009 年。

常彧:《汉画像石中“胡汉交战图”与两汉的突骑——两汉骑兵变革与中国古代骑兵分类》，《国学研究》（第二十八卷），北京：北京大学出版社，2011 年。

陈琳国:《论晋末刘宋军功家族的三种类型》，《中国史研究》1995 年第 4 期。

陈金凤:《魏晋南北朝中间地带研究》，天津：天津古籍出版社，2005 年。

陈金凤、杨炳祥:《元嘉北伐新论》，《华中理工大学学报》（社会科学版）2000 年第 4 期。

陈寅恪:《隋唐制度渊源略论稿》，上海：上海古籍出版社，1982 年。

陈寅恪:《唐代政治史述论稿》，上海：上海古籍出版社，1982 年。

陈寅恪:《金明馆丛稿初编》，北京：生活・读书・新知三联书店，2001 年。

陈勇:《刘裕与晋宋之际的寒门士族》，《历史研究》1984 年第 6 期。

［日］川胜义雄:《六朝贵族制社会研究》，徐谷梵、李济沧译，上海：上海古籍出版社，2008 年。

［美］狄宇宙:《古代中国与其强邻：东亚历史上游牧力量的兴起》，贺严、高书文译，北京：中国社会科学出版社，2010 年。

高至喜：《长沙两晋南朝隋墓发掘报告》，《考古学报》1959 年第 3 期。

［日］宫川尚志：《六朝史研究》（政治·社会篇），东京：日本学术振兴会，1956 年。

顾准：《顾准文集》，贵阳：贵州人民出版社，1994 年。

郭黎安：《六朝建都与军事重镇的分布》，《中国史研究》1999 年第 4 期。

郭天翔：《含山县的"三关""六口"》，《含山文史资料》（第三辑），政协含山县委员
　　会出版，2007 年。

何荣昌：《略论六朝的江防》，《六朝史论集》，合肥：黄山书社，1993 年。

胡阿祥：《东晋南朝的守国形势——兼说中国历史上的南北对立》，《江海学刊》1998
　　年第 4 期。

［美］黄仁宇：《万历十五年》，北京：生活·读书·新知三联书店，1997 年。

嵇果煌：《中国三千年运河史》，北京：中国大百科全书出版社，2008 年。

吉林省博物馆文物工作队：《吉林集安的两座高句丽墓》，《考古》1977 年第 2 期。

［美］拉铁摩尔：《中国的亚洲内陆边疆》，唐晓峰译，南京：江苏人民出版社，2010 年。

蓝永蔚：《春秋时期的步兵》，北京：中华书局，1979 年。

雷海宗：《中国文化与中国的兵》，长沙：岳麓书社，1989 年。

李庆发：《朝阳袁台子东晋壁画墓》，《文物》1984 年第 6 期。

李文才：《义熙伐蜀与晋末宋初政局》，《河北学刊》2001 年第 1 期。

黎瑶渤：《辽宁北票县西官营子北燕冯素弗墓》，《文物》1973 年第 3 期。

连云港市博物馆、中国文物研究所：《尹湾汉墓简牍综论》，北京：科学出版社，
　　1999 年。

林幹：《中国古代北方民族通论》，呼和浩特：内蒙古人民出版社，2007 年。

［日］林巳奈夫：《刻在石头上的世界：画像石述说的古代中国的生活和思想》，唐利
　　国译，北京：商务印书馆，2010 年。

刘彩玉：《论肥水源与"江淮运河"》，《历史研究》1960 年第 3 期。

柳涵：《北朝的铠马骑俑》，《考古》1959 年第 2 期。

鲁力：《刘宋初年的方镇格局与荆扬之争》，《魏晋南北朝隋唐史资料》（第十八辑），
　　武汉大学出版社，2001 年。

罗新：《中古北族名号研究》，北京：北京大学出版社，2009 年。

罗宗真：《马镫与炼丹术——纪念李约瑟博士援华 50 周年》，《东南文化》1994 年第 4 期。

Lynn White, "Technology and Invention in the Middle Ages", *Speculum*, Vol. 15, No. 2 (Apr., 1940).

Lynn White, "The Study of Medieval Technology, 1924–1974: Personal Reflections", *Technology and Culture*, Vol. 16, No. 4 (Oct., 1975).

Lynn White, *Medieval Technology and Social Change*, Oxford: Oxford University Press, 1962.

Lynn White, "The Act of Invention: Causes, Contexts, Continuities and Consequences", *Technology and Culture*, Vol. 3, No. 4, (Autumn, 1962).

马骕、高韵柏、周克来：《将军岭古"江淮运河"的考察及发现》，《长江水利史论文集》，南京：河海大学出版社，1990 年。

庞骏：《东晋士族与兵权——侧重于侨四姓士族掌兵权之研究》，《中国史研究》2001 年第 2 期。

秦兵：《五兵说质疑》，《考古》1986 年第 4 期。

秦始皇兵马俑博物馆：《秦始皇陵二号兵马俑坑发掘报告》，北京：科学出版社，2009 年。

陕西省考古研究所、始皇陵秦俑坑考古发掘队：《秦始皇陵兵马俑坑一号坑发掘报告 (1974—1984)》，北京：文物出版社，1988 年。

陕西省文物管理委员会：《西安南郊草厂坡村北朝墓的发掘》，《考古》1959 年第 6 期。

陕西省文管会、博物馆，咸阳市博物馆杨家湾汉墓发掘小组：《咸阳杨家湾汉墓发掘简报》，《文物》1977 年第 10 期。

史念海：《论济水和鸿沟》（上、中、下），《陕西师范大学学报》（哲学社会科学版）1982 年第 1—3 期。

史念海：《论我国历史上东西对立的局面和南北对立的局面》，《中国历史地理论丛》1992 年第 1 辑。

苏小华：《论魏晋南北朝时期骑兵战术的新发展》，《浙江社会科学》2009 年第 10 期。

台湾"三军大学"：《中国历代战争史》，北京：军事译文出版社，1983 年。

唐长孺:《魏晋南北朝史论丛》,北京:中华书局,2011 年。

陶贤都:《刘裕霸府政治述论》,《华中科技大学学报》(社会科学版) 2007 年第 3 期。

田余庆:《拓跋史探》,北京:生活·读书·新知三联书店,2003 年。

田余庆:《东晋门阀政治》,北京:北京大学出版社,2005 年。

Thomas J. Barfield, "The Hsiung-nu Imperial Confederacy: Organization and Foreign Policy", *The Journal of Asian Studies*, Vol.41, No.1, 1981.

万绳楠整理:《陈寅恪魏晋南北朝史讲演录》,合肥:黄山书社,1987 年。

王鑫义:《东晋南北朝时期的淮河流域漕运》,《安徽史学》1999 年第 1 期。

王延武:《两晋南朝的治"蛮"机构与"蛮族"活动》,《中南民族学院学报》(哲学社会科学版) 1983 年第 3 期。

王永平:《论宋武帝刘裕之文化素养及其文化倾向》,《史学月刊》2009 年第 2 期。

王永平、高荣华:《略论"元嘉之治"及其北伐》,《扬州师范学院学报》(社会科学版) 1993 年第 2 期。

[美] 巫鸿:《武梁祠:中国古代画像艺术的思想性》,柳扬、岑河译,北京:生活·读书·新知三联书店,2006 年。

[日] 小尾孟夫:《六朝都督制研究》,广岛:溪水社,2001 年。

杨泓:《骑兵和甲骑具装》,《文物》1977 年第 10 期。

杨泓:《中国古代马具的发展和对外影响》,《文物》1984 年第 9 期。

杨泓:《骑兵和甲骑具装二论》,《华学》(第三辑),北京:紫禁城出版社,1998 年。

杨泓:《逝去的风韵:杨泓谈文物》,北京:中华书局,2007 年。

杨恩玉、胡阿祥:《"元嘉之治"与"梁武帝之治"盛衰探因》,《理论学刊》2009 年第 3 期。

杨钧:《巢肥运河》,《地理学报》1958 年第 1 期。

俞伟超主编:《中国画像石全集》(第二卷),济南:山东美术出版社,2000 年。

袁俊卿:《南京象山 5 号、6 号、7 号墓清理简报》,《文物》1972 年第 11 期。

赵超:《汉魏南北朝墓志汇编》,天津:天津古籍出版社,1992 年。

张国刚:《唐代藩镇研究》,北京:中国人民大学出版社,2010 年。

张金龙:《北魏政治史》,兰州:甘肃教育出版社,2008 年。

张文强:《中国魏晋南北朝军事史》,北京:人民出版社,1994 年。

张雪岩:《集安县两座高句丽积石墓的清理》,《考古》1979 年第 1 期。

周一良:《魏晋南北朝史论集》,北京:北京大学出版社,2010 年。

朱大渭、张文强:《中国军事通史·两晋南北朝军事史》,北京:军事科学出版社,
　　1998 年。

后 记

本书是我 2006—2012 年间，在清华大学读博士学位的毕业论文。它的产生有一定的偶然性，不是完全按照"标准化"的学术模式生产出来的。

2005 年，我干了五年"新闻民工"之后，又考研到清华大学历史系读硕士。当初想读先秦史方向，因为我工作的几年里常看《左传》，想写写关于春秋时期贵族婚姻与国际政治的问题。但那年分导师时，恰好先秦史方向没有老师，于是我跟了治隋唐史的张国刚教授读硕士。张老师给了我一个硕士论文题目：中古时期的范阳卢氏家族。这个家族的时间跨度很大，从东汉到唐代都出了不少人才，所以我就从《后汉书》读起，想借机把整个从汉到唐的史书都看下来。

结果硕士读了两年后，我幸运地转成了直接攻读博士学位，这自然要考虑博士论文的选题。张国刚老师问我：要不要把范阳卢氏家族写成博士论文？那时研究中古世家大族的成果已经很多了，崔卢李郑几乎都有人写过，我感觉再写下去，也超越不了前面人的研究水平，所以想换个题目。恰好那时已经读到了《魏书》，感觉整个魏晋南北朝的战争很有意思，特别是南北方之间的战争，背后藏着很多东西，好像还没人系统地写过。于是和张老师说，想写个《南北战争三百年》。张老师说很好，可这题目不像个学位论文啊。于是就改成了《中国 4 至 6 世纪南北战争研究》，一直用到博士论文答辩，现在出书，又回到了最早的标题。很多人回忆写博士论文的日子，觉得苦大仇深，我倒觉得挺开心，能有那么几年不操心别的，老老实实读书写东西，实际上是太奢侈了。

按我最初的想法，是把这几百年里的战争史，按照时间顺序原原本本写下来，最主要的工作就是排比史料，寻找真相。因为涉及同一场战争，南方和北方的史书往往记载很不一样。司马光写《资治通鉴》的时候，初步进行了一些辨析排比工作，但做得还很不够，疏漏不少。所以我最初的想法就是"跟《资治通鉴》较劲儿"。但这种写法不符合现在"论文"的体例（美国式的学术规范），要有足够多的"论"才行（如果是老欧洲东方学的传统，应该能容许我的最初想法）。于是写成了现在的样子。其实第二编的"战例"部分，基本就是我当初想写的形式。

在刚开始读博士的时候，我还想过做更"野"的题目。那时给张老师核对《中国家庭史》的一些引文，看到了敦煌文书里一个"感梦生子"的判决书，案情是一个寡妇怀孕生了个孩子，被夫家宗族送官控告。寡妇的辩护是：自己做梦梦到了亡夫，这才怀孕有了孩子，而非犯奸偷情。当时的法官也没法判断真相，只好在判决书里乱扯一通，和稀泥了事。当时觉得这个案例很有趣，就想写人类的性犯罪史，尤其是关于"捉奸"的法律，随后就看秦汉法律简牍、唐律疏议、元典章、大清律和刑科题本，还有国外的种种法典判例，有些英美的判例需要花钱下载。后来张老师觉得我跑得有点远了，要求我做个中古史题材的，这样才敲定了南北战争这个题目。

在中国传统的历史学里面，战争史算是个相对生僻的领域，因为东方传统里对战争的翔实记录太少，演义、戏说太多，很大程度上遮蔽了真实的层面，难以还原。西方倒一直有客观记录和分析战争的传统，但只能用来研究他们自己的战争史。至少到目前，西方学者还没有研究中国战争史很出色的，因为这需要抠文言文的史料，有时一个字的理解就涉及大问题，让母语非汉语的人搞这个，有点勉为其难。所以我写这题目，问题意识上有些借鉴西方之处，研究方法上也有跟传统史学相承的地方，比如史地方面的考辨，对文献的梳理考证等等，战争和政治的关联很强，而政治史、制度史一直是中国传统史学的重要领域。书中有些想法，可能还需要更深入的考察论证，比如最后两章，关于南朝财政与政治文化的一些新端倪，在唐代以后表现得更为突出，可能藏着中国古代为什么没能自己发展到近代化的大命题。这就需要对辽宋金元乃至明清史的专门研究了，以我的学力和精力难以胜任。近年来看到北大历史系张帆先生几篇对蒙元历史的宏观概括，如皇权加强、身份世袭制回归和社会活力减退，这些因素对明朝又有强烈影响。张帆先生这些论述，和我的一些宏观判断有呼应之处，所以窃感到有些幸运。

我写博士论文的这几年里，正逢美国"新清史"热起来，这派搞的也是北方民族的话题，它更强调北方民族对于中原汉地的"独立性"，算是后现代和文化相对主义那一路吧。但这派对我这论文倒没什么影响，因为中古时期的匈奴、鲜卑、羯、氐、羌这些民族，现在早都没了，都同化到汉族里面去了（现在的羌族和当年的羌也没有关系），你不服也没办法。另外，我这论文写的是战争，人在战争里面都是最务实的，看见敌人有什么好用的兵器，做梦也想自己能有，事关生死存亡，就不考虑什么文化的独特性问题了。

所以我想，后现代学术很多论著搞得像胡言乱语，脱离基本常识，可能因为"后现代"这东西本来就是个文化概念，文化是个可以自由发挥的命题，谁都可以论证自己的文化跟别人"不一样"，全球独此一家。但文化可不是人生活的全部内容，还有很多更实打实的、更"唯物"的层面。就像吃汉堡或者面条，这种区别算是"文化"，但人总得吃东西，不吃就饿死，这就不是文化问题了。后现代学术的无聊之处，就是它试图去乱套很多已经超出了文化范畴的东西，用吃什么的问题去代替（或者说掩盖）吃还是不吃的问题，"何不食肉糜"，以为什么东西都可以"解构"，其实是生活常识都没有了，属于富贵病。

我写的是游牧文明和农业文明冲突融合的大历史，自然不想关在屋子里一直翻古书，总想找机会多走走看看。2009年暑假实习，去了内蒙古通辽市的一个草原小镇阿古拉，都是蒙古族老乡，会说汉语的不多，过的半农半牧生活。住了一个月，却没什么感受，感觉跟我老家的华北老乡们状态差不多。2010年春天，去镇江看刘裕当年的京口，沿着刘裕当年行军的道路和时间，从京口（镇江）走到了建康（南京玄武湖），感到的却是沧海桑田，今天的长江已经不是当年的长江，不光"英雄无觅"，连"千古江山"也完全不一样了。

后来，2012年的暑假，毕业论文也写完了，想看看第五章里的那条"吐谷浑道"，就去了甘肃南部的白龙江流域，那里都是深山密林，藏着些以农业为主的藏族小村落。溯白龙江一直往源头走，到了甘川边界上的小镇郎木寺，忽然看到草原、黑帐篷和牦牛群了，一下子感觉走到了游牧和农耕、古代和现代的结合点上。藏族老乡们也给了我全新的认知。中国西部天大地大，自然和人文丰富多彩，历史和现实水乳交融，是和东部地区（内地）完全不同的世界。从此一发不可收拾，最后的结果就是到新疆工作。真到这里之后，却发现种种条件限制，已经很难继续做中原的历史了……

整理这些旧文时，难免回想起清华读研的生活，绿荫长杨掩映下的红砖小楼，还真有点留恋。我本科在北大，硕士博士在清华，对两个学校有点对比的了解。论生活舒适，吃的、住得舒服，那要数清华。北大环境局促，各种服务水准也都不如清华。清华是工科底子，学生风格都是老老实实，兢兢业业，千人如出一辙。北大则特产各种奇奇怪怪的人物，有很讨厌的，也有很好玩的，算是把人性自由生长的各种可能性都尝试遍了。有时也想写写两校异同，但枝枝叶叶，总关晴雨，最后还是写不下去。

欲问孤鸿向何处，不知身世自悠悠。是为后记。

补记：

这是一本关于战争的历史，地图必不可少，但制作起来比较麻烦。笔者考虑，应该按照魏晋南北朝时期的山河形势绘制，才便于体现战争态势。但比较精确的地形图只能依托现代卫星地图改编，而古代的海岸线、河流等和今天有些不同，改绘起来工作量颇大，本书的出版进度也因此拖延了不少。最后我想起以前工作的老搭档王睿兄，他老本行是油画，于是请他用美术方法绘制一幅中古时期山河形势示意图，算是个替代方案。睿兄正在海外做景观设计，得知本书的需求，搁置手中的工作加急绘制了一幅，翻拍发送过来，我在上面加了文字，就成了本书插页中的"南北对峙形势图"。由于这是美术家而非地理学家画的，所以读者对细节不必过于计较，了解一个大致的山河、城邑形势就可以了。

在此向王睿兄致谢！

李硕
2017 年夏于乌鲁木齐

文
景

Horizon

社 科 新 知　文 艺 新 潮

南北战争三百年：中国4—6世纪的军事与政权

李　硕 著

出 品 人：姚映然
策划编辑：何晓涛
责任编辑：周官雨希
封扉设计：梁依宁

出　　品：北京世纪文景文化传播有限责任公司
　　　　　（北京朝阳区东土城路8号林达大厦A座4A 100013）
出版发行：上海人民出版社
印　　刷：山东临沂新华印刷物流集团有限责任公司
制　　版：北京大观世纪文化传媒有限公司

开　本：890mm×1240mm　1/32
印　张：14.25　　字　数：435,000　　插页：3
2018年1月第1版　　2024年2月第15次印刷
定　价：59.00元
ISBN：978-7-208-14831-4/K·2693

图书在版编目（CIP）数据

南北战争三百年：中国4—6世纪的军事与政权 / 李
硕著. —上海：上海人民出版社，2017
　　ISBN 978-7-208-14831-4

　　Ⅰ.① 南… Ⅱ.① 李… Ⅲ.① 魏晋南北朝战争－研究
Ⅳ.① K235.07

中国版本图书馆CIP数据核字（2017）第252909号

本书如有印装错误，请致电本社更换　010-52187586